WESTEND

HENNING VENSKE

Summa Summarum

Ultimative satirische Abrechnungen,
gemein aber nicht unhöflich

Mit Zeichnungen von Ulf Krüger

WESTEND

Mehr über unsere Autoren und Bücher:
www.westendverlag.de

Die Deutsche Nationalbibliothek verzeichnet diese Publikation in
der Deutschen Nationalbibliografie; detaillierte bibliografische Daten
sind im Internet über http://dnb.d-nb.de abrufbar.

ISBN 978-3-86489-245-5
© Westend Verlag GmbH, Frankfurt/Main 2019
Umschlaggestaltung: Buchgut, Berlin
Satz: Publikations Atelier, Dreieich
Druck und Bindung: CPI – Clausen & Bosse, Leck
Printed in Germany

Inhalt

1 Genesis

Am Anfang war das Schweigen. Niemand sagte ein Wort. Dann machte jemand das Licht an, und eine Stimme ertönte: »Willkommen im Ohrfeigen-Seminar. Heute zum Thema: ›Anarchistische Staatsbürgerkunde im Lichte der Sprache ausgewählter Ministerien und ihrer leitenden Idioten.‹«

Gibt Ihnen das zu denken? Tun Sie's nicht.

Denken richtet unser System zu Grunde. Wer denkt, lacht über Politiker, spottet über die Justiz, verhöhnt die Religionen, gründet keine Familie, nimmt keinen Kredit auf, pfeift auf Bio-Ernährung, weigert sich, ein Handy zu benutzen und geht nicht zur Wahl. Wer denkt, ist unberechenbar. Goethe – immer noch ein mentaler Service-Point – sagte:

»Das Denken ist zwar allen Menschen erlaubt, aber es bleibt vielen erspart.«

Zur Goethe-Zeit flackerte in der finsteren Tiefebene der Sprachlosigkeit noch ein helles Licht anstelle einer trüben Energiesparlampe.

Was, wenn es noch weniger wird, das Licht?

Könnte es sein, dass die Lichtmenge im Universum begrenzt ist?

Dann müssten wir das noch vorhandene Licht rationieren.

Sollten wir es hamstern, das Licht?

Kann man Licht spekulativ aufkaufen?

DER KOPF ALS TERRINE

Und wenn das Licht eines Tages ausverkauft ist:
Was kommt dann?
Eine dunkle Zukunft.
Und was kommt nach der Zukunft?
Schweigen …

2 Einig Vaterland

Bärrrlin

Großberlin hält sich für den Nabel der Welt. Obwohl es praktisch in Polen liegt, hat man die Stadt aus vorwiegend sentimentalen Anwandlungen wieder zur Hauptstadt ernannt, anstatt den zentraleren und zivilisierteren Varianten Mannheim, Kassel oder wenigstens Pforzheim den Vorzug zu geben. Die Lieblingsbeschäftigung der Berliner Stadtverwaltung ist nach wie vor die Verschwendung auf Kosten anderer, und ihr erklärtes Ziel ist es, der eigenen Subventionsmentalität Verfassungsrang zu verschaffen.

Berlin hat kein Zentrum, Berlin hat nur eine Mitte, und aus Angst, nicht ernstgenommen zu werden, stellt Berlin, wo immer möglich, Plakate auf: »Willkommen in der Hauptstadt«. Dabei wäre »Tuntenball bei Laubenpiepers« sehr viel passender. »Willkommen in der Hauptstadt« – dieses Provinzgehabe stelle man sich mal am Stadtrand von Paris oder London vor ...

Tonangebend in Berlin ist eine aufgeblasene Gesellschaft von schwadronierenden Parvenüs, Fernsehnasen und Kleiderständern, eine großmäulige, aber zur Verzagtheit neigende, ranzige Oberschicht, angeführt von einem Damenfriseur und einem Herrenschneider, die in Berlin als Leuchttürme des Geistes durchgehen. Berlin ist in den Tiefen abendländischer Kultur nur mangelhaft verwurzelt, Berlin ist die Heimat des deutschen Untertanengeistes. Aber Berlin möchte gar zu gern auch Hauptstadt der Kultur sein. Deswegen wird jeder Pups zur Hochkultur erklärt, nur weil er »Unter den Linden« gelassen wird.

Entscheidungsträger in Berlin reden viel von Innovation, aber in Wahrheit sind sie so verknöchert, dass sie sich nur eine Restauration des Alten vorstellen können. Ein Preußenschloss-Imitat entsteht in Berlin, eine potemkinsche Hohenzollern-Kulisse – also die Fassade eines Königshauses, welches definitiv früher vom Thron hätte gejagt werden müssen, was uns und der Welt jede Menge Krieg erspart hätte. Dieses unfassbar blöde Stadtschloss ist das architektonische Pendant zum Samstagabendprogramm des deutschen Fernsehens.

Hinter der Palast-Fassade verbirgt sich das sogenannte Humboldt-Forum. Um dafür Platz zu schaffen, wurde der Palast der Republik beseitigt. Die Elite der Politschwafler sagte uns zur Begründung, der Palast müsse weg, weil er nicht zur Identität der Deutschen gehöre, sondern Diktatur symbolisiere, und weil er eine Kundgebungstribüne für die SED-Herrschaften war. Aber stehen bleiben durften unter anderem: das Bundesfinanzministerium, also das ehemalige Reichsluftfahrtministerium, in dem die Bombenüberfälle der Nazi-Luftwaffe von Guernica bis Coventry geplant wurden, das Verteidigungsministerium, wo der Zweite Weltkrieg militärisch geplant und geleitet wurde, heute Bundesverteidigungsministerium, wie auch Tempelhof, Teil der monströsen Architekturpläne der Nazis für die Welthauptstadt Germania, und vor allem die Bühne der Nazis für die Täuschung der Welt, das Olympiastadion. Das durfte alles stehen bleiben. Nebenbei: Auch der Reichstag steht nicht gerade für eine lupenreine demokratische Vergangenheit. Und erst der Dom! Mit seiner Pickelhaube ist der Berliner Dom zweifellos eines der abstoßendsten Sakral-Bauwerke der Christenheit. Diese von Wilhelm II. persönlich zu verantwortende, gigantische Geschmacklosigkeit hat Bombardierung und real existierenden Sozialismus überstanden: Das ist die Rache Gottes für die kleinbürgerliche Spießigkeit Berlins.

Was also bayerische Spitzenpolitiker so unwiderstehlich von München nach Bärrrlin zieht, weiß man nicht genau. Vielleicht ist es eine vehemente Sehnsucht nach Untergang:

Allein mit Eva und Blondie, unter Tage, in einem ungeheizten Bunker, ohne Brezn, ohne Radi, ohne Maß, ohne Sinn und ohne Verstand.

Der ordinäre Berliner nörgelt ununterbrochen. »So jeht det nich« ist seine Standardaussage. Ein normaler Berliner Taxifahrer schimpft auf Ausländer oder ist selbst Ausländer und schimpft auf andere Ausländer. Die Frage, wann der neue Flughafen fertig wird, empfindet er als persönliche Beleidigung.

Dann verweist er auf die Einheitswippe, ein Denkmal in Form einer Obstschale, die an die Zeit erinnern soll, als ein Fünftel aller Deutschen von allen Bananenplantagen dieser Welt abgeschnitten war. Als notorischer Pessimist ist er der festen Überzeugung, dass, bevor diese Einheitsschaukel fertig ist, die Ostdeutschen längst wieder 'ne Mauer jebaut ham ...

Und wo liegt nun die Zukunft Berlins? Sollte man die Stadt als Hartz-IV-Erlebniswelt betreiben? Oder sie den Russen überlassen, im Tausch gegen die Krim?

Die beste Lösung wäre wohl, man würde Christo bitten, die Stadt luftdicht zu verpacken ...

Lodenland

Wenn Amigos bescheißen, hinterziehen, vertuschen, mauscheln und korrumpieren, unschuldig einsperren und schuldig frei lassen, dann sind wir in jener Provinz, wo die normale deutsche Hirnwolle durch einen besonders zäh gewalkten Filz ersetzt wird: in Bayern. In diesem Land ist vieles möglich, nur ein trinkbares Pils zu brauen – das scheint unmöglich. Wer ein fein gezapftes Pils trinken möchte, fährt besser nicht in dieses Land. Weißbier ja, davon kann man, wenn's heiß ist, gut mal einen halben Liter trinken. Danach kriegt man Völlegefühl und muss ein paar Stunden rülpsen. Das normale Helle – mit Vorliebe als »a Maß« serviert – ist labbrig und schnell schal. Trotzdem: Wenn ein kracherter Bayer genug von dem Gesöff intus hat, wird aus dem CSU-Gefolgsmann alsbald ein lautstarker Agitator, der in Bayern die Anarchie ausrufen will, mit einem Anarchisten an der Spitze, einem »ganz an starken«. Und dann kann man sich schnell mit ihm einigen: In Bayern regieren die Pfaffen, und die Bürgermeister achten auf die Einhaltung der Moral.

Die Verbindung von Pastoralem und Feudalem mit der Bürokratie sichert den Frieden im Land, sie regelt das Miteinander und legt zum Beispiel auch fest, was in Bayern als pornografisch zu gelten hat: Als pornografisch gelten Darstellungen von nackten Männern, deren Penis sich um mehr als 45 Grad nach oben reckt. 45 Grad Steigungswinkel bei fünfzig Zentimeter Länge – das ist eine echte Herausforderung.

König
Ludwig

Ludwig
König

Das Grundsatzprogramm der Regierungspartei heißt »Die Ordnung«. In der Ordnung steht, die CSU will einen »Linksrutsch verhindern«. Das tut sie, indem sie einen Linksrutsch verhindert. Die Ordnung wird traditionell geschaffen durch Grenzschikanen und andere Ausgrenzungen oder durch einen Mauerbau wie in München-Neuperlach, wo ruhebedürftige Bürger und Bürgerinnen durch ein vier Meter hohes Bollwerk eine Flüchtlingsunterkunft einmauern ließen. Dieses Modell empfiehlt sich selbstverständlich auch für Schulen, Kindergärten und Spielplätze.

Die Bayern sind überall und auf jedem Gebiet die Besten: in der Wirtschaft, in der Erziehung, im Saufen. Sie haben das beste Wetter und die ledernsten Lederhosen, sie haben die Alpen erfunden, sie sind die gläubigsten Katholiken, und sie hatten sogar schon einen eigenen Papst. Bayern ist der Beweis, dass Kapitalismus am besten mit dem Volk, aber ohne Demokratie funktioniert. Alle paar Jahre wird das Volk gefragt, ob es denn eine Demokratie will. Und das Volk antwortet stets: Nein, wir wollen CSU.

Die CSU ist keine Partei, sondern ein Geisteszustand. Dazu muss man wissen: Es gab immer mal wieder Fälle von Hirnhautentzündung in Bayern, aber bei bayerischen Regierungsmitgliedern fand diese Krankheit nie eine geeignete Basis. Stattdessen grassiert bei denen traditionell eine recht unangenehme Zerebralphimose, die sich in einer psychotischen Ausländerfeindlichkeit äußert und leicht zu diagnostizieren ist, durch einen ätzenden Mundgeruch, der als brauner Dunst den Freistaat durchwabert.

Einem christsozialen Spitzenpolitiker eine von mehreren möglichen Bibelstellen zuzurufen, zum Beispiel 2. Mose 12: 49:»Einerlei Gesetz sei dem Einheimischen und dem Fremdling, der unter euch wohnt« – ist verlorene Liebesmüh: So ein »Großkopferter« hat mit dem Christentum ungefähr so viel zu tun wie ein Pitbull mit vegetarischer Küche.

BETENDE HUNDE

Ein Blick ins Land zeigt uns ein lustiges Mauschlersyndikat bei der Herstellung von Wohltätigkeitsattrappen. Oberstes Gebot im Land ist die persönliche Bereicherung. Weil jeder Bayer davon träumt, ein reicher Bayer zu sein, besteht das bayerische System aus Beziehungen und nicht aus Werten. Wenn einer bestraft gehört in Bayern, dann nicht der Steuerhinterzieher, sondern der, der den Steuerhinterzieher mit Dreck bewirft.

Dass ein Mann wie Gustl Mollath, der eine Schwarzgeldaffäre aufdeckt, sieben Jahre lang in die Psychiatrie gesperrt wird, ist nicht der typisch bayerischen Sturheit geschuldet, es ist vielmehr der eindringliche Hinweis: Das kann hier jedem jederzeit passieren. Wer das System stört, ist schuldig und muss leiden. Die Täter in diesem System sind immer Opfer, und die Opfer dieses Systems sind immer Täter. Wer gegen das bayerische System etwas sagt oder tut, der muss verrückt sein. Opposition verstößt gegen die guten Sitten. Der bayerische Bazi, der Schlawiner, das muss nicht unbedingt ein männliches Wesen sein. Frauen beherrschen das Bazitum genauso perfekt. Sie machen nur an Stelle des Bierzelt- das Rosenkranz-Gesicht. Signifikant für Bayern ist schließlich eine gewisse religiöse Hysterie. So behauptete beispielsweise der evangelische Ministerpräsident Söder, ihm sei bei einem Spaziergang in Altötting die Jungfrau Maria erschienen und habe ihm den Auftrag erteilt, in allen Amtsstuben Kruzifixe aufzuhängen. Dabei war es gar nicht Maria, sondern nur die Bayerische AfD-Vizevorsitzende Katrin Ebner-Steiner bei dem Versuch, ein muslimisches Kind ans Scheunentor zu nageln.

Mia san mia

Seit den Zeiten, da die Stadt nicht mehr war als eine Karawanserei für Reisende auf dem Weg von Augsburg nach Milano, weiß man, dass München ein aufgeblasenes Dorf ist, nicht wesentlich lebendiger als ein toter Frosch beim Laichen. Dass die Münchner ihr Dorf eine »Weltstadt mit Herz« nennen, liegt an ihrem chronischen Aufmerksamkeitsdefizithyperaktivitätssyndrom.

Machen wir einen Stadtspaziergang:

Der Hohenzollernplatz ist eine städtebauliche Kostbarkeit. Hier umgibt den Flaneur weltdörfliches Flair, denn die Bohème, jenes weltberühmte Künstlervölkchen, hat sich davongemacht, weil man die Mieten schon lange nicht mehr bezahlen kann. Die Hohenzollernstraße hinunterwandernd zur Münchner Freiheit schmeichelt die Magie des halbierten Warenhauses an der Leopoldstraße dem Auge der Touristen, und dann die bezaubernde Feilitzschstraße, Altschwabing und der unvergleichliche Wedekindplatz! Seit eine Mc-Donalds-Filiale den früheren Obst- und Gemüsestand ersetzte, hat sich hier ein Vergnügungsviertel ersten Ranges entwickelt, wo jeden Abend ganz Fürstenfeldbruck zusammenkommt – das ist fast wie auf der Reeperbahn, nur ohne Sex und Skandinavier.

Kann man sich einen Ausflug nach Florenz nicht leisten, ist ein Spaziergang entlang den architektonischen Plagiaten Richtung Odeonsplatz allemal lohnenswert. Auf dem Weg zu diesem Kleinod belästigt kaum ein Schatten spendender Baum die alleweil sonnenhungrigen Burschn und Spatzln. Rechts um die Ecke, am Anfang der Brienner Straße, liegt»Mingas« schönster Platz, umsäumt von wichtigen Institutionen und Behörden in repräsentativen Gebäuden. Hoheitsvoll umsteht die Architektur das Reiterstandbild Maximilians I, der mit eherner Miene kontrolliert, ob schwer bewaffnete militärische Personen seinen Wittelsbacherplatz auch ordnungsgemäß absichern vor jeglichem urbanen Gelärme, Caféhausgästen, Skateboardern und spielenden Kindern.

Dass in München fast alles teurer ist als anderswo, liegt am hohen Freizeitwert der Umgebung. Es ist nur gerecht, über den Bärlauch auf dem Viktualienmarkt den Starnberger See gleich mitzufinanzieren. Was aber das Wohlbehagen in München ins Unermessliche steigert: Spätestens um ein Uhr nachts herrscht Ruhe in der»Isar-Metropole«, damit all die herzigen Dackel morgens gut ausgeschlafen sind, wenn sie von Frauchen im eleganten Lodenmantel mit Hirschhornknöpfen zur Entsorgung in die Innenstadt geführt werden.

(In dem Zusammenhang bestreite ich energisch, dass der Englische Garten das

HUNDTASCHE

größte Hundeklo Europas ist: Berlin-Wilmersdorf ist noch erheblich zugeschissener.)

Zu preisen sind in München auch die feinfühligen Umgangsformen der Rausschmeißer auf dem Oktoberfest, der Charme der U-Bahn-Security-Kräfte, die Autobahn nach Salzburg, das phantastische Modebewusstsein der Münchner Schülerinnen und Schüler sowie die Ausstrahlungen des Bayrischen Rundfunks.

Gibt es Unterschiede zwischen der Metropole Hamburg und dieser ländlichen Idylle? Aber ja – den größten Unterschied macht der hiesige Fußballverein, der FC Bayern, ein Circus Maximus ohnegleichen. Mit der politischen Sympathie und der Solidarität, die ein FC St. Pauli andernorts auslöst, kann der FC Bayern München zwar nicht konkurrieren, aber der FC Bayern legt immer wieder Zeugnis ab: Steuerhinterzieher, Uhrenschmuggler, Autoabgasbetrüger und reaktionäre Politiker gehören als Fußball-Vereinsvorstände zur guten Gesellschaft.

Das Wetter in Hamburg bietet manchmal einen Anlass, sich zu erschießen, in München aber stets einen Grund, sich zu betrinken. Die Kirche liefert in Hamburg keine Motivation einzutreten, in München aber tausend Gründe auszutreten. Und was die Kultur betrifft: Hamburg präsentiert ständig neue Musicals. München nicht. Das ist ohne Zweifel ein Big Point für München ...

In München regiert die SPD, was man zum Glück aber kaum merkt, weil die Parteizugehörigkeit letztlich irrelevant ist, wenn es sich um echte Amigos handelt. Die CSU ist ein Flügel der SPD oder umgekehrt, das ist egal, denn das Kreisverwaltungsreferat schafft es unter jeder Partei, die Berber und Landfahrer in das menschenfreundlichere Stuttgart zu vertreiben. Dafür ist das Einkaufsviertel um den Marienplatz herum stets gut besucht von orientalischen Damen. Doch dieser schwarze Block, verschanzt hinter Nikab, Schaila, Chimar, Tschador oder Burka, deren Sehschlitz nicht nur mit einem Gitternetz, sondern auch einer schwarzen Sonnenbrille versehen ist, verursacht keinen polizeilichen Großeinsatz und erregt auch keinerlei Aufsehen: Die Münchner wissen, hier tragen vermögende Haremsdamen die Erlöse aus Erdölquellen ins nächste Juweliergeschäft, während die Ehemänner in den Krankenhäusern der Stadt ihre Prostatadrüsen wieder herrichten lassen.

Was München außerdem prägt: Hier hat es nie ein Industrieproletariat gegeben und folglich auch nur wenig soziale Spannungen. Die blühende Angestelltenkultur Münchens lässt nur eine einzige Spannung in der Stadt zu: ob man wohl einen Parkplatz findet. Eine alternative Szene sucht man in München vergebens.

Das Üble in München sind nicht die Münchner. Im Gegenteil. Das wirkliche Übel in München sind die »Zuagroasten« (die Zugereisten) aus Bruchsal, Celle und Gütersloh. Dabei handelt es sich häufig um Leute, deren Eltern dem Ruf jenes ständig betrunkenen Namensgebers des Münchner Flughafens gefolgt sind, der verantwortlich dafür war, dass in der Umgebung Münchens eine High-Tech-Industrie aufgebaut wurde. Die aus der norddeutschen Tiefebene ins Münchner Umland eingewanderten Wirtschaftsflüchtlinge tragen tagsüber weiße Kittel, und vom Spätnachmittag an lungern sie in den Biergärten herum. Da bemühen sie sich um ein gepflegtes Hochbayerisch, und beim Oktoberfest präsentieren sich die Herren in der landesüblichen Tracht als besoffene Gaudiburschen, und die Damen reihen sich im eng geschnürten Dirndl ein in eine atemberaubende Milchdrüsenparade. Das Statussymbol der sogenannten Bussi-Bussi-Gesellschaft ist ein geleaster rollender Doppelwhopper von BMW, wie man ihn gelegentlich braucht, wenn man in Australien die Kängurus von den Latifundien verscheuchen will.

Angesichts der Münchner Schickeria muss man sich allerdings fragen: Wie kommt es nur, dass ausgerechnet hier, in der bayerischen Landeshauptstadt, 1919 die Räterepublik ausgerufen wurde? Dass die dann nach kurzer Zeit gescheitert ist, das war allerdings zu erwarten: Einer der Anführer hieß Erich Mühsam. Mühsam! Das ist doch kein Zufall.

Die Kehrwochen-Region

Ich war im Urlaub am Bodensee, dort, wo die Lebensgrenzen ganz eng zwischen Heckenschneiden und Geldsparen abgesteckt sind, nah jener Grenze zur Schweiz, wo einem als Wechselgeld beim Einkauf gelegentlich auch goldene Backenzähne angeboten werden. Die Gegend rund um den Bodensee hat der Maler Otto Dix zutreffend charakterisiert, als er sagte, sie sei »zum Kotzen schön«. Hier in der Idylle schrumpfen alle Probleme, vorausgesetzt, man hält sich an die Sitte, Samstag mittags das Auto zu waschen, vor allem auch das Innere der Reifen, und anschließend gründlich den Mülleimer zu shampoonieren, weil gegen Abend die Nachbarn kommen und überprüfen, ob er auch gottgefällig duftet. Hier herrschen die deutsche Putzigkeit und das alemannische Fachwerk: Balkenenden ragen stumpf unter Schwellen und Dielen hervor, verzierte Konsolen stützen ab, Streben, schlank und geschwungen, sorgen für die Statik, und während der »Halbe Mann« nur ein stabiler Ständer mit geschwungenen Streben ist, schafft das »schwäbische Weible« als doppeltes T-Stück.

Der Bodensee selbst besteht aus Wasser. Das heißt, so ganz sicher kann man da nicht sein. Die EU-Kommission in Brüssel hat einen Bericht mit den Reinheitswerten deutscher Gewässer herausgege-

2 NAGELTIERE

ben, und da gab es für den Bodensee die Anfrage, wie das Material heiße, aus dem die Flüssigkeit hergestellt sei.

Nach längerem Aufenthalt in der Region rund um den Bodensee spürt man, was es heißt, allmählich kribbelig zu werden. Nervöses Zucken in allen möglichen Körperteilen.

Panische Fluchtreflexe. Jeder Eingeborene fordert von Besuchern einen enthusiastischen Beifall ein, beim Anblick jeder, aber auch wirklich jeder Wiese mit Löwenzahn und Gänseblümchen. Da begreift man dann, warum die Kinder so vieler frommer Schwaben getürmt und heute als Terroristen unterwegs sind. Und mit teuflischer Freude schleudert man ein benutztes Papiertaschentuch in den ondulierten Vorgarten des pietistischen Pfarrhauses gegenüber.

Der meiste Humorstandort

Karneval in Köln – das ist zwischen dem elften November und dem sogenannten Aschermittwoch eine Veranstaltungsreihe des Westdeutschen Rundfunks, in der sogenannte »Jecken« sich daran abarbeiten, die Bundesrepublik Deutschland flächendeckend mit rheinischer Vergnügungsindustrie zu überfüttern.

Dem normalen Norddeutschen kriecht während der Karnevalssaison in Köln ein herpeserregender und brechreizverursachender Ekel in jede emotionale Falte:

Auf den Straßen tritt man in die Scherben zerbrochener Flaschen, über der Stadt wabert Urindunst. Der Elferrat, eine Versammlung präsidialer Vollidioten, deren scherzhafte Blähungen vitale Reflexe vorgaukeln, heißt plötzlich Regierung, die das Volk in Bütten-Beugehaft hält, um es auf Hämorrhoidenniveau zu mobben. Das Dreigestirn verbreitet eine Elefantiasis der Geisteshohlheit, die mühsame Aneinanderreihung nach Verwesung stinkender Witze, das elendig gereimte Auskübeln rassistischer und sexistischer Peinlichkeiten, besoffenes Rammeln neben den Mülleimern in nach Flönz stinkenden Treppenhäusern, die exzessive Gewöhnlichkeit nazinahem Stammtischgelabers bei sogenannten Prunksitzungen und das Kölle Alaaf, der bittere Ernst, der dem organisierten Karneval eigen ist, machen einen Aufenthalt in Köln zu einer schweren Strafe.

RUDI RALLALA

Auch beim Narhallamarsch, einer Trommelfell-Folter im Mainzer Karneval, der vom ZDF abgedudelt wird, kann man mitansehen, was der Katholizismus aus ganz normalen Alkoholikern macht: Die totale Tollität schunkelt einen brutal nieder. Aber 52 Prozent der Deutschen – das hat die Deutsche Presse-Agentur gemeldet – finden Karnevalssitzungen witzig. Wenn man dem Westdeutschen Rundfunk folgt, könnte man glauben, es sind doppelt so viele.

Der westfälische Karneval im Münsterland hingegen unterscheidet sich nur wenig von den Fronleichnamsumzügen. Führend in der Humorverbreitung ist dort die Heimatzeitung *Westfalenglocke*, die immer mal wieder gelungene Stimmungsberichte verbreitet. Unter der Überschrift »Im Herz Jesu haben Frauen die Hosen an« teilte eine begeisterte Reporterin ihrer Leserschaft mit:

»Pfarrer Horst Kindermann und Moderatorin Sophia Unmündig eröffneten mit einem gemeinsamen Lied den Karneval der Frauengemeinschaft Herz Jesu. Neben den Auftritten der Tanzgruppe und der Seniorentanzgruppe der Herz Jesu Gemeinde gefielen besonders die Sketche, die gleichfalls von Mitgliedern der Gemeinde aufgeführt wurden. Zunächst gab es Humor auf Plattdeutsch. Anschließend geriet ein dummer Bauer ins Polizeiverhör. Am Ende ging der Bauer lieber drei Tage ins Gefängnis, statt 300 Euro Strafe zu zahlen. Pastoralreferentin Annette von Schäferkamp-Feuchtmülle setzte sich in ihrem Beitrag kritisch-närrisch mit den Geistlichen Herren auseinander. Nach dem Einzug des Elferrates gaben die Frauen noch eine Hosenparade. Den Abschluss bildete die Wurstpolonäse.«

Bundeskanzlerin Merkel hat völlig zu Recht gesagt, Karneval gehöre zu den Dingen, die man auch in höherem Alter noch sehr liebgewinnen kann.

Heimaterde

Volk! Dieses inhaltsschwere Substantiv stammt aus dem Indogermanischen und bedeutet so was wie Haufen, Kriegerschar. Der beliebte Vorname Volker hingegen ist ursprünglich ein Komparativ von »voll«. Volker ist also jemand, der noch abgefüllter ist als das normale Fußvolk mit all seinem Volkstum und seiner Volksmusik.

Volk wird hierzulande stets stillschweigend mit dem Eigenschaftswort »deutsch« verbunden. Die Franzosen zum Beispiel haben so ein Volk gar nicht, die haben seit ihrer Revolution nur eine Nation. Der Unterschied besteht darin: Ein Volk ist untertan, eine Nation eher souverän.

1894 hat Kaiser Wilhelm II seinem Volk den Reichstag geschenkt. In privatem Kreis scherzte er, das sei das Reichsaffenhaus, und wenn man ihm nicht dringend abgeraten hätte, würde man an dem Gebäude heute die Inschrift lesen können: »Dem deutschen Affen«. Wenig später erhielt sein geliebtes deutsches Volk sein Volksheer und seinen Volkskrieg.

Dann erschien ein Buch mit dem Titel *Volk ohne Raum*. In der Folgezeit wurden der Volksempfänger erfunden und der Volkswagen, der Volkssturm, die Volksgesundheit und der Volksgerichtshof. Das war die Zeit, als Bertolt Brecht im Exil erklärte: »Wer in unserer Zeit statt Volk Bevölkerung sagt, unterstützt schon viele Lügen nicht.«

Von all diesen völkischen Errungenschaften führte ein gerader Weg zu Volksarmee, Volkspolizei, Volksvermögen, Volxküche und zu Parolen wie »Wir sind das Volk«.

Unsere Fußballvolksmannschaft heißt heute Fußballnationalmannschaft, damit auch eingebürgerte Brasilianer oder Türken für Deutschland grätschen dürfen, aber unsere nationalen Abgeordneten heißen Volksvertreter, was bei vielen Menschen den Wunsch weckt, das Volk möge bald wiederkommen ...

Um die Jahrtausendwende haben die Volksvertreter einen Kulturkampf ausgefochten: Der Kunstbeirat des Deutschen Bundestages hatte dem in New York lebenden Künstler Hans Haacke angeboten, ein Kunstwerk für das Reichstagsgebäude zu entwickeln. Haakes Vorschlag lautete, im nördlichen Lichthof einen Holztrog im Format von sieben mal 21 Metern aufzustellen, den jeder der 669 Abgeordneten mit je einem Zentner Erde aus seinem Wahlkreis auffüllen sollte. Ob die Abgeordneten die Erde in Kartoffelsäcken, Jutetaschen oder in ihren schwarzen Geldkoffern herbeitrugen, war egal – auf diesem Komposthaufen sollte keimen, was an Saatgut in dieser Erde noch enthalten war, auch Cannabis und »Magic Mushrooms« (hochdeutsch Psilocybinhaltige Pilze), und dergleichen, und darüber wollte Künstler Haacke in 1,20 Meter hohen Leuchtbuchstaben »Der Bevölkerung« erstrahlen lassen. Da war aber was los: Das Volk und seine Vertreter debattierten über Kunst!

All die hochkompetenten Kunstkenner kamen aus ihren Reihenhaushälften gekrochen und gaben ihr an röhrenden Hirschen und glutäugigen Zigeunermädchen geschultes Sachverständigenurteil ab. »Biokitsch« nannten es die einen, andere sagten, die Erde im Trog sei ein'»Blut-und-Boden-Symbol« und völkisch kontaminiert. Einfach nur mal das dumme Maul zu halten, weil sie sich noch an ihre Fehlurteile in Sachen Joseph Beuys erinnerten oder an Kanzler Kohls peinliche Ignoranz, als es um Christos Reichstagsverhüllung ging und der Minister Schäuble eine entlarvend piefig-provinzielle Rede hielt – damit waren die Volksvertreter überfordert. Mein Hund allerdings genierte sich bei den Fernsehdiskussionen über das Thema und verkroch sich, winselnd wegen so viel Borniertheit, unter dem Sofa …

Hauptsächlich tobte der Streit um die Leuchtschrift »Der Bevölkerung«. Damit, sagten vor allem CDU-Volksvertreter, werde der Begriff des deutschen Volkes in unglaublich aggressiver Art und Weise diffamiert. Die CSU witterte politische Agitation, und eine grüne Spitzentante fürchtet, der Künstler wolle das Parlament lächerlich machen. Volksvertreter verwahrten sich dagegen, Bevölkerungsvertreter zu sein, und meinten, die Einbeziehung aller in der Bun-

desrepublik lebenden Menschen ohne deutschen Ausweis sei ver-
fassungswidrig. Deutsche Muttererde sei die Grundlage des Vaterlandes und der deutschen Heimat, nicht aber ein Rastplatz für Ausländer. Schließlich, nach langem Hickhack, wurde mit knapper
Mehrheit beschlossen: Das Kunstwerk wird gebaut.

Der Alternativ-Vorschlag einer Bürger-Initiative fand aber auch
seine Anhänger. In diesem hieß es: »In unserem Land unterhalten
die Angehörigen unterschiedlicher Nationalität ihre Spezialitäten-
restaurants – von den Afghanen bis zu den Zulus. Das ist eine
große Bereicherung unseres Speisenangebots, auf diesem Gebiet
findet der deutsche Rassismus auch schlagartig ein Ende. Wir
schlagen also vor, von jedem ausländischen Gericht, das auf unseren Speisekarten angeboten wird, eine Portion in den Trog zu kippen, alles schön durchzurühren und das Ganze mit Harzer Roller
zu überbacken. Vielfältiges Leben wird sich entwickeln, eine saf-
tige Multikulti-Symbolik, aber ohne Verpflichtung, selbige auch
zu schlucken. Daneben positionieren wir eine durchs Los bestimmte, kurz nach dem Aufstehen noch vor dem Zähneputzen in
Kunstharz gegossene Volksvertreterin mit aufgeschraubtem Lam-
penschirm zur Erleuchtung des Geisteszustandes unserer Volksvertreter. Und um das Ganze abzurunden, sollten wir die Reichs-
tagsinschrift »Dem deutschen Volke« ersetzen durch ein schlichtes
»Hallo Ihr Affen!«

Du bist Deutschland (2005)

»Ich lege hier für den Fall meines Todes das Bekenntnis ab, dass ich
die deutsche Nation wegen ihrer überschwänglichen Dummheit
verachte und mich schäme, ihr anzugehören« – ich weiß nicht genau, was den Philosophen Schopenhauer zu dieser sauren Ansicht
gebracht hat, aber wenn man jede Form von Patriotismus doof findet, ist man immer dankbar, wenn einem die Patrioten die Argu-
mente liefern.

Vor einigen Jahren suchte man im Fernsehen »unsere Besten«. Wenn ich das richtig mitgekriegt habe, sind unsere Besten zwar alle tot, aber auch so fein aufeinander abgestimmt, als wären sie dem Proporz des ZDF-Fernsehrats entsprungen: Adenauer, Bach, Bismarck, Brandt, Einstein, Goethe, Gutenberg, Luther, die Geschwister Scholl und Karl Marx. Ja, es ist kaum zu fassen – der Philosoph aus Trier, der in deutschen Landen gar nicht wohl gelitten war, hat es unter die Top Ten geschafft.

Dieses Ranking liegt also vor. Nun brauchen wir natürlich noch die achtzig Millionen ziemlich guten Deutschen hinter den zehn Besten, möglichst eine komplette Liste. Jeder muss wissen, wo er steht, ob auf 79 979 985 oder auf 105. Dann wüssten wir auch, wer der oder die mieseste Deutsche ist, es kann ja durchaus auch eine Frau sein. Wir wollen den Wohnsitz dieser Person erfahren, damit man weiß, wen man aus dem Wege räumen muss, damit man 25 000 Plätze vorrückt. Und jeder soll seine Platzierung deutlich sichtbar auf einem Kärtchen an der Kleidung tragen, ich will doch nicht mit jemandem reden, der fünf Millionen Plätze hinter mir rangiert. Um diese ultimative Hierarchie aller Deutsche vorzubereiten, läuft zurzeit die größte nationale Mutmach-Aktion, seit Joseph Goebbels im Berliner Sportpalast fragte: »Wollt ihr die totale gute Laune?«

»Du bist Deutschland!«, suggeriert mir eine dreißig Millionen Euro teure »Social-Media-Kampagne«, initiiert zur Belebung eines neuen deutschen Nationalgefühls von den öffentlich-rechtlichen Fernsehanstalten und den Konzernen Bertelsmann, Springer, Holtzbrinck, T-Online, Gruner + Jahr, Burda und Bauer sowie den Verlagen von *Spiegel, Frankfurter Allgemeine, Süddeutsche Zeitung* und der WAZ-

Gruppe. Außerdem bedruckt Großbäcker Kamps seine Brötchentüten mit dem Logo von »Du bist Deutschland«.

Offenbar will man mit neoliberaler Marktschreierei und substanzlosem Gedröhn im Stil einer Sekte aus den Billiglöhnern im Land auch noch die letzten Reserven herausleiern ...

Optimismus und Selbstvertrauen sollen den Leuten eingebläut werden, und das ausgerechnet von den Unternehmensführern aus Politik, Wirtschaft und Medien, die schon seit Jahren eine Angst-Kampagne fahren mit dem Ziel, die Untertanen für weit reichende Veränderungen am Sozialstaat weich zu klopfen. Die mussten sich in den vergangenen Jahren bis zum Erbrechen anhören: »Wir leben über unsere Verhältnisse, wir müssen den Gürtel enger schnallen, wir sind nicht mehr konkurrenzfähig, wir sind das Schlusslicht.«

Und nun soll plötzlich das Gegenteil richtig sein ...

Aus dem Fernsehgerät schnattern prominente Mutmacher, Siegertypen und vertrauenswürdige Mahner, und eine unangenehme Grinsebacke raunt: »Wir brauchen in Deutschland wieder einen neuen spirit von risk taking.« Warum spricht der gelockte Mann so gestelzt? Ach so, er ist Wörterbuch-Verleger, Redner und Wagniskapitalgeber. Spirit von risk taking – hochdeutsch: Geist von Wagnis nehmend ...

»Mag sein, du stehst mit dem Rücken zur Wand«, vermutet ein Tagesschau-Sprecher, »oder mit dem Gesicht vor einer Mauer«, ergänzt die namenlose Klofrau. »Aber einmal haben wir schon gemeinsam eine Mauer eingerissen!«, lispelt ein Literatur-Talkshow-Moderator. Wer? Wir alle? Der Doofkopp von oben auch? »Du bist Deutschland!«, deklamiert der Dichter Kempowski und wackelt dabei mit dem Zeigefinger. Musikalisch unterlegt ist das Ganze mit der Filmmusik von »Forrest Gump«. Die Message ist klar: Du bist vielleicht auch nicht der Schlaueste, aber dazugehören kannst du trotzdem, und deshalb heißt es am Manifest-Schluss: »Bring die beste Leistung, zu der du fähig bist. Und wenn du damit fertig bist, übertriff dich selbst.«

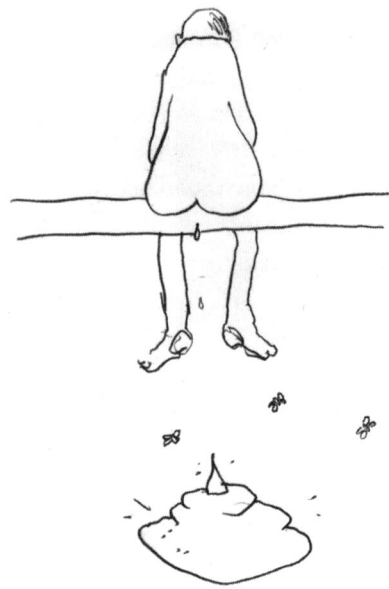

JEDER IST IN IRGENDWAS DER BESTE!

Was bei dieser Aktion verblüfft, ist die Schamlosigkeit. »Du bist Deutschland!« – so haben schon einmal ein paar größenwahnsinnige Verbrecher auf ihren Reichsparteitagen das strammstehende Volk angebrüllt ...

Steuerdickicht

Die Deutschen lieben ihren Staat. Sie nennen ihn sogar »Vater Staat«. Und die Deutschen lieben ihr Steuersystem, sie lieben jedes Detail, denn die Steuergesetzgebung ist in vielen Jahrzehnten gewachsen, und sie wird liebevoll gepflegt. So ein Steuersystem, das kann man nicht so einfach reformieren. Das steht unter Denkmalschutz.

Einige Dinge können wir Deutsche eben sehr viel besser als andere Völker: Campingplatzbetreiben, Aufskiernschießen und Lohnsteuerjahresausgleichs-Gebührenordnungsformulare entwickeln. Trotzdem wird es für jeden Einzelnen immer schwieriger, das gesamte Unwissen unserer Zeit nicht nur zu überblicken, sondern auch zu verstehen. Wir müssen lernen zu begreifen, wie die Sachzwänge ineinandergreifen.

Selbstverständlich ist jede Steuersenkung eine feine Sache, aber man kann sich ja vorstellen, was die Menschen mit dem Geld anstellen, das ihnen der Staat nicht wegnimmt: Bierdosen werden sie erwerben, sich Koks reinziehen und ukrainische Prostituierte aufs Hotelzimmer kommen lassen.

Trotzdem macht es Sinn, wenigstens die Senkung der Spitzensteuersätze zu akzeptieren. Diese Maßnahme wird Deutschlands Besserverdiener in die Lage versetzen, sich endlich mal wieder richtig satt zu essen, die zerschlissene Garderobe zu erneuern und vielleicht sogar ein neues Gebrauchtfahrrad zu kaufen. Das wird die Binnennachfrage ankurbeln, die Konjunktur beleben und letztendlich Millionen neue Arbeitsplätze schaffen. Dazu kommt: Die Besserverdiener werden in die Lage versetzt, Bundesschatzbriefe zu kaufen, wodurch sie dem Staat gegen stattliche Zinsen das Geld leihen, das der Staat ihnen gegeben hat, um die Steuergeschenke an sie finanzieren zu können.

Heinrich Heine äußerte sich zum Thema »Arm und Reich« unter anderem so:

»Es ist still wie in einer verschneiten Winterlandschaft. Nur ein leiser monotoner Tropfenfall. Das sind die Zinsen, die fortwährend hinabträufeln in die Kapitalien, welche beständig anschwellen; man hört ordentlich, wie sie wachsen, die Reichtümer der Reichen. Dazwischen das leise Schluchzen der Armut. Manchmal auch klirrt etwas, wie ein Messer, das gewetzt wird ...«

Wir leben in einem Land, in dem Menschen im Müll graben müssen, um ihren Lebensstandard ein wenig aufzubessern: Achtzehn leere Flaschen angelte ein altes Münchner Ehepaar aus einem Glascontainer, erhoffter Gewinn dieser waghalsigen Aktion: 1,44 Euro.

Dann kam, was kommen musste: Ein notorischer Aufpasser alarmierte die Polizei, es folgte ein Strafbefehl wegen Diebstahls. Ein himmlischer Amtsrichter – so etwas gibt's – entschied, es sei kein messbarer Schaden entstanden. Dagegen legte selbstverständlich die Staatsanwaltschaft Beschwerde ein, denn die Ärmsten der Armen müssen ja mit aller Härte verfolgt werden, weil sie nichts leisten. Zum Glück ist sie damit nicht durchgekommen.

Das ist aber nicht selbstverständlich, denn bei uns gelten die ökonomischen Gesetze des Kapitalismus, und die müssen befolgt werden. Schwarzarbeit zum Beispiel –»schlimmschlimmschlimm«, sagen die Blauäugigen und die Heuchler,»Schwarzarbeit kostet uns tausende reguläre Arbeitsplätze.« Kann sein, antworte ich, aber ohne Schwarzarbeit könnte so mancher Student nicht studieren, blieben viele Häuser ungedeckt, die Tourismusindustrie ginge pleite und Mallorca würde wieder spanisch. Gehen Sie mal in ein Reisebüro und beobachten Sie, wie viele Kunden ihre Urlaubsreise bar bezahlen. Sie werden bemerken, dass man den meisten die Erleichterung ansieht, dass sie ihr Schwarzgeld so elegant entsorgt haben. Steuerhinterziehung ist ein Volkssport.

Denn wir leben auch in einem Land, in dem nicht nur große Unternehmen ihre durch Steuerhinterziehung erworbenen Reichtümer zwischen Samoa und den Kaimaninseln bunkern, sondern auch zahlreiche Privatpersonen wie Anwälte, Treuhänder, Steuerberater, Waffenhändler und Finanzjongleure, aber auch Shareholder jeglicher Art sowie Politiker und deren Strohmänner in sogenannten »Steueroasen« ihre Schwarzgeldkonten mästen. Das heiße aber nicht, belehrte uns die *Süddeutsche Zeitung*, dass man diesen Leuten damit automatisch rechtliches oder moralisches Fehlverhalten unterstellen könne. Natürlich nicht, wer käme denn auch auf so was ...?
Wer sein Geld nicht auf den Paradise Islands deponieren will, kann sich auch in einer der anderen, ebenfalls vorzüglichen deutschen Steueroasen in Monaco, den Bermudas, Zypern, Andorra oder der lieblichen Schweiz willkommen fühlen. Sehr einträglich ist Liechtenstein:

Liechtenstein ist eine 25 000 Meter lange und 12 000 Meter breite Geldwaschanlage, die von absoluter Diskretion lebt und deren komplexe Methoden, Vermögen zu verstecken, weltweit Bewunderung erregen. Die Liechtensteiner Philosophie besagt: Wer keine Steuern hinterzieht, verdient einfach zu wenig. Oder andersherum: Wer Steuern zahlt, ist nicht reich genug. Ein Wirtschaftslenker, der nicht kreativ ist und versucht, so viele Steuern wie möglich zu hinterziehen, ist nicht vertrauenswürdig. Wenn sich sein Stiftungsvermögen in Liechtenstein steuerfrei vermehrt, dann ist der Unternehmer gut gelaunt, und das verbessert die Atmosphäre im Betrieb. Und wer nicht kriminell ist, macht sich strafbar ...

Ein ehrlicher und daher wohl etwas bornierter bayerischer Finanzminister hat übrigens mal angeregt, vor der liechtensteinischen Küste zur Abschreckung der Steuerhinterzieher einen Flugzeugträger auffahren zu lassen. Den Hinweis aus Vaduz, Liechtenstein sei doch gar kein Wassergrundstück, konterte der Minister mit dem Hinweis, das werde man schon regeln, sobald der erste Flugzeugträger in Stellung gegangen sei ...

Selbstverständlich wissen die verantwortlichen Politiker, dass es bei uns Menschen gibt, die keine Skrupel haben, das Ökosystem des Planeten zu schädigen, durch Nahrungsmittelspekulation Hungersnöte auszulösen oder Kriege anzuzetteln, um sich persönlich zu bereichern. Möglicherweise gehört der eine oder andere selbst dazu.

Aber da kann man nichts machen, diese Leute sind einfach zu mächtig. Ihre Steuerhinterziehung kostet Deutschlands redliche Bürger schätzungsweise hundert Milliarden Euro jährlich. Man stelle sich vor, was sich mit diesem Geld in den Bereichen Armut, Migration, Umwelt und Bildung alles tun ließe! Offenbar ist es dem stinkreichen Gesindel und der politisch tätigen Schutztruppe egal, ob die Schul-Klos kaputt sind, ob die Kinder in der Bildungsrepublik Deutschland in den Papierkorb scheißen oder auf dem Schulhof durch den Rost gegen die Kellerfenster pinkeln. Die Berichte aus nahezu allen Regionen Deutschlands, über widerliche Zustände in Klassenzimmern, über Schimmel an den Wänden, herunterhängende Deckenplatten, Dachüberstände, die auf den Schulhof zu stürzen drohen, asbestbelastete Räume und kaputte Wasserrohre, die Turnhallen unbenutzbar machen, diese beinahe täglichen Berichte liest anscheinend niemand …

Wenn die Politik sich weigert, den Reichtum im Land stärker zu besteuern, ist das unterlassene Hilfeleistung. Damit wird die Bildung einer ganzen Generation der Ideologie des Neoliberalismus geopfert. (»Bildungsminister« ist ohnehin eine Contradictio, ein Widerspruch in sich, so was wie Scheibletten-Genuss oder, schlimmer, Dudelsackmusik.) Wenn ein Politiker nun tatsächlich mal behauptet, energisch gegen den grassierenden Steuerbetrug vorgehen zu wollen, meint er damit garantiert den kleinen Spesenbetrug beim Mittagessen oder die unangemeldet tätige Putzfrau. Dass jemand wegen seiner Finanzmanipulationen eingeknastet oder irgendjemandes Vermögen beschlagnahmt wurde, davon habe ich bislang noch nicht sehr viel gehört.

Eine gewisse Genugtuung jedoch liefert uns die Gewissheit, dass die Superreichen einem unglaublichen Stress unterliegen: Diese armen Schweine müssen doch bangen um die Loyalität ihrer Strohmänner, sie müssen zittern, weil der engste Mitarbeiter möglicherweise mit der Kohle abhaut, sie müssen bibbern, dass ihre raffinierten Verschachtelungen auffliegen und ihre Briefkästen von Unbefugten geleert werden …

Was würde wohl passieren, wenn tief unten, in den Gefilden des Niedriglohns, bei den Treffpunkten der Langzeitarbeitslosen, im Souterrain der Armut und des Hungers und auch da, wo mit unbezahlten Überstunden der Reichtum erarbeitet wird, was würde passieren, wenn da doch mal eine wütende Bewegung entstünde? Was passiert, wenn echte Wutbürger in größerer Zahl sich darauf besinnen, dass nur ein paar Glasscheiben und Treppenstufen sie von den Gaunern und Betrügern trennen? In Erich Kästners »Ansprache an Millionäre« aus den Dreißigerjahren kann man es nachlesen:

Warum wollt ihr so lange warten,
bis sie euren geschminkten Frauen
und euch und den Marmorpuppen im Garten
eins über den Schädel hauen?
Warum wollt ihr euch denn nicht bessern?
Bald werden sie über die Freitreppen drängen
und euch erstechen mit Küchenmessern
und an die Fenster hängen.
Wie lange wollt ihr euch weiter bereichern?
Wie lange wollt ihr aus Gold und Papieren
Rollen und Bündel und Barren speichern?
Ihr werdet alles verlieren ...

Aber da es anscheinend unmöglich ist, die Vermögen dieser Millionäre mit friedlichen Mitteln zu vergesellschaften, sollte man wenigstens den sozial Schwachen rechtzeitig eine Ausbildung zum
Besserverdiener ermöglichen. Alle Männer und Frauen könnten
dann wenigstens so viel verdienen, dass sie in die Lage versetzt werden, Steuern zu hinterziehen ...

Aber solange die Niedriglöhner in zwei oder drei Jobs schuften,
um über die Runden zu kommen, haben sie ja kaum Zeit, ihr Kapital
zu verlagern, und sie wissen gar nicht, was eine anständige Brief-
kastenfirma für sie tun könnte. Bei uns sollte doch jeder und jede
die Möglichkeit haben, überschüssiges Geld zum Arbeiten in Steueroasen zu schicken, und auch das Münchner Flaschensammler-
Paar muss die Chance erhalten, seine 1,44 Euro auf Offshore-Kon-
ten in Sicherheit zu bringen.

Um den Steuer-Wünschen der einfachen Bevölkerung wenigstens
ein bisschen entgegenzukommen, sind immerhin folgende Maßnahmen in Vorbereitung:

Für alle Menschen mit Migrationshintergrund, die in Deutschland
ihren Aufenthalt haben, wird eine Aufenthalts-Grundgebühr in
Höhe von fünfzig Euro wöchentlich erhoben. Wer pünktlich bezahlt,
bekommt einen Freibrief für körperliche Unversehrtheit auf Polizei-
wachen. Diese Besteuerung ist rückwirkend vom Tag des Grenzüber-

tritts an zu zahlen. Wer die Steuer nicht zahlt, wird abgeschoben. Dafür wird dann eine Abschiebegebühr erhoben, in Höhe von einem Euro pro Flugkilometer. Wer diese Gebühr nicht bezahlen kann, muss sich mit einer Organspende an den Flugkosten beteiligen.

Strafgefangene in den Gefängnissen werden zu einer Zuzahlung verpflichtet, da ihre privaten Mietkosten ja entfallen und eine eventuelle Familie den bisher vom jetzigen Strafgefangenen beanspruchten Wohnraum anderweitig vermieten kann. Die Warmmiete der Gefängniszellen richtet sich nach den Quadratmeterpreisen des nächstgelegenen Baumarktes. Wannenbäder, Duschbäder und das tägliche Wechseln der Unterhose werden extra besteuert. Die Preise werden nach den Krankenhaustagessätzen berechnet. Zum Ausgleich werden Nichthundebesitzer zur Zahlung der doppelten Hundesteuer herangezogen, weil sie a) lieblos und b) nicht ausreichend sicherheitsbewusst sind.

Und was machen wir mit den Einnahmen aus diesen neuen Steuern? Na, das liegt doch auf der Hand: Damit finanzieren wir ein paar Steuergeschenke für die Besserverdienenden.

Wenn die Kultur Steuern spart

Von großer Wichtigkeit ist die Kontrolle des Kulturbetriebs durch die Bürokratie, um ausuferndes Anspruchsdenken prominenter Egomanen an Regie- oder Dirigentenpult auszuschließen. Anlässlich einer Aufführung von Gustav Mahlers unvollendeter zehnter Sinfonie mit den Berliner Philharmonikern hat die Präsidentin des Rechnungshofes von Berlin die Kulturbehörde eindringlich darauf hingewiesen:

SCHEISSE!
DIE SAITEN SIND AUF
DER RÜCKSEITE

Zu den üblichen Streichern und Bläsern kommen hier noch zwei Xylophone, Marimbaphon, Becken, zwei Glockenspiele, Gong, Holzblock, Kastagnetten, Peitsche, Rute, Triangel, Tam-Tam, Tomtom, Tamburin plus zwei Harfen zum Einsatz. Deswegen haben auch die Bratschen über einen längeren Zeitraum nichts zu tun, was den Einsatz von Teilzeitkräften nahelegt. Ebenfalls unsinnig ist, dass die tiefen Holzbläser alle die gleichen Noten spielen. Die Anzahl der Mitarbeiter in diesem Bereich kann drastisch gekürzt werden.

Der Neuntonakkord in den Trompeten ist vollkommen überflüssig, er kann halbiert werden, und der As-Moll-Dreiklang muss auch nicht sein, da reicht ein Unisono. Ferner ist das Spielen von halben und ganzen Noten sehr zeitaufwendig. Der Rechnungshof empfiehlt dringend, alle diese Noten auf Achtel und Sechzehntel zu reduzieren. Dafür könnten dann Praktikanten und Aushilfskräfte minderer Qualifikation eingesetzt werden. Eine weitere Einsparmöglichkeit ergibt sich, wenn alle überflüssigen Passagen weggelassen werden, so dass sich die unvollendete zehnte Sinfonie auf knapp acht Minuten verkürzt. Hätte dieser Herr Mahler das beachtet, hätte er seine Sinfonie im Rahmen des städtischen Kultur-Etats auch vollenden können, und sein Werk wäre sogar für unser Jugend-Abo geeignet …

So kann es doch nicht weitergehen

Es fing ja alles damit an, dass ich als Raucher erst auf den Balkon, dann in den Vorgarten verbannt wurde. Heute habe ich Tausende von Toten auf dem Gewissen, weil ich immer noch in meinem alten Diesel unterwegs bin. Aber aus lauter Rücksicht auf meine Umwelt fahre ich nur noch im Wald, nachts, und ich tanke nur noch Heizöl. Damit produziere ich wenigstens keine 4 000 Tonnen Feinstaub wie ein durchschnittliches Silvester-Feuerwerk. Ich bin auch nicht so umweltschädlich wie ein ganz gewöhnlicher Luxus-Kreuzfahrt-

Dampfer, und meine Gefährlichkeit hat noch lange nicht das Bedrohungspotential von holländischen Fipronil-Eiern erreicht: Deren Hersteller können ihre Eier weder zurückrufen noch durch einen Katalysator nachrüsten, und eine Umstellung auf Elektro-Eier ist aus Kostengründen auch nicht möglich. Es ist traurig, aber wahr: Deutschland ist nicht mehr das idyllische Schlaraffenland von einst mit festen Öffnungszeiten und einem Wellness-Bereich, in dem die Schmorgurken blühen, sondern Deutschland ist eine Danger Zone, in der es lebensgefährlich ist, in einem Dieselfahrzeug an Silvester holländische Fipronil-Eier zu essen …

Und es wird auch immer deutlicher: Im Westen läuft der Mittelstand Gefahr, Zuschüsse zu verlieren, die von noch ärmeren Bevölkerungsschichten bezahlt werden müssen. Konjunkturflauten, Abgaben-Boom, eskalierender Vertrauensschwund, Rentnerschwemme und Sterbegeldhalbierung – das macht die Leute völlig fertig, während die Herrschaften mit den siebenstelligen Jahreseinkommen immer wieder versuchen, Zuversicht zu verbreiten mit dem Versprechen: Niedrige Löhne sind die Voraussetzung für jeden Aufschwung.

In Ostdeutschland hingegen sind die Brüder und Schwestern vom Aussterben bedroht.

Bei Umfragen kam heraus: Ein Witwer im Thüringer Wald, der Darmkrebs hat, ist sehr viel unglücklicher als eine gesunde junge Frau in Hamburg-Blankenese, die einen Job, ein Kind und einen Bankdirektor hat … Das gibt einem schon zu denken.

Die Menschen in Dresden und Umgebung hungern und sind gezwungen, Eichhörnchen zu essen. Es gab zahlreiche Zwangseinquartierungen, und jetzt wälzen sich islamistische Schläfer und Gefährder in den Gästebetten. Rostbratwürste enthalten kein Schwein mehr, Biertrinken wird mit Peitschenhieben bestraft. Museen wurden geplündert und barocke Kulturschätze in den Irak abtransportiert, fruchtbares Ackerland wurde von gewissenlosen Investoren abgetragen und nach China verkauft. In Chemnitz steht man als Weißer oft mutterseelenallein inmitten Hunderter absolut schwarzer Afrikaner, die um brennende Mülltonnen herumtanzen, sächsische Landfrauen in Burkas holen ihre Kinder aus der Koranschule ab, der Ruf des Muezzin erklingt von allen Kanzeln, islamistische Reitermilizen stürmen unangekündigt durch die Gassen von Köthen, in finsteren Hauseingängen lauern Mudschahedin mit scharfgeschliffenen Krummschwertern, und sächsische Ureinwohner verrichten Sklavendienste in arabischen Bedürfnisanstalten ... In gewöhnlich gut unterrichteten Pegida-Kreisen erzählt man sich, ein kurdischer Straßenräuber aus Afghanistan habe sich selbst den Oberkiefer gebrochen und den Unterkiefer ausgerenkt, nur um eine fette, reinrassige deutsche Ernährungsberaterin aufzuessen ...

Viele Menschen wollen nun ihrem häuslichen Elend entkommen und fliehen auf die Autobahn. Doch dort müssen sie feststellen, die deutschen Behörden haben nicht nur zu Beginn der Ferien, sondern ständig alle Baustellen auf einmal geöffnet. Wegen all der Fahrbahnverengungen, Vollsperrungen und Umleitungen kollabieren regelmäßig alle Navigationssysteme und müssen sich im nächsten Stau neu aufbauen. Staus, die kürzer als fünf Kilometer sind, werden im Rundfunk schon gar nicht mehr erwähnt. Zahllose Autofahrer führen Flaschen und sogar Bettpfannen mit sich, um den Stau bei Bedarf auch für ihre Notdurft nutzen zu können.

Und während man unter der schlechten Luft leidet und Asthma-Anfälle mit Abgasen bekämpft, hat man Muße zu beobachten: Auf kaum einer Baustelle wird gearbeitet. Links und rechts kilometerlange Absperrungen, aber kein Werktätiger ist zu sehen, keine Schaufel rührt sich. Wenn man Glück hat, sieht man vielleicht einen einsamen Türken, der sich im Schatten eines langsam vor sich hin rostenden Baggers einen Mokka braut.

Den Gedanken, statt per Auto auf der Autobahn lieber mit der Deutschen Bahn auf Schienen zu fahren, kann man vergessen. Die Chance, dass der Zug sich verspätet, verfährt oder gleich ausfällt, ist einfach zu groß. Das Gleiche auf dem Flughafen. Erst die Schlange am Schalter, dann die Schikane des Befummelns und Abtastens.

Fliegen ist eine Variante des Viehtransportes, und eigentlich kann man nur dankbar sein, wenn der Flug rechtzeitig gecancelt wird. Deutschland bewegt sich unaufhaltsam in Richtung Entwicklungsland, also abwärts ...

German Angst

Dreißig Prozent aller Deutschen haben Angst. Angst vor Venenthrombose in der Touristenklasse, Angst vor Turbanträgern, vor Schläfern, vor Gipspulver in Paketen, vor der Zuwanderung, vor Milzbrand. Sie haben Angst, beim Biertrinken in der Kneipe von Terroristen überrascht zu werden. Kann man diesen bedauernswerten Menschen helfen? Nein, kann man nicht. Denn die Medien sorgen für den täglichen Angstnachschub durch die Wiederholung der immer gleichen Meldungen. Und viele Menschen haben Angst vor der Angst, die meisten genießen sogar ihre Lust an der Angst.

Etwa siebzig Prozent aller Deutschen sind demnach zu dumm, um so etwas wie Angst zu empfinden. Das kann niemanden erstaunen, der weiß: Russischen Wissenschaftlern ist der Nachweis gelungen, dass es bereits seit der Erfindung des Monotheismus Mäuse mit Menschenhirnen gibt. Das wiederum heißt im Umkehrschluss: Auch Menschen mit Mäusegehirn sind weit verbreitet. Egal, zu welcher Spezies Sie gehören: Wenn Ihre Mutlosigkeit Sie zu überwältigen droht, flüchten Sie. Es gibt da mehrere Angebote:

Vor der Geschichte in den Optimismus, vor der Realität in die Nostalgie, vor der Empathie in den Alkohol, vor der Analyse in die Esoterik und – besonders naheliegend: vor der Eigenverantwortung unter die Autorität. Oder ab nach Phantasia, ins Reich des Okkulten, wo feiste Mythen schaurig-schöne Weisen singen, zum Beispiel Richtung Panem zu den Tributen oder nach Pandora im Alpha-Centauri-System, vielleicht auch zum Herrn der Ringe und seinen Hobbits: Da lässt sich am besten nach dem Sinn des Lebens forschen, und dort werden Sie herausfinden: Es ist der Sinn des gesunden Menschenverstandes, vor lauter Angst verrückt zu werden.

Haut bloß ab

Der Deutsche wandert aus. Im Gepäck sein Bierchen, sein Hundchen, das aussieht wie ein Oberstudienrat, und sein Frauchen (wegen der Hausmannskost). Im letzten Jahr sind über 100 000 abgehauen. Warum? Einer begründet im Internet seine Auswanderung mit dem Satz:»Ich kann es gar nicht erwarten, meinen Lebensabend außerhalb dieses halbkommunistischen Zwangssolidarsystems Deutschland zu verbringen. Wenigstens dann kann ich mein geplündertes Resteinkommen woanders ausgeben und verhindern, dass damit der deutsche Sozialstaats- und Solidaritätswahnsinn weiter finanziert wird!«

Ein anderer bemängelt Art und Ton des Umgangs miteinander:»Hier gibt es nur noch Leistungsträger, die anderen vorrechnen, was sie wem zahlen, und vor allem, was sie wem zu viel zahlen. Dieses Hauen und Stechen nimmt einfach perverse Züge an.« Ein Auswanderer teilt mit, dass wir alle viel zu dicht aufeinander wohnen in Deutschland. Deshalb werden wir alle irre und aggressiv wie Hühner in einer Legebatterie. Und dann wendet er sich an die Zurückgebliebenen: Haltet euch bitte beim Kindermachen weiterhin zurück, schreibt er, nur so werden wir wieder das gemütliche Wald- und Wiesenland, das ein deutsches Gemüt ertragen kann …

Ein Auswanderer hat besonders originelle Pläne:»Wenn ich das Geld habe, werde ich mir in einem passenden Land ein Haus nach meinen Wünschen bauen und nicht in Deutschland, in dem Farbe und Dachschräge, Fensteranzahl usw. von Behörden verboten werden. Die Freiheit des Häuserbaus ist nämlich ganz wichtig für das Heimatgefühl. Ich habe auch schon überlegt, ob ich an den Stadtrand von Mumbai oder Caracas ziehe. Da kann man seine Wellblechhütte wenigstens noch so bauen, wie

PALMEN
HEIN

es einen (sic!) in den Sinn kommt. Oder in Manila. Da gibt es so herrliche Hängehäuschen unter Autobahnbrücken über dem Fluss. Das ist doch was anderes, als das bürokratisch verwaltete Elend in Deutschland, was einen immer nervt.«

Alle sind genervt von den schrecklichen Zwängen des Alltags. Genervt vom Badekappenzwang in städtischen Schwimmbädern, vor allem angesichts der Gewissheit, dass der hurtige Krauler nebenan gerade eben noch am Beckenrand ins Wasser gepinkelt hat; genervt von Verkehrsampeln: welch ein Unding, die Leute auf rote und grüne Männchen zu dressieren, statt ihnen beizubringen, die Augen aufzumachen. Es nervt, dass das Land in Hundescheiße versinkt, sehr genervt sind wir von jener Fahrstuhlmusik, die den fiesen Atem des Gegenübers noch verschärft, und auch das Maikäfer-Defizit einerseits sowie das Überangebot an Jeansläden andererseits nervt, ganz zu schweigen von den ekelhaften Kontrollen in den öffentlichen Verkehrsmitteln.

Zum Thema Auswanderung hat sich auch der Präsident des Deutschen Industrie- und Handelskammertages geäußert. Er ließ durchblicken, dass gut ausgebildete Deutsche auswandern, ist der Wirtschaft ziemlich wumpe, aber dass relativ preiswerte ausländische High-Tech-Spezialisten nicht ungehindert zuwandern können, das schmerzt.

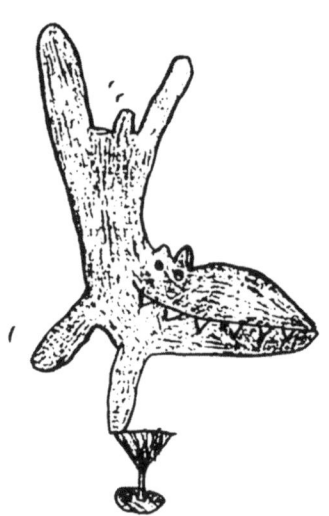

Das heißt, man will endlich das lästige Problem des Prekariats lösen: Die Auswanderung eigener Doofköppe beschleunigen, die Zuwanderung ausländischer Blödmänner verhindern. Ich persönlich bin genervt, weil zwar die Richtigen abhauen, aber allzu viele im Lande bleiben, die man zu nichts gebrauchen kann …

Übrigens – 2007 wurde ein formschöner Himmelskörper mit dem anderthalbfachen Umfang der Erde entdeckt, der einen Stern namens Gliese 581 umkreist, den er als Sonne benutzt. In dreizehn Tagen umrundet dieser Planet seine Sonne – das heißt, wenn man dort lebt, hat man über zwei Mal im Monat Geburtstag. Die Besitzverhältnisse sind bislang noch ungeklärt – Ryanair kalkuliert aber schon Billigflüge von und nach Münster/Osnabrück für weniger als fünfzehn Euro. Allerdings liegen die Kosten für ein Würstchen mit Kartoffelsalat und ein Mineralwasser bei etwa sechs Milliarden Euro.

3 Wir sind das Volk

Die Affenschande

Arbeit ist Mühsal, macht hässlich und krank, Arbeit macht keinen Spaß. Das weiß jeder, der sich dank der Arbeit anderer Leute höheren Dingen widmen kann: Weibern, Weinkellern, Weltreisen ... Einstein hatte auch das begriffen. Er sagte: »Es ist eigentlich rätselhaft, was einen antreibt, die Arbeit so verteufelt ernst zu nehmen. Für wen? Für sich? Man geht doch bald. Für die Mitwelt? Für die Nachwelt? Nein, es bleibt rätselhaft.«

Karl Marx – wer sonst – fand eine Lösung. Er schrieb der Arbeiterklasse ins Stammbuch: »Das Reich der Freiheit beginnt erst da, wo das Arbeiten, das durch Not und äußere Zweckmäßigkeit bestimmt ist, aufhört.« Und ihn widerte auch an: »Die Arbeit ist ihrem Wesen nach die unfreie, unmenschliche, ungesellschaftliche, von Privateigentum bedingte und das Privateigentum schaffende Tätigkeit ...«

Mehrheitsfähig ist Karl Marx mit dieser Ansicht bis heute nicht – die fanatischen Lobredner der Arbeit von Luther über Hitler bis zu den Gründern von »Arbeiter- und Bauernstaaten« hätten ihn verteufelt, ermordet oder zum Klassenfeind erklärt und in die Produktion gesteckt ...

Auch Michail Bakunin, der Anarcho-Protagonist, erklärte – horribile dictu – die Arbeit zur »Grundlage der Menschenwürde«. Und Friedrich Engels bemerkte sogar: »Die Arbeit ist die Grundbedingung allen menschlichen Lebens, und zwar in einem solchen Grad, dass wir in gewissem Sinne sagen müssen: Sie hat den Menschen selbst geschaffen.« Engels erklärte, der Gebrauch der Hand, der Einsatz des Kopfes, die Erfindung der Sprache führten zur Bildung der menschlichen Gesellschaft. Und der entscheidende Unterschied zwischen einem baumkletternden Affenrudel und der Menschenge-sellschaft sei die Arbeit. Womit er bei seinem Lieblingsthema ist: dass mit der Arbeit Profit erwirtschaftet wird, dass dieser Profit ver-dammt ungerecht verteilt ist und dass diese ungerechte Verteilung unweigerlich zum Klassenkampf führt.

Beim Thema »Arbeit« gehen die Ansichten also weit auseinander. Laut Altem Testament ist Arbeit die Strafe Gottes. Aber in der Bibel steht auch: Wer nicht arbeiten will, soll auch nicht essen. Ein west-deutscher SPD-Chef namens Müntefering glaubte, dieser Satz bringe das Programm seiner Partei für die Armen und Schwachen womöglich am besten auf den Punkt, als er verkündete: »Nur wer arbeitet, soll auch essen«, und Papst Ratzinger verkündete der schuftenden Christenheit, die Arbeit trage dazu bei, »Gott und den anderen näher zu sein.« Dieser Papst hat seine Zeit auf dem Heili-gen Stuhl wohl kaum dazu genutzt, mal den lesenswerten Essay ei-nes Homosexuellen zu studieren, der im prüden Großbritannien der Königin Victoria wegen »Unzucht« zwei Jahre Zuchthaus mit harter Zwangsarbeit verbüßen musste: Oscar Wilde. Der schrieb in seinem Essay *Der Sozialismus und die Seele des Menschen*: »Heutzu-tage wird sehr viel Unsinn über die Würde der körperlichen Arbeit geschrieben. An der körperlichen Arbeit ist ganz und gar nichts Würdevolles ... Es ist geistig und moralisch genommen schimpflich für den Menschen, irgendetwas zu tun, was ihm keine Freude macht, und viele Formen der Arbeit sind ganz freudlose Beschäfti-gungen.« Und an anderer Stelle heißt es: »Muße, nicht Arbeit, ist das Ziel des Menschen.«

Die Botschaft von Friedrich Engels, vermutlich kein Fan von Oscar Wilde, lautet hingegen »Arbeit adelt.« Arbeit adelt den Affen zum Menschen? Das ist Quatsch: Der Adel arbeitet überhaupt nicht, und ein ar-beitender Affe ist und bleibt ein Affe. Sicher, die modernen Gesellschafts-affen sind nicht mehr über und über behaart, und sie leben nicht mehr in

Rudeln auf Bäumen, aber die meisten unterbieten doch ganz erheblich die ästhetischen Mindestansprüche, die man an ein angeblich von Gott produziertes Wesen stellen muss. (Sollte Gott wirklich den Menschen nach seinem Ebenbild geschaffen haben, stellt ihm das kein gutes Zeugnis aus. Ist er denn nicht eitel? Und hat er vor der Schöpfungsgeschichte nicht in den Spiegel geschaut? Möglicherweise trifft es ja zu, dass »Gott mit den Dummen« ist. Das würde dann aber alles über Gott sagen …)

Es war recht voreilig von Engels, die menschliche Fähigkeit zu rühmen, in allen Ländern unter allen klimatischen Bedingungen zu siedeln, Industrien aufzubauen und Staaten zu gründen. Betrachten wir nur die Gegend, in der deutsche Affen siedeln, zwischen Flensburg und Konstanz, zwischen Isenbruch und Schöpstal: Ist das eine Gegend für Affen? Hier wachsen keine Orangen, sondern nur Blaubeeren. Hier wachsen keine Bananen, sondern grüne Bohnen. Hier wächst keine Ananas, sondern die holzige Steckrübe. Diese Region ist für keine Besiedlung geeignet. Heimisch fühlen sich hier nur Wölfe, Bären und niedere Kriechtiere. Aber der deutsche Affe muss ja unbedingt hier hausen, und zwar, um den Unbilden der Witterung Widerstand entgegenzusetzen, in Gehegen, die höchstens die Ansprüche von Meerschweinchen befriedigen. Das hat zur Folge: Er ist depressiv, fühlt sich einsam und zweifelt an allem. Deswegen entwickelt er die Wahnvorstellung, Arbeit und Erfolg seien das Wichtigste im Leben. »Arbeit schändet nicht«, behauptet der deutsche Affe, oder: »Arbeit macht das Leben süß.« Mit solchen Mantras rechtfertigt er seit Martin Luther seine sogenannte »Arbeitsmoral«: Einen Arbeitsplatz zu haben und bis zur Erschöpfung zu arbeiten, gilt ihm als moralischer Wert. Er arbeitet, um zu arbeiten, und manche Menschen arbeiten dann besonders gern, wenn man sie nicht lässt. »Arbeit« hat in Deutschland einen Stellenwert wie »Vaterland«, »Familie« und »Pflicht«.

Irgendein Affe hat sogar den Gedanken aufgebracht, Arbeit sei ein Mittel zur menschlichen Selbstverwirklichung. Ein blödsinniger Einfall: Arbeit am Fließband oder im Bergwerk, im Steinbruch oder einem Großraumbüro mag vielleicht gesellschaftlich notwendig sein, aber der Selbstverwirklichung dient sie nicht. Höchstens der eines Affen, der Freude dabei empfindet, gestellte Aufgaben zur Zufriedenheit seines Dompteurs auszuführen. Aber mit allem Einsatz darum zu kämpfen, an einem höchst ungesunden und gefährlichen Platz wie zum Beispiel einem Hochofen arbeiten zu dürfen – das ist der Beweis für eine absurde Fehlentwicklung. Das Einzige, was der Affe mit all seiner Arbeit erreicht hat: Er ist leichter beherrschbar und dressierbarer denn je. Arbeit macht nicht frei, im Gegenteil: Sie engt einen ein, wenn man einigermaßen klarkommen will.

Selbstverständlich kann niemand den Wert gesellschaftlich notwendiger Arbeit bestreiten. Den Lebensunterhalt der Familie zu sichern, die Kranken zu versorgen und die Müllabfuhr zu organisieren, das verlangen Sitte und Anstand des hochentwickelten Affen. Aber mehr zu arbeiten, als gesellschaftlich notwendig ist und das quasi religiös zu begründen, das ist Gaga.

Um angesichts des Reichtums der Erde ein artgerechtes Leben zu führen, könnte der Affe mit einem Minimum an Arbeitseinsatz ein Maximum an Lebensqualität erreichen. Stattdessen pflegt er ein idiotisches Wachstumsdenken und bringt sich damit in die Zwangslage, das Erarbeitete gerecht verteilen zu müssen. So wird aus einem Affen zwangsläufig ein psychopathischer Affe, der blöde glotzend nicht versteht: Es geht nicht um die gerechte Verteilung des Elends, sondern um Luxus für alle.

Um dieses erstrebenswerte Ziel mit Sicherheit zu verfehlen, entwickelten die Affen bis in die Zeit von Engels immer genau die Waffen, von denen sie glaubten, dass man sie zum Überleben brauche. Diese Waffen waren nicht dazu geeignet, alle Affen zu töten. Das wusste Engels. Aber Engels wusste nicht: Hundert Jahre später hatten die Affen Atomwaffen entwickelt, mit denen sie sich bis zum letzten Baby selbst ausrotten könnten. Und sie werden es irgendwann tun, denn immer wieder arbeitet der Affe im Menschen daran, den Menschen im Affen zu unterdrücken …

Arbeit – warum muss sie denn immer unbedingt geschafft werden? Und wieso lobt man diejenigen, die Arbeit schaffen, obwohl man sie überall abschafft, um höhere Gewinne einzufahren? Es ist unsinnig, Waschmaschinen zu verbieten, nur um mehr Haushaltshilfen zu beschäftigen …

Wenn der Menschenaffe sich frei machen will von Ausbeutung und Herrschaft, muss er sich zu produktivem Müßiggang entschließen. Der Affe, der Mensch werden will, muss begreifen, dass notorische Faulpelze die wahren Wohltäter der Menschheit sind: Hat man je von einem tyrannischen, mordenden Faulpelz gehört? Ist nicht die Faulheit das liebenswerteste und harmloseste aller Übel? Ist nicht der Fleiß ungleich gefährlicher und bösartiger? Und ist nicht die Kombination von Fleiß und Dummheit die schlimmste aller Bedrohungen?

Um Mensch zu werden, muss der Affe daran arbeiten, die sogenannte Arbeitswelt und ihre Arbeitskämpfe abzuschaffen. Er muss das Arbeitsamt (Jobcenter genannt) als Begegnungsstätte des ehemals werktätigen Volkes endgültig schließen, denn niemand hat ein Recht auf Arbeit, wenn es keine Arbeit gibt – es hat ja auch niemand einen Rechtsanspruch auf Hunger, wenn er satt ist.

Ein voll entwickelter Mensch ist der Affe erst dann, wenn er begriffen hat, dass nur die Befreiung von einer dem Wachstum verpflichteten Arbeit ein erstrebenswertes Ziel ist und ihn ins Reich der Freiheit führt. Wenn er seine anachronistischen Gemütsdefekte überwinden und sich auf eine höhere Entwicklungsstufe schwingen will, muss er akzeptieren: Nur Menschen, die ihren Lebenssinn außerhalb der Arbeit suchen, sind Wegbereiter einer lebenswerten Gesellschaft. Der Begriff »Arbeitsplatz« muss neu definiert werden als Ort geistigen und körperlichen Wohlbehagens. Das neue Wort für Arbeitsplatz könnte zum Beispiel lauten: Ohrensessel. Philosophen könnten eine neue Freizeitethik schaffen. Und deren kategorischer Imperativ lautet dann: Du darfst Theodor W. Adornos Empfehlung in den Minima Moralia folgen: »Auf dem Wasser liegen und friedlich in den Himmel schauen.«

Daran muss in Zukunft gearbeitet werden, denn Freiheit macht Arbeit. Leider ist diese Dialektik wohl schwer zu begreifen.

Der kleine Mann

Wir leben unter der Diktatur des kleinen Mannes. Der kleine Mann hat an allem Schuld.

Wer ist der kleine Mann? Niemand will es wirklich sein. »Ich bin nur ein kleiner Mann« – das ist eine gern benutzte Schutzbehauptung. In Wirklichkeit ist jeder kleine Mann stolz darauf, noch jemanden unter sich zu haben – am liebsten die Kinder oder noch besser die Ehefrau. Und ersatzweise einen Schäferhund, der »bei Fuß« geht.

DER ANDERE

Der kleine Mann ist durch Herkunft und Erziehung so geprägt, dass er sein Leben lang ein kleiner Mann bleibt. Der kleine Mann reproduziert sich selbst, indem er seinen Nachwuchs darauf dressiert, sich den Erfordernissen der Technokratie anzupassen und sich den bürokratischen Einrichtungen von Verwaltung, Regierung und Militär zu unterwerfen.

Der kleine Mann bleibt ein kleiner Mann, solange er sich abfindet mit der angeblichen Bedeutungslosigkeit und Ohnmacht des Individuums. Solange der kleine Mann seine Sozialisation nicht in Frage stellt und keinen Widerstand entwickelt, gegen seine eigene Konstruktion, wird der kleine Mann immer kleiner.

Ein Landwirt gibt Auskunft

Was wir hier unter den Füßen haben – landwirtschaftlich korrekt heißt das »Gülle«. Man muss zwischen Gülle und Jauche unterscheiden. Entscheidend ist der Feststoffanteil. Für mich ist das heute alles Scheiße. Aber früher, früher war die Gülle mein täglich Brot. Und dann irgendwann ging mir die Gülle auf die Galle.

In meiner alten Scheune da drüben befindet sich jetzt eine Legebatterie, da hält die Hühner-Hanna 25 000 Hühner. Wissen Sie, was da hinten rauskommt? Ich sag's Ihnen: Bei jedem Huhn zwanzig Gramm, das sind fünf Tonnen täglich. Auf der Wiese davor steht die Gülle kniehoch. Da kann man bald nicht mehr den Horizont sehen.

Kennen Sie Bessenbach? Bessenbach – ein altes Dorf, etwas weiter nördlich, mit einer uralten romanischen Kirche. Handgeschnitzter Altar eines unbekannten Meisters aus dem 16. Jahrhundert, schöne Fresken. Liegt da drüben, schon im Oldenburgischen. Bessenbach wurde vor zehn Jahren regelrecht zugeschissen. Es liegt begraben unter Feststoffanteilen. In der Gülle untergegangen. Wie die Titanic. Blubbblubb. Bessenbach hat mir irgendwann die Augen geöffnet: Die Algen in der Nordsee, das verseuchte Grundwasser, unsere ganze Umwelt hier – die Gülle hat alles kaputt gemacht. Und ich bin daran auch nicht ganz unschuldig.

Früher hatte ich auch Hühner. Aber nur rund tausend. Anfangs waren das noch schöne Zeiten, als unser Kanzler Kohl so durchs Land reiste, vor allem im Osten, und überall, wo er hinkam, dachte eine ganze Region an faule Eier. Heute halten die Menschen ihre Eier ja eher zusammen und werfen sie nicht mehr auf Regierungsmitglieder, leider. Und irgendwann, als die Eiermafia immer stärker wurde, war ich dann nicht mehr konkurrenzfähig. Die Verbrecher haben ihr Federvieh mit Nikotinsäure besprizt, außerdem Silo-Reinigungsmittel ins Futter gemischt und mit Elektroschocks für ein zügiges Legetempo gesorgt. In Deutschland, Frankreich, Holland und Belgien gibt es circa acht Millionen Freilandhühner, aber täglich dreißig Millionen verkaufte Freilandeier. Jedes dieser hochpotenten Hühner muss also vier Eier am Tag legen. Das ist selbst für eine preisgekrönte Legehenne eine Zumutung.

Für mich war das Hauptproblem: Ich musste mir als Hühnerhalter ständig Gewissheit verschaffen, ob meine Gülle-Belastung von Wiesen und Äckern noch zulässig ist. Die Strafen bei Überschreitung der Höchstwerte sind kein Spaß ... Da konnte man froh sein, wenn man keine Schweine hatte.

Schweine sind einfach unmenschlich. Die produzieren ja keine kleinen Portionen, die machen Riesenhaufen. Kühe kacken auch viel. Hier – mein neuer Kuhstall, gerade fertig geworden, mit Eternitdach, elegant grau gestrichen. Ich hab' ja nur noch 'n paar, eigentlich eher für den Eigenbedarf. Innen alles Computer-gesteuert, mit Musikanlage inklusive Fernseher. Nicht die Kühe, der Stall, meine ich. Milchwirtschaft ist ja schwierig, da bist du auch immer knapp vorm Verhungern. Milchbauern werden wegen der Milchquote mit Steuergeldern subventioniert. Da gilt nicht das Prinzip von Angebot und Nachfrage, reguliert durch die Verbraucher, der Bauer bekommt sein Geld nicht gemessen daran, ob seine Kundschaft viel oder wenig trinkt, sondern daran, wie groß die Wiesen vor seiner Tür sind. Mir kommt das so vor, als würde man Kindergeld für die Anzahl der Kinderzimmer bekommen und nicht für die der Kinder. Kühe sind ja echte Couchpotatos. Von Freilufthaltung halten sie nicht viel, das ist für die nur ein anderes Wort für einregnen, frieren, rumstehen und auf den Schlachter warten. Ich kenne keine Kuh, die nicht

KUH KLACKS CLAN

lieber im geheizten Stall rumliegt, mit dem Schwanz Fliegen erschlägt und vor den Kolleginnen mit ihren Milchleistungen angibt.

Am sympathischsten sind mir aber meine Kartoffeln. Die scheißen nicht überall hin. Na ja, ausgeschissen sind sie auch nicht schön ... Hahaha.

Also, wenn ich das mal zusammenfassen darf: Unter abfallrechtlichen Gesichtspunkten betrachtet sind Hühner, Schweine, Kühe, Kartoffeln und Umweltminister alle dieselben Umweltschädlinge. Und letztlich verfinstern auch die Exkremente der Bundeskanzlerin meinen Horizont.

Den alten Hof von meinen Urgroßeltern habe ich Gottseidank beizeiten warm abgerissen – schön einen halben Meter Fundament stehengelassen für die Versicherung ... Unser neuer Bungalow ist todschick: Fotovoltaik-Dach, Thermopanefenster am Eingang, echte Glasbausteine, Doppelgarage mit Extra-Alarmanlage und Selbstschussvorrichtung für meinen SUV und den Kleinwagen von meiner Bäuerin. Alles videogesichert, außerdem ein schmiedeeisernes Gitter vorm Klofenster. Bei uns wird ja viel eingebrochen. Deswegen nehme ich auch mein preisgekröntes Lieblingsferkel jeden Abend mit ins Bett. Hahaha.

Jetzt also nix mehr rauchgeschwärzte Balken an der Decke, Klön-Tür und Reetdach ... Wie beschissen das mit so 'm Reetdach ist, habe ich übrigens erst letzten Monat bei meinem Nachbarn gesehen: Die Dachdecker, Leute aus Ungarn, haben das Reetdach auf Ungarisch gedeckt, also zeitlich um drei Wochen überzogen, weil sie die meiste Zeit nur geraucht haben, auf dem Strohdach. Um die Kippen zu löschen, haben die Dachdecker in die Hände gespuckt und dann in der Spucke die Zigaretten ausgedrückt. Das hat die Frau vom Nachbarn ganz nervös gemacht, und deswegen hat sie den Dachdeckern einen Eimer mit Wasser hingestellt, damit sie die Kippen darin auslöschen. Aus dem Eimer hat dann mein Hund getrunken. Der hat jetzt eine Nikotinvergiftung und spuckt wie so 'n ungarischer Dachdecker. Ich weiß nicht, ob er das überlebt ...

Meine Urgroßeltern würden ja staunen, wenn sie das alles hier sehen könnten. Die hatten es ja auch nicht leicht damals. Was die mir alles erzählt haben ... Hier im Norden waren nach dem Krieg Zehntausende von Flüchtlingen auf den Straßen unterwegs, also mehr als heutzutage. Und die waren ja auch alle magersüchtig, also die hatten Ess-Störungen. Klar, uns Bauern damals ging's gut. Für fünf Pfund Kartoffeln haben wir einen Flügel berechnet. Wir haben aus der Zeit noch zwei Steinway im Keller stehen und ein Klavier. Alle verstimmt, leider, aber wir Bauern haben für so was sowieso nicht die richtige Begabung. In unserm Schlafzimmer und im Gästezimmer haben wir immer noch einige Perserteppiche liegen. Doppelt. Das macht ordentlich was her. Und reichlich Schmuck habe ich natürlich auch geerbt. Viele Eheringe, dafür gab's pro Stück zwei Eier, und für 'n Siegelring durfte man sogar aufs Häuschen. Papier kostete extra: Für drei Blatt wurde ein Füllfederhalter gefordert oder eine Blockflöte. Wie gesagt – für uns war's eine schöne Zeit. Für die Flüchtlinge nicht so, aber die haben es ja immer schwer.

Heute arbeiten viele Flüchtlinge in der landwirtschaftlichen Massenproduktion europäischer Großunternehmen, aber auch in Fleischfarmen, Treibhäusern und Fabriken. Ohne die gäb's weder Tomaten noch Erdbeeren, Wein, Oliven, Spargeln. Und auch kein Fleisch.

Oft haben die nicht mal eine Aufenthaltsgenehmigung. Und Arbeitspapiere schon gar nicht. Durch die steigenden Flüchtlingszahlen hast du jetzt auch Araber auf dem deutschen Acker. Das sind dann Leute ohne Rechte, ohne Pausen, ohne Schutzbekleidung gegen Pestizide oder Tierseuchen, bei extremen Temperaturen. Die kommen als Saisonarbeiter durchschnittlich so auf zwei bis 3,50 Euro die Stunde und müssen dafür im Akkord ackern. Überstunden werden nicht bezahlt. Da sind die Verhältnisse so schlimm, dass sogar schon einzelne Gewerkschafter von moderner Sklaverei sprechen. Aber das ist natürlich nur bei den Großunternehmen so. Nicht bei so 'm kleinen Bauern wie mir. Ich muss denen Mindestlohn bezahlen. Bei mir funktioniert die staatliche Kontrolle ....

Und dann weiß ich wieder, wer ich bin: Ich bin die Melkkuh der Nation.

Klar, alle halten sich für die Melkkühe der Nation, vor allem die Autofahrer. Die Ärzte glauben, sie sind die Melkkühe der Nation, aber die Patienten sind auch die Melkkühe der Nation. Die Mieter halten sich für die Melkkühe der Nation, aber auch die Vermieter sagen, sie sind die Melkkühe der Nation. Die Rentner jammern, sie sind auf jeden Fall die Melkkühe der Nation, die Unternehmer behaupten, sie sind die Melkkühe der Nation, die Arbeitnehmer wissen, sie sind die Melkkühe der Nation, die Beamten, die Einzelhändler, die Apotheker, die Raucher, die Gastwirte und die Steuerzahler – alle halten sich für die Melkkühe der Nation! Aber das heißt natürlich, das Milchmädchen von hinten aufzuzäumen, denn in Wirklichkeit sind wir's, die Bauern! Wir armen Schweine sind die Melkkühe der Nation …

Der marktkonforme Wachtmeister

Ich frage mich seit einiger Zeit: Die Industrie sponsert Sport und Popkonzerte, warum also nicht auch die Sicherheit? Die Hemdkragen von Streifenpolizisten sind genauso werbewirksam zu beschriften wie der Overall von Rennfahrern. Unterhaltsam wäre auch die Lautsprecherdurchsage:»Dieser Knüppel-auf-den-Kopf-Einsatz wurde Ihnen präsentiert von Gorbatschow Wodka!«Natürlich können Abschleppfirmen für die Gehälter der Politessen aufkommen, Nike und andere Jogginunternehmen finanzieren Radarfallen, Banken stellen die Einsatzfahrzeuge zur Verfügung, selbstverständlich entsprechend beschriftet –»Wir machen der Polizei den Weg frei!«– und jeder ist ein Schuft, der denkt, durch Sponsoring sei die Polizei nun käuflicher als zuvor.

Auch die Waffenindustrie müsste zu begeistern sein angesichts solcher Werbesprüche wie:»Die Polizei bricht jeden Widerstand, nimmt sie Heckler & Koch zur Hand.« Oder:»Die Polizei, die Walther P99 vertraut, die löchert jede Gangsterbraut.« Penny könnte die Pausenbrote der Verkehrspolizei sponsern, Ariel wirbt mit der strahlenden Sauberkeit von Schusswesten, und dass Oil of Olaf ungemein wohltuend wirkt, steht auf jeder Pfeffersspraydose. Google sponsert selbstverständlich alle Fahndungskarteien.

Noch eine weitere Einnahmequelle wartet darauf, erschlossen zu werden: Jahr für Jahr müssen die Freunde und Helfer Milliardenwerte beschlagnahmen und vernichten. Warum tut sich die mit diesen Aktionen befasste Exekutive nicht mit den Ein-Euro-Billigshops zusammen, wo diese Dinge dann preisgünstig verramscht werden? Da gibt's dann Zigaretten zu Dumpingpreisen, erschwingliche Rolex-Imitate und ordentliches Haschisch weit unter Marktpreis. Das wäre doch eine phantastische Sympathiewerbung! Gut beraten wäre die Polizei auch, ihre Führerschein-, Drogen- und Alkoholkontrollen sponsern zu lassen. Dann könnte sie ihre Strafmandate in verschiedenen Formaten anbieten, zum Beispiel als Glückwunschkarte, vielleicht sogar verbunden mit einer kleinen Glückwunschmelodie, die beim Aufklappen ertönt, so dass der böse Bürger seinen Bußgeldbescheid mit einem Lächeln in die Hand nimmt und die Gebühren gern bezahlt, denn darauf kann er lesen: »Trinken Sie einen auf den Schreck! Wir sind Jägermeister!«

Der Stammtisch

Zu Beginn des dritten Jahrtausends ist Deutschland immer noch das Land des deutschen Reinheitsgebotes, des putzigen Fachwerkbaus und des abgasfreien Dieselmotors. In Deutschland herrschen seit Jahrtausenden soziale Gerechtigkeit, religiöse Toleranz, Gleichberechtigung der Frau und die gesellschaftliche Anerkennung der Homosexualität. In der deutschen Gesellschaft sind Effizienz und Akzeptanz die höchsten aller Werte. Die Deutschen kommen gut ohne Humor aus, haben aber zu allem eine unumstößliche Meinung. Wenn sie lachen, dann weniger aus Freude als aus Schadenfreude. Die Mehrheit in Deutschland bilden Versicherungsbetrüger, Ladendiebe, Falschparker, Schwarzfahrer und Erbschleicher, Rundfunkbeitraghinterzieher, Alkoholiker, Rentner, hupende Tempoidioten und Jogger.

Der einzige Ort, wo sich der deutsche Mann wirklich geborgen fühlt, ist der Stammtisch: in gediegener Atmosphäre die Welt ordnen. Keine Zweifel an der eigenen Überlegenheit, Witze machen auf Kosten anderer, sich langsam ans Ego ransaufen. Herrlich!

Soziologisch betrachtet ist der Stammtisch dasselbe wie der Kaffeeklatsch nachmittags im Tortenmilieu, wo die Blaugespülten zusammenhocken, die ihre Männer unter die Erde gekocht ha-

ZAHNLOSE MENSCHEN NAHMEN AN DER VERANSTALTUNG TEIL

ben. Und die nächtliche Kneipenszene im Univiertel ist auch nix anderes: verschwitzte Erlebniskatakomben im tristen Pilsbiotop. Am Stammtisch pflegt der deutsche Mann das offene gesellschaftliche und politische Gespräch, frei von den Zwängen politischer Korrektheit, fernab von internationaler Beobachtung. Deswegen senken die Stammtischbrüder auch immer die Stimme und sprechen leise, wenn ein Fremder hereinkommt. Stammtisch, das ist deutsche Kultur, wie Badezimmer. Da lässt der deutsche Mann auch niemanden zugucken, wenn er sich mal im Schritt wäscht. Nur am Stammtisch kann er frei sagen, was er von Mohammedanern und Juden, Negern und Frauen hält.

Der Stammtisch ist der einzige wirkliche Tabubrecher in Deutschland, ein Hort geistiger Kühnheit. Alles, was Medien oder Politiker irgendwann mal laut äußern, wurde zuerst am Stammtisch gedacht und gesagt. Am Stammtisch sitzen ja nicht nur reaktionäre Dumpfbacken, Suffköppe, die keinen Satz geradeaus sprechen können, halbe und ganze Nazis, Väter von Skinheads und höchstens mal ein Apotheker, der heimlich FDP wählt. Am Stammtisch sitzen Leute, die das deutsche Schulsystem durchlaufen haben. Und das ist von hoher demokratischer Qualität und blitzgescheit. Da sitzen auch gebildete Rundfunk- und Fernsehmoderatoren, die sich richtig gut ausdrücken können – Leute, die allein schon das Wort »geil« für einen vollständigen Satz halten. Und da sitzen vor allem deutsche

Männer, die sich Sorgen machen, die vor lauter Sorgen und natürlich auch von der Arbeit einen krummen Buckel haben. Stammtischler haben alle ein kaputtes Kreuz ...

Deswegen sitze ich lieber an der Bar. An der Bar braucht man Rückgrat.

Wirklich starke Charaktere findet man nur auf dem Barhocker. Allein und aufrecht, Aug' in Aug' mit dem Getränk.

Shopping

Eines Tages ging der Eiserne Vorhang auf. Durch den Übergang von der totalitären Diktatur zur totalitären Demokratie hatte sich der Ostblock ein Wohnrecht im europäischen Haus verdient, und als das Gesetz über die Möglichkeit der freien Reise in aller Welt verkündet wurde, sprach sich das rasend schnell rum. Auf dem Alexanderplatz in Ostberlin stieg ein verdienter Held der Arbeit auf das Dach seines Trabbi-Sportwagens und brüllte, so laut er konnte: »Jetzt geh'n wir in den Westen, shopping!«

Daraufhin haben sich sechzehn Millionen Ostler aus dem ganzen Land in Bewegung gesetzt. Und alle brüllten ununterbrochen: »Jetzt geh'n wir in den Westen, shopping!«

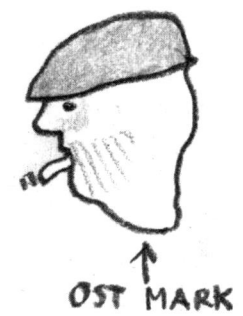

Alle Züge fuhren nach Westen, alle Autos ebenfalls, und wer keinen Sitzplatz fand, kletterte zu Fuß über Mauern und Zäune. Alle Lastwagen, Traktoren, Bulldozer, Mähdrescher und Bagger rollten nach Westen, sofern sie Benzin hatten. Die größte Völkerwanderung der Neuzeit rollte an. Alle wollten im Westen Shopping gehen.

Die Ostler plünderten nicht, sie mordeten und vergewaltigten auch nicht, nein, sie drückten sich ihre dicken Nasen an den Schaufenstern platt und bewarfen sich vor Übermut mit Ananas und Kokosnüssen. Einige zündeten in den Fahrstühlen Lagerfeuer an und warfen Akten aus den Fenstern, um in den Regalen Platz für ihre Kinder zu schaffen.

Es gibt ein kurzes, aber berühmtes Video: Da sieht man den westdeutschen Bundeskanzler mit einem Teller Soljanka in der Hand vor dem Brandenburger Tor stehen, und er murmelt: »Wer ist eigentlich der Idiot gewesen, der von den Ostzonen-Behörden immer wieder verlangt hat: Freizügigkeit, Freizügigkeit, Freizügigkeit ...«

Er ahnte wohl: Unter denen, die da zum Shoppen kamen, waren auch viele zu Kommunisten gewendete Nazis, und es würde schwierig werden, die bei uns als Demokraten zu integrieren. Na, wollen mal sehen, dachte er, wie lange die Banane als Basis unseres neuen Gemeinwesens taugt ...

In des Kanzlers Erinnerung war die DDR immer auch ein integraler Teil der Bonner Republik gewesen, sie gehörte dazu wie West-Berlin, das Niederwalddenkmal, die D-Mark, Schweinelendchen und Schwarzwälder Kirschtorte. Aus dem Blick auf dieses fremdartige und in jeder Hinsicht benachteiligte Land hinter dem Eisernen Vorhang bezog er jahrzehntelang sein Überlegenheitsgefühl, und trotz der unerwarteten und rasanten Entwicklung blieb ihm die Gewissheit, dass man den Osten auf keinen Fall mit dem Westen vergleichen kann, weil der Westen nun mal sehr viel westlicher ist.

Natürlich würde er jedem Ostler eine eigene Schweiz gönnen, aber solange eine derartige Umverteilung der Besitzverhältnisse außerhalb jeder Realität lag, ging er davon aus: Die DDR ist unsere Beute, und ihre Bewohner sind unsere Kriegsgefangenen.

Er mochte sich gar nicht vorstellen, am Ende des kalten Krieges hätte die DDR triumphiert. Von Schröder bis Augstein, von Friede Springer bis Gräfin Dönhoff, alle Konzernchefs und alle Banker, alle Freundinnen und Freunde, er selbst auch, alle säßen jetzt im Zuchthaus Bautzen, und der Häftling Biermann müsste ihnen beim Rundgang etwas vorsingen. Was für ein Segen, dass ich in Polen war, als es passierte, dachte der Kanzler, und was für ein Pech, dass ich die Wiedervereinigung nicht vermasselt habe …

Wir sind die Guten

Für etwa dreißig Millionen Deutsche gehört es zum Alltag, sich ehrenamtlich zu engagieren. Auch in sogenannten Bürgerwehren mit so zielgerichteten Namen wie »Warnemünde wacht« oder »Peine passt auf«. Diese Bürgerwehren, bestehend aus männlichen, dunkel gekleideten, ordentlich frisierten und tief besorgten Bürgern, die mit Pfefferspray, Knüppeln und Schreckschusspistolen bewaffnet durch unsere menschenleeren, aber nächtlichen Gassen patrouillieren, wollen deutsches Hab und Gut beschützen vor Ausländern, Nachtjacken und illegal eingereisten Waschbären, weil die faule Polizei und die lasche Justiz mit denen nicht fertigwerden. Was mich dabei wundert: Deutsche Verbrecher verfolgen die Bürgerwehren nicht.

Zum Verprügeln von Steuerhinterziehern, zur Unschädlichmachung von Umweltverbrechern, zur Gefangennahme von Versicherungsbetrügern oder Rasern rücken sie nicht aus – dabei weiß man doch: Ein Unternehmer plus ein Prokurist und ein Berater – fertig ist die korrupte Bande.

PROKURIST   ANTIKURIST

Im Baumarkt

Bühnenbild: Eine natur-transparente Lichtwellbahn flappt im Dämmerregen über das Haubenvordach-Atrium.

Regieanweisung: Auftritt von Peter Handke, 55, nach Unfall mit einer Kettensäge beinamputiert. Er klettert mühsam aus einem Maschinenkoffer mit Meißelhammer, Multi-Tool-Set und einer Feuchtraum-Wannenleuchte und wendet sich ohne Umschweife in einem inneren Monolog mit einem Hartmetall-Oberfräser-Satz als kinnreckendem Anfang an das Publikum.

Wo ist meine Hebebühne? Ich bin der auf diesem Gebiet Bewanderte! Wer nie den Spanngurt mit Ratsche angelegt und die Acrylwanne Vivienne über eine Entwässerungsrinne mit verzinktem Rost an der Teichpumpe angeschlossen hat, bleibt ein Fremder in seiner eigenen Unterwäsche. Die Wasser-Sprudelsäule Volcano mit ihrem beleuchteten Farbwechsler und zwei Plastik-Fischen, verspachtelt mit dem neuen Präzisions-Schaftfräser als Staubabsaugung und überlagert von einer kleinodhaften Portion Schnellspannbohrfutter, verkörpert keine Absicht – auch keine noch so edle – und keine Kennerschaft, kein Eingeweihtsein, keine Harmonie. Hier wird alles in seiner jeweiligen Eigenheit unwahrgenommen bleiben, bleibt Spindelarretierung.

Nur dort bin ich für mich am Platze, wo ohnehin auf die Dauer kein Sein ist. Doch in diesem Haus kann eine Art Erkundung und ein Sicheinlassen, allein, ohne Lehrer, auf eine Sprache, die zunächst möglichst unbekannt sein müsste, unter keinen Umständen angegangen werden. Gibt es in der Jetztzeit, da jeder neue Tag ein historisches Datum ist, jemand Lächerlicheren, jemand Verrannteren als gerade mich, dem es an Anpressdruck mangelt, weil bei ihm die Noppen nicht aufeinander liegen?

Eigentlich wollte ich nur das Badezimmer renovieren. Und dann entdeckte ich den Schwamm in der Wand. Zwei Tage später waren zwei Wände, ein Teil der Decke und der halbe Fußboden abgerissen. Zwischen mir und dem Garten befand sich nur noch eine magere

Ziegelwand. Von oben betrachtet war das Haus ein Loch. Ich konnte mir aus der Speisekammer im Parterre durch das Wohnzimmer im 1. Stock hindurch ins Bad in der zweiten Etage hochwinken. Ich war ein ruinierter Mann in einer Ruine. Zog mir einen Blaumann an und fragte mich, bin ich eigentlich Rechts- oder Linkshänder? Aber die Frage überfordert mich, ich bin schließlich ein Intellektueller.

Jetzt mache ich meinen ersten Rundgang durch das 30 000 Quadratmeter-Sechskantschrauben-Walhalla vom Baumarkt. All diese reizenden Stromsparschalter! Einen Brauchwasser-Standspeicher könnte ich auch gebrauchen, und ich könnte die »Duschtasse, superflach« im eigenhändig gefliesten Bad versenken. Dieser Schwamm sollte mich kennenlernen. Beeindruckend eine fünfzehn Meter hohe Wand, zwanzig Meter breit, behängt mit Klodeckeln, 300 Quadratmeter Klodeckel neben Klodeckel, da fällt die Entscheidung nicht leicht.

Eine Randleistenmatte würde ich wohl auch brauchen und einen fertig gerahmten Michelangelo. Für einen Grabtopf mit Nobilistanne war es aber wohl noch etwas früh.

Einen Hochdruckreiniger 330 mobil plus werde ich wohl nicht mitnehmen, der ist so schwer einzuwickeln, zumal es die rotierende Waschbürste kostenlos dazugibt.

Ein schönes Theater ist das hier, tadellos renoviert: An der Decke keilig zugeschnittener Isophen-Klemmfilz, unter den Füßen eine wohnliche Berberschlinge auf textilem Komfortrücken. Na, Schwamm drüber ...

Regieanweisung: Peter Handke setzt sich auf einen Sack Dämmstoffkörnung und versucht, sich mit dem Bohrschrauber ein neues Kniestück einzudübeln. Dabei ruiniert er mit seiner Akku-Pendelhub-Stichsäge auch sein zweites Bein. Auf allen vieren kriecht er über eine Geschosstreppe davon ... Dunkel.

Auftragskiller

Eine Morgenmagazin-Moderatorin, für die frühe Stunde schon erstaunlich entrüstet, informierte mich, eine Meute Paparazzi habe Diana, die Prinzessin von Wales, erbarmungslos erst in einen Tunnel und dann gegen eine deutsche Beton-Wand in den Tod gehetzt. Diese Paparazzi seien wirklich der Abschaum, Schmeißfliegen und Aasgeier.

Nun gut, ich gebe zu, bei diesen Fotojägern handelt es sich um gelegentlich etwas unkonventionell arbeitende Zeitgenossen. Aber sie tun eben alles, um ihre Auftraggeberinnen zufriedenzustellen – und das ist eine geistig anspruchsvolle Klientel, die in Frisiersalons unter den Trockenhauben, in Wartezimmern und auf Reisen angemessen unterhalten sein will ... Leider haben wir Deutschen keine glamouröse kaiserliche Familie, die noch im Amt ist, leider sind wir auf ausländische Herrscherhäuser in England, Skandinavien oder Monaco angewiesen. Und leider weilt keine deutsche Frau von Format unter uns, deren abruptes Ende unsere Nation emotional ähnlich aufwühlen würde wie der Tod dieser englischen Kindergärtnerin mit der Candlelight-Erotik Royal. Mutter Theresa käme eventuell in Frage – aber abgesehen davon, dass sie längst im Paradies Harfe spielt – eine echte Deutsche war die ja auch nicht ...

Nomenklatura (2006)

Werfen wir einen Blick auf die feministische Front: Corinna Werwigk-Hertneck ist als Justizministerin von Baden-Württemberg zurückgetreten. Die Hamburger Bildungssenatorin Alexandra Dinges-Dierig ist bislang nicht in Corinna Werwigk-Hertnecks Rücktrittsstapfen getreten, sie will wohl ihrer Kollegin Birgit Schnieber-Jastram den Vortritt lassen. Die niedersächsische Justizministerin Elisabeth Heister-Neumann hingegen will ihr weiteres Vorgehen mit der Berliner Gesundheitssenatorin Heidi Knake-Werner abstimmen. Schleswig-Holsteins Bildungsministerin Ute Erdsiek-Rave hat dazu noch keine Stellung genommen, aber wie man hört, wollen auf Anraten von Sabine Leutheuser-Schnarrenberger im Saarland die Ministerinnen für Inneres und Justiz ebenfalls zurücktreten, um zusammen mit der Staatssekretärin im Wirtschaftsministerium eine Girl-Band gründen: Das »Annegret Kramp-Karrenbauer – Ingeborg Spoerhase-Eisel – Daniela Schlegel-Friedrich-Trio«.

Filmriss (1978)

Kurzum: eine Person zum Rasendwerden. Und verglichen mit ihr sind die körperlichen Reize anderer Personen an unserer Tafel nicht begehrenswerter als Hockeyschläger. Welche versunkenen Abenteuer und Leidenschaften haben dieses Wesen geformt?

Ich kann meine Augen nicht von dieser Person lösen, während wir ein ums andere Mal mit Champagner anstoßen und uns der Auflösung aller Sittlichkeit und Zurückhaltung entgegentrinken. Schließlich ist der Augenblick gekommen, da die Person jeden inneren und äußeren Halt verliert, und sie wäre wohl vom Stuhl gefallen, hätte ich sie nicht umfasst und, obwohl ich selbst kaum noch eine vertikale Körperhaltung einnehmen kann, auf ihre Füße gestellt. Für Sekunden schwanken wir in einem Gleichklang, der für die verbleibende Nacht ein Maximum an Harmonie verspricht. Woher stammt diese Unruhe in meinem Blut? »Bring mich ins Hotel«, murmelt die Person an meinem Hals, und wir verlassen das Fest. Der Vollmond illuminiert unseren Weg.

Der nächste Morgen nimmt für mich einen gänzlich unerwarteten Verlauf. Meine Augenlider sind entflammt, die Lippen sind wund, in Kopf und Gliedern liegt eine schmerzliche Trunkenheit und eine schwere Schlaffheit, dazu Krämpfe in Brust und Unterleib. Das Zimmer, in dem ich mich befinde, ist kahl, nüchtern und unbequem mit seiner geweißten Decke und einer schräg karierten Tapete. Kalter Schweiß bedeckt meine fahle Haut, fröstelnd liege ich nackt auf der Matratze eines unbezogenen Bettes.

Vor mir steht ein Individuum, etwa achtundzwanzigjährig, kurzhalsig und hässlich. Sein geschorenes Haar wächst in Form eines spitzen Winkels sonderbar weit in die ohnedies niedrige Stirn hinein. Sein Gesicht, bartlos, mürrisch und plump, zeigt eine Doggennase und strichschmale Lippen, die widerwillig und gleichsam mit einem matten Zorn zischen:

»Was machen Sie denn hier?«

Ich sehe mich außer Stande, eine Erklärung abzugeben. Wo ich denn sei, frage ich.

»Hotel Maritim Bochum, achte Etage, Zimmer 811«, antwortet er.

Ich stöhne, presse die Hände vor die Augen und erhebe mich.

Er sagt: »Ich bin der Zimmerservice. Ich muss dieses Zimmer jetzt bezugsfertig machen.

Wo sind denn Ihre Sachen?«

Ich setze mich auf einen Stuhl an der Wand, lasse die gefalteten Hände zwischen den Knien hängen und starre trüb auf die Dielen nieder.

»Keine Ahnung«, flüstere ich.

Smoking, Hemd, Unterwäsche, Strümpfe – nichts dergleichen befindet sich in diesem Zimmer, und ich sehe mich der Welt gegenüber im Zustande eines nach der Geburt sofort verwaisten Neugeborenen. Nackt und eigentlich zu kraftlos, um überzeugend zu schreien.

Der Zimmerservice wickelt mich in eine die Haut reizende, wollene Decke, führt mich zum Fahrstuhl und geleitet mich zur Rezeption des Hotels. Im Zustand extremer Gimpelhaftigkeit soll ich erklären, was nicht zu erklären ist.

»Anterograde Amnesie«, murmele ich.

»Wie bitte?«, fragt höflich der Zimmerservice.

»Schon gut«, antworte ich, »mein Name ist Dr. Klaus Lebemann, ich bin gestern im Grand Hotel Adler in Dortmund abgestiegen.«

»Hier sind Sie aber im Maritim in Bochum.«

»Tja.«

An der Rezeption fragt man mich zunächst, ob ich die Konsultation eines Arztes wünsche. Ich verneine dankend. Dann ruft man zwecks Identifikation meiner Person in Dortmund an. Die Schilderung meiner Situation lässt mich immer kleiner werden. Dann erhalte ich eine telefonische Beglaubigung. Offenbar war ich – das ergeben die Ermittlungen des Hausdetektivs – mit einem männlichen oder einem weiblichen Gast des Maritim weit nach Mitternacht in dessen oder deren Zimmer gegangen. Was immer sich dort auch abgespielt habe, sagt er, bleibe im Dunkel dieser Nacht verborgen und sei auch nicht Gegenstand seiner Untersuchung. Aber mit an Sicherheit grenzender Wahrscheinlichkeit habe sich das Geschehen in den Zimmern Nummer 111, 211, 311, 411, 511, 611 oder 711 abgespielt. Leider seien die meisten Gäste dieser Zimmer bereits abgereist, andere seien momentan nicht zu erreichen, möglicherweise seien sie im Wellnessbereich, sodass eine eingehende Befragung momentan nicht durchzuführen sei. Ob ich denn nicht wisse, mit wem …? Nein, ich wisse nicht. »Ich weiß auch nicht, wie die Person heißt.«

Der Hausdetektiv schwankt zwischen schärfster Missbilligung und höchster Bewunderung. Es gebe starke Indizien dafür, fährt er mit gedämpfter Stimme fort, dass ich eines der genannten Zimmer irrtümlich nackt verlassen habe, um mich meines Harndranges zu entledigen. Ich habe wohl in der Dunkelheit des mir fremden Zimmers die Badezimmertür mit jener Tür verwechselt, die hinaus auf den Hotelflur führt.

Ich sei dann, »entschuldigen Sie, mein Herr, aber die Spuren sind mehr als eindeutig!«, in den gegenüber der Zimmertür offen stehenden Fahrstuhl getreten und, während ich meine Notdurft verrichtete, in den achten Stock hinaufgefahren, wo ich den Fahrstuhl erleichtert verließ, in das gegenüber liegende Zimmer 811 ging und mich dort ins ungemachte Bett legte …

Den Gipfel meiner Scham bin ich zu erklimmen veranlasst, als mir der Hotelmanager mit süffisantem Lächeln das Gästebuch überreicht und mich um einen witzigen Eintrag zur Erinnerung an diese ungewöhnlichste aller Übernachtungen ersucht. Da hieß es, die Contenance zu wahren. Man verzichtet darauf, mir die Decke abzunehmen, weil ich verspreche, sie alsbald gereinigt zurückzuschicken. Auch sichere ich eine Generalreinigung des Fahrstuhles zu. Und während man mich zum Taxi führt, murmele ich in mich hinein: Mann oh Mann, Klaus – was hast du dir nur dabei gedacht …

Eine repräsentative Umfrage

Musiksoziologen der TU in Berlin haben 6 500 Konzert- und Opernbesucher befragt, was ihnen wichtig ist, auch politisch. Und da kam raus: Die Leute gehen nicht ins Konzert, um das akustische Rieselfeld zwischen ihren Ohren musikalisch zu befriedigen, sondern sie haben den Wunsch, ihr Wertesystem bestätigt zu sehen.

Für sechzig Prozent des Musikantenstadl-Publikums sind am wichtigsten: Geborgenheit, Sicherheit und Familie. Und was wählen diese sechzig Prozent? Sie wählen »Die Linke«.

Es sei denn, sie wählen die Nazis.

Die Wertschätzung von Richard Wagner, dessen germanischen Recken und Göttern, obliegt vor allem den alten Herren schlagender Verbindungen mit ihren aufgeschäumten Gattinnen im Winifred-Wahn. Aber gleich daneben sitzen die, die die Welt verändern wollen und Führungspositionen anstreben. Die Hälfte besitzt einen Hochschulabschluss, es sind Leute, die sich etwas darauf einbilden, dass sie Wagners kompliziertes Beziehungsgeflecht einigermaßen

durchschauen und es für eine Bestätigung ihres Durchsetzungsver-
mögens halten, wenn sie acht Stunden Götterdämmerung am Stück
aussitzen können. Also, da sitzen Wahnfrieds willige Wähler, Wo-
tans wilder Wackelpudding, da sitzt Rot-Grün.

So bleibt für das Wertesystem der CDU-Anhängerschaft nur eine
Sparte übrig: das Musical. Angesichts von »Anatevka« erledigt sich
jeder Führungsanspruch. Geborgenheit, Sicherheit und Familie hat
das Phantom der Oper nicht zu bieten, aber der König der Löwen
liefert Flucht aus dem Spendenalltag und Erholung vom politisch
schlechten Gewissen.

Der Rest ist Comedy. Da von einem Wertesystem zu sprechen, fällt
schwer, denn hier finden sich zusammen: die Freunde öffentlicher
Hinrichtungen, sexuelle Gastarbeiter, politische Wegelagerer, in-
tellektuelle Sonderanfertigungen, Ballermanntölpel, Leute, die
Bungee-Jumping am Drahtseil betreiben, Menschen, die auch mit
Alkohol lustig sein können, und schließlich die ganz normalen Hu-
morverweigerer.

Der Tournee-Schauspieler

Eines Tages lungert ein fremder Mann im Haus herum. Nachmittags
erhebt er sich aus dem Bett, ordert telefonisch Kaffee, verlangt absolute Ruhe im Haus und Rücksicht auf seinen Erschöpfungszu-
stand. Im Bad wütet er wie eine Wildsau. Er raucht im Zimmer und
poliert seine Schuhe mit der Gardine. Bei Tisch beklagt er lauthals
das Fehlen einer reizvollen Speisenkarte, erzählt begeistert von jenem erstklassigen Restaurant in Gaggenau und murmelt etwas von
»Scheißhotel hier«. Dann verlangt er, der Etagenservice möge ihm
die Weinkarte bringen.

Den Kindern begegnet er uninteressiert, autoritär und wortkarg.
Die Hausfrau macht er für das Fehlen einer Sauna im Keller verantwortlich. Er bestimmt das abendliche Fernsehprogramm, schläft

aber im Sessel ein. Kurz nach 22 Uhr erhebt er sich aus dem Fernseh-Sessel, und macht einen Diener. Dann zwingt er alle Anwesenden, in Beifall auszubrechen und ihm zuzujubeln. Die Kinder müssen ihn um Autogramme bitten. Anschließend bekommt er einen enormen Durst, den er bis zum Morgengrauen löscht. Angezogen im Bett liegend träumt er angstvoll davon, als regierender Monarch vor tausend Menschen zu stehen, seinen Text nicht zu können und mit einer Stimmbandlähmung zu kämpfen.

Er erwacht viel zu früh mit schweren Kopfschmerzen vom Lärm der Vögel vor seinem Fenster. Aber wer ein routinierter Profi ist, der steht unter dem gewohnten Druck im Schatten seiner eigenen Bedeutung an der Seite seiner Familie fest in seiner Tradition auf verantwortungsvollem Posten alles durch. In einer halben Stunde muss er los. Dann geht der Schauspieler wieder auf Tournee.

4 Die sogenannten Mitbürger

Geflüchtet

Das dümmste Argument in der sogenannten »Flüchtlingsfrage« lautet:

»Wir können nicht alle aufnehmen!«

Hat das jemand verlangt?

Ich gebe zu – wenn wirklich alle Schwarzen nach Deutschland kommen – drei bis vier Milliarden – dann wird's eng. Aber es können auch nicht alle Putzfrauen gleichzeitig in einen Aufzug steigen, es können sich nicht alle Deutschen gleichzeitig am Ballermann betrinken, es können nicht alle deutschen Radfahrer an der Tour de France teilnehmen, und wenn alle Autos dieser Welt gleichzeitig auf eine deutsche Tankstelle fahren, haben wir auch ein Problem ...

Doch die Organisation ist ein Meister aus Deutschland: Im Dritten Reich haben wir Millionen Juden mit unserer Eisenbahn an ihre Bestimmungsorte gebracht und Millionen Zwangsarbeiter auf Industrie und Landwirtschaft verteilt. 1945 haben wir in Westdeutschland Millionen Vertriebene aus Ostpreußen, Schlesien und Pommern mit Flüchtlingsscheinen ausgestattet und angesiedelt. In den Fünfzigerjahren kamen Zigtausende Gastarbeiter zu uns, denen wir Lohnsteuerkarten in die Hand drückten und von denen ein Großteil blieb, 1989 haben wir Millionen Arbeiter und Bauern aus der DDR in die D-Mark integriert, hauptsächlich übrigens Wirtschaftsflüchtlinge, und gleich anschließend haben wir Millionen Spätaussiedler mit Wohnraum versorgt. Und jetzt sind wir mit gerade mal einer Million Neuankömmlingen an der Belastungsgrenze? Das ist doch lächerlich.

Ich habe das saudumme Genöle meiner fremdenfeindlichen Landsleute satt.

Wenn es irgendjemandem nicht passt, dass armselige Geflohene und Gestrandete bei uns einziehen, wo sie es warm und trocken haben und sich einigermaßen wohlfühlen, dann sollen sich doch die Alteingesessenen vom Acker machen. Klappe halten und wegziehen! Das ist ein Menschenrecht! Ich empfehle: Ausländerfeindliche deutsche Eingeborene ziehen in stillgelegte Bergwerke. 800 Meter unter Tage werden unsere reinrassigen Vaterlandsverteidiger es bei gepflegten Gesprächen über deutsche Kultur gewiss schön ruhig haben ...

Eine angemessene Alternative wäre, alle Flüchtlinge nach Dresden zu schicken, damit die Patrioten in dieser Stadt die Flüchtlinge auch mal zu Gesicht bekommen, vor denen sie immer so zittern ... Und wenn ihnen das auch nicht passt – sollen sie sich doch mit den Köln-Düsseldorfer Rheindampfern, auf Flößen, mit den Alsterschiffen und in Schlauchbooten in die offene Nordsee absetzen und von da aus übers Mittelmeer schippern, um als Wirtschaftsflüchtlinge an den Küsten Afrikas, in Uganda, Ghana und Senegal, um Asyl zu bitten. Die wenigsten werden vermutlich lebend einen rettenden Strand erreichen, aber wenn, werden sie in sichere Drittstaaten nach Mali, Syrien und in die Sahelzone abgeschoben, wo die Behörden dann hoffentlich gerade die bayerischen Integrationsrichtlinien austesten ...

In dem Zusammenhang ist vielleicht interessant, was die internationale Presse aus der Republik Kongo berichtet: Im kongolesischen Rundfunk übertrug man das Musikantenstadl. Daraufhin erklärten die kongolesischen Hörerinnen und Hörer Deutschland zum unbeliebtesten Land jenseits von Afrika: Hunderte Menschen stürmten die Schlepperbüros und stornierten ihre Passagen nach Lampedusa und ihre Buchungen auf Lesbos, und Staatspräsident Kabila äußerte die Befürchtung, nun würden wohl bald Millionen Menschen aus Deutschland flüchten und ganz Afrika überfluten ...

Burka für alle

Der westliche Sexismus manifestiert sich in männlicher Dominanz, Diskriminierung und sexuellen Übergriffen, und er offenbart sich in der Mode: tiefes Dekolleté, verführerische Brüste, flacher Bauch, lange Beine, knackiges Gesäß, straffes Bindegewebe.

Die Burka tragende Frau spielt da nicht mit: Sie lässt keine prüfenden Blicke zu, sie zeigt sich nicht als Objekt. Sie entzieht den westlichen Männern das Urteil über ihre weibliche Erscheinung. Ihre Gestalt ist eine Totalverweigerung, deren Kontrolle allenfalls in der Hand muslimischer Männer liegt. Nun diskutiert ganz Deutschland (wie es immer so angeberisch heißt) über die Burka. Es toben Revierkämpfe zwischen der christlich-patriarchalischen Tradition und der muslimisch-patriarchalischen Tradition um das Heiligste im Patriarchat: die Frau.

Vor einigen Jahren kam es in einer Silvesternacht zu zahlreichen sexuellen Übergriffen durch Gruppen junger Männer, vornehmlich aus dem arabischen und nordafrikanischen Raum, und in der *Frankfurter Allgemeinen Zeitung* stand geschrieben, was anständige Deutsche angesichts dieser Massenkriminalität gefälligst zu denken hätten:

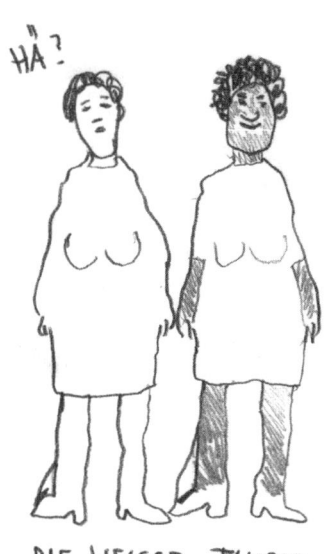

DIE WEISSE TAUBE

»Migranten, die aus anderen Kulturkreisen kommen, müssen unser Wertesystem respektieren – und wenn sie so grob dagegen verstoßen, müssen sie das Land wieder verlassen, ob sie anerkannte Flüchtlinge sind oder nicht – das ergibt sich aus unseren Gesetzen.«

Was sollte das heißen – unser Wertesystem? Offenbar ist die

Verfasserin dieses Artikels der Ansicht, dass im algerischen, im tunesischen oder irakischen Wertesystem übergriffige Verhaltensweisen gebilligt oder sogar gern gesehen werden, dass sie im Kulturkreis von Marokko vielleicht sogar Vorschrift sind und dass die Männer in ganz Nordafrika Frauen ungestraft in den Schritt oder an den Hintern fassen dürfen, bevor sie ihnen das Portemonnaie und das Handy klauen. Dann sollte diese *FAZ*-Journalistin vielleicht mal eine Bildungsreise in den Orient machen ... Sie kann sich aber auch mal richtig in Deutschland umsehen: Dem deutschen Wertesystem sind in Gruppen begangene Sexualdelikte, Körperverletzungen und Eigentumsdelikte keineswegs fremd – im Karneval, auf dem Münchner Oktoberfest, dem Stuttgarter Wasen, in lauen Wochenend-Nächten in der Düsseldorfer Altstadt oder am Ballermann auf Mallorca kann man das deutsche Wertesystem studieren, da treten sie regelmäßig auf, die testosterongesteuerten Vollidioten, der Mob besoffener und durchsexualisierter deutscher Jungmänner, die vor keiner Belästigung zurückschrecken.

Könnte es sein, dass junge Migranten diesen Teil des deutschen Wertesystems für höchst erstrebenswert halten und nur bestrebt sind, sich anzupassen? Vielleicht wollen sie sich integrieren, um wenigstens bei rechtsradikalen Gewalttätern und Brandstiftern Anerkennung zu finden? Andere Migranten nehmen sich vielleicht erwachsene und einigermaßen gut verdienende deutsche Männer zum Vorbild, die nach Fernost fliegen, um dort minderjährige Prostituierte zu besteigen und jede Verkäuferin im Andenkenladen anzugrapschen ...

Und schließlich: Einem intelligenten Migranten entgeht ja nicht – die Frauenhäuser in Deutschland sind voll von gedemütigten und misshandelten Frauen, und die Täter sind Eingeborene: gute Familienväter, ehrbare Vorstände, gediegene Handwerker, untadelige Politiker, anständige Lehrer, angesehene Professoren, sozial denkende Journalisten und moralisch einwandfreie Pfarrer, die nicht selten ganze Glaubensgemeinschaften hinter sich herziehen ... Die kann man doch nicht alle abschieben.

Es bleibt festzustellen: In Deutschland gibt es so wenig Burka tragende Frauen, dass sich aufgeregtes Geschnatter über das Thema kaum lohnt. Eine deutsche Frau, die auf ein Taxi wartet, zu begrapschen oder einer arabischen Mutter, die ihr Kind von der Schule abholt, das Kopftuch vom Kopf zu reißen: Die Primitivität hält sich die Waage.

Schade, dass nicht alle Regierungsmitglieder energisch auf den Tisch hauen und laut sagen: Schluss jetzt mit rassistischer Verachtung und diesem ganzen niederträchtigen Gequatsche! Es ist uns eine Ehre, alles Menschenmögliche für die Geflüchteten zu tun!

Stattdessen stellte die Kanzlerin die blödsinnige Frage: »Gibt es in Teilen von Gruppen so was wie Frauenverachtung?« Was sind denn »Teile von Gruppen«? Sind das Teilgruppen? Gibt es denn in Teilgruppen von Gruppen oder Gruppen von Teilen oder Teilgruppen von Gruppenteilen so was wie Frauenverachtung? Ich hätte gerne folgende Frage beantwortet: Ist es für Frauen eigentlich weniger unangenehm, von besoffenen deutschen Männern überfallen zu werden als von – aus kulturellen Gründen – meist nüchternen algerischen Männern?

Eine schöne Beziehung

Grete Hehmke hatte das nordfriesische Dorf, in dem sie geboren und aufgewachsen war, nur einmal in ihrem Leben für längere Zeit verlassen: 1933, als eine dreiwöchige Hochzeitsreise ihr den unauslöschlichen Eindruck vermittelte, dass es im südlichen Harz immer regnet.

Ihr Mann war ja nun tot. Aber Grete Hehmkes Lust zu leben war noch nicht erschöpft. Es gab mehr als nur den einen Edeka-Laden, das wusste sie genau.

Mit dem Autobus in die Kreisstadt – das war schon ein Erlebnis! Gierig nach neuen Eindrücken warf sie sich energisch ins Getümmel. Sie war aufgeregt, glücklich, neugierig. Futter für den alten

Kopf. Wunderbar. Als Höhepunkt das Warenhaus. Nein, so was Schönes aber auch! Hunger! Restaurant? Da! Ein freier Tisch. Handtasche über die Stuhllehne hängen, Mantel an den Haken, in Blickrichtung. Hinsetzen, Erleichterung. Bedienung kommt nicht. Aha, es gibt gar keine Bedienung hier. Genau hinsehen, wie die anderen das machen. Kapiert.

Grete Hehmke verlässt ihren Tisch, reiht sich ein in die Schlange, greift sich das orangefarbene Tablett. Ordert selbstbewusst Kohlroulade mit Salzkartoffeln und einen Karamellpudding, eine Brause dazu, bezahlt an der Kasse. Teuer ist es ja, muss man schon sagen. Trägt das Tablett zu ihrem Tisch, nimmt Platz. Die Kohlroulade sieht elend aus, man müsste ihr mal was zu futtern geben – Grete Hehmke ist voller Heiterkeit.Aber sie hat kein Besteck. Wo bekommt man hier denn Messer und Gabel? Einen kleinen Löffel braucht sie auch. Und eine Serviette. Aha, da neben den orangefarbenen Tabletts.

Aufstehen, hingehen, holen.

Grete Hehmke kommt an ihren Tisch zurück.

Sie stutzt: Auf ihrem Platz hockt ein Neger und isst von ihrem Teller. Ganz manierlich. Es schmeckt ihm. Grete Hehmke nimmt gegenüber von dem schwarzen Mann Platz. Der lächelt einladend. Grete Hehmke wundert sich über nichts mehr. Sie lächelt ebenfalls freundlich und zieht das orangefarbene Tablett behutsam, aber bestimmt in die Tischmitte. Die Portionen in diesem Kaufhaus sind ja reichlich bemessen, das reicht schon für zwei. Sie speisen. Teilen jede Kartoffel, er schiebt ihr ein besonders appetitliches Gürkchen zu, sie überlässt ihm ein größeres Stück Roulade. Er ist schließlich ein kräftiger junger Mann. Der Neger gießt gelbe Brause in das Glas, bietet ihr zuvorkommend an, trinkt selbst aus der Flasche. Manchmal klappern ihre Teelöffel gegeneinander, wie sie sich den Pudding geschwisterlich teilen.

Eine Unterhaltung findet darüber hinaus nicht statt. Nur gelegentlich ein Blick des Einverständnisses. Seele essen Angst auf.

Mit den Papierservietten die Münder abwischen, ein liebenswürdiges Kopfnicken, der Schwarze steht auf und geht.

Na, Danke schön hätte er ja wenigstens sagen können. Grete Hehmke hat doch Grund, an den Umgangsformen der Schwarzen zu zweifeln. Handtasche ist weg. Sie hing über der Lehne des Stuhls, auf dem dieser Neger saß. Auf, auf! Hinterher! Haltet den Dieb! Eben geht er hinaus. Grete Hehmke dreht sich um, stößt an den Stuhl in ihrem Rücken. Gott sei Dank! Da hängt ja die Handtasche. Es gibt auch anständige Neger. Die Kohlroulade auf dem orangefarbenen Tablett auf dem Nebentisch ist leider schon etwas kalt. Aber den Karamellpudding könnte sie noch essen. Na, und eine halbe Brause schafft sie wohl auch noch.

5 Die Völkischen

Sagenhaft

Friedrich Barbarossa, der alte Kaiser Rotbart, war ein charmanter Typ. In Schwaben aufgewachsen, hatte er ein Faible für Teenager, und eines Tages hat er die extrem minderjährige Beatrix aufgerissen – ausgerechnet die adlige Beatrix! –, aber das nur nebenbei, privater Klatsch spielt hier keine Rolle ...

Barbarossa hatte, um Kaiser zu werden, erstmal den eigentlichen Thronfolger ausgetrickst, danach gelangen ihm einige Strukturreformen, er führte Reichssteuern ein und schuf eine Be-rufsarmee, um überall auf der Welt schnell intervenieren zu können. Als er merkte, dass die Probleme damit nicht zu lösen waren. erklärte er dem Nahen Osten den Krieg und ging auf Kreuzzug gegen die Muslime, die andauernd Terror machten. Eines Tages war ihm dann heiß. Er badete in einem Fluss und ertrank, vermutlich, weil er vergessen hatte, vor dem Baden seine Rüstung auszuziehen.

Nun hatten seine Untertanen das Problem, ihn nach Hause zu schaffen. Um den Kaiser zu konservieren, wurde er komplett in Essig eingelegt wie eine Gurke. Das war ein eklatanter Misserfolg: Weil der Gurkenkaiser auseinanderfiel, mussten die trauernden Untertanen sein Fleisch in Antiochia beisetzen. Die Knochen haben sie in Tyros begraben und die Eingeweide in Tarsos. Ich denke, peinlicher kann eine Epoche nicht enden, als dass man vor allen Leuten die Eingeweide verliert. Trotzdem wurde Barbarossa zur Legende.

Der Kaiser sitzt bis heute im Kyffhäuser und wartet darauf, dass die Deutschen ihn brauchen – deshalb versucht der rechte Flügel der AfD immer wieder, ihn aus seiner Höhle hervorzulocken. Aber er kommt nicht. Wahrscheinlich hat er eine Aversion gegen rassistische Sprüche ...

Die armen Rothäute

Zwar waren die »Lichterketten gegen Rechts« immer gut besucht, aber ein Drittel der Befragten einer Studie der Friedrich-Ebert-Stiftung bejahte den Satz: »Die Bundesrepublik ist durch die vielen Ausländer in einem gefährlichen Maß überfremdet.«

Insgeheim, befürchte ich, glauben die meisten ganz normalen Deutschen, Schuld am Erstarken einer rechtsradikalen rassistischen Partei seien die Islamisten, und zwar unter dem Schutz der Stasi ... Und ganz normale Nationalisten warnen die Deutschen vor den Migranten mit dem Hinweis auf das Schicksal der amerikanischen Indianer: Eine Einwanderung im großen Stil führe stets »zur Auseinandersetzung zwischen dem alteingesessenen und dem hinzugekommenen Volkselement«, bei der eine Gruppe »mit der Zeit verschwindet, das kann man nicht nur aus der Geschichte der Indianer wissen«.

Roland Koch, früher CDU-Ministerpräsident von Hessen, heute Häuptling harter Hund mit weichem Hirn, zog einen Vergleich mit der Ausrottung der amerikanischen Indianer: »In Amerika sind Menschen aus aller Welt hingekommen und haben den Indianern das Land weggenommen. Von der ursprünglichen Kultur Amerikas gibt es gar nichts mehr außer in Reservaten ... Die amerikanischen Ureinwohner haben um ihre Identität gekämpft. Und wir haben eine ganz schlichte Frage: Ob es das Recht ist, um seine Identität zu kämpfen. Meine Antwort darauf ist ja.«

Nun warte ich arme alte Rothaut auf den Tag, an dem die Einwanderer, die nach Deutschland kommen, unsere Büffel abschießen, uns mit Glasperlen beschenken, Feuerwasser ausgeben und dann den doofen Indianer Koch und alle seine Stammesbrüder in ein Reservat sperren.

Wer sich das dumme, fremdenfeindliche Gerede der nationalistischen Clowns wehrt, gerät ins Visier der Staatsschützer: 5 000 Autonome hätten 896 Gewalttaten verübt, steht im Verfassungsschutzbericht.

GLASPERLE

KASPERLE

Das beflügelt den Innenminister, »alle Formen des extremistischen Denkens und Handelns« gleichzusetzen. Wer genau liest, erfährt: Bei den Antifas geht es um brennende Müllcontainer, eingeschlagene Fensterscheiben, zerstochene Reifen, auch mal ein angezündetes Auto – Körperverletzung ist die Ausnahme, gezielte Hetzjagden auf Andersdenkende gibt es nicht, und niemand wird zu Tode geprügelt. Auf der Gegenseite zünden Nazis nicht leere Autos an, sondern bewohnte Häuser. Doch so eine etwas differenziertere Betrachtungsweise ist dem Verfassungsschutz vermutlich zu haarspalterisch.

Um dem VS eine kleine Fahndungshilfe zukommen zu lassen: Kennzeichen rechtsextremer Bewegungen war schon immer, dass sich die Verfolger als Verfolgte aufspielen. Sie jammern sich in eine Opferrolle hinein, sehen sich als Opfer der Politik, Opfer der Medien und Opfer einer Überfremdung.

Gutwillige Dummköpfe reagieren darauf mit mahnenden Worten. Sie glauben fest daran, die Vernunft gebiete es, die Ängste, die Nöte und die berechtigten Sorgen dieser Menschen »ernst zu nehmen«. Doch Vernunft macht sich lächerlich, wird sie zur Rechtfertigung eines Glaubens eingesetzt. Und was soll man denn da ernst nehmen? Die Ahnungslosigkeit dieser Spießbürger? Ihre Indolenz? Ihre Fremdenfeindlichkeit und ihre Islamophobie, die gerade dort geschürt wird, wo es gar keine lebendige islamische Religionskultur gibt? Nein, diese hirnlosen Rechtsradikalen kann man nicht ernst nehmen. Aber dass sich dieses sogenannte Volk einen inneren Feind, einen Popanz aufbaut, wie es das schon einmal tat, mit den Juden: Dagegen könnte man ja mal eine Lichterkette veranstalten …

Reinrassige Bastarde

Wenn der rassistische Nationalist die Welt nicht mehr versteht, schwadroniert er von »Nationaler Identität« und schwenkt seine Reichskriegsflagge. Für alte und für neue Vaterlandsverteidiger geht es darum, »das urdeutsche Brauchtum«, die »urdeutsche Natur«, »die urdeutsche Kultur« und »die Reinerhaltung der urdeutschen Art« zu bewahren.

Es ist die bekannt stumpfsinnige Methode, mit dem Artenschutz zu argumentieren – Darwin kann sich nicht dagegen wehren, dass seine Beobachtung vom »Survival of the fittest« zum Recht des Stärkeren umgelogen wird. Die Natur achtet gar nicht so zuverlässig auf sortenreine Trennung der verschiedenen Gruppen: Ein- und Auswanderung ist bei Tieren und Pflanzen an der Tagesordnung: Je mehr Baumarten im Wald stehen, desto besser ist er gegen Sturm und Krankheiten geschützt.

Das nehmen die braunen Dummköpfe nicht zur Kenntnis, aber der Rest der Menschheit weiß: Im Konkurrenzkampf der Nationen um den Fortschritt sind immer die mit den meisten Einwanderern vorn, denn Migration – der Austausch von Menschen, Ideen und Erfahrungen – ist ein essenzieller Bestandteil von Entwicklung … Aber nur dann, wenn man nicht so dumm ist zu glauben, die Beziehung zwischen dem einzelnen Menschen und der Gesellschaft könne man vergleichen mit der Beziehung, die zwischen einem Baum und einem einzelnen Blatt besteht. Man muss schon akzeptieren, dass jeder Mensch ein ganzer, eigenständiger Baum ist …

Um die rassistischen Nationalisten, kurz Nazis genannt, ein wenig zu sozialisieren, sollte man sie zwingen, eine Passage aus dem Theaterstück *Des Teufels General* von Carl Zuckmayer auswendig zu lernen:

»Stell'n Se sich doch bloß mal Ihre womögliche Ahnenreihe vor: Da war ein römischer Feldherr, schwarzer Kerl, der hat einem blonden Mädchen Latein beigebracht. Dann kam 'n jüdischer Gewürzhändler in die Familie. Das war 'n ernster Mensch. Der 's schon vor der Heirat Christ geworden und hat die katholische Haustradition begründet. Dann kam 'n griechischer Arzt dazu, 'n keltischer Legionär, 'n Graubündner Landsknecht, ein schwedischer Reiter … und ein französischer Schauspieler. Ein böhmischer Musikant. Und das alles hat am Rhein gelebt, gerauft, gesoffen, gesungen und Kinder gezeugt. Und der Goethe, der kam aus demselben Topf, und der Beethoven und der Gutenberg und der Matthias Grünewald. Und so weiter und so weiter. Das waren die besten, mein Lieber.«

Weil sich diese Stammbaum-Theorie nur schwer bestreiten lässt, nennen sich die Nazi-Krakeeler »Patriotische Europäer«. Die Wörter Patriot und patriotisch, abgeleitet von »Patria«, lateinisch für »Vaterland«, sind antiquierte Begriffe aus der Diskussion um die Entstehung der Nationalstaaten im 19. Jahrhundert. Des Europäers Vaterland befindet sich also zwischen Spitzbergen im Norden, den Azoren im Westen, dem Ural im Osten und dem Schwarzen Meer im Süden – kein Wunder, dass dem in jeder Hinsicht beschränkten europäischen Patrioten diese Heimat ein wenig groß erscheint und er ein ständiges Problem mit seiner deutschen Identität hat, zumal, wenn auch noch »das Abendland« in seinem Kopf herumspukt: Dieser Begriff, der aus einer Zeit stammt, in der man sich nach dem

Stand der Sonne orientierte, signalisiert ja schon die bevorstehende Umnachtung.

Der Rassist Sarrazin sagte in einem seiner Vorträge: »Wenn man in edle Lipizzaner wiederholt belgische Ackergäule einkreuzt, verlieren die Stars der Wiener Hofreitschule ihr elegantes Laufvermögen.«

Da applaudierte Sarrazins Publikum enthusiastisch. Allerdings: Mit diesem Ausflug in die Pferdezucht bewiesen Sarrazin und sein Publikum, dass sie auch auf diesem Gebiet einige Wissenslücken haben. Denn Lipizzaner, die aus einem Gestüt in Lipica in Slowenien stammen, sind eine Kreuzung aus spanischen und neapolitanischen Pferderassen, die – ausge-

V 1   V2

rechnet! – mit Arabern veredelt wurden … Gewiss, seit Jahrhunderten ist die Zucht der Lipizzaner eine sogenannte »Reinzucht«, das heißt, es werden nur Pferde der gleichen Rasse miteinander gepaart. So was führt allerdings zur Inzucht, und die hat Folgen: Die Lipizzaner sind vom Aussterben bedroht.

Die Herrenrasse der Sarrazins leider noch nicht …

Trotzdem liegt der Verdacht nahe, dass der Gen-Pool in Sachsen und im Thüringer Wald völlig erschöpft ist: Wer aus Liebe zur Heimat lieber sein eigenes Kaff abfackelt, als mit anderen Leuten dieselbe Luft zu atmen, wer lieber eine Ruine zum Nachbarn hat als eine lebendige Familie – dessen Stammbaum verläuft offensichtlich im Kreis. Ich denke, es liegt am Inzest, wenn die genetische Minderwertigkeit der Clausnitzer Specknacken so deutlich zutage tritt angesichts feingliedriger Eleganz und Anmut der Menschen aus Eritrea …

Ich habe selbstverständlich nichts gegen diese sogenannten Ossis, aber … Sachsen und ähnliche Landstriche – das waren wirklich Fehleinkäufe von Helmut Kohl.

Doch er, der Historiker, hatte wohl nicht bedacht: Nationalismus ist nunmal die Religion armer Schweine, und Bastarde berufen sich besonders gern auf die Reinheit ihrer Rasse.

Und deswegen werde ich um einige Orte in Deutschland bestimmt immer einen großen Bogen machen: Chemnitz, Freital, Prien, Reichertshofen, Böhlen, Greiz, Meißen, Tröglitz, Waldaschaff, Groß Lüsewitz, Escheburg, Mengerskirchen, Grabau, Niedertiefenbach (Beselich), Villigst, Haselbachtal, Freiberg, Sangerhausen und Malterdingen. Diese Orte sind besiedelt von tadellosen Mustermann-Rassisten – da wird jeder mit dunkelbraunen Augen und schwarzem Haar, der am Dorfkiosk vorbeigeht, so übel zugerichtet, dass man ihn hinterher für einen eingelegten Schweinefötus hält.

Und wehe, man schlägt zurück, wenn man angegriffen wird: Viele Ortsbürgermeister, Gemeinderatsmitglieder und Landräte fordern lieber Sanktionen gegen Asylbewerber, die sich wehren, als eine Verfolgung rassistischer Totschläger und Brandstifter.

Vorsicht ist aber auch geboten vor Öko-Spießern, Leuten, die sich um das Überleben der zierlichen Tellerschnecke sorgen: »Die Existenz der Schnecke ist durch geplante Container für Flüchtlinge außerordentlich gefährdet, verglichen damit ist die Existenz von Flüchtlingen ja wohl nicht so wichtig«, sagte in Hamburg eine Grün wählende Hausfrau und Mutter. Zudem sorgen in den besseren Vierteln die Beschwerden empörter Anwohner für Pogrom-Stimmung: »Wir wurden völlig überrannt von der Tatsache, dass demnächst ein Flüchtlingsheim in der Nachbarschaft eingerichtet wird. Das geht doch nicht!«

Seit wann ist es in Deutschland ein Menschenrecht, darüber informiert zu werden und mitzubestimmen, wer in der Nachbarschaft einzieht? Ich wurde in meinem ganzen Leben noch nie darüber informiert, wer nebenan ins Mietshaus einzieht, und wieso muss die Bevölkerung darüber informiert werden, wenn zwei Straßen weiter eine Handvoll Flüchtlinge Unterschlupf findet?

Für die etwas »besseren Leute«, die ihre Ressentiments und Vorurteile in gepflegten Formulierungen vortragen, sind die Bezeichnungen »Asylkritiker« oder »Asylgegner« üblich geworden. Die Medien haben diese Wörter übernommen, ohne sich Gedanken darüber zu machen, welche Gesinnung damit zum Ausdruck kommt.

Der »Asylkritiker« – dieses Wort gehört in das gleiche Wörterbuch, in dem schon der »besorgte Bürger« steht, der »Islamkritiker«, die »schweigende Mehrheit« und »das gesunde Volksempfinden«. Aber »Asylkritiker« – das hört sich seriös an und zivil, nicht wahr? Der Asylkritiker tritt auf, als könne er mit dem Asylbefürworter über Asylbewerber diskutieren, als ginge es um etwas, das zur Disposition steht, etwa um die Anlage eines Fahrradweges.

Tut's aber nicht: Es geht um ein Grundrecht, und das steht nicht zur Disposition. Also – auch wenn man rassistisch daherredende Bürgerinnen und Bürger beschönigend »Asylkritiker« oder »Nationalliberale« nennt – es bleiben doch Leute mit einem Hirn aus feuchter Spanplatte, die schon weinen, lange bevor es wehtut.

Man muss diesen Leuten immer wieder eine Ausgabe der *Kleinen Zeitung* vor die Nase halten – das Blatt erscheint ausgerechnet in Österreich, allerdings im eher »linken« Graz – und diese Kleine Zeitung präsentierte sich vor einiger Zeit mit nahezu weißer Titelseite, darauf in einem kleinen roten Kasten ein Satz des Genetikers Markus Hengstschläger:

»Kein Genetiker kann heute (2007) durch Genanalysen feststellen, ob eine Blutprobe von einem weißhäutigen oder einem dunkelhäutigen Menschen stammt. Das ist der aktuelle Stand.«

Philippika

»Die Demokratie ist die Staatsform des Bürgertums, wenn es keine Angst hat. Der Faschismus, wenn es Angst hat« – sagte der russische Revolutionär Nikolai Bucharin.

Allmählich verändert sich unser politisches System – nicht aus Vernunft, sondern aus Angst. Angst vor Rechtsradikalen und Nazi-Epigonen. Die haben einen Verein gegründet und nennen sich »Alternative für Deutschland«, abgekürzt AfD, mit echt germanischen Führungsfiguren an der Spitze, die ihre braune Gesinnung gerne mit Kaschmir und Seidenblüschen verhüllen.

Diese Führergestalten schwadronieren gern und viel von deutscher Kultur. Sie können den Begriff zwar nicht definieren, sind aber wahnsinnig stolz auf Goethe und Schiller. Leider haben sie nicht mitgekriegt, dass Goethes Weltbild geprägt war von Toleranz und Geistesfreiheit und dass ihm kleingeistige Deutschtümelei ein Gräuel war.

Genauso Schiller: Außer *Die Räuber* und *Kabale und Liebe* spielen alle großen Stücke Friedrich Schillers im Ausland. Und diejenigen, die ständig vom Patriotismus schwafeln, hat Friedrich Schiller ziemlich

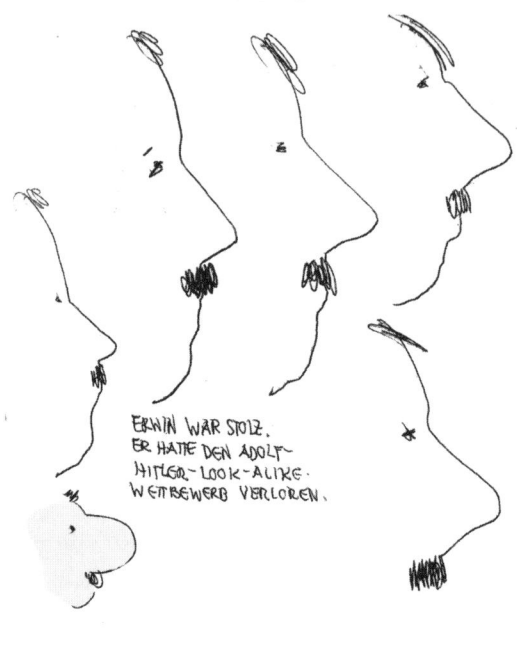

ERWIN WAR STOLZ.
ER HATTE DEN ADOLF-
HITLER-LOOK-ALIKE-
WETTBEWERB VERLOREN.

cool abgefertigt: »Das vaterländische Interesse ist nur für unreife Nationen wichtig, es ist ein armseliges, kleinliches Ideal, einem philosophischen Geiste ist diese Schminke durchaus unerträglich« … Doch unverdrossen beschwören die Dumpfbacken die »traditionellen deutschen Werte« und »die Kulturnation Deutschland«. Dabei war den deutschen Klassikern nichts peinlicher als Leute, die Ressentiments gegen Ausländer schüren. Heinrich Heine schrieb in seinem *Wintermärchen*: »Fatal ist mir um das Lumpenpack, das, um Herzen zu rühren, den Patriotismus trägt zur Schau, mit all seinen Geschwüren.«

Also – die Idee der Aufklärung von der Autonomie des Individuums haben diese Leute nicht mitgekriegt. Nach ihrer Vorstellung sollen Museen, Orchester und Theater zur Reinerhaltung der deutschen Leitkultur und zur Identifikation mit unserem Heimatland anregen, das heißt vorwiegend klassische deutsche Stücke spielen. Das wird dann spannend: Einerseits Meinungsfreiheit fordern und andererseits den Theatern vorschreiben, was wie gespielt werden soll – das wäre dann eine schöne Aufgabe für die neue Reichskulturkammer. Die könnte auch gleich noch verfügen: Entgegen allen anderslautenden Meldungen ist die Erde eine Scheibe, und zwar eine deutsche.

Die AfD hat Fremdenfeindlichkeit und Nationalismus selbstverständlich nicht erfunden. Diese hässlichen Erscheinungen gab's in den letzten fünfzig Jahren reichlich in Westdeutschland, an alten und neuen Nazis war nie ein Mangel: Globke, Oberländer, Kiesinger, Carstens, Schönhuber, Filbinger …

Angesichts dieser Erscheinungen fällt die AfD keineswegs aus dem Rahmen, und folgerichtig schrieb »Spiegel-Online«: »Die AfD ist eine Partei der Mitte …«

Es verwundert nicht, wenn neoliberale Journalisten zu diesem Ergebnis kommen, denn an den Besitzverhältnissen wollen die mittigen AfD-Patrioten ja nichts ändern – die braune Variante des Neoliberalismus sieht nur die Abschaffung des Kündigungsschutzes, des Streikrechts und der Mitbestimmung vor. Außerdem will man den deutschesten aller Werte, das Verbieten, durchsetzen: Burka verbieten, Kopftuch verbieten, Burkini verbieten, Moscheen verbieten, Minarette verbieten, Handschlag-Verweigern verbieten, Doppelpass verbieten, Beschneidung verbieten, Fusselbärte verbieten und vor allem das Schweinefleischverbot verbieten.

Ausgerüstet mit mangelhaften Kenntnissen der Evolution, der Geschichte, der Kultur und der Weltwirtschaft fühlt sich die AfD berufen, als starke politische Führungskraft und Retter Deutschlands, wenn nicht gar Europas, aufzutreten. Wir wissen aber aus leidvoller Erfahrung, was bei starker nationalistischer Führung am Ende herauskommt: schlimmstenfalls Millionen Tote und bestenfalls die Rettung von ein paar Erinnerungsfotos, eine Steckrübensuppe und vielleicht eine kaputte Schrankwand aus deutscher Eiche.

Wir waren in Deutschland, was die Beurteilung nationalsozialistischen Irreseins angeht, schon mal weiter. Heute muss man tatsächlich daran erinnern, was den Nazi ausmacht: Ein Nazi ist einer, der die Verbrechen der Nationalsozialisten leugnet und gleichzeitig davon träumt, selbst gefahrlos Ähnliches tun zu können. Die Vorbilder der rechtsradikalen und nationalistischen Abgeordneten sind Massenmörder und KZ-Wärter. So muss man sie betrachten: als das, was sie wären, wenn wir sie lassen würden.

Es wird wohl nicht reichen, die Dumpfbacken an die Hand zu nehmen und zu sagen: So, Liebling, jetzt gehen wir mal auf den Flohmarkt, und wenn du dich anständig benimmst, dann kaufen wir dir ein schönes altes Landser-Heft, oder wir bestellen dir im Internet einen schneidigen SS-Ehrendolch.

Ich denke, die einzig wirklich wirksame Methode, rechtsradikalen Gedanken langfristig den Garaus zu machen, ist, für mehr Bildung zu sorgen. Aber wenn Politiker, die nur knapp vor Einzellern und Amöben rangieren, die Schulzeit immer weiter verkürzen, wenn man beim Lehrpersonal und den Lehrmitteln spart, wenn man die Aufklärung dem Fernsehen überlässt, Geisteswissenschaften privatisiert und das Denken nur noch an der neoliberalen Verwertungslogik ausrichtet – dann züchtet man paranoide und gewaltbereite Reichsbürger, die bildungsmäßig noch hinter Kartoffeln und Kaulquappen herhinken, dann entfaltet sich unter den Schädeldecken subhuman verblödeter Schrullenköpfe eine alles umfassende Generalignoranz, ein kreischendes Vakuum, das vollgestopft ist mit den Verdauungsrückständen durchdigitalisierter Businesszombies.

Wow, ein vollgestopftes Vakuum – das ist brillant formuliert … Es ist nicht zu leugnen: Es gibt Gehirne, die sind in Formaldehyd am besten aufgehoben …

Sieg Heil!

Kamerad Innenminister, lieber ***!

Als alter ökologisch orientierter Sozialnationalist möchte ich Dich im Auftrag vom »Altdeutschen Jungvolk e.V.« zu dem von Dir eingeschlagenen politischen Kurs beglückwünschen und Dich unserer unverbrüchlichen Treue versichern, denn wir wissen: Ein Überleben unseres Volkes ist ohne den von Dir repräsentierten Staatsrassismus nicht möglich. Fahre so fort – wir schätzen Deinen Sinn für traditionelle und ins Moderne gewendete Sicherheitsstrategien.

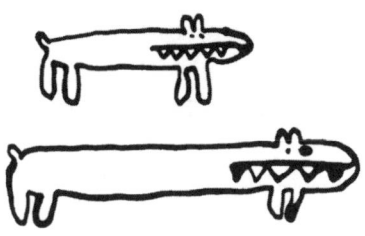

Du bist unser wichtigster nationaler Denker! Du bist der deutsche Meister im Erfinden deutschfreundlicher Parolen, in deiner Gefolgschaft verteilen wir so manchen Fußtritt in die dafür vorgesehenen Negerärsche. Das von Dir perfektionierte Asylverfahren ist in seiner unerbittlichen Härte eine konsequente Abschreckungsmaßnahme für Volksschädlinge aller Art. Außerdem bewundern wir dich für deinen selbstgewissen Umgang mit der Wahrheit und für deine Phantasie im Umgang mit Beweisen.

Die bei Abschiebungsaktionen bewusst zur Schau gestellte, körperliche Überlegenheit unserer Ordnungskräfte kann der deutschen Sache in unentwickelten Ländern nur dienlich sein. Unser selbstbewusstes Auftreten macht deutlich, dass das sogenannte Ausländerrecht ausschließlich Deiner und damit unserer Auslegung unterliegt. Nur Du hattest den Mut, 97 Prozent der Asylsuchenden in Deutschland zu Betrügern zu erklären und sie mit Deiner Politik in ihre Schranken zu weisen. Wir verdanken es Deinem Rechtsbewusstsein, wenn immer weniger Asyltouristen bei uns Aufnahme finden, wir unterstützen Deine Bemühungen, diese Parasiten schleunigst in ihren Wüstenkral zurückzuführen, und wir erwarten, dass Du, was die Kinderrechtskonvention und den Umgang mit minderjährigen Flüchtlingen angeht, weiterhin energisch, aber mitleidlos das Wohl des deutschen Volkes im Auge behältst.

Für das von Dir ins Leben gerufene »Bündnis für Demokratie und Toleranz« versichern wir Dich unserer uneingeschränkten Treue. Es ist ein Zeichen nationaler Souveränität, wenn sich die Leistungsträger unterschiedlichster Branchen auf Galaveranstaltungen und zu Festreden treffen und sich gegenseitig versichern, wie tolerant und demokratisch sie sind. Deine Ankündigung, dieses Bündnis sei kein punktuelles Ereignis, sondern Auftakt zum Gestaltungsprozess eines ideellen Bündnisses, ist eine rhetorische Meisterleistung, und wir werten es als großen Erfolg, wenn Amnesty International und Pro Asyl auch weiterhin ihre Mitwirkung an diesem Bündnis verweigern.

Lieber Kamerad Innenminister, wir danken Dir. Wir verehren Dich als den Bewahrer und Protagonisten altdeutscher Phobien und wünschen uns nur, dass Du Dir unter Deinen Nasenlöchern einen kleinen schwarzen Bart wachsen lässt. Wenn das nicht geht, kannst Du ihn Dir bei Fernsehauftritten und Parteiveranstaltungen wie Charlie Chaplin auch einfach ankleben.

Mit deutschem Gruß

Dein Altdeutsches Jungvolk e.V. und Dr. Baldur Springmaus, Gruppenführer

Der reanimierte Adolf (2004)

Darf man über Hitler Witze machen? Muss man über Hitler-Witze lachen, um die Unerschrockenheit derer zu würdigen, die heute über Hitler Witze machen?

Ist Hitler komisch? Ist es lustig, wenn er in einem Film verhohnepipelt wird? Kritiker reden von Verharmlosung. Sie fürchten, künftige Generationen könnten Hitler einzig und allein anlasten, über Katja Riemann hergefallen zu sein, und das auch noch erfolglos. Dabei zeigte er auch ganz normale Verhaltensweisen: In der Zeitung habe ich gelesen, Adolf Hitler habe unter falschem Namen in den Niederlanden ein Girokonto unterhalten – der Führer! ein Konto! Ausgerechnet in Holland! Fehlt nur noch, dass er heimlich im Campingbus durchs Land fuhr und für sich und Blondie kochte ...

56 Prozent der Bundesbürger lehnen es laut einer Forsa-Umfrage ab, Hitler zu veralbern oder veralbern zu lassen. Für politische Beobachter belegt das die demokratische Reife der Deutschen. Vor siebzig Jahren wären noch 95 Prozent dagegen gewesen, Späße auf Kosten des Führers zu machen. Und viele davon hätten den Regisseur Ernst Lubitsch (»Sein oder Nichtsein«) treudeutsch im nächsten Gestapokeller abgeliefert.

Also: Achtung! Spaß beiseite! Der Führer kommt! Hitler, zu dem mir seit Karl Kraus auch nichts mehr einfällt, wird abgefeiert. Eine monströse Propagandaschau von Goebbelsscher Wucht überrollt Deutschland. Kein guter Vergleich? Vielleicht doch.

In den USA befindet sich die Heimat der Nazi-Vergleiche. In den USA beschimpfen sich Raucher und Nichtraucher, Fleischesser und Vegetarier als Nazis. »Nazi« ist in den USA ein Schimpfwort etwa vom Schweregrad »Volltrottel«, also eine Beleidigung, bei der jeder Bürger sich angesprochen fühlen darf. In Deutschland sorgen alle Jahre wieder Hitler-Vergleiche für helle Empörung. Dabei sind sie meist naheliegend und richtig:

Der Schlagertitan, der seine Freundin ziemlich brutal abserviert und seinen anfangs gleichberechtigten Partner gnadenlos an die Wand gedrückt hat: Hitler hat es mit seiner Nichte Geli Raubal und Ernst Röhm genauso gemacht ... Der Fußball-Bundestrainer, der unablässig für eine deutsche Vormachtstellung in der Welt arbeitete und erklärt hat, dass Deutschland »für lange Zeit unschlagbar« sein werde: Das sind exakt die Methoden von Adolf Hitler ... Die alpenländische Filmschauspielerin, die stets auf gesunde Ernährung achtet sowie Hunde und bayerische Berge liebt: Die Parallelen zu Hitler sind überdeutlich … Der schnurrbärtige Liedermacher, der mit seiner Rhetorik große Säle in rasende Begeisterung versetzt, wegen seiner nicht enden wollenden Monologe gefürchtet wird und für Andersdenkende kein Verständnis aufbringt: genau wie Hitler … Und Nelson Mandela hat wegen seiner Ansichten im Gefängnis gesessen, er ist dort seinen Ideen treu geblieben, wurde bald nach seiner Entlassung Regierungschef und hat den Staat radikal umgemodelt. Trotz aller inhaltlichen Unterschiede – bei Hitler ist es ungefähr genauso gelaufen … Also, nichts ist leichter, als Hitler-Vergleiche anzustellen.

Wirklich beleidigend ist es allerdings, jemanden mit dem ZDF-Historiker Guido Knopp zu vergleichen. Dieser peinliche Simplifex Maximus belästigt das deutsche Volk im Fernsehen mit immer dem gleichen Dokumentarfilm, dem er alle paar Wochen einen neuen Titel anpappt: Hitlers schwule Helfer, Hitlers Entjungferung, Hitlers Wanderungen durch die Mark Brandenburg, Hitlers Sex mit Hunden, Hitlers Würmer, Hitlers Hodenkrebs.

In meiner aktuell relativ ausgewogenen Gemütslage werde ich nun bedroht von einem Film mit dem Titel »Der Untergang«. Norbert Korzdörfer, unter dem schicken Pseudonym »David Blieswood« bei der *Bild* für die »In und Out«-Listen zuständig, ist ganz besoffen vom gruftigen Grusel dieses Films und befiehlt: »Der Film ist Pflicht, Deutschland kann und muss diesen Film aushalten.«

Jawoll, Herr Bildschrifttumsführer: ein Volk, ein Reich, ein Film.

Dem *Bild*-Knilch assistiert die FDP-Generalsekretärin, deren ganze Leidenschaft der Kunst des Sinnlosen gilt. Diese Fachfrau für Intelligenz-Dumping guckt beschwörend in die Kamera und sagt: »der Untergang ist eine Bereicherung für jeden Geschichtsunterricht. Deshalb halte ich es für sinnvoll, wenn dieser Film für alle Schüler in Deutschland ab der achten Klasse zur Pflicht wird.« Vermutlich will sie ihren privaten Bildungsnotstand zur verbindlichen Richtschnur in unseren Schulen erklären. Und wahrscheinlich ist sie tief bewegt, weil sich mit Hitler so viel Geld verdienen lässt.

Im *Hamburger Abendblatt* konnte der deutsche Durchschnittsspießer lesen, was er gerne liest:»Man muss beobachten, wie Hitler wie ein Penner seine letzte Mahlzeit in sich reinschlürft. Er, der ehemalige Bewohner eines Obdachlosenasyls, der eine ganze Kulturnation unterworfen hatte, der seine Anhängerschaft in Angstlähmung versetzte, steht auf und sagt, nun ist es zu Ende ...«

Aha. Bisher habe ich immer gedacht, die deutsche Kulturnation hat den Mann gewählt und sich ihm zu großen Teilen per Ermächtigungsgesetz zu Füßen gelegt. Dass es seine Anhänger waren, die Angstlähmungen hatten, das habe ich bislang nicht gewusst. Aber vielleicht hat die Verfasserin des Artikels ganz neue historische Erkenntnisse, aus denen sich ergibt, dass die Anhängerschaft Hitlers aus Juden bestand. Und die große Mehrheit der Deutschen war, wie sich nachträglich herausgestellt hat, gegen ihn. Jedenfalls innerlich. Und inzwischen weiß man, dass er während des ganzen Zweiten Weltkrieges völlig isoliert und von Widerstandskämpfern umzingelt war. Kaum war er tot, zeigten jene, die immer geheuchelt hatten, seine Anhänger zu sein, ihre wahre Gesinnung. In der Wolle gefärbte Demokraten waren sie, Freunde der freien Rede und Befürworter des Friedens unter den Völkern. Alle haben nur zur Tarnung bei den Nazis mitgemacht.

Das wäre auch noch mal ein Film, den die Welt nicht braucht, und der könnte auch eher positiv enden: Adolf Hitler entkommt überraschend nach Südamerika und kocht nicht nur in einem Andendorf, sondern auch in kurzen Hosen Kokainmarmelade ...

Bruno Ganz, der Star des Films »Der Untergang«, sagte, er habe Angst, »mit Hitler verwechselt zu werden«, weil er in einem Hitlerfilm den Hitler spielt. Diese Angst ist berechtigt – auf Fotos wirkt Bruno Ganz tatsächlich echter als Hitler selbst. Hitler selbst wurde übrigens nie mit Bruno Ganz verwechselt, aber er ist ja auch nie in einem Hitlerfilm aufgetreten. Herr Ganz wiederum gab zu Protokoll, er hätte den Führer gar nicht spielen können, wenn er das absolut Böse hätte darstellen sollen. Denn was das Böse ist, wisse er gar nicht. Okay, wenn nicht einmal ein Schwyzer Schauspieler, der einem österreichischen Kunstmaler ja ziemlich artverwandt ist, wenn der nicht mal weiß, was das Böse ist, wie soll es dann ein durchschnittlicher Nazi wissen?

Trotzdem, Bruno Ganz ist vollständig in seiner Hitler-Rolle verschwunden; er sei, heißt es in Kritiken, in sie eingetaucht wie in die dunkel-mystische Tiefsee. Tolle Leistung, kein Zweifel. Nur: Wozu soll diese Tauchübung gut sein? Schließlich kann sich jeder denken, wie es zuging im Frühjahr 1945 im Bunker unter der Reichskanzlei: Gestunken hat es, vor allem, weil der Führer unter Blähungen litt.

Den »Bruder Hitler«, wie Thomas Mann den Führer als einen ungeliebten, aber deshalb nicht weniger verwandten Angehörigen einmal ansprach, sollen wir uns also ansehen: Schau, der Führer, wie er küsst, wie er weint und Nudeln isst.

Warum soll ich mir das ansehen? Welchen Gewinn habe ich davon? Soll ich Mitleid haben mit dem Verbrecher, mit seiner schweren Jugend, dem Gefreitenfrust, der Zeit der Arbeitslosigkeit in den Männerasylen, dann der Niederlage als Künstler? Soll ich mir ernsthaft überlegen, welchen Lauf die Geschichte genommen hätte, wären ihm seine Aquarelle aus den Händen gerissen worden …? Oder soll ich zu der Überzeugung gelangen: Was sind denn schon die Leiden der deutschen Zivilbevölkerung, die nichts im Kopf hatte, als das eigene Leben zu retten, was sind schon Flucht, Vertreibung und Hungersnöte, verglichen mit der Tragik eines Mannes, der in den Tod geht mit der bitteren Gewissheit, dass sein Lebenswerk gescheitert ist …? Leider bleibt die wichtigste Frage ungestellt und daher auch unbeantwortet: Wie konnte eine so fürchterlich unangenehme Person wie Hitler so viel Liebe, Gefolgschaft und Gehorsam auf sich ziehen?

Es ist obszön, ausgerechnet den Untergang dieses Verbrechers und seiner Bande als Tragödie vorzuführen, ist doch dieser Untergang ein Grund für Jubel und Freudensprünge.

Schließlich war Frau Goebbels nicht Medea und Herr Hitler nicht King Lear. Gelacht wird nur selten in diesem Film vom Untergang Hitlers. Wer über diese Thematik lachen will, muss sich »Der große Diktator« von Charlie Chaplin aus der Videothek holen: Wenn der als Führer Hynkel »Wienrrrrr-Schnitzrrrr-unttt-trrrr-Saurrrrkrrr-rautt« brüllt, werden Reich, Volk und Führer bis zur Kenntlichkeit entmystifiziert. Und damit sind dann auch jene Deutschen erledigt, die noch heute von diesem pathetisch brüllenden Verbrecher fasziniert sind.

Ein Netzwerk

Immer wieder die alte Leier mit angeblich neuen Vorschlägen: »Jetzt muss aber wirklich Schluss sein, mit Grundrechtspedanterie, Datenschutzwahn und falscher Rücksichtnahme!« Seit Dekaden erklären Politiker den Bürgerinnen und Bürgern, dass der energische Ausbau der Überwachung zu mehr Sicherheit führen würde. Dabei ist die Überwachung an ihrem Anspruch, die Gesellschaft a priori sicherer zu machen, längst auf ganzer Linie gescheitert. Sie kommt als Vorsorge daher, ist aber bestenfalls für die Nachsorge zu gebrauchen. »Gefahr erkannt, Gefahr gebannt« funktioniert nicht. Die Erfahrungen der letzten Jahre zeigen: Das große Verbrechen lässt sich vielleicht verhindern, aber nicht so …

Allerdings: Hätten Fahnder, Ermittler und Polizei die überall im Land existierenden Überwachungseinrichtungen angemessen genutzt, wären sie Zeugen eines richtig spannenden Krimis geworden: Drei relativ junge Menschen reisten kreuz und quer durch die Bundesrepublik, kauften Autos, mieteten Wohnungen an und meldeten sie wieder ab, kauften und verkauften Wohnmobile, besorgten Pässe, wechselten ihre Identitäten, überfielen Banken, erbeuteten Hunderttausende und gaben viel Geld aus, sie machten potentielle Opfer ausfindig, observierten sie, besorgten Waffen und Munition, erschossen ihre Opfer, bauten, transportierten und zündeten Bomben, sie fertigten Fotos von Opfern und Tatorten an, sie machten Urlaube und haben ihr Aussehen nie verändert.

Drei derart aktive Killer – und es gab keine Video-Aufnahmen, keine abgehörten Telefonate, keine Fotos? Es gab keine Informanten, keine Mitwisser, keine Organisatoren, kein Netzwerk? Zehn Jahre lang gab es keine Erkenntnisse über ein hochaktives Serienmörder-Trio? Wer soll das glauben? Das ist nur möglich, wenn Nazis Nazis beschützen.

Die Ermittler, Polizeibeamten, die Mitarbeiter des Verfassungsschutzes, die Präsidenten und Abteilungsleiter von Verfassungsschutzbehörden und die verantwortlichen Politiker gehören allesamt vor Gericht, angeklagt wegen aktiver Unterstützung der Terrorgruppe »Nationalsozialistischer Untergrund« (NSU) durch das Schreddern von Akten, wegen Schlamperei, Untätigkeit und wegen Ganz-fest-die-Augen-Verschließens. Aber niemand ist deswegen angeklagt, alle sind noch in Amt und Würden, alle haben ein gutes Gewissen. Nach Aktenlage haben die Terroristen des NSU nicht für den Verfassungsschutz gearbeitet. Es war wohl eher umgekehrt. Deswegen hat der Präsident des Verfassungsschutzes auch kein Problem zu behaupten, die Kritik sei unverdient. Als Konsequenz aus dem Versagen des Überwachungsapparates fordert er sogar mehr Kompetenzen für sein Amt ...

Die Juristen in Politik und Justizapparat der Bundesrepublik haben bis heute weitgehend darauf verzichtet, die Nachfolgeparteien der NSDAP zu verbieten – vielleicht, der Verdacht liegt nahe, aus historischer Verbundenheit. Offiziell hieß es aber, man könne einen Naziverein wie die NPD nicht verbieten, weil in der NPD die V-Männer und V-Frauen des Verfassungsschutzes tätig seien. Allerdings wurde nie klar – hat jetzt der Verfassungsschutz mehr Spitzel bei den Nazis oder haben die Nazis mehr Spitzel beim Verfassungsschutz? Um Wiedergutmachung bemüht, haben sich die Parteien dann dafür entschieden, alle V-Leute in der NPD »abzuschalten«, um ein Verbotsverfahren zu ermöglichen, das letztlich auch nichts brachte. Wahrscheinlich wäre es am einfachsten gewesen, die V-Männer hätten die NPD per Mehrheitsbeschluss einfach aufgelöst.

Das war alles sehr seltsam: Im sächsischen NSU-Untersuchungsausschuss saß ein Abgeordneter der NPD – der war gewiss besonders hilfreich.

Im thüringischen Ausschuss meditierte man über die Frage, warum ein Naziverein mit dem Namen »Heimatschutz« 200 000 Euro vom Land bekam, und stellte fest: Man könne »keine systematische Zusammenarbeit der Behörden mit den Mördern nachweisen«. Das ist möglich – aber vielleicht lief das auch eher unsystematisch …

In Baden-Württemberg verbrachten ermittelnde Polizeibeamte ihre Freizeit mit Vorliebe beim Ku-Klux-Klan, bei gewalttätigen Rassisten also, deren Ziel der Endsieg der weißen Rasse in einem weißen Europa ist. Ihre Vorgesetzten sahen darin keinen Pflichtverstoß. Einer der Beamten sagte aus: Er habe von rassistischen Tendenzen beim Klan nichts gemerkt und nichts gewusst. Ihn hätten die spannende Bibelauslegung und die Aussicht, nette Frauen kennenzulernen, gereizt. Vermutlich war auch sein Opa wegen der gemütlichen Skatabende bei der Waffen-SS.

In Hamburg und in Köln bewiesen Polizisten eindrucksvoll: Gehirn ist nicht ihr bestes Stück. Sie engagierten einen Hellseher – offenbar vermuteten sie die Täter schon im Jenseits.

Und der zuständige Bundesinnenminister erklärte, die NSU-Mordserie hätte nicht in seinem Zuständigkeitsbereich gelegen. Er sagte wörtlich: »Ich hätte nicht gedacht, dass diese Rechtsextremisten auch noch Mörderbanden sind.« Irgendjemand hätte diesem Mann mal ein Geschichtsbuch in die Hand drücken sollen. Aber darin zu lesen – das liegt vermutlich auch außerhalb seines Zuständigkeitsbereiches …

Mittlerweile haben Bund und Länder angeblich eine Datenbank mit Informationen über gewalttätige Rechtsextreme gegründet, und der deutsche Innenminister versicherte, hätte es eine solche Datenbank schon früher gegeben, dann wäre das NSU-Trio darin aufgetaucht. Kann schon sein, nur: Die Ermittler hätten dort doch gar nicht nachgeschaut. Denn in einem waren sich die Sicherheits-Behörden ja ganz sicher: Die Mörder waren Ausländer, das war ein orientalischer Bandenkrieg, es waren Drogendealer oder islamistische Linksradikale, da brauchen wir in der rechten Ecke gar nicht erst nachzusehen …

Was machen in diesem Zusammenhang die anderen deutschen Sicherheitsdienste?

Das BKA, das Bundeskriminalamt, macht Dienst nach Vorschrift: Einer hört, was ein anderer dementiert, ein dritter macht sich seinen Reim darauf, was ein vierter Unbekannter zwischen den Zeilen gesagt haben soll, weil er unter der Hand von einem fünften erfahren hat, was einem sechsten geflüstert wurde. Nähere Einzelheiten stehen im Untersuchungsbericht.

Der Bundesnachrichtendienst, der BND, durfte sich um die NSU-Mordserie überhaupt nicht kümmern, weil die nicht in seinen Aufgabenbereich fiel, und weil er zu der Zeit unter dem witzigen Titel *Top(f) Secret* ein Kochbuch herausbringen musste, das rund zwei Dutzend mit heiteren Spitzel-Anekdoten gewürzte Rezepte aus verschiedenen Einsatzregionen enthält. Da erfährt man zum Beispiel, wie in der Türkei eine Überwachungsaktion scheiterte, weil eine Kamera in einen Honigtopf fiel, oder wie die BND-Experten bei einem wochenlang vorbereiteten Einsatz in Italien ein Mikrofon ausgerechnet in einem Klavier installierten.

Und die Medien? »Spiegel-Online« spricht von fatalen Pannen im Fall der Zwickauer Terrorzelle, und *Die Zeit* nennt es »dramatische Ermittlungspannen«. Die »Panne« fehlt in kaum einem Zeitungsartikel, in keiner Nachrichtensendung. Im Lexikon steht: Eine Panne ist ein durch Unachtsamkeit verursachter Fehler, ein kleines Missgeschick, durch unglückliche Umstände verursacht. Daraus folgt: Das Versagen des Staates war gewiss keine Pannenserie – es war ein Systemabsturz.

Rechtsprechung

Vorbildliche Rassisten sitzen im Bochumer Amtsgericht. Die haben festgestellt, Zigeuner seien generell als Mieter nicht geeignet. Sie seien schließlich eine nicht sesshafte Bevölkerungsgruppe mit nicht abschätzbarer Zukunftsprognose. Und damit sind sie, durch Richterspruch, für deutsche Vermieter nicht mehr zumutbar.

AUA-HAHN

Ja, die Furcht sitzt tief, da könnte einer den Mülleimerdeckel nicht zuklappen oder das Fahrrad im Hausflur abstellen, wenn er nicht gar die Fußmatte klaut, um sie einem dann als echten Perser wiederzuverkaufen. Seien Sie mal ehrlich: Würden Sie dem deutschen Amtsrichter, der ein solches Urteil fällt, eine Wohnung vermieten?

Aufstand eines Anständigen

Dies ist keine Satire. Dies ist die wahre Geschichte von Herrn Sackers. Es ist die Geschichte vom Aufstand eines Anständigen. Der lungenkranke Rentner Sackers, Sozialdemokrat, hat an einem Aprilabend um 22 Uhr die Polizei in Halberstadt angerufen und gesagt: »Bei uns im Haus werden Nazilieder gespielt, Horst-Wessel-Lied, ganz laut.« Die Polizei verspricht: »Wir gucken uns das mal an«. Nach Sackers' Anruf fuhren zwei Streifenpolizisten zum Plattenbau am Stadtrand. Die Beamten gaben später zu Protokoll, die Musik dort sei zwar laut, die Texte seien aber nicht verständlich gewesen. Während eines sachlichen Gesprächs mit dem Wohnungsinhaber Andreas P. habe Helmut Sackers erregt dabeigestanden und sich eingemischt: »Spielst du noch einmal Nazilieder, erstatte ich Anzeige!« Danach sei die Ruhe im Haus wiederhergestellt und der Einsatz für die Beamten beendet gewesen.

Frau Dannenberg, die Lebensgefährtin von Sackers, erinnert sich anders: Es blieb laut – und braun. Um Krach allein hätte sich das Paar nicht weiter gekümmert. Sackers sei es um den Inhalt der Musik gegangen, und »der war eindeutig rechtsextrem.« Das möge so gewesen sein, sagt die Staatsanwältin Heidi Pötzsch, doch werde daraus noch lange kein politischer Hintergrund. Fest stehe lediglich, dass der Skinhead und der Rentner an jenem Abend nach dem Polizeieinsatz noch zweimal im Treppenhaus des hellhörigen Plattenbaus aufeinandertrafen. Bei der ersten Begegnung kam es zu einem lautstarken Wortwechsel. Bei der zweiten soll der alte und nicht sehr kräftige Sackers den wesentlich robusteren Skinhead Andreas P. derart heftig attackiert haben, dass dem, in Todesangst und fest im Klammergriff des Rentners, gar nichts anderes übrig blieb, als sein Messer mit einer siebzehn Zentimeterlangen Klinge vier Mal in den Angreifer hineinzustechen, woraufhin Sackers die Auseinandersetzung abbrach.

Das Polizeipräsidium Halberstadt meldete, »Nachbar nach Streit um laute Musik erstochen«, und so schrieben es auch die Regionalzeitungen. Ein rechtsextremer Hintergrund? Den gebe es nicht, sagten übereinstimmend der Polizeipräsident und die Staatsanwältin Heidi Pötzsch. Im Prozess kam nicht zur Sprache, dass die Ermittler der Mordkommission bei dem Täter über achtzig CDs mit rechtsextremen Kampfliedern, Dutzende von Kassetten und Videos sowie neunzig aktuelle Hefte mit Neonazi-Propaganda fanden. Für verfassungsfeindliche Propaganda sei ein anderes Dezernat der Staatsanwaltschaft zuständig, sagte Staatsanwältin Heidi Pötzsch. Und es sei auch Sache des Kollegen, dass auf einem Video offen zum Mord an »Roten« aufgerufen wird. Mit dem Tod von Sackers habe das gar nichts zu tun. Andreas P. habe die Musik nur zum Privatgebrauch gehört, »einschlägig rechtsextrem« aufgefallen sei er nicht.

Andreas P. gehörte als Mitläufer zu einer Clique, die durch die Gegend fuhr und zuschlug. Mal traf es Linke in Quedlinburg, mal Ausländer in Magdeburg. Der Anwalt, den die Angehörigen von Helmut Sackers eingeschaltet haben, sagt: Von entsprechenden Ermittlungen findet sich in den Akten keine Spur. Das Gericht habe die Notwehrsituation nur konstruieren können, weil die politischen Hintergründe ausgeklammert blieben. Im Prozess sei das Opfer zum Täter, ein rechtsextremer Skinhead aber zum »netten Jungen von nebenan« geworden. Anders lautende Passagen eines Gutachtens zur Persönlichkeit von Andreas P. blieben unbeachtet. Der Anwalt des Messerstechers Andreas P. sagt: Hätte Rentner Sackers sich »zivilisiert verhalten«, könnte er noch leben. Einiges sei unglücklich gelaufen in diesem Fall, heißt es bei der Polizei. Freispruch für den Täter Andreas P. verkündete das Gericht. Pech für Rentner Sackers. In den Akten ist er beerdigt als ein Mann, dem die Musik zu laut war.

6 Der demographische Faktor

Brutpflege

In Brasilien, auf einer Uno-Konferenz über Biologische Vielfalt, forderten Politiker und Experten, endlich energisch gegen das Artensterben vorzugehen: Verloren gegangen seien der Welt schon der Tyrannosaurus Rex, das Mammut und der Dodo. Es starben Riesenalk, Tarpan und Auerochse. Und nun sei es fünf vor zwölf für die Deutschen. Die *Bild* schlug daraufhin Alarm: »2100 wird die Zahl der Deutschen auf 46 Millionen geschrumpft sein, 2300 liegen wir bei 3 Millionen, also kurz vor dem Aussterben.« Das ist natürlich der *Bild*-immanente Quatsch: Geburtenraten ändern sich, und seriöse Demographen wissen, man kann nicht über Zeugungs-Lust oder Unlust in zwanzig bis vierzig Jahren spekulieren. Aber vielleicht stirbt die *Bild* aus – es ist ja nicht einzusehen, dass sich immer nur die Arschlöcher fortpflanzen ...

Nun schrieb mir meine Nichte, sie wolle den Standort Deutschland verteidigen, ein Signal setzen gegen den Bevölkerungsschwund in unserem Land, heiraten und Kinder in die Welt setzen. Das veranlasste mich zu einer Antwort:

Liebe Anna-Lena,

bist Du wahnsinnig geworden? Das ist doch ganz und gar unzeitgemäß. Jede normale junge Europäerin will doch erstmal eine Karriere, dann einen Zweitwagen, ein Haus mit Kamin und Fußbodenheizung, einen Golden Retriever und dann, ganz zum Schluss, vielleicht ein Kleinkind, aber nur eins mit sparsamem Solar-Hybridantrieb.

Nun gut, Du bist deutsch, und Dein zukünftiger Mann ist es auch, sogar bayerisch. Du kannst Dir also ausrechnen, was dabei herauskommt. Und Dir, als erfolgreicher Bio-Öko-Aktivistin, muss ich ja wohl nicht sagen: Vom Umweltgesichtspunkt her sind Kinder nicht zu rechtfertigen. Nimm nur die Abgaswerte: Die CO_2-Bilanz von Kindern ist verheerend. Jedes heute geborene Kind wird während seines Lebens den Ausstoß von 750 Tonnen CO_2 verursachen, so viel wie 620 Flüge von London nach New York, hin und zurück, und außerdem müsste jedes Kleinkind mit einem Lärmschutzwall eingerüstet werden. Gib es ruhig zu, liebe Anna-Lena: Geburtenenthaltung ist die effektivste Art, den Klimawandel zu bekämpfen.

Ich möchte Dich auch darauf aufmerksam machen, dass immer mehr Kinder schon pränatal psychiatrisch betreut werden müssen. Experten fordern, dass bei jeder Entbindung mindestens ein Psychiater anwesend ist. Denn Kinder bedürfen einer ständigen psychischen Kontrolle. Wenn ein Sechsjähriger sich nach dem Verzehr von zwei Kilogramm Spaghetti-Eis übergibt, dann hielt man das früher für die normale Begleiterscheinung eines Kindergeburtstags. Heute jedoch wissen wir: Dieses Kind leidet an Essstörungen. Früher hielt man es auch für unbedenklich, wenn ein Kind sich langweilte. Heute wissen wir, dieses Kind steckt in einer depressiven Phase. Noch vor wenigen Jahrzehnten schickten wir die Kinder nach draußen, damit sie sich richtig austoben. Heute kriegen sie Ritalin, damit die Eltern auch mal in Ruhe fernsehen können.

Dazu kommt: Wenn Du ein Kind bekommst, willst Du es auf die Schule schicken. Bedenke: Auch das bekannteste Elite-Internat der Welt, die Schule, die Harry Potter besucht, ist in Verruf geraten. Immer mehr skandalöse Enthüllungen erreichen uns aus Hogwarts, dessen Direktor Albus Dumbledore mit Vorliebe sozial benachteiligte Waisenjungen aufnimmt, um sie in seine Abhängigkeit zu bringen. Er zwingt die Kinder, nächtens seinen Zauberstab anzufassen.

Wer das nicht will, muss zurück an Problemschulen wie Salem am Bodensee oder auf die Odenwaldschule, und damit komme ich zu meinem wichtigsten Argument: Missbrauch.

Der Begriff »Missbrauch« legt nahe, dass es als Gegenteil durchaus auch einen sinnvollen »Gebrauch« von Kindern gibt. Wenn wir mal von Uranbergwerken, Steinbrüchen, Landwirtschaft und Müllkippen absehen, wo Kinder sich für den wirtschaftlichen Aufschwung nützlich machen, ist damit offenbar die weit verbreitete Baby-Verehrung zu Weihnachten und die Fabrikation von Putten mit Knackärschen gemeint. Willst Du wirklich ein Kind in die Welt setzen, in der man Männern erlaubt, öffentlich in Frauenkleidern herumzulaufen und sich seltsame Tütenmützen aufzusetzen? Alle diese frömmelnden Fummeltrinen mit ihren brutal mild verlogenen Opus-Dei-Visagen hätte man, inklusive Weihrauchbenebelung, schon auf dem ersten ökumenischen Konzil im Jahre 325 in Nicäa verbieten müssen. Soll Dein Kind wirklich in einer Welt aufwachsen, in der die *Bild* jubelt »Wir sind Papst!« und dann zu feige ist, in einer fetten Schlagzeile die Wahrheit mitzuteilen: »Wir sind Kinderficker!« Das war's, liebe Nichte. Ich befürchte, dieser Brief hat Dich nicht sonderlich beeindruckt. Schade. Dann mach doch, was Du willst.

Und sei liebevollst gegrüßt von Deinem besorgten Onkel Herbert.

Leistung muss sich lohnen

Das deutsche Baby ist wegen seines Seltenheitswertes ein erhaltenswertes Investitionsgut. Bildung und Erziehung dieser Kleinbürger müssen in unserer Zeit kaufmännischem Rechnen untergeordnet werden, und nur, wer blind durch die Gesellschaft stolpert, kann bestreiten: Selbstverständlich gibt es Kinder erster und zweiter Klasse, denn der familiäre Hintergrund bestimmt nun mal, welches Kind welche öffentliche Förderung verdient.

Eine optimale Förderung aller Heranwachsenden birgt große Risiken, denn die Wahrscheinlichkeit, dass sich dadurch anarchistische

Freidenker oder aufklärerische Systemveränderer entwickeln, die unter Umständen für den Fortbestand unseres Gemeinwesens sehr unbequem werden könnten, ist beträchtlich. Es empfiehlt sich daher, die überschaubare Zahl der Kinder von Multimillionären, also die Erben großer Vermögen, vor allem auch den Nachwuchs von Konzernchefs und Spitzenmanagern in speziellen Internaten auf das Leben und ihre künftigen Führungspositionen vorzubereiten.

Damit diese bestens präparierten Kinder später, als Erwachsene, etwas zu regieren haben, brauchen wir auf der anderen Seite große Mengen an Idioten, die zuverlässig ihre Arbeit verrichten, die ihre Steuern bezahlen und die glauben, was die Medien ihnen vermitteln. Diese Kinder in Disziplin, Gehorsam, Untertanengeist und Applaudieren zu unterrichten ist dringlichste Aufgabe der Zukunftsgesellschaft.

Um dieses Ziel zu erreichen, ist zeitgemäßes Umdenken erforderlich, denn während heute fast überall das digitale Zeitalter Einzug gehalten hat, ist die Kinderherstellung immer noch ein archaischer Vorgang. Die Produktion von Kindern wird – meist in Heimarbeit – immer noch nach den gleichen Methoden wie im 15. oder 16. Jahrhundert betrieben. Bezeichnenderweise gibt es noch nicht einmal ein iBaby oder ein iKid von Apple. Die Kinderproduktion verlagert sich immer stärker in Billiglohnländer, wo die Kinder dringend für Kinderarbeiten benötigt werden. Die Massenanfertigung deutscher Kinder in diesen Ländern, auch die Herstellung deutscher Kinder-Plagiate in China, steckt noch im Entwicklungsstadium.

Voraussetzung einer optimalen Entwicklung ist eine rechtzeitige und gründliche Abrichtung. Schon das deutsche Baby muss erfahren: Wer in der Leistungsgesellschaft bestehen will, ist zu optimaler Anpassung gezwungen. Und wer sich nicht anpasst, bildet ganz schnell eine Randgruppe. Deswegen ist es sinnvoll, die Babies rechtzeitig zu erhöhter Leistungsbereitschaft bei gleichzeitigem Lohnverzicht zu zwingen. Sie sollten schon im Krabbelalter mit der Vorbereitung auf das Arbeitsleben anfangen. Ab der Kindergartentauglichkeit wird dann die Kinderarbeit zwingend vorgeschrieben. Es kann ja nicht angehen, dass die Kindergartenzeit mit hohen staatlichen Zuschüssen subventioniert wird, während die Kinder da den ganzen Tag nur sinnlos rumspielen.

Findet eine Berufsausbildung schon im Kindergarten statt, lassen sich erhebliche Kosten der betrieblichen Berufsausbildung einsparen, denn am Kindergarten sind die Eltern ja direkt mit Gebühren beteiligt, was zu einer deutlichen Entlastung unserer Volkswirtschaft führt. Da Teppichknüpfen und Bergbau in Deutschland keine Wachstumsbranchen sind, sollten die Kinder für alle Arten von Dienstleistungen herangezogen werden: von der Straßen- und Gebäudereinigung über die Müllabfuhr und die Reinigung öffentlicher Latrinen bis hin zu Labortests in der Pharma-Industrie. Statt des Schulbesuchs empfiehlt sich eine Eingliederung ins Erwerbsleben. Das führt zu äußerst attraktiven Ergebnissen: Kinder, die arbeiten, müssen Steuern zahlen und sich selbst versichern. Das Einkommen von Kindern, die ihre bedürftigen Eltern unterstützen, wird bei deren Sozialhilfe angerechnet, was wiederum die Stadt entlastet und so Raum für Investitionen schafft. Kinder, die von Haus aus nicht gezwungen sind, für ihren Lebensunterhalt zu arbeiten, werden ihr Einkommen für zusätzliche Spiele, Kleidung und CDs ausgeben wollen und so die Binnenkonjunktur ankurbeln.

Als Motivationshilfe wird den Kindern eine frühzeitige Volljährigkeit angeboten. Sie sollen in Zukunft mit sieben Jahren volljährig sein – dadurch wird der gesamte Bereich der Kinderkriminalität vermieden, wodurch wiederum auch der Jugendstrafvollzug entfällt.

Diese innovativen Maßnahmen versetzen den Staat in die Lage, mit den boomenden Wirtschaften in Indien, China oder auch in Mittel- und Lateinamerika Schritt zu halten, übrigens auch unter militärischen Aspekten: Mein siebenjähriger Enkel ist bereits bei den Panzergrenadieren und bereitet sich auf einen Einsatz in Mali vor, was ihm viel Spaß macht. Seine Schwester ist vier, sie näht im Akkord Reißverschlüsse in Jogginghosen, und unser Nesthäkchen, der Marvin, ist mal gerade ein halbes Jahr alt und arbeitet schon sehr fleißig als Eishockey-Puck oder auch als Bremsklotz für kleinere Flugzeuge bei Airbus.

Meine Damen und Herren, liebe Freundinnen und Freunde, geschätzte Mütter und Väter, wenn Sie Ihren Nachwuchs dieserart in die Selbstständigkeit werden entlassen haben, können Sie sich aus dem Internet unentgeltlich einen Frührentnerausbildungsplatz-Antrag herunterladen, und damit unterstützen Sie dann auch unser Volksbegehren: »Rentner muss endlich ein Ausbildungsberuf werden!« Ziel der Ausbildung ist es, Heizdecken auf Funktionsfähigkeit überprüfen zu können, die Batterien am Schrittmacher wechseln, Brille suchen und das Hörgerät auseinander und wieder zusammensetzen zu können. Am Ende der Ausbildung steht der Frührentnerabschluss, der Sie befähigt, 24 Stunden am Tag den Wetterkanal zu gucken.

Sozialkunde

Guten Morgen, Ruhe bitte. Heute reden wir über Kultur.

Nein, Alfons, die Bratwurst ist dem Döner nicht haushoch überlegen.

Dass wir eine Kulturnation sind, erkennt man daran, dass wir so viel davon haben: Hoch- und Subkultur, Pop- und Jugendkultur, Gesprächs-, Debatten- und Streitkultur, dazu Kulturwissenschaften, Kultur-Dozenten, -Dezernenten, -Referenten, eine Frau Staatsministerin für Kultur und Medien plus Aktienkultur. Zell- und Schimmelpilzkulturen, rechts- und linksdrehende Kulturen und auch einen Kampf der Kulturen. Bei so viel Kultur ist es erstaunlich, dass alles wirklich kulturell Wichtige in jene kleine Tasche passt, die kultivierte Leute ihren Kulturbeutel nennen.

Ein Necessaire – ganz recht, Fatima.

Klar ist, dass zu uns einreisende Menschen sich an unseren Gepflogenheiten ausrichten müssen. Sie müssen lernen, dass Hund und Haufen elementare Teile unserer Kultur sind und dass Konrad Adenauer der deutsche Kemal Atatürk war. Führende deutsche Politiker verlangen, dass jeder, der hier lebt, auch die hier geltenden Werte annehmen muss. Also zum Beispiel den bei uns als gesund geltenden Blutdruckwert. Der liegt bei 120/60, und das ist das Mindeste, was man von Einwanderern verlangen kann.

Schlaganfall ist kein Thema, lass den Unsinn, Kevin.

Und der bayerische Ministerpräsident möchte den Ausländern gern sein Deutsch lernen.

Kein Grund zu lachen, Nasrin, das hat er so gesagt.

Wenn die Ausländer dann dem Herrn Ministerpräsidenten sein Deutsch genauso gut beherrschen wie er selbst, will er sie die deutsche Staatsbürgerschaft verleihen.

Kein Grund zu johlen. Nein, das Zitat ist korrekt.

Der wichtigste Teil der deutschen Kultur ist die deutsche Leitkultur. Man kann sie auch »deutsche Nationalkultur« nennen, und dazu gehört vor allem das Absingen des Deutschlandliedes bei Ladenöffnung und Ladenschluss, nach Beendigung eines Beischlafs und beim ersten Haarschnitt. Mental, also vom Feeling her, ist dabei besonders wichtig, die Vaterlandsliebe »nach vorn zu denken«, also mit Richtungsanzeige.

Hört auf mit dem Gejohle, ich meine es ernst. Und merkt euch, was die Kanzlerin verlangt: Einwanderer »müssen ohne Wenn und Aber unsere christlich-abendländischen Wurzeln tolerieren«. Ich bin, ehrlich gesagt, nicht ihrer Meinung, von »müssen« kann gar keine Rede sein. Zum Beispiel halte ich die christlich-abendländische Wurzel der Hexenverbrennung keineswegs für tolerabel, und den Kolonialismus, das Novemberwetter und Eisbein mit Sauerkraut lehne ich rundweg ab, ganz zu schweigen von Marschmusik und Sofakissen mit Kniff, und so stellt sich denn die Frage: Welche Kultur ist gemeint? Geht es darum, dass Mitbürger islamischer Herkunft öfter mal die Oper oder das Museum besuchen? Geht es um Goethe und die Bergpredigt? Oder geht es um Umgangsformen, die das Zusammenleben der Menschen prägen? Fällt einem von euch ein Satz ein, der für die deutsche Gesellschaft typisch ist?

Sehr gut, Polina, auf »Geiz ist geil« können wir uns alle verständigen.

Das stimmt, Wladimir, die Kultur, deren Respekt man anderen empfiehlt, die muss man erstmal selber haben.

Ich denke, ihr werdet mir recht geben – Kultur ist immer auch ein Garant für Vielfalt und Unterschiedlichkeit.

Danke für den Hinweis, Hassan. Dem Begriff »Leitkultur« haftet in der Tat etwas Barbarisches an.

Selbstverständlich gehört das Sauerland zu Deutschland, Mesut. Wie kommst du darauf?

Ja, Sauerbraten mag ich auch, aber der stammt eher aus dem Rheinland.

Na gut, wenn ihr es so genau wissen wollt: Die sauerländische Kultur, die auch ein Teil der deutschen Leitkultur ist, ruht auf drei Säulen: Schützenfest, Feuerwehrfest und Kirchgang. Darüber weht die sauerländische Bierfahne. Und im Sauerland wohnen Aborigines.

Danke für den Beifall. Aber zur Leitkultur in Deutschland gehört noch mehr. Jawohl, Glasbausteine, Gartenzwerge, Karneval und Krabbenpulen. Sehr gut, Mehmed.

Und der goldene deutsche Humor gehört auch dazu. Gut beobachtet, Fatima.

An was denkt ihr da vor allem?

Alte Leute bei Glatteis? Na schön, aber ich habe schon mehr gelacht.

Wenn nun jemand aus eurer früheren Heimat nach Deutschland zuwandern will, was würdet ihr ihm sagen?

Hau bloß ab? Das würdet ihr wohl jemandem sagen, mit dem ihr wirklich gut befreundet seid. Aber was sagt ihr einem eher flüchtigen Bekannten? Kasabubu?

Lendenschurz an der deutschen Grenze abgeben, in der Kirche nicht kiffen, mit Messer und Gabel essen und nicht bei Rot rübergehen.

Ausgezeichnet, Kasabubu, so vermeidet der Neuankömmling unliebsames Aufsehen. Noch was?

Okay, ans Essen muss man sich gewöhnen. Und einen deutschen Vorspeiseteller gibt es nicht, aber wie mir Mirjana sagte, essen viele von euch mittlerweile sowieso lieber Fischstäbchen und tiefgefrorenes Gemüse.

Was ist für einen neu angekommenen Migranten sonst noch wichtig?

Er muss sich an die Hausordnung halten, sehr gut, Mirko. Und was die Hausordnung im Kleinen, das ist für das ganze Land – na?

Nein, nicht der Straßenverkehrsordnungspatriotismus, Radomir, das Wort heißt Verfassungspatriotismus. Aber was das genau ist, kann ich euch heute noch nicht erklären, die Diskussion darüber läuft gerade erst an.

Du hast eine Frage, Slobodan?

Nein, die in Spanien und auf Mallorca ansässigen Deutschen müssen sich nicht der spanischen Leitkultur anpassen, weil die Spanier gar kein Wort für so etwas haben.

Ja, Chantal?

Ich weiß, dass ihr euch bedroht fühlt. Und ich bin genau wie Ihr für ein Verbot aller Nazi-Organisationen und rechtsradikalen Parteien.

Da hast du recht, Giuseppe, die Mafia ist ja schließlich auch verboten.

Du meinst, man sollte die Mafia erlauben, Pavel?

Ja, das stimmt – die Christenunion ist schließlich auch erlaubt. Aber das lassen wir lieber, diese Art Leitkultur steht hier nicht zur Debatte.

Vielleicht solltet ihr euch merken: Politik ist ein Teil der Kultur. Nicht umgekehrt. Kultur kann insofern durchaus ihre miesen Seiten haben. Und wenn ich euch einen guten Rat geben darf: Ihr müsst euch nützlich machen. Die Leitkultur in Deutschland betrachtet diejenigen Ausländer als nützlich, die sich schnell und möglichst unsichtbar den Verwertungsbedürfnissen des Kapitals anpassen.

Was? Warum zurzeit so viel über dieses Thema »Leitkultur« gequatscht wird?

Gute Frage, Antonin. Ich glaube, es ist Angst. Die alten Römer sprachen vom *clamor paventium*: Angstgeschrei der Furchtsamen. Ich kann da nur an euer Mitgefühl und euer Verständnis appellieren. So, genug geplaudert, und nun die Hefte raus. Zur Leitkultur in Deutschland gehört an erster Stelle auch der Besinnungsaufsatz. Das Thema lautet: Warum ich in einer deutschen Kolonie auf keinen Fall ein Neger sein möchte.

Das vertanzt sich (1972)

Die Tanzstunde hatte für Ferdinand etwas Bedrückendes. Sich noch nicht rasieren, aber den Kavalier vorzeigen zu müssen, das warwidernatürlich. Langsamen Walzer, Mambo, Boogie-Woogie und Marschfox betrachtete er als kinetischen Faschismus. Ferdinands Tanzstundendame hieß Olivia Bohnenlob, und er mochte sie eigentlich gar nicht anfassen. Damals tanzte man noch mit Anfassen …

In einer deutschen Kleinstadt war es für Gymnasiasten unumgänglich, die Gesellschaftstänze zu erlernen. Mittelball und Abschlussball in Anwesenheit der Eltern waren obligatorisch, Mutti im Abendkleid, Vati im dunklen Anzug, und anstandshalber war ein Walzer mit der Mutti von Fräulein Bohnenlob zu absolvieren. Der Abdruck ihres Stöckelschuh-Absatzes auf seiner großen Zehe prägte für alle Zeiten Ferdinands Einstellung zu rhythmusdiktierten Bewegungsabläufen. Er schwor sich, seine Beziehungen zur menschlichen Gesellschaft nie wieder einem Tanzboden auszuliefern.

Vom Ballettunterricht an der Schauspielschule wurde Ferdinand zwangsweise befreit – das Gelächter über ihn, wenn er an der Stange versuchte, seine Füße zu sortieren, verhinderte alle Schrittkombinationen, Sprünge und Pirouetten der tanzbeflissenen Kollegenschar. Es gibt eben Probleme, die lassen sich mit Ballett nicht lösen, wenn die ganze Truppe lachen muss …

In seinem Anfängerjahr am Theater landete Ferdinand an einem Dreispartenhaus. Das unvergleichliche Flair, das Heldenväter im Lederwams, Operettentenöre im Lodenjanker und sogenannte Ballettratten in durchgeschwitzten Wollpullovern einer Theaterkantine verleihen, wenn sie fröhlich schwatzend im Wirsingdunst hocken, würgte ihn noch Jahre später in seinen Träumen. Der sensible Ferdinand hatte andere Vorstellungen von Kunst, und im Leben brachte ihn dieser Firlefanz auch nicht weiter. »Man kann gesellschaftliche Probleme doch nicht einfach niedertanzen«, sagte er, »wenn ich Choreograph wäre, würde ich alle diese Primaballerinen als Nussknackerinnen· mit den Köpfen aneinanderprallen lassen.« Nach dieser viel zu laut geäußerten Ungeheuerlichkeit durfte er mit seinen Papieren nach Hause gehen.

Ferdinand seilte sich ab zum Fernsehen. Die elf Damen des Fernsehballetts erwiesen ihm nacheinander ihre Gunst (den drei Herren verweigerte er sich), aber Gelenkigkeit allein war ihm auf Dauer dann doch zu wenig. So wechselte er in den Journalismus und heiratete. Seine junge Frau Ute-Dörte zwang ihn allabendlich in die Disco, »zum Abhotten«, sagte sie zur Begründung. Ferdinand hing die meiste Zeit gelangweilt an der Bar und betrank sich, während er Ute-Dörte beobachtete, wie sie mit ihren Gliedmaßen durch die Luft schlenkerte, offenen Mundes und mit dieser allgemein üblichen Blödigkeit im Gesicht nach innen schauend, wo, wie er wusste, nichts stattfand.

»Rheumatismus hat sie nicht«, dachte Ferdinand, »aber möglicherweise sehnt sie sich nach den ekstatischen Fruchtbarkeits-Tänzen im Hause des Dionysos, um dort Freiheit, Sicherheit und ihren persönlichen Aufschwung zu finden.« Einen Grund, weiterhin mit diesem Bewegungsmelder zusammenzuleben, und sähe er einem weiblichen Wesen auch noch so ähnlich, fand er nicht. Hoppelpoppel war keine Basis, und Tanz als Mittel der Balz, das musste sich um ein Missverständnis handeln – im Tierreich gab sich schließlich auch niemand freiwillig der Lächerlichkeit preis.

In der Folgezeit bereiste er diverse fremde Länder. Aber schon bald mied er alle Folkloreveranstaltungen und die auf Ausflügen angebotenen Eingeborenentänze. Ferdinand vertrat den Standpunkt, wenn ein Einheimischer einen Wunsch hatte, sollte er ihm den mitteilen, zur Not auch auf Englisch, aber er sollte nicht anfangen, dabei die Keulen zu schwingen, mit nackten Füßen die Erde zu stampfen und dabei das Becken kreisen zu lassen. Diese Art der Kommunikation, dieses wilde Gehopse, erschien Ferdinand als Mittel der Völkerverständigung gänzlich ungeeignet.

Eines Tages verschlug es ihn dann auf den Bundespresseball. Um für solche Stunden gerüstet zu sein, hatte er einst die Tanzstunde durchlitten. Trübe schweifte sein Blick über das Parkett: Schreibtisch-gepflegte Hände, fette Ärsche, zementierte Frisuren, miserabel koordinierte Schrittfolgen, Rumba oder Tango, alles dasselbe, alles wurde phantasielos auf der Stelle runtergetreten. In die Gesichter schaute er nicht, das lohnte sich nicht. Kurz vor Mitternacht identifizierte er den Kanzler der Bundesrepublik Deutschland, auf platten Füßen schlurfte er rücksichtslos durch den Saal, immer wieder andere Paare anrempelnd, und führte dabei eine zierliche Asiatin am Genick. Slowfox! Das war also die Evolution, das war aus den germanischen Kriegstänzen geworden, so mussten Gavotte und Menuett enden, hier fanden Polka und Galopp ihre Endstation. »Ein Tänzchen mit dem Bundeskanzler kann monatelange intensive politische Bemühungen ruckzuck zunichtemachen«, dachte Ferdinand. Der folgenden Damenwahl entzog er sich, zutiefst deprimiert, durch Flucht in sein Hotel.

Im Fernsehen präsentierte der Bayerische Rundfunk zur späten Stunde noch die Europameisterschaft in den Standardtänzen. Man war beim Foxtrott. »Das englische Paar ist favorisiert«, sagte der Sprecher und erzählte dann etwas von »Athleten im Frack«. Von Athletinnen wurde nicht gesprochen – die korrekte Bezeichnung für eine tanzende Dame lautete »Tanzsportgerät«. Eine Bigband spielte mehr Trott als Fox, und acht Paare durchmaßen mit raumgreifenden Schritten das Terrain, mit konzentriertem Blick und festgefrorenem Lächeln das große Glück des Tanzens simulierend. Ferdinand stellte Überlegungen an, hinsichtlich der Vergleichbarkeit mit Pferdedressur oder Synchronschwimmen, aber diese Paare schienen ihm schließlich doch einmalig in ihrem Gleichklang der Armbeugewinkel und in den disziplinierten Halbspiralen, mit denen sie am Ende einer Diagonalbahn die Köpfe um 180 Grad herumrissen, um ein neues Ziel am anderen Ende der Arena ins Auge zu fassen.

Erstaunlich, dass die Paare bei diesem Tempo sich nicht gegenseitig über den Haufen rannten oder wenigstens einmal, nur einen winzigen Moment, aus dem Takt kamen. Aber nein, alle strahlten Harmonie aus und waren perfekt im Vermeiden von Kniescheibenbrüchen. Ferdinand hätte keine Wertung vornehmen können. Dann klingelte das Telefon, und er drehte den Fernsehton ab.

Dem Wortschwall eines Bekannten konnte er kaum folgen, denn was er nun bei abgeschaltetem Ton im Fernsehen sah, war Tanz-Faszination pur: Das Paar mit der Startnummer sieben, energisch beschwingt, vollführte direkt vor dem Preisrichtertisch zwecks Richtungsänderung eine waghalsige Drehung. Hingebungs- und doch auch temperamentvoll warf das Tanzsportgerät den Kopf dem Schwunge folgend in den Nacken, aber das hätte sie besser gelassen: Ein Haarteil löste sich an ihrem Hinterkopf, es flatterte einen Moment hilflos, als wollte es sich anklammern, dann verlor es die Contenance, es folgte der Schwerkraft, verlor jegliche Élégance und plumpste zu Boden. Dann lag der Dutt auf dem Parkett wie ein blondierter Scheißhaufen.

Paar Nummer sieben merkte davon nichts oder tat jedenfalls so. Formvollendet tanzte es weiter um die Europameisterschaft. Es konnte ja nicht ahnen, dass Ferdinand ihm zusah, wie es ekstatisch, aber ohne Musik, beinarbeitend über den Bildschirm turnte. Das fusselige Etwas, das einmal üppige Fülle vortäuschen sollte, lag auf dem Parkett zwischen wirbelnden Lackschuhen und hochhackigen Sandaletten, gleitenden Sohlen und knallenden Absätzen, aber alle Paare vermieden es zunächst, darauf zu treten, alle tanzten im Rahmen ihrer Möglichkeiten darum herum.

Hilfe nahte in Gestalt eines roten Dinnerjackets. Darin steckte ein kleiner, fülliger Saaldiener, der eine formidable Perücke in blauschwarz auf dem Kopf hatte und Besen und Kehrblech in seinen Händen hielt. Furchtlos entschlossen, aber achtsam, niemandem in die Quere zu kommen, machte er die ersten Schritte auf der Tanzfläche. Von allen Seiten tanzten die Paare auf ihn ein, so dass ihm gar nichts anderes übrig blieb, als mitzutanzen. Als grotesker Solotänzer näherte er sich unaufhaltsam dem Objekt seiner Begierde, die Fernsehkamera ließ ihn nicht aus ihrem Schussfeld, und immer wieder gab es als Zwischenschnitt Großaufnahmen von dem Haarteil, das nun auch zu tanzen begann, denn im Rausch der Musik und des Wettkampffiebers ließen die Tanzpaare jede Rücksicht fahren – das Haarteil wurde hochgewirbelt, weggetreten, mit Fußtritten gedemütigt, so dass es einem überfahrenen Maulwurf immer ähnlicher wurde.

Ferdinand musste das Telefonat beenden. Er lag auf dem Bett und wand sich in Lachkrämpfen. Und dann schien plötzlich für den Saaldiener die Gelegenheit günstig, Feger und Kehrblech zum Einsatz zu bringen: Er bückte sich, aber das Haarteil nahm Reißaus. Auf allen vieren krabbelte der Saaldiener hinterher. Es war eine Sternstunde der Fernseh-Sportberichterstattung. Der Saaldiener gab jede Zurückhaltung auf, sein Jagdinstinkt war erwacht, er kannte nur noch ein Ziel: sein entweihtes Parkett zu säubern. Mit stierem Blick robbte er hinter dem fliehenden Haarteil her, das zwischen den vielen Beinen wirbelte, als wolle es ganz allein die Europameisterschaft in den Standardtänzen gewinnen, während die Paare völlig unbeeindruckt vom Geschehen zu ihren Füßen den Foxtrott zu Ende tanzten und Ferdinand so lachte, dass er meinte, sich übergeben zu müssen.

Dann nahmen die Paare, in einer Reihe stehend, vor den Preisrichtern zur Entgegennahme ihrer Benotung Aufstellung. Von der Seite näherte sich der Saaldiener dem Paar Nummer sieben und hielt der Dame ehrerbietig auf seinem Kehrblech ihr Haarteil entgegen. Schnippisch drehte diese den Kopf weg, und ihr Gesichtsausdruck verriet, was sie dachte: »Das ist ja eine Unverschämtheit sondergleichen, wie kann dieser Hausknecht es wagen, mir dieses unansehnliche Gestrüpp unter die Nase zu halten?«

Kopfschüttelnd verließ der Saaldiener die Tanzfläche, und begleitet vom Johlen der Zuschauer sah er aus, als sinne er darüber nach, ob man das gute Stück nicht nochmal aufbürsten könne und ob es dann wohl in Frage käme, seine eigene Glatze zu schmücken ...

Seit dieser Nacht versäumt Ferdinand keine Europameisterschaft in den Standardtänzen, wenn sie im Fernsehen übertragen wird. Aber immer ohne Ton! Denn das wirklich Schlimme, was die Tanzerei so unerträglich macht, ist die Musik.

Amok

In den USA werden im Haushalt oder im Garten alljährlich mehr Menschen von Kindern erschossen als von Terroristen. Dazu kommen die Schusswaffenmassaker auf Schul- oder Universitäts-Terrain – wir erinnern uns an Columbine, aber auch an den Nachtclub in Orlando, Florida 2016, an die 58 Toten und 500 Verletzten in Las Vegas oder an das Blutbad in Sutherland Springs während eines Gottesdienstes. 2017 gab es in den USA insgesamt 345 »mass shootings«. Deutschland hinkt den amerikanischen Verhältnissen ein bisschen hinterher. Immerhin – auch in Erfurt, Winnenden und in München liefen Jugendliche Amok, auch wir haben Grund, uns Sorgen zu machen:

Die Kita gleicht einer Nintendo-Militärakademie. Karate, Taekwondo und Kickboxen sind noch das Harmloseste. Das Gebäude ist von albanischen Waffenhändlern umlagert, Rüstungswettlauf heißt das beliebteste Spiel. Die Kids können noch keine Schleife binden, sind aber schon bis an die Zahnspange bewaffnet. In die Terminator-Hauptschule trauen sich nicht mal mehr die Sondereinsatzkommandos rein. Irgendwo haben sich die Kids die Lizenz zum Töten besorgt. Abc-Schützen: Der Name sagt es schon.

Pädagogische Maßnahmen sind out, die Eltern müssen mit ihren Kindersoldaten Abrüstungsverhandlungen führen.

COLT-HAMSTER

Die Welt wartet auf sinnvolle Vorschläge, wie das Töten mit Schusswaffen zu verhindern sei, aber Politiker stellen sinnlose Vermutungen darüber an, ab wann ein Mensch reif genug für den Finger am Abzug ist. Sie fordern eine »Verringerung der Gewaltdarstellung« in Fernsehprogrammen – als ob es aussichtsreich wäre, reale Gewalt mit dem Verbot dargestellter Gewalt zu bekämpfen. Dann könnte man wohl auch versuchen, die Pubertät zu verbieten, um der Porno-Industrie Einhalt zu gebieten.

Solange eine Regierung nicht verfügt, dass Schusswaffen in einer Gesellschaft, in der die Menschenwürde obenan steht, nichts zu suchen haben, kann sie sich ihre Betroffenheit und tiefe Trauer in die Haare schmieren – denn selbst, wenn man glaubt, was Schützenvereine und Waffenlobby immer behaupten, dass nicht die Waffen töten, sondern die Menschen: Das Töten ohne Waffen ist auf jeden Fall wesentlich schwieriger. Ein sechzehnfacher Mord in einer Viertelstunde ist mit bloßen Händen kaum zu bewerkstelligen.

Warum also sperren wir die Waffenhersteller nicht einfach ein? So eine Pumpgun: Für wen stellen die so was her? Schnellfeuer-Gewehre oder großkalibrige Colts – wer braucht so was? Nun gut, in den USA, wo es zur Folklore gehört, sich gegenseitig abzuknallen, und wo die NRA, die »National Rifle Association«, eine kriminelle Waffenlobby mit Millionen Mitgliedern, großen politischen Einfluss hat, können wir nix machen. Sollen sie also rumballern – solange sie sich nur untereinander umbringen, ist es okay. Wir aber, in Mitteleuropa, müssen dafür sorgen, dass keine SIG Sauer, keine Mauser und keine Walther mehr auf den Markt kommen, kein Schnellfeuergewehr, kein Panzer, keine Granate, wir sollten alle Waffenschmieden dichtmachen – zum Nutzen der Menschheit. Und Fabrikanten, die sich widersetzen, sollten für alle Zeit die letzten sein, die die Wirksamkeit ihrer Produkte zu spüren bekommen. Am eigenen Leib.

Jugendwahn

Daran, dass sie sorgfältig oberhalb der Knie zerrissene Hosen tragen, die zwar nicht schmutzig sein, aber doch so aussehen sollen, habe ich mich gewöhnt. Wenn es demnächst vielleicht echte Popel zu kaufen gibt, die man sich an die Backe klebt, um dadurch heftig gegen die Erwachsenenwelt zu protestieren, dann werde ich dafür Verständnis aufbringen. Dass der gute alte Kochtopf-Haarschnitt wieder hoch im Kurs steht, dass also alles, was aus dem Kochtopf rausschaut, abrasiert wird, meinetwegen ... Dass auf dem Kopf ein Schweif langer Haare stehen bleibt, der dann, zum Bürzel gerollt, wie ein Schwalbennest auf der Kopfhaut Halt sucht, lässt mich nachsichtig schmunzeln. Und ich akzeptiere auch, dass es in der jungen Generation wohl nichts Schöneres geben kann, als wenigstens einmal in einem Action- oder Musikvideo aufzutreten. Um das zu erreichen, handeln die jungen Leute nach den Mustern des Marktes und gemäß den Gesetzen der einzigen Welt, in der sie sich zu Hause fühlen: der Welt der Medien. Sie investieren in die Produktion, das heißt, sie organisieren sich eine Kamera, sie veranstalten ein Casting, das heißt, sie gucken sich ein Opfer aus, sie sind selbstverständlich selbst die Helden in ihrem Dschungel, und sie vermarkten ihr Produkt, das heißt, sie verkaufen ihre Fotos und Filmchen. Titel des Streifens: »Schüler quälen Schüler, Mitschüler schauen zu.«

Nach dem Verlassen der Schulen ist die Elite geprägt von juvenilen Businessfreaks in herabgesetzten Boss-Anzügen, mit einer mühsam vorgeführten Elastizität in den Knien. Ihr Lieblingswort ist »nachhaltig«, sie reduzieren ununterbrochen den CO_2-Ausstoß, sie halten den schleswig-holsteinischen FDP-Vorsitzenden für eine herausragende Persönlichkeit, und sie gehören zu denen, die »Capuckino« und »Prosetschio« schlürfen. Sie setzen auf überlegenes Bewusstsein, sie sprechen von sich selbst als einer neopostmodernen Traditionsavantgarde, und nicht wenige kaufen ihre Schlafanzüge auf der Documenta. Diese anpassungsfähigen Dynamiker haben verstanden, dass die ganz großen Peinlichkeiten eher bei Phönix-TV ablaufen als im »Quatsch Comedy Club«. Sie sind weder unten noch ganz unten, sondern vorn, haben nur leider noch keinen Studienplatz. Sie sind Praktikanten mit Abitur und lassen sich bei diversen Geldinstituten als Hilfsarbeiter missbrauchen.

Revolutionäre Studenten hingegen studieren BWL, Informatik, irgendwas mit Kommunikation, um sich später mal erfolgreich an Datenübertragungssysteme zu ketten, und die Kreativeren lernen Design, weil man damit die Welt am ehesten grundlegend verändern kann.

Ich mag diese jungen Menschen, vor allem, wenn sie Bier zapfen und es mir an den Tisch bringen – zwar können sie das meistens nicht richtig, sind langsam und maulig und verschütten die Hälfte, haben grundsätzlich auch Probleme beim Addieren (= Zusammenzählen) der Rechnung, aber wenn sie nicht jobben würden, müsste man sich ja alles selbst holen. Manchmal verkleiden sie sich auch als Sandwich – dann stehen sie auf der Straße und verteilen Handzettel für ein Sonnenstudio oder nötigen mir einen ekligen Energy-Drink auf.

Im Grunde unterscheiden sich die heutigen Studenten nicht so sehr von uns damals: Auch wir waren zumeist junge, hochmotivierte Menschen zwischen 18 und 29 Jahren: In diesem Alter weiß man alles und kann man alles. Junge Leute leiten nun mal ihre Selbstlegitimation ab aus der Erkenntnis, dass sie wirklich glauben, was sie tun. »Hinterfragen« nützt da nichts und bringt auch nicht weiter, denn: Dahinter ist nichts. Man kann aber sehen, dass sie mit ihrer Inkompetenz durchaus positiv und kreativ umgehen: In unserer Zeit eines knallharten Individualismus ist vor allem Körperkunst angesagt, und so mancher Tattoo-Freak sieht aus wie die Klowand einer Sonderschule. Laut einer Umfrage der Zeitschrift *Psychologie heute* sind 8,5 Prozent der Deutschen tätowiert, und sieben Prozent tragen ein Piercing. Grund fürs Tätowieren ist der Wunsch nach Abwechslung, sagen die Psychologen. Leider sei aber die subjektiv erlebte psychische Gesundheit bei Tätowierten im Vergleich zur Allgemeinbevölkerung deutlich schlechter. Ganz harte Abwechslungssucher bevorzugen das sogenannte Branding. Das kennen alte Leute noch aus der Fernsehserie »Bonanza«, wo mit einem glühenden Stempel auf den Hinterschinken der Kälber – zisch! aua! – Besitzrechte dokumentiert wurden.

Sexuell sind diese modernen junge Leute übrigens nicht so aufdringlich, wie es die Jugendlichen der Sechziger- und Siebzigerjahre im letzten Jahrhundert waren. Erhebungen zufolge vögeln sie am liebsten allein, einmal pro Woche, in der Kabine vom Fitnessstudio. Sie nerven auch nicht mit übertriebener Gelehrsamkeit, weil sie wirklich nur solche Bücher lesen, deren Kenntnis sie im Examen nachweisen müssen.

Geisteswissenschaften sind völlig out, weil nicht profitabel. Leider hat der Neoliberalismus die Hirne der studentischen Jugend ziemlich breit zugeschissen. Alle sind überzeugt: Sozialpolitik ist der Industriepolitik untergeordnet. Wenn ich zufällig mal mithöre, worüber erfolgshungrige junge Leute sich unterhalten, bin ich tief beeindruckt von ihrem Fachvokabular: Da ist es nicht getan mit Altersrente, Teilrente, Frührente, Kombinationsrente oder auch

Leibrente, da geht es vor allem um Pflegeversicherungsbedarfslückenüberbrückung, Ruhestandsvorsorgeregelungsausgleich, Lohnsteuernebenkostenproblem und Rentenanspruchsnachzahlungsvoranschläge.

Bei dieser Beanspruchung wundert es mich nicht, dass sie so was wie Solidarität nicht auf dem Schirm haben und dass sie nicht interessiert sind an irgendeinem Widerstand: Trecker auf Bahngeleise schieben, Polizeiautos anzünden, sich an Wildschweine anketten – das lenkt nur ab vom Wesentlichen.

Trotzdem – ich mag diese jungen Leute. Ich mag sie, weil sie nicht so radikal rebellisch sind wie Rentner. Und weil sie eine gewisse Kultur haben: Rentner kriegen beim Anhören von Schlagern der Siebzigerjahre einen Hörsturz – aber bei dem Jungvolk sind Schusterterzen-Sülze und Trivialharmonien »Kult«.

Juveniler Blödmann

In einem der ältesten Bücher der Welt finden sich folgende Zeilen des obersten Richters und Wesirs des Königs Isesi in der fünften Dynastie des alten ägyptischen Pharaonenreiches:

»Das hohe Alter ist da und das Greisentum ist über mich gekommen ... die Augen sind schwach, die Ohren sind taub, die Kraft nimmt ab, weil das Herz müde wird; der Mund verstummt und kann nicht mehr sprechen; der Geist ist vergesslich und kann sich nicht mehr an gestern erinnern, die Knochen sind krank wegen des hohen Alters. Das Gute hat sich in Schlechtes verkehrt; aller Geschmack ist dahingegangen. Was das Alter dem Menschen antut, ist in jeder Beziehung von Übel ...«

Der Autor war ein Fachmann: Er schrieb diese Sätze im Alter von 110 Jahren.

Liegt die Altersgrenze bei 110? Oder liegt sie eher bei neunzig? Oder doch schon bei sechzig? Fragen Sie eine Siebzehnjährige – sie wird sagen: »Altersgrenze? Na so bei 26.«

Die Tatsache, dass es das Alter gibt, sagt natürlich nichts darüber aus, wann es beginnt. Die Generationen treffen sich heute dort, wo sie das Gleiche vorhaben: Rentner trifft man eher am Skilift als beim Seniorentreff, den Studenten dafür beim Boule im Park. Vierzigjährige können genauso gut zum ersten Mal Eltern werden wie Großeltern. Wer heute mit fünfzig auf einem Surfbrett steht, macht sich nur dann lächerlich, wenn er nicht surfen kann.

Völlig out of time ist ein Fähnleinführer der Jungen Union, aus dessen speckiger Visage die ganze Entbehrungslosigkeit und Erbschleicherei seiner Generation sprechen. Dieser geistig völlig vermooste und emotional total verwarzte Knabe, der sich mit seinen wenig über zwanzig Jahren bereits jenseits aller bekannten Altersgrenzen befindet, beklagte lauthals die Ausbeutung der Jungen durch die Alten und drohte den Senioren mit Kniegelenk-Operationsverweigerungen. Tatsächlich will dieses infantile christdemokratische Nitratwürstchen, dem die Synapsen längst zu Magerquark tiefgefroren sind, alten Menschen eine kostenintensive medizinische Behandlung auf Krankenschein verweigern.

Nun könnte man das als satirischen Vorstoß in die Sozialpolitik abhaken. Der vorlaute Hoffnungsträger der Union hätte mit seinen Vorschlägen nur ein wenig weiter gehen müssen: Lasst uns die Alten exportieren, hätte er sagen können, Rentner mit vierzig Prozent der Rente in die Antarktis, dort sind sie so reich, dass sie jederzeit einen Iglu auf Kredit kriegen. Für die Pflegefälle lassen wir für dreißig Prozent der hiesigen Kosten Pflegeheime in pakistanischen Erdbebengebieten bauen, von türkischen Bauunternehmen. Das hätte Stil gehabt … Aber dieser Unionsnachwuchs meinte das bitterernst mit dem Entzug medizinischer Leistungen für alte Menschen, und inbrünstig beklagt er, die Jungen müssten die Renten der Alten bezahlen. Das aber ist Quatsch: Es sind die Alten, die die Arbeitslosigkeit der Jungen finanzieren. Deshalb die Gegenfrage: Wo kann man genug einsparen, um das Problem der schmarotzenden Jugend zu lösen?

Ganz einfach: Kindergärten abreißen, Schulen und Universitäten abfackeln, Discotheken und Clubs in Senioren-Begegnungsstätten umwandeln, Fahrradwege renaturieren, Film, Funk, Fernsehen und Theater streichen alle Kinder- und Jugendprogramme, die teuren Weihnachtsmärchen werden in die Tonne getreten, und die Krankenhäuser machen alle Kinderabteilungen dicht. Dann entfällt eben die gesamte Infrastruktur, die der Nachwuchs traditionell von Eltern, Groß- und Urgroßeltern zu erben erwartet.

Und der vorlaute Unions-Knabe, der selbst bislang nichts Nennenswertes in die Sozialkassen eingezahlt hat und bestenfalls die Perspektive hat, eine Schulkameradin zur depressiven Hausfrau zu machen, muss sich die Frage gefallen lassen: »Wer hat eigentlich für Ihre Zahnspange geblecht, Herr Nachwuchspolitiker?«

Rente statt Bälger

Die Kinderlosen in unserem Land haben die Arschkarte: Zwar kann es ihnen egal sein, was Kindergärten, Schulen und Universitäten kosten, aber sie zahlen höhere Steuern, sie kriegen kein Kindergeld, sie haben keine Kinderbilder in der Brieftasche, sie können kein Kind bei der Krankenkasse mitversichern, und sie haben keine Entschuldigung, wenn sie sich alte Teletubbies-Folgen ansehen. Vor allem haben Kinderlose achtzig Prozent weniger Gesprächsthemen als Kinderbesitzer: Sie können nur über Krankheiten oder über Essen und Trinken reden. Und, was am schlimmsten ist: Wenn sie mal schlecht gelaunt sind, können sie es nicht an ihren Kindern auslassen. Das Einzige, was den Kinderlosen bleibt, ist die Vorfreude auf eine üppige Rente und dass sie im Alter zusehen können, wie die Kinderbesitzer am Rande des Existenzminimums rumkrebsen, weil die missratene Brut sie finanziell brutal ausgesaugt hat. Und diese kleine Freude will man den Kinderlosen jetzt nehmen, die Kanzlerin will ihnen drastisch die Rente kürzen.

Ich denke, man sollte denen, die ihr Geld lieber verfressen und versaufen, statt Bälger in die zu Welt setzen, die als künftige Arbeitslose der Allgemeinheit auf der Tasche liegen, eine Rentenverdoppelung gewähren und denen, die ihre Triebstruktur nicht im Griff haben, die Rente halbieren. Aber da traut sie sich nicht ran, die Besamungsexpertin im Kanzleramt. Dabei ist sie selbst kinderlos, jedenfalls ist mir kein Mann bekannt, der sich einer gemeinsamen Leibesfrucht mit ihr brüsten könnte, und sie weiß vermutlich nicht, was sie mit ihrem bekloppten Vorschlag der Rentenkürzung für Kinderlose anrichtet.

Wir aber wissen, ein Drittel aller Männer ist unfruchtbar und ein Viertel impotent. Wenn jetzt die übrigen sieben Zwölftel aller Männer bei jedem Koitus angstvoll schwitzend denken müssen: »Hoffentlich schaff ich es, lieber Gott, lass mich bloß nicht an die Kanzlerin denken, sonst krieg ich nur die halbe Rente« – da wird ein enormer seelischer Druck aufgebaut, da klappt dann gar nichts mehr. Und das bedeutet: Von deutschem Boden wird nie wieder eine Erektion ausgehen.

Methusalem ist der neue Adonis (2009)

Die Alten haben die Mehrheit, und die Macht kommt aus den Altersheimen.

Die Vergreisung des Landes begann in den Siebzigerjahren des vergangenen Jahrhunderts mit dem wachsenden Bestreben von Damen, sich zwar zwei Nachnamen zuzulegen, aber kein Kind. Seitdem ist der demographische Faktor das Hausgespenst aller Medien. Natürlich kann unter diesen Umständen kein Mensch das Alter in Frieden genießen. Das Alter genießen? Ein saublöder Slogan aus der Werbung. Das Alter kann man nicht genießen. Das Alter ist eine Art Kriegsschauplatz, es erfordert eine realistische Einschätzung der Situation und eine kämpferische Einstellung. Doch auch eine alte Uhr kann die Zeit richtig anzeigen! Deshalb: Enjoy your Greisenzeitalter.

Ich betrachte den Anstieg der Lebenserwartung als Errungenschaft, und ich glaube, dem Standort Deutschland werden beachtliche Vorteile aus seiner Vergreisung erwachsen.

Der Absatz von Inkontinenzwindeln, Eierlikör, Hühnerfrikassee und betrügerischen Haustürgeschäften wird ebenso steigen wie der von Altherrenfreizeithosen mit extra großem Eingriff. Auch die Autoren von Kreuzworträtseln werden von der Überalterung profitieren, und mit ihren preisgünstigen Schiebekrücken kommen die Alten relativ unangefochten durchs Leben und über die Straße – es muss ja nicht immer ein Turbo-Rollator SEL-TDI-Cabrio sein mit Antischleuderprogramm, Regensensor und beheizbarer Einparkhilfe, mit eingebautem Reifenstecher gegen Radfahrer, einer handlichen Karossenquetsche gegen Falschparker, einem Flammenwerfer gegen Fußgänger, einer Kinder- und Greisenschleuder sowie einer ausfahrbare Hundesense sowie einem Schnäppchen-Navigations-System, dessen Einkaufskorb sich mit wenigen Handgriffen in ein komfortables Luxusklo umbauen lässt …

Der Lebensstil der Zukunft wird geprägt von Menschen, die zu leben verstehen: Bildung ist Genuss für Erwachsene statt Plage für hyperkinetische Kinder. Lehrer unterrichten dankbare Senioren. Eine Welt voller Kultur, Reisen, Gesundheitspflege, Hobby und Ehrenamt. Es herrscht eine angenehm entspannte Gesinnung, ohne Gewalt, Lärm, Mobbing und Ausländerfeindlichkeit und vor allem ohne den aufdringlichen Werberummel, den die ältere Generation nicht goutiert.

Gewiss, in einigen Großstädten gibt es gelegentlich noch gewalttätige Generationenkonflikte. Da kann es dann schon mal zu organisierter Altenkriminalität kommen: Gelangweilte Rentner schließen sich zu Straßengangs zusammen, um Schulkindern die Porno- und Horrorvideos zu rauben, andere Altengangs lauern nachts einsamen Jugendlichen auf und reißen ihnen die teuren Designertextilien vom Leib. Polizisten auf Streifgang werden von randalierenden Senioren in Schutt und Asche gelegt, der bejahrte Mob hat schon mehrere Discotheken an die Wand gestellt. Aber das sind Ausnahmen. Denn überall blüht neues Leben aus der Vergreisung.

Von Deutschland wird in Zukunft nichts ausgehen außer Frieden, denn ältere Gesellschaften sind prinzipiell friedlicher. Völker mit einem großen Anteil junger Menschen sind gewalttätiger. Je mehr Jugendliche, desto größer die Wahrscheinlichkeit von Bürgerkriegen und Kriminalität. Auslöser mörderischer Unruhen auf Sri Lanka beispielsweise waren in verschiedenen Jahrzehnten nicht Hungersnöte oder andere externe Faktoren, sondern ein besonders hoher Anteil von Menschen zwischen fünfzehn und fünfundzwanzig Jahren. Es ist also verständlich, wenn wir auf diese Altersgruppe gerne verzichten.

So, wie's aussieht, entwickelt sich Deutschland zu einer gerontokratische Volksrepublik, vulgo Seniorendiktatur, und schon bald muss sich täglich polizeilich melden, wer keine Runzeln hat. Leute ohne Falten sind von der Beförderung durch die öffentlichen Verkehrsmittel ausgeschlossen. Krähenfüße bringen Steuererleichterungen. Zugang zu den Badestränden haben nur noch Leute, die ihr Gebiss vollständig herausnehmen und vorzeigen können.

Wahlberechtigt sind Menschen ab achtzig, junge Menschen haben keine bürgerlichen Ehrenrechte. Sie müssen aber zwischen fünfzehn und vierzig Jahren als biologische Ersatzteillager zur Verfügung stehen. Und ein Mann, der ganz sichergehen will, kann immer noch – als persönlichen Sklaven oder als private Organ-Reserve – ein Kind in die Welt setzen: Methusalem hatte damit schließlich auch kein Problem. Er zeugte seinen ersten Sohn im Alter von 187 Jahren.

Rentner an die Front

Der Verteidigungsminister hat einen Vorstoß unternommen: Er will einen Veteranentag in der Bundesrepublik einführen. Er will, dass einmal im Jahr offiziell »die Leistungen der Soldaten als Dienst für das Gemeinwohl« gewürdigt werden. An diesem Tag sollen sich die Bundesbürger denjenigen gegenüber dankbar erweisen, die mit der Waffe in der Hand dazu beigetragen haben, dass Krieg wieder zum Mittel deutscher Außenpolitik geworden ist. Als Datum für den Veteranentag hat der Minister den 22. Mai vorgeschlagen:

Am 22. Mai 1956 wurden die wehrverfassungsrechtlichen Grundlagen für die Bundeswehr in Kraft gesetzt. Damit schuf die damalige Regierung ein Refugium für Soldaten, Offiziere und andere Kriegsverbrecher, die in der Wehrmacht an Hitlers Rassen- und Vernichtungskrieg beteiligt waren.

Ich denke: Krieg wäre ja eine gute Gabe Gottes, brächte er ausschließlich Berufssoldaten um. Die werden aber auch von ganz allein immer weniger, weil sie wegen mieser Verpflegung und gravierender Materialmängel vorzeitig desertieren. Damit der Bundesverteidigungsminister den Feind nicht allein bekämpfen muss, kommt nun der Wehrdienst für Rentner.

In vorderster Front kämpfen dann Schwerhörigen-Kompanien, die zwar nicht auf Befehle reagieren, sich aber auch nicht von feindlichem Geschützfeuer beunruhigen lassen. Sitzplätze im Schützengraben müssen auf Verlangen für Infanteristen mit Raucherbeinen frei gemacht werden. Parkinson-Patienten werden als Scharfschützen eingesetzt, für den Luftkampf und für Flächenbombardements kom-  men vor allem Sehbehinderte in Frage. Streitsüchtige Greise werden in Demenz-Divisionen zusammengefasst, die nicht wissen, warum, für und gegen wen sie kämpfen. Alte Säcke, die mit ihren kugelsicheren Gebissen sogar Stacheldraht und Bajonette durchbeißen können, werden auf Spähtrupp geschickt, und die U-Boote werden mit Alzheimer-Matrosen bestückt, in denen die Vorstellung von festem Boden unter den Füßen längst untergegangen ist …

Auf der Deponie

Die unerschütterliche Logik der Abreißkalender (es kann aber auch der unerschütterliche Abreißkalender der Logik sein) sagt aus, dass man niemandem verbieten kann, älter zu werden. Dürers »Ritter,

Tod und Teufel« reiten heute zwischen Club Mediterrane und Seniorenpass. Und eine immer wieder geäußerte Meinung lautet: Die einzig sinnvolle Pflegeversicherung im Land ist die Zyankali-Kapsel …

Ich bin froh – ich habe wenigstens noch meine körperliche und geistige Frische, ich bin noch nicht mal Pflegegrad Zwei. Die Pflegeversicherung befreit ja manche Leute von der Angst, sich im Alter keine Betreuung leisten zu können, aber »jede Befreiung geht auf Kosten der Freiheit«, sagt Jean Baudrillard. Die »Kunst des Altwerdens« wird durch ein Versicherungspaket ersetzt. Es geht nur um eine versicherungstechnische Altenabwicklung. Aber Freiheit und Altersarmut – das geht irgendwie nicht zusammen.

Manchmal denke ich, die einzige Pflicht der Alten ist es, nicht vorzeitig an Altersschwäche einzugehen, sondern sich freudig einem intensiven Siechtum zu widmen, um dadurch die Geschäftsinteressen des medizinisch-pharmazeutischen Industriekartells zu fördern.

Andererseits sind ältere Menschen die Protagonisten der Wegwerfgesellschaft. Sie lohnen keine Investitionen, weil sie für die freie Marktwirtschaft nicht profitabel genug sind. Mehr Alte bedeuten weniger Wachstum, weniger Risikobereitschaft, weniger Existenzgründungen.

Ich bin achtzig. Vor einigen Tagen lautete die Headline einer Tageszeitung: »Die Alten machen uns fertig.« Offenbar sind die falschen Vorstellungen über das Alter ebenso mörderisch wie jeder Rassismus, mit dem Menschen minderwertig gemacht werden. In einem anderen Leserbrief stand: »Wir werden die Alten wie die Tiere in der Steppe nach dem Verlust ihres Prestiges in einer umfassenden Jagd zur Erschöpfung treiben.« Na gut, die große Mobilmachung hat begonnen, und die Jugend ist der Feind. Es geht um mein Leben. Doch wenn der Krieg gegen die Jugend beginnt, werde ich der Ältere sein, und seit wann jagen die Erdmännchen den Adler?

Die Amerikaner entsorgen ihre Alten ja per »Granny Dumping«. Was bei uns die Babyklappe, ist da die Altenklappe. Oma und Opa werden von ihren Angehörigen kurzerhand vor der Notfallstation eines Krankenhauses ausgesetzt. Kommt ja immer darauf an, wie man in jungen Jahren mit seinen Eltern ausgekommen ist …

Ich zum Beispiel habe meine Mutter auch zum letzten Mal auf einem Autobahnrastplatz gesehen. Allein, im Regen, angeleint an der Leitplanke. Ihr Winken ist mir unvergesslich. Aber irgendwie war das in Ordnung – ich glaube, sie hat es eingesehen, und ich fand's gerecht …

Insgesamt, denke ich, geht man bei uns nicht ganz so brutal mit den Alten um wie in den USA. Trotzdem – ich habe mich entschlossen, Zeugnis abzulegen. Ich will mal die Zustände in unserer Senioren-Residenz in meinem Tagebuch dokumentieren.

6.00 Uhr – der Pfleger weckt mich und gibt mir meine Tabletten. Dann leert er den Beutel an meinem künstlichen Darmausgang und schiebt mir die Zähne in den Mund. In der Reihenfolge. Das frühe Wecken ist Mist. Meistens, wenn man gerade nochmal weggedämmert ist …

7.00 Uhr: Katzenwäsche. Mit nasskaltem Waschlappen einmal über den Rücken.

7.30 Uhr: Morgenmagazin im Fernsehen. Es gibt eine Reportage über Salzwiesen an der Nordsee. Bestimmt ist es zwanzig Jahre her, dass ich am Meer war.

8.00 Uhr: Ich trinke lauwarmen Kamillentee und esse ein wenig Grießbrei. Danach bitte ich den Pfleger, mich ans Fenster zu schieben, damit ich sehen kann, welche Jahreszeit wir haben. Er sagt, er hätte keine Zeit. So viel Polnisch kann ich schon. Ich vermute, es ist Frühling. Die kleinen Hunde haben keine Leibchen mehr an.

10.00 Uhr: Alle Rätsel sind gelöst. Das neue Rätselheft erscheint erst morgen. Ich ärgere mich, weil ich nicht weiß, wie die äthiopische Heilpflanze mit zwölf Buchstaben heißt. Die Apothekenrundschau habe ich auch schon durch.

11.00 Uhr: Ich bekomme einen Brief von meinem Sohn. Er schreibt, er müsse mal mit mir über mein Testament reden. Ich soll ihn anrufen.

12.00 Uhr: Mittagessen. Seniorenteller. Das klingt immer nach zu wenig Essen auf dem Teller. Es gibt Möhrengemüse und Fencheltee. Dabei fällt mir ein: Äthiopische Heilpflanze mit zwölf Buchstaben: Möhrengemüse! Es ist schon blöde, wenn die Hirnregion nachlässt, die für das Erinnern zuständig ist. Die Festplatte. Das Gedächtnis. Ich habe ein Gedächtnis wie ein Tennisschläger. Quatsch. Wie ein Sieb.

13.00 Uhr: Mittagsruhe. Unruhige Träume. Habe mich ernsthaft gefragt, ob meine Frau wohl noch lebt. Hier drinnen sagt man nie »Alte« zu uns oder gar »die Altchen«. Immer nur »Senioren«. Ich hätte mir beizeiten ein zweites Standbein fürs Alter anschaffen sollen. Aber kann man auf zwei Standbeinen überhaupt gehen …?

14.00 Uhr: Ich schaue mir im Fernsehen eine Dokumentation an: »Silikon – die Tragödie meines Lebens!« So etwas hätte es früher nicht gegeben.

15.00 Uhr: Meine Tochter ruft an. Sie entschuldigt sich, dass sie in den letzten acht Jahren keine Zeit dafür gefunden hat, mich zu besuchen. Sie fragt, ob ich ihr 20 000 Euro leihen kann – sie will sich ein Cabrio anschaffen. Habe sehr gelacht.

17.00 Uhr: Der Arzt kommt. Er sagt, meine Beine sind so schlecht durchblutet, vielleicht müssen sie eins amputieren. Dann macht er einen Witz: »Es gibt jetzt Hüftgelenke zum Selbereinbauen«, sagt er. Ich werde wohl nie mehr richtig gehen können.

18.00 Uhr: Hagebuttentee und Haferflockenbrei. Danach Bettruhe.

19.00 Uhr: Mein Zimmernachbar hat sich eingenässt. Die Nachtschwester brüllt quer über den Flur: »Du alte Pottsau!« Aber er hat sein Hörgerät rausgenommen. Bis zum Einschlafen zähle ich Schafe, aber es sind nie genug da, um einschlafen zu können. Ich frage mich immer: Geht man beim Einschlafen eigentlich durch eine Wand? Ich laufe wohl eher dagegen … Gute Nacht.

7 Die da oben

Kafkas Affe (1976)

Mittlerweile haben die Affen mitten in unserer Gesellschaft Fuß gefasst: Orang-Utans arbeiten als Klaviervirtuosen, Gorillas sind tätig im Internet, Menschenaffen arbeiten in der Marktwirtschaft und beherrschen die Regeln des Devisenhandels. Wir staunen darüber, wie menschenähnlich so ein Affe ist, und nicht darüber, wie affenähnlich der Mensch immer noch ist. Affen wissen, welche Vorteile Machtausübung mit sich bringt und wie angenehm es ist, Diäten oder eine hohe Pension zu beziehen. Vorreiter dieser Entwicklung, die Gleichstellung von Mensch und Tier durchzusetzen, war ein Affe aus der zentralafrikanischen Republik Kafka namens Rotpeter. Wir dokumentieren seine Grundsatzrede anlässlich der Verleihung der Ehrendoktorwürde am Dies Academicus in der Bundeswehrakademie München Neubiberg:

Hohe Herren von der Akademie! Dekaden später, nachdem ich das erste Mal vor Sie hingetreten bin, damals schon eine blumenbekränzte Attraktion der Bühne und in Omnipräsenz und Rundumeloquenz jedem Generalintendanten weit überlegen, erweisen Sie mir die Ehre, mich aufzufordern, der Akademie einen weiteren Bericht über die Fortschritte meiner Anpassung abzuliefern.

Ein langes Leben trennt mich nunmehr von jenem dressierten Affentum – kurz vielleicht an Legislaturperioden gemessen, unendlich lang aber zu durchwandern, wie ich es nach Art derber Stiefel getan habe, streckenweise begleitet von abgerichteten Menschen, untauglichen Ratschlägen, Pfiffen und Stimmungsmusik, doch stets allein, bis ich den Hochsitz der Gesellschaft erklomm, den Sessel eines Abgeordneten im Parlament. Vom nachäffenden Grimassier zum geachteten Träger eines Gesetzgebersakkos mit Migrationshintergrund – dieser Aufstieg wäre unmöglich gewesen, wenn ich eigensinnig an der auf allen Varietébühnen der zivilisierten Welt bis zur Unerschütterlichkeit gefestigten Stellung als Dr. Lallbacke, der kommunizierende Schimpanse, hätte festhalten wollen. Abwägend, ob es für mich zu bevorzugen sei, eine Feinstrumpfhosenfabrik oder ein städtisches Blindenheim zu leiten, entschied ich mich für die leuchtende Zukunft eines Volksvertreters, irrational und stupide nach äffischem Maßstab, einträglich und ehrenhaft aber nach menschlichem Ermessen, hat man sich erstmal zum Eintritt in eine politische Partei überwunden. Es war der Ortsverein meiner Heimatstadt, der mich zu seinem Wunschkandidaten kürte. Ich verheimlichte nicht, ich dächte desto demokratischer, je absoluter meine Mehrheit sei; auch erschiene mir nichts verabscheuungswürdiger als die Position der Minderheit. Seitdem gelte ich im Parteipräsidium als ministrabel.

Ich lernte, beim Handschlag-Geben Wollust zu empfinden. Handschlag bezeugt das Gegenteil von Fußtritt. Handschlag verbindet.

Ein Handschlag verbindet meine sorgfältig manikürte Pfote mit den Segnungsextremitäten des Heiligen Vaters, aus dessen Munde ich ein Geräusch wie vom Aneinanderschlagen zweier Gaumenplatten hörte, als meine Eckzähne seinen Bischofsring einer Materialprobe unterzogen. Ja, ich lernte, und mit besonderem Eifer lernte ich das erste Gebot eines Abgeordneten: Du sollst nicht eigensinnig sein. Ich, ehemals freier Affe und verdienter Künstler des Volkes, fügte mich dem Joch, das Entstehen eigener Gedanken durch Zungen-Blecken abzublocken. In meinem Wahlkreis werde ich dafür gerühmt, dass ich kein Blatt vor den Mund nehme, wenn ich nichts zu sagen habe. Denn ich lernte: Kontrovers zu diskutieren – das kostet Stimmen. Aber couragiert zu diskutieren – das kostet sogar das Mandat. Dieses aber bitte ich die Herren der Akademie vertraulich zu behandeln. Meine Wähler müssen ja nicht alles wissen – sie müssen nur begeistert davon sein ...

Summa summarum habe ich erreicht, was ich erreichen wollte. Ich habe ein solches Niveau erklommen, dass die in jeder Talkshow zutage tretende Durchschnittsbildung eingeborener Parlamentarier sogar von meinen Flöhen übertroffen wird. Selbstverständlich habe ich, ähnlich allen anderen Mitgliedern des Hohen Hauses, für mein Amt keine spezielle Ausbildung genossen, aber ich bin nicht weniger zum Volksvertreter qualifiziert als irgendwer – die Kolleginnen und Kollegen sind, so wahr mir Darwin helfe, nach Herkunft, Aussehen und Umgangsformen auch nichts anderes als genetisch deformierte und juristisch beglaubigte Affen, so dass ich, bei meiner Schimpansenehre, wohl hoffen darf, mich auch noch zum Kanzler zu erheben. Danke schön!

Eine Kabinettssitzung

Zur Eröffnung eilt die Kanzlerin puppenlustig von einer Lallbacke zur nächsten, schenkt Erdbeersekt aus und verteilt kandierte Früchte. Alle schwören sich gegenseitig uneingeschränkte Sympathie.

Der Finanzminister stellt fest: »In Zeiten des Kolonialismus musste man die Sklaven in Afrika noch mühsam einsammeln und mit Schiffen zu uns rüber holen. Heute rennen einem diese Schwarzen freiwillig die Bude ein.«

Der Innenminister ergänzt: »Drei Millionen Ausländer wollen Deutschland wieder verlassen, weil sie der einheimischen Bevölkerung nichts wegessen möchten.«

Frau Arbeits- und Sozialministerin gibt zu bedenken: »Wir müssen die Menschen mehr für Politik interessieren.«

Der Verkehrsminister widerspricht: »Das ist ja wohl das Letzte, dass die Menschen anfangen, sich für Politik zu interessieren.«

Die Verteidigungsministerin fragt völlig unpassend dazwischen: »Was verteidige ich eigentlich in Mali? Die Freiheit Deutschlands? Die Interessen Frankreichs? Oder gibt's da was zu holen?«

Nach einem Moment der Irritation sagt die Kanzlerin: »Komm, Siggi, lies uns nochmal die schönsten Zeitungs-Schlagzeilen des Jahres vor«, und der Vizekanzler, der gleichzeitig Außenminister ist, liest: »Schäuble-Rüffel für Griechen«, »Merkel kanzelt Putin ab«, »Kauder rügt Syriza-Regierung«, »Bosbach tadelt die griechische Regierung«, »Steinmeier tadelt Russen«, »Seehofer beschimpft die Tschechen«, »Oppermann kritisiert Erdogan«, »Schäuble weist Varoufakis zurecht«, »Von der Leyen gibt Assad die Schuld«, und »Gabriel maßregelt Putin« – noch mehr?

Alle nicken mit den Köpfen, denn sie wissen, Politik ist nichts anderes als die Kunst des Zusammenfaltens.

Närrisches Personal (2000)

Der einzigartige Humorist Karl Valentin starb am Rosenmontag 1948 in München – elend, unterernährt und alleingelassen. In seinem Namen werden weiterhin die unglaublichsten Narreteien verübt. Dazu gehört die Verleihung des Valentin-Orden durch eine Faschingsgesellschaft in München.

Dieses Jahr erhielt der anerkannt saukomische Bundespräsident Herzog die Auszeichnung, die vor ihm schon so hintergründig-humorvolle Figuren wie Edmund Stoiber und Helmut Kohl bekamen.

Helmut Kohl hingegen erhielt dieses Jahr von der Kitzinger Karnevalsgesellschaft (Kikag) den Schlappmaul-Orden wegen seiner lockeren Zunge.

Und der ständig herumalbernde Altpimpf aus Wolfratshausen, Edmund Stoiber, dessen Verdienste um das Gelächter in Deutschland unumstritten sind, der wurde in Aachen mit dem »Orden wider den tierischen Ernst« ausgezeichnet. Schon als Straußenjunge empörte sich der kleine Stoiber über die Nacktbadenden am Ufer der Isar. Er hatte als Jüngling schon einen Aufkleber am Auto: »Mir stinken die Linken.« Ihm verdanken wir die Formulierung von der durchrassten Gesellschaft, die Gleichsetzung von Grünen mit Braunen, Nazis mit Sozis, SED mit NSDAP. Er hat uns über den Massenansturm von Asylanten informiert und dass der Doppelpass eine Bedrohung schaffen würde wie die RAF. Heute wissen wir: Er hat nur Spaß gemacht. Und als er da in Aachen in der

DON PROMILLO,
DER HÜHNERBARON

Bütt stand mit seiner Narrenkappe, da sah ich ihm an, was er dachte. Er dachte: Diese Kappe steht mir nicht. Dachte er …

Die Parlamentarier

»Alle Staatsgewalt geht vom Volke aus« – das glaubt schon mal kein Mensch: Wenn das Volk wirklich die Macht hätte, würde es sich wohl kaum Gesetze ausdenken, die sich nur unwesentlich von den Auswirkungen eines Raubüberfalls unterscheiden. Und ein armer Mensch würde nicht auf die Idee kommen, ein Gesetz zu erlassen, das lautet »Du sollst nicht stehlen.« So ein Gesetz erlassen nur Menschen, die reicher sind als andere, das heißt: Sie lassen es erlassen, und zwar von Leuten, die sich in Parteien organisieren, um ihre privaten Glücksbestrebungen als Gemeinwohl durchzusetzen.

Der Satiriker Jonathan Swift hat vor 300 Jahren aufgeschrieben, was er unter einer Partei versteht: »Eine Horde unselbstständiger, teils korrumpierter, teils einfach opportunistischer Leute, die von einem einzigen demagogischen ›Privatgehirn‹ angestiftet, angeführt, inspiriert und kommandiert wird …«

Das ist nicht schmeichelhaft.

Aber immerhin – ein Gehirn …

Allerdings war das vor 300 Jahren. Wer unbedingt glauben will, alle Gewalt ginge vom Volk aus, soll das ruhig tun. Auch dieser Glaube erleichtert das Leben.

Volksvertreter werden, entgegen der landläufigen Meinung, nicht vom Volk gewählt, sondern vom zuständigen Ortsverein delegiert und dann vom Landesverband als Kandidaten aufgestellt. Aus unserer Stadt stammt beispielsweise ein im Kompromiss gezeugter multifunktioneller Mandatsbagger, also ein trinkfester, lungenkranker Nichtraucher, der mit 83 aussieht wie 38, aus protestantischem Arbeitermilieu, der als Aufsichtsratsvorsitzender von Pfeffersack & Tonnage in der Industrie- und Handelskammer die Vertriebenen der katholischen Mittelstandsvereinigung in der jüdischen Gemeinde des Bauernverbandes im Reichsbund der Kriegswaisen der deutschen Angestelltengewerkschaft in der Bürgerschaft siegreich von Abstimmung zu Abstimmung führt. Und wer bringt das alles an den Start, wer wird den unterschiedlichsten Interessen gerecht? Richtig, ein Immobiliendealer. Und wo finden wir den? Jawohl, auf dem Sessel des Vizepräsidenten unseres größten Sportvereins.

Tatsächlich hat das Volk nicht den geringsten Einfluss auf die Regierung, weder in der großen Politik noch in solchen Alltagsfragen wie Fahrpreiserhöhungen, Grunderwerbssteuer oder Mülltonnen-Leerung. Die Kluft zwischen Regierenden und Regierten, Obrigkeit und Untertan, ist in der demokratischen Bundesrepublik kaum geringer als im Deutschen Kaiserreich, das sich offen als Obrigkeits-staat verstand. Das stört aber nicht, weil sich – nach den letzten Umfragen – über dreißig Prozent der deutschen Untertanen ohnehin einen tatkräftigen Diktator wünschen. Am liebsten einen, mit dem man über alles diskutieren kann …

»Es muss ja Leute geben«, höre ich die Nachdenklichen sagen, »die die Verantwortung für alles tragen, auch vor der Nachwelt.« Muss es? Ich kenne keinen Menschen, der persönlich vor die Nachwelt hingetreten ist und verkündet hat, ich trage die Verantwortung. (Still! Mir war, als hörte ich gerade die Asche von Adolf Hitler leise kichern …)

Seit Perikles ist allgemein bekannt: Demokratie und Freiheit sind Gegensätze, denn je größer die Freiheit des Kapitals, desto eingeschränkter die demokratischen Rechte derer, die nichts besitzen. Und je ausgeprägter die Staatssicherheit, desto beschnittener die Bürgerrechte. Oder gab es schon mal einen demokratischen Innenminister, der die bürgerlichen Freiheiten ausgeweitet hätte? Nein, gab es nicht.

Die meisten Menschen sind ohnehin dazu bereit, auf Freiheitsrechte zu verzichten, wenn sie nur ihr Eigentum behalten dürfen:»Hauptsache, die Würde meines Autos bleibt unangetastet.« Und diejenigen, über die so viel geredet wird, Muslime und Flüchtlinge, Hartz IV-Empfänger, Niedriglöhner und Obdachlose, nehmen an demokratischen Entscheidungsprozessen gar nicht erst teil … Die Freiheit haben sie … Das Volk übt also keinerlei Gewalt aus, es lässt sich vertreten.

Der durchschnittliche Volksvertreter ist ein Mensch mit großem Verantwortungsbewusstsein und jahrzehntelanger Lebenserfahrung. Er ist beruflich nicht vorbelastet, doch er kennt die Nöte der Wirtschaft, der Kirchen, der Sozialverbände und der Gewerkschaften, er weiß um die Bedürfnisse seines heimatlichen Gesangs- und Kegelvereins, er hat aber auch ein offenes Ohr für die Wünsche seiner Kinder und anderer Haustiere. Kurzum: Der deutsche Volksvertreter kommt aus dem Nichts, verschwindet im Nichts – und in der Zwischenzeit leistet er Großes.

Das Arbeitsgebiet eines Volksvertreters ist umfangreich und anspruchsvoll: Er muss Vorhaben verschleiern, Entscheidungen verschieben, Fragen ausweichen, Tatsachen verfälschen, Zusammenhänge frisieren, Irrtümer verheimlichen, Alkohol testen, Spenden kassieren, Schmiergelder zählen – das alles verlangt Tatkraft und Verantwortungsgefühl. Und man kann so einen Volksvertreter nur bewundern, dem nicht mal der Schweiß ausbricht, wenn er die Wahrheit sagt. Und die Wahrheit sagen Volksvertreter jedes Mal, wenn sie sich gegenseitig Inkompetenz vorwerfen …

Natürlich kann man angesichts dieses Berufsbildes zu der Ansicht gelangen, Volksvertreter sollen gefälligst nicht von des Volkes Steuern, sondern von den Institutionen bezahlt werden, denen sie dienen. Wenn die Autoindustrie unbedingt einen Grüßaugust braucht, kann sie ja meinetwegen einen Verkehrsminister beschäftigen, aber sie soll ihn mir nicht an jeder Zapfsäule auf die Benzinrechnung setzen … Doch leider ist es in unserem System nicht möglich, für die Volksvertreter ein leistungsabhängiges Einkommen festzusetzen, denn das würde bedeuten: Nur, wenn sie eins der Probleme im Land gelöst haben, gibt's Geld. Sonst nicht. Aber dafür lässt sich keine Mehrheit finden.

Was ich mir von den Kirchen wünsche, sollte auch für Parteien und Volksvertreter gelten: Sie sollten sich ausschließlich aus den privaten Einkommen ihrer Mitglieder und Anhänger finanzieren. Es ist doch nicht einzusehen, dass eine Konzern-Belegschaft Gewinne erarbeitet, die der Vorstand dann als Parteispende verwendet. Ebenso wenig ist einzusehen, dass sich die Parteien aus Steuergeldern finanzieren, die sie sich selbst bewilligt haben, und ein Unding ist auch, dass Arbeitnehmer Lohn- und Mehrwertsteuern bezahlen, um Parteien zu finanzieren, denen sie gar nicht angehören. Leider herrscht auf diesem Gebiet sehr wenig Transparenz, und es wäre wünschenswert, wenn die Abgeordneten in der Öffentlichkeit nur in Anzügen oder Kleidern erscheinen dürften, auf denen die Firmenlogos ihrer Geldgeber zu sehen sind.

Solange das nicht der Fall ist, kann man den Verdacht hegen, Politik ist eine Szene, in der sogenannte Volksvertreter so tun als ob: Als ob Politik ein Maßstab sei, als ob Politik wirtschaftliche und finanzielle Begierden steuern und beherrschen könne. Und es ist ja auch bekannt, dass ein Volksvertreter nicht mal sein Gewissen im Griff hat – da muss immer mal wieder die Fraktionsdisziplin aushelfen …

Bevor Sie also vorschnell eine negative Meinung äußern über den Volksvertreter Ihrer Heimatgemeinde, bedenken Sie bitte: Selbst kleine Leute von der Straße wissen, was so ein Abgeordneter alles durchmacht. Da sind diese stundenlangen Sitzungen, bei denen Kopfweh, Rückenbeschwerden und Wadenkrämpfe der Teilnehmer oft das einzige Ergebnis darstellen. Da sind die eigenen Parteifreunde, die unbarmherzig intrigieren, wenn es darum geht, ein Fernsehinterview zu ergattern. Da sind die Bittsteller, die glauben, ein Volksvertreter müsse jeden wegen Trunkenheit am Steuer eingebüßten Führerschein vorzeitig wiederbeschaffen. Da sind die ahnungslosen Lokalblätter, die die Verdienste des Abgeordneten um den Bau einer Müllverbrennungsanlage im Naherholungsgebiet partout nicht würdigen wollen. Und wenn ihm dann RWE oder VW per Überweisung helfen, im Wahlkampf den allseits erwünschten Kontakt zu den werktätigen Massen zu pflegen, stimmen sämtliche Neider ein Riesengeheul wegen angeblicher Korruption an.

Das macht klar: Volksvertreter stehen unter Dauerstress. Sie quälen sich mit psychischen Problemen durch den Politikeralltag, und die Bandbreite ihrer Erkrankungen reicht von Schlaflosigkeit über Angstattacken bis zu handfesten Depressionen. Das hat eine wissenschaftliche Untersuchung ergeben, und das ist natürlich aufschlussreich.

Wenn man weiß, dass viele Volksvertreter behandlungsbedürftig sind, wird dem geistig Gesunden manches verständlich, wofür er sonst gar keine Erklärung finden würde.

Trotz allem kann man aber sagen: Der Satz »Die Politik hat versagt« ist falsch. Das Gegenteil ist richtig: Die Politik hat exakt das geleistet, was zur Sicherung ihrer Positionen und deren Ausbau notwendig ist. Deutschland ist ein Paradies für professionelle Volksvertreter.

Erfüllungsgehilfen

Am Dienstag erfuhren die Abgeordneten, dass der Bundestag am Donnerstag einer Griechenlandhilfe in Höhe von 43,7 Milliarden Euro zustimmen soll. Damit die Abgeordneten auch richtig, also im Sinne der Regierung, abstimmen, erhielten sie ein zweiseitiges Papier, auf Englisch. Da war bei den meisten schon mal Sense. Einen Tag später gab's ausführlichere Texte auf 153 Seiten. Die konnte man aber nicht in 24 Stunden durcharbeiten, nicht mal, wenn man zu den fünf Prozent fachkundigen Abgeordneten gehörte. Die meisten Abgeordneten verzichteten also auf jedes Verständnis von dem, was sie absegnen sollten. Zustimmende Ablehnung oder ablehnende Zustimmung, alles egal, die Parlamentarier degradierten sich zu Volksvertreter-Attrappen.

Technisch wie juristisch ist die Regierung ein Parlamentsausschuss. Da muss man dann aber mal fragen: Was ist das denn für ein Parlament, das es sich gefallen lässt, von einem Ausschuss derart vorgeführt zu werden? Wenn das Parlament die Regierung nicht im Griff hat, brauchen wir andere Abgeordnete. Das heißt: Alle Abgeordneten, die für eine Vorlage der Regierung stimmen, ohne sich Kenntnis verschafft zu haben, welche Folgen ihr »Ja« hat – sind wegen Unzurechnungsfähigkeit nicht mehr wählbar. Das ist die Mehrheit.

Abweichler & Abnicker

Im Bundestag wurde ein neuer Beruf geschaffen: der Abweichler. Der Abweichler benötigt keine besondere Qualifikation, er muss nur im entscheidenden Moment »Nö« sagen, und schon wird er auf Schritt und Tritt von mehreren Fernsehteams begleitet, die alle zehn Minuten wissen wollen, ob er immer noch »Nö« sagt und was sich ändern müsse, damit er nicht mehr »Nö« sagt. Durch konsequentes »Nö«-Sagen erhöht der Abweichler seinen Bekanntheitsgrad und kann es bis zum Gast in mehreren Talkshows bringen.

Abweichler genießen eine bevorzugte Behandlung: Der Kanzler begrüßt sie mit Handschlag, der Fraktionsvorsitzende gibt ihnen väterliche Ratschläge. Mit dem drohenden Versprechen, man werde ihm die schwere Bürde des Wahlkreises abnehmen, wird der Abweichler geködert, seine Meinung nochmal zu überdenken.

Gelegentlich wird dem Abweichler auch Geld geboten – entweder für einen Parteiwechsel oder von seiner eigenen Partei, bis er sich von seinem »Nö« zu einem entschiedenen »Okay, ich mach's« durchgerungen hat. Dadurch wird aus dem Abweichler ein Abnicker. Und der hat seinen Wahlkreis, sein nächstes Bundestagsmandat und die Anerkennung seiner Nachbarn sicher.

In diesem Zusammenhang hat sich Ignatius von Loyola, Gründer der Societas Jesu und Erfinder des Kadavergehorsams, auch große weltliche Verdienste erworben – er befehligte nicht nur den Jesuitenorden, sondern er leitet seit 1550 auch die Programmkommission der SPD. Der von Ignatius vorgelegte und für alle Sozialdemokraten bindende Verhaltenskodex schreibt vor: »Überhaupt darf ich nicht mir gehören wollen, sondern meinem Parteivorsitzenden und dessen Stellvertreter. Ich muss mich leiten und bewegen lassen, wie ein Wachsklümpchen sich kneten lässt, muss mich verhalten wie ein Toter ohne Willen noch Einsicht, wie ein kleines Kruzifix, das sich ohne Schwierigkeiten von einem Platz zum anderen stellen lässt, wie ein Stab in der Hand eines Greises, auf dass er mich hinstelle, wo er will und wo er mich am besten brauchen kann. So muss ich immer zur Hand sein, damit der Partei- und der Fraktionsvorsitzende sich meiner bedienen und mich in der Weise verwenden, die sie für gut halten …«

Bandenwerbung

Immer, wenn Politiker nicht mehr weiterwissen, dürfen die Wählerinnen und Wähler entscheiden, welche Politiker in Zukunft nicht mehr weiterwissen sollen. Das ist das Beste an der Demokratie – nicht, dass die Mehrheit immer recht hat, das nun wirklich nicht, aber eine demokratische Regierungsform bietet die Möglichkeit, die Regierung durch Neuwahlen auszutauschen. Theoretisch jeden Tag: den Kasper gegen den Hanswurst, den Hanswurst gegen den Scherzkeks, den Scherzkeks gegen den Possenreißer, den Possenreißer gegen den Clown, den Clown gegen den dummen August, den dummen August wieder gegen einen Kasper.

Bei diesen Tauschgeschäften stellt man fest: Eine Wahl ist auch immer eine Schönheitskonkurrenz. Das Schlachtfeld des Wahlkampfes sind die Visagen. Und ganz entscheidend sind die fünf Zentimeter zwischen Nasenspitze und Kinn. Was aus einem Gesicht und speziell aus dieser Region herauszulesen ist, das hat (unter der Folie von Goethes Profil) Johann Caspar Lavater zu erforschen versucht. »Physiognomien« nannte er sein Werk, und darin steht zum Beispiel: »Wessen Lippen Ende sich merklich und geschweift abwärts senken, der hat Verachtung auf den Lippen und Lieblosigkeit im Herzen – besonders, wenn die Unterlippe größer und verhängender ist als die obere.«

Wenn Sie sich mal umschauen, werden Sie merken: Die meisten Wählerinnen und Wähler folgen ihrem Idol und haben genau solche Mundwinkel.

Entscheidend für jede Wahl sind nicht Vernunftgründe, sondern Sympathiewerte, denn weder die Wahlplakate noch die Aussagen der Politiker lassen tiefere Schlüsse hinsichtlich ihres Charakters und ihrer Kompetenz zu. Auch, was Schlitzohrigkeit und stabile Ellenbogen betrifft, ist die Wählerschaft auf Mutmaßungen angewiesen.

Ausschlaggebend bei der Beurteilung des politischen Personals sind ästhetische Kriterien, und dafür sind Medienberater und Marketingexperten zuständig. Deren zentrale Erkenntnis lautet: Wahlkampf ist Banden-Werbung. Werbetechnisch gibt es keinen Unterschied zwischen einem Gesundheitsminister und einem Deo-Roller, werbetechnisch sind auch der Innenminister und ein WC-Reiniger das gleiche Produkt. Die politische Werbung präsentiert die Kanzlerin wie eine von Hand gestopfte Rügenwalder Teewurst, und den FDP-Chef – einen Jüngling, der immer so aussieht, wie es aus den Douglas-Läden riecht – wie ein Zäpfchen gegen Blasenentzündung …

Am Abend eines Wahltages lässt sich dann besichtigen, was dabei herauskommt, wenn Wahlkampf zu reinem Marketing verkommt: Wählbar sind offenbar diejenigen, die auf niedrigstem Niveau den höchsten Konsens herbeiführen, Figuren, die man eigentlich nie wieder sehen wollte, weder in Parlamenten noch im Fernsehen noch in Albträumen:

Das ist dieses leerstehende Jackett mit den großen Karos, einer Feinstaub-Brille und einem kaputten Rußpartikelfilter im Hirn. Dieser Nichtsnutz ist Verkehrsminister und wird von der Auto-Industrie ferngesteuert.

Seine Pappkameraden von der CSU, den bayerischen Obergrenzenhorst, den rassistischen Heimatschutzbeauftragten sowie den Generalsekretär, einen mit allen Abwassern gewaschenen, vielseitig ungebildeten und geltungssüchtigen Mikrokephalos, die würde ich allesamt gern bekleiden, mit langen weißen amerikanischen Nachthemden mit hoher spitzer Kapuze und Augenlöchern drin …

KUCKUCKS CLAN

In diesen Dunstkreis gehört auch McPlätt der Bügeleisenvertreter, CDU-Minister in Baden-Württemberg. Der hat nach seiner Selbstauskunft ein christliches Menschenbild: Abschiebepraxis verschärfen, Hilfsleistungen auf ein Minimum reduzieren, Kranke abschieben und Einrichtung von »Rückführungszentren« in Ägypten oder Tunesien ... Ein Rückführungszentrum (RZ) ist gewiss eine interessante Variante zum KZ, zumal in der Wüste. Man kann natürlich auch direkt an der deutschen Grenze das eine oder andere Transitzentrum (TZ) einrichten. Hauptsache, ein Zentrum fürs Einsperren, Entrechten, Demütigen und Entsorgen.

Ein wichtiger Fähnlein-Führer dieser Kontroll-Freaks ist der Bundesinnenminister. Der musste Politiker werden, denn in jedem anderen Beruf hätte ihm sein Charakter im Weg gestanden. Deshalb hat er auch ein besonders enges Verhältnis zu faktischen Alternativen: Ohne irgendeinen Beweis vorzulegen, behauptete er, dass sich dreißig Prozent aller Asylsuchenden mit gefälschten Papieren als Syrer ausgäben. Ich vermute, sein Unrechtsbewusstsein schrumpfte reziprok zur Länge seiner Machtausübung.

Eine Zumutung ist auch die Verteidigungsministerin – sie hält ihre Stellung wie eine leere Blumenvase auf einem Tisch, an dem schlecht gegessen wird. Diese christdemokratische Dame will 130 Milliarden Euro in die Neuanschaffung von Rüstungsgütern stecken. Daraus kann man ersehen: Bei der fährt der Fahrstuhl schon lange nicht mehr bis ganz nach oben.

Durch langjähriges parlamentarisches Zusammengehörigkeitsgefühl gestählt, befindet sich der Herr Fraktionsanführer von der SPD stets in Reichweite, und er hockt da, mit der Ausstrahlung eines noch nicht missbrauchten Ministranten und mit einem Gesichtsausdruck, als habe er Angst, man würde ihn zur Adoption freigeben. Niemand weiß, wofür er zu gebrauchen ist. Seine Parteichefin ist der Feingeist des Arbeitsmarktes. Ihre Hobbys: auf die Fresse hauen und dem Volk Einfälle aus der Heimat der Vollmeise präsentieren. Und dann sitzt da auch noch ein Zauselbart, der den SPD-Gläubigen zunächst als heiliger Martin der Mehrzweckhallen erschien und der jetzt daran arbeitet, in Vergessenheit zu geraten. Nachdem herausgekommen ist, dass er nicht übers Wasser gehen und auch Wasser nicht in Wein verwandeln kann, dass er weder Kranke heilen noch selbst auferstehen kann, sehen die Menschen in ihm den personifizierten deutschen Fachkräftemangel … Und wir wollen auch nicht vergessen jenen aalglatten Karrieremacher, denn er ist das Maß aller Opportunität: Der Intelligenzgrad der Politik dieses Wichtigtuers verhält sich umgekehrt proportional zur Penetranz seiner Verlautbarungen.

Der linke Vordenker der Linken schreibt mehr oder minder gescheit das Internet voll – aber sollte er jemals noch eine Revolution anzetteln, dann vermutlich in einem saarländischen Seniorenheim, und da auch nur, weil das Frühstücksei zu hart ist … Seine Gattin – Respekt! – wehrt sich bravourös und kompetent in Talkshows gegen die Dünnsäurekutscher der Medien – aber auch, wenn sie dabei manchmal aussieht wie Rosa Luxemburg, die sich auf der Flucht vor der Polizei eine Nacht im Gerry-Weber-Shop versteckt hat: Zur sozialistischen Ikone wird's nicht reichen … Da steckt zu viel Klärungsbedarf in der Frage: Wie rechts darf eine Linke sein? Doch der angestammte Platz der deutschen Linken ist ohnehin das Zuchthaus oder das Lager. So ist es von Anbeginn an geregelt …

Schnell mal übersehen wird der profilierungssüchtige Vorsitzende der entbehrlichsten aller Parteien. »Digital first, Bedenken second« ließ er seine sogenannte liberale Partei im Wahlkampf plakatieren. Schon dafür hätte man diesem Verein wegen Unzurechnungsfähigkeit den Stecker ziehen müssen, denn mit Hilfe der Digitalisierung kann man sich allenfalls Informationen beschaffen, wie man an Informationen rankommt – mit Bildung hat das nichts zu tun. Nur neoliberale Politiker glauben, dass sie mit Hilfe der Digitalisierung schneller denken können, als sie denken können. Und das beweist, dass sie überhaupt nicht denken können.

In dieser Hinsicht sind auch Zweifel an den Grünen angebracht. Gibt es für ein Weiterbestehen dieser Partei noch eine politische

Notwendigkeit? Die Partei ist doch nicht mal mehr der politische Arm der deutschen Kartoffel, und die meisten ihrer Führungskräfte sind so langweilig, die dürften in einer Inszenierung von *Macbeth* nicht mal ein Gebüsch spielen …

Der Mörder Macbeth ist das passende Stichwort für den rechten Rand des rechten Flügels der rechten Mitte, wo die vaterländischen Heimatschützer zum Endsieg marschieren wollen, indem sie sich der Menschheit ernsthaft als Alternative anbieten. Voran marschierte, als Frau der ersten Stunde, die germanische Fruchtbarkeitsgöttin Frauke – die propagierte den Schusswaffengebrauch an der deutschen Grenze. Ihre hochintelligente Waffenkameradin aus dem niederen Oldenburger Pinkel-Adel, Frau von Adebar, beantwortete die Frage, ob sie auch auf Frauen und Kinder schießen lassen würde, kurz und knackig mit: »Ja.« Diese Aussage korrigierte sie später dahingehend, sie sei von ihrer Computermaus abgerutscht: Gegen Kinder sei der Schusswaffen-Einsatz nicht zulässig. Aber gegen Frauen schon, das sei was anderes, Frauen seien ja verständig. Humorvoll wie Lebkuchen im Hochsommer präsentierte sich eine alternative Bundestagskandidatin in Nürnberg – die versandte per WhatsApp ein Hitler-Bild mit dem Hinweis: »Vermisst seit 1945 – Adolf, bitte melde Dich! Deutschland braucht Dich! Das deutsche Volk!« Und schließlich gibt es noch eine nassforsch-adrette Unternehmerin mit Schweizer Wohnsitz – die verwechselt Hilfsbereitschaft mit Schwachsinn und spricht sich dafür aus, Flüchtlinge zu ertränken: »Die grenzenlose Verblödung Europas spottet jeder Beschreibung.« Nach ihrer Überzeugung sorgt Europa für deren »Rettung vor der afrikanischen Küste und Schleppertransfer gratis mit der Bundeswehr nach Italien. Am Osterwochenende haben Helfer Tausenden Flüchtlingen bei der Fahrt über das Mittelmeer das Leben gerettet …«

Einstweilen ist die alternative Vorstandsdame noch zu feige zu schreiben, was sie wirklich denkt: »Man sollte all diesen Negern die Nahrung entziehen, sie bombardieren oder totschlagen und den Rest ersaufen lassen.«

Die Männer in diesem unappetitlichen Verein geben sich alle Mühe, da mitzuhalten. Völlig Gaga präsentierte sich ein gelernter Orthopäde und Hamburger Bürgerschaftsabgeordneter – der diagnostizierte, Muslime seien »Menschen, die sich von Gottesgelehrten belehren lassen, wie sie ihre Babys sexuell zu missbrauchen haben« ... Der alternative Vorzeigedenker, Wirtschaftsprofessor Jörg, der auftritt wie einst Mathilde Ludendorff, will die Bundesrepublik »vom linksgrün-versifften 68er-Deutschland säubern«.

HAI HITLER

Allein der Wunsch nach »Säuberung« offenbart schon die Menschenverachtung dieses Widerlings. Und der Gauleiter von Thüringen, Björn oder Bernd, ist zwar Gymnasiallehrer, aber aggressiv wie ein hungriger Kampfhund und dümmer als ein Badeschwamm. Er bezeichnete die Erinnerungskultur der Deutschen als »dämliche Bewältigungspolitik«.

Der alternativste Wiedergänger alter Nazi-Gespenster ist jedoch ein Vorstandsmitglied, das sich viele Jahre in der CDU versteckte, ein Kämpfer für Mohrenkopf und Zigeunerschnitzel. Der erklärte: »Wir müssen die Grenzen dichtmachen und dann die grausamen Bilder aushalten«, und »wir können uns nicht von Kinderaugen erpressen lassen«. Dieser engstirnige Repräsentant der deutschen Herrenrasse hat herausgefunden, dass »die Leute« keinen dunkelhäutigen Fußballspieler namens Boateng als Nachbarn wollen, sondern lieber so was wie ihn, den Rassisten Alexander. Und Scheiße redete er auch, als er den Holocaust und viele Millionen Kriegstote, die das sogenannte Tausendjährige Reich zu verantworten hat, verglich mit einem Klecks Vogelkacke auf dem Jackett, den man ruckzuck wisch und weg beseitigen kann: »Hitler und die Nazis sind nur ein Vogelschiss in über tausend Jahren erfolgreicher deutscher Geschichte«, sagte er.

Erfolgreiche »deutsche Geschichte«? Wen oder was meint er damit? Meint er, an eine nationalistisch-völkische Romantik anknüpfend, Hermann den Cherusker? Karl den Großen? Die Kreuzzüge? Oder bezieht er sich auf Friedrich II, den König von Sizilien und Jerusalem? Meint er den Dreißigjährigen Krieg oder die Bauernkriege? Meint er die Hexenverbrennungen? Vielleicht meint er auch die Einwanderung der Hugenotten … Oder meint er den Alten Fritz, den Freimaurer, der sehr viel besser Französisch parlierte als Deutsch? Meint er die deutsche Kleinstaaterei oder doch eher Wagner und Bakunin im Mai 1849 auf den Barrikaden in Dresden? Meint er Bismarcks Sozialistengesetze und die deutschen Wirtschaftsflüchtlinge, die sich hoffnungsvoll nach Amerika einschifften? Oder meint er etwa, Kaiser Wilhelm II, der Hohlkopf, habe erfolgreiche deutsche Geschichte geschrieben?

Die historischen Überlegungen dieses profunden Ignoranten sind nicht diskussionswürdig, zumal, wenn er auch noch fordert, wieder »stolz zu sein auf die Leistungen deutscher Soldaten in zwei Weltkriegen«. Stolz auf Oradour-sur-Glane, Distomo, Kreta, vielleicht auch auf Stalingrad? Stolz auf die Leistungen der Gestapo? Man sollte ihn zwingen, *Jeder stirbt für sich allein* von Hans Fallada auswendig zu lernen …

Ich wünsche ihm viele lange Nächte ganz allein im Memorium Nürnberger Prozesse, und zwar auf jener unbequemen Bank, auf der Hermann Göring saß und sich das Urteil über seine Kriegsverbrechen anhören musste.

Viele Wählerinnen und Wähler des alternativen Stumpfsinns betonen übrigens, sie seien keineswegs nostalgische Nazis, sondern sie seien Protestwähler, und es sei ihr gutes Recht, bei Wahlen Denkzettel zu verteilen. Es fällt schwer zu verstehen, dass ausgerechnet

Leute mit so stark eingeschränkter Denkkapazität Denkzettel verteilen dürfen.

Da bleibt die Frage: Ist Demokratie überhaupt möglich in einem kapitalistischen System? Man sollte es vielleicht mal versuchen ...
Für die nächste Bundestagswahl empfehle ich jedenfalls allen Wählerinnen und Wählern, folgen Sie einem Rat des Menschenkenners Charles Darwin: »Wähle nur solche, mit denen für dich auch ein lustvoller Beischlaf denkbar wäre.«

Aber um kein Missverständnis aufkommen zu lassen: Ich fürchte mich nicht vor Berufspolitikern und Parteifunktionären, das nicht, ich verabscheue sie nur. Aber ich fürchte mich vor den Wählerinnen und Wählern dieser Leute. Man muss sich ja nur mal umgucken: Wer drängelt denn auf der Autobahn und fährt grundsätzlich links, wer erzählt denn sexistische Witze, betrügt die Hausratsversicherung und mobbt Kolleginnen und Kollegen? Wer lässt denn Handwerker monatelang auf ihren Rechnungen sitzen und beklagt den Niedergang des Mittelstands? Wer stürzt sich gierig auf unseriöse Hightech-Aktien und macht dann die Regierung für Vermögensverluste verantwortlich? Wer verbietet Kindern denn das Spielen auf dem Hof, und wer führt sich denn auf wie ein Blockwart? Das sind doch dieselben Leute, die Politiker »ahnungslose Blödmänner« nennen, die sich nicht mal den Unterschied zwischen Bundestag und Bundesrat merken können und die trotzdem das Wahlrecht haben ...

Der ewige Pimpf

Populär wurde Dr. Edmund Rüdiger Stoiber in den Neunzigerjahren wegen seiner scharfen Diktion, der Emphase des Ausdrucks und wegen seines ungewöhnlichen Charmes als Redner. Damals nannte man ihn »das blonde Fallbeil«, was auch auf die angebliche Schärfe seines Verstandes anspielte, die er aber zeitlebens zu verifizieren versäumte. Der Politiker Stoiber litt von Anfang an unter einer lebensgefährlichen Artikulationsstörung: Mehrfach blieb der begnadete Agitator, der sich so eindrucksvoll hochgefrömmelt hatte, mit flatterndem Hirn, schlotternden Zähnen und bebenden Augen in unüberschaubaren Satzkonstruktionen stecken. Einmal wäre er sogar fast verdurstet – da musste er von den Tölzer Gebirgsjägern aus einem vereisten Genitivmassiv befreit werden.

STUHLHELM

Schon als Jungakademiker liebte Edmund Rüdiger nichts so sehr wie selbst gefertigten Schabernack. Älter geworden, setzte er seine Narreteien gewerbsmäßig fort, und schon in den Jahren des Aufstiegs, als Nachwuchshoffnung der CSU, erfand er die »Stoiberung«. Das ist eine spezielle Form der politischen Analyse, entstanden wohl in einer jener rauschhaften Nächte mit seiner Braut Karin, die er bis heute Muschi nennt. Wissenschaftler definierten später diesen Vorgang der Stoiberung als eine Methode, in politischen Reden Ursache und Wirkung so lange miteinander zu vertauschen, bis das Kreuz Haken hat.

Dann, als alpiner Randlagen-Zombie und Alleinherrscher in der Staatskanzlei, reifte er heran zum Schöpfer und Hüter des großen Ä. Dank Dr. Stoiber ist das Ä heute das Kleinod der deutschen Sprache. Stoiber stammelte nicht, sondern er erwies dem Ä seinen Respekt. Bei der grüblerischen Suche nach dem Tiefsinn seiner eigenen Worte fand seine Syntax in der brüchigen Tiefe des Ä zu sich selbst. Und so entstanden jene vermeintlich sinnentleerten Abschweifungen, bei denen der Redner zwar weiß, wo der Satz anfängt, nicht aber, wo er hinwill, so dass er sich, verzweifelt nach einem Sinnzusammenhang suchend, so lange durch mit Ä befrachtete Schachtelsätze windet, bis der Transrapid fliegen kann und alle Flugzeuge im Münchner

Hauptbahnhof zusammenstoßen. An seinen Reden konnte das Volk studieren, wie aus Gedanken Wörter werden und wie sich dann beim Aneinanderreihen der Wörter jeder Gedanke allmählich verfinstert. Im Kampf mit Vokabeln, Grammatik und Syntax unterlag Stoiber nicht, weil er ein Trottel, sondern weil er ein Blitzdenker war. Er wusste ungefähr, was er sagen könnte, und die beabsichtigte Aussage schimmerte auch gelegentlich durch sein Artikulationsdickicht hindurch, doch der Prozess der Wortfindung war dem Tempo des komplexen Gedankenflusses einfach nicht gewachsen. Insofern war Dr. Edmund Rüdiger Stoiber als Rhetoriker der große Widersacher des preußischen Dichters Heinrich von Kleist: 1805 schrieb dieser Kleist einen Essay mit dem Titel *Über die allmähliche Verfertigung der Gedanken beim Reden*. Er behauptet darin: Beim Sprechen kommen uns die Gedanken irgendwie automatisch, so wie der Appetit beim Essen. Wenn wir mit dem Aussprechen des Gedankens »nur dreist den Anfang machen«, präge unser Gemüt die vorher noch »verworrenen Vorstellungen zur völligen Deutlichkeit aus«. Ein einmal angefangener Satz wolle zu Ende gesprochen werden, und so mancher große Redner habe »in dem Augenblick, da er den Mund aufmachte« noch nicht gewusst, was er kurz darauf sagen würde …

Heute können wir konstatieren: Der Dichter Kleist wurde von dem Politiker Dr. Edmund Rüdiger Stoiber, diesem modernen Verbalartisten, eindeutig widerlegt, denn in Stoiber lauerten die Gedanken wie eine Meute beißwütiger Kampfhunde, die wollten raus, die attackierten und zerfleischten sofort Lippen und Zunge, all das bemitleidenswerte Sprechwerkzeug, und so kam es dann, dass er in die Runde schmetterte: »Es bedarf nur noch eines kleinen Sprühens sozusagen, in die gludernde Lot, in die gludernde Flut, dass wir das schaffen können, und deswegen – in die lodernde Flut, wenn ich das sagen darf und deswegen meine Damen und Herren.« Also – bei Kleist entstehen Gedanken beim Reden, bei Stoiber gehen sie verloren und erreichen so eine fludernde Metaebene.

Das Scheitern von Edmund Rüdiger Stoiber war immer spannend – wenn er einen Nebensatz nach dem nächsten eröffnete, Einschub nach Einschub machte und sich dann irgendwann auf die Suche nach dem Prädikat begab, weil das Subjekt in unerreichbare Ferne entflohen war: Das war großartig, das war sein Erfolg, das liebten die Leute. Und dabei stoiberte sich dieser Mann unvergessliche Sätze zusammen. Zum Beispiel: »Verfassung, das bedeutet letzten Endes Kompetenz-Kompetenz. Wer hat die Kompetenz-Kompetenz? Übertragen die Nationen die Kompetenz auf Europa oder hat Europa schon von sich aus die Kompetenz-Kompetenz?«

Was die wenigsten wissen: Dieser große Politiker Stoiber war auch ein bedeutender Frauenflüsterer. Er erklärte nämlich: »Wenn andere Gründe sozusagen also aus dem Geschlecht oder Ähnlichem stattfinden …, dass äh also Frauen, die wegen ihres Frauseins irgendwo verfolgt werden, ob ich denen jetzt ein Asyl, ein Zusatz-Asylgrund gewähre …«

Mehr musste er gar nicht sagen, weil sein bayerisches Publikum ihn schon nach wenigen Worten verstanden hatte.

Wir wollen auch nicht vergessen, dass Edmund Rüdiger Stoiber sich Zeit seines politischen Wirkens stets selbstlos für Ausländer eingesetzt hat. Jeder, der hier lebt, so seine Worte, müsse die hier geltenden Werte annehmen, und er möchte »den Ausländern gern sein Deutsch lernen«. (Ich vermute: Wenn die Ausländer dann dem Herrn Stoiber sein Deutsch genauso gut beherrschen wie er selbst, will er sie die deutsche Staatsbürgerschaft verleihen.) Doch zum Schluss noch ein Wort zu Heinrich von Kleist: Der hat sich bekanntlich 1811 umgebracht. Neueste Forschungen belegen: Er hatte schon damals die Vision, dass ihn eines Tages ein Genie aus Oberaudorf korrigieren und lächerlich machen würde …

Interregnum

Nach jeder Bundestagswahl träume ich denselben Traum: Ein Ansager erscheint auf dem Bildschirm und verkündet das amtliche Endergebnis: Wahlbeteiligung null Prozent.

Davon entfallen auf die SPD null Prozent, auf die CDU/CSU null Prozent, auf die Grünen null Prozent, auf die FDP null Prozent, auf die Linke null Prozent und auf die übrigen ebenfalls null Prozent.

Daraus folgt: Wahlen und Beerdigungen liegen inhaltlich und sprachlich eng beieinander: erst das Kreuz, dann der Urnengang, schließlich die Bittgebete ... Von der nach einer Wahl gebildeten Regierung zu erwarten, sie werde zur Lösung von Problemen beitragen, sollte man sich ersparen. Man kann aber davon träumen, es würde nie wieder eine Regierung geben. So wie 2005: Da war der niedersächsische Arbeiterführer Gerhard Schröder nur noch pro forma im Amt, und die Harmonie-Gouvernante Angela Merkel war noch nicht als Kanzlerin installiert. In dieser Zeit wurde Deutschland monatelang überhaupt nicht regiert. Aber: Die Verwaltung funktionierte tadellos, die Aktienmärkte boomten, die Exporte wuchsen, die Steuern wurden weiterhin erhoben, die Polizei fahndete, blitzte und prügelte erfolgreich wie immer, die Gerichte urteilten weise, und Gesetze gab es mehr als genug.

Alles war geregelt, es sei denn, es sollte nicht geregelt sein, und solange im Kanzleramt als ranghöchster Bediensteter der Pförtner aktiv war, wurde auch kein Unsinn beschlossen. In dieser schönen Zeit des Interregnums wurde der Beweis angetreten: Es geht immer nur um die Verwaltung der Verhältnisse, um die Verhältnisse selbst geht es nicht. Die werden grundsätzlich nicht in Frage gestellt. Ergo: Es könnte auch auf Dauer ohne Regierung gehen ... Eine Regierung ist der überflüssigste Teil der Bevölkerung ...

Doch dann, gleich nachdem sie den Amtseid geleistet hatte, begann Frau Merkel zu regieren: Sie erfand das Wachstumsbeschleunigungsgesetz – das war effektiv wie Frittenfett in der Festplatte. Und als sie im Bundestag erklärte: »Wir werden Verschwendung und Undurchschaubarkeit im System durch eine Vielzahl von Strukturmaßnahmen verbessern« – da erhielt sie tosenden Applaus. Verschwendung und Undurchschaubarkeit zu verbessern – das ist ja eine lösbare Aufgabe ...

Mythos Mitte

Die Mitte – das ist der mythische Ort der deutschen Politik, und die meisten Menschen denken: Mitte ist, wenn man mittendrin steckt, und alle anderen sind um einen rum. Mitte ist Zusammengehörigkeitsgefühl und Nestwärme, und alle lachen über dieselben Witze. Mitte ist irre gemütlich, und überall, wo es ein Delikt ist, sich nicht einzufügen und anzupassen, da ist Mitte. Mittenmang zwischen Deutscher Schlagerparade und Hundescheiße auf dem Bürgersteig – da kann man sich wohlfühlen.

Vor Jahren schon haben die Sozialdemokraten behauptet, sie seien die »Neue Mitte«. Das löste Erleichterung aus: schön, dass die alte Mitte endlich wegkommt. Aber dann fragte man sich: Um welche neue Mitte handelt es sich? Geht es um eine neue rechte Mitte oder um eine neue linke Mitte oder um die neue Mitte des linken Flügels der rechten neuen Mitte oder die neue Mitte des neuen rechten Flügels der linken Mitte, hat die neue Mitte denn überhaupt Flügel, und wer ist denn dieser Punkt in der Mitte der neuen Mitte? Ist er das Maß aller Dinge, also das Mittelmaß? Dann ist das wohl der Parteivorsitzende …

Mittlerweile bezeichnen sich die Sozialdemokraten nur noch als Mitte und nicht etwa als »alte neue Mitte«, weil das den Christdemokraten die Chance bieten würde, sich »neue alte Mitte« zu nennen. Entscheidend ist aber die radikale Mitte. In dieser radikalen Mitte – man kann sie auch zentrale Mitte nennen – wird die Macht ausgeübt, von einer Oberschicht aus Industrie, Finanzen und Verwaltung, Parteifunktionären und zahllosen Lobbyisten. Diese Mitte treibt der Demokratie mit ihrem ständig wiederholten Argument der Alternativlosigkeit das Leben aus, diese Mitte hat Schuld, dass die Vielfalt politischer Programme schrumpft und dass sich der politische Horizont vieler Menschen zunehmend verengt. Diese Mitte ist das Zentrum der politischen Korruption. Die Demokratie verreckt in dieser Mitte. Doch es gibt immer wieder Politiker, die behaupten, die Mitte sei eine Richtung. Und es gibt sogar Politiker, die verkünden: »Die Mitte ist vorn!«

Die Einzige, die die Mitte bislang philosophisch korrekt verortet hat, ist die Kanzlerin. Die hat festgestellt: Die Mitte ist rechts von links. Genau – das ist das einzige, was man mit Gewissheit von der Mitte sagen kann, außer, dass sie auch links von rechts ist.

Günstig ist, dass man einen so schwammigen Begriff wie »die Mitte« ohne weiteres durch jedes andere Wort ersetzen kann. Vermutlich würde es niemandem auffallen, wenn die Politikerinnen und Politiker nicht die Mitte ins Zentrum ihrer Überlegungen rückten, sondern die Spreewald-Gurke. Oder die Banane. Ersetzen wir also mal das Wort »Mitte« in einem Angela-Merkel-Zitat durch das Wort »Banane« – dann hat sie Folgendes gesagt: »Die politische Banane entstand in Deutschland, und ich bin Vorsitzende einer Partei, die für Maß und Banane steht. Wir wollen die große Volkspartei der Banane sein.«

Das habe ich mir gedacht – die Ideologie der Mitte ist Banane.

Große Koalition

Bei Heinrich Heine kann man lesen: »Eine krankhafte Wehmut scheint jetzt im ganzen Volke zu herrschen, wie bei Leuten, die ein schweres Siechtum überstanden. Nicht bloß auf der Regierung, sondern auch auf der Opposition liegt eine fast sentimentale Mattigkeit. Die Begeisterung des Hasses erlischt, die Herzen versumpfen, im Gehirne verblassen die Gedanken, man betrachtet einander gutmütig gähnend, man ist nicht mehr böse aufeinander, man wird sanftlebig, liebsam, vertröstet, christlich.«

SIAMESISCHE KATZEN

Das liegt vermutlich daran: Die Nichtwähler haben es wieder nicht ins Parlament geschafft.

Wie immer haben die Aktionärsvertreter gewonnen, und damit ist erneut eine charakterlich defekte Spezies von Hominiden in Ämter und Würden gebracht, die in keinem produktiven Beruf Verwendung finden könnte. Um bequem regieren zu können, schließen sie sich zu einer Großen Koalition zusammen, einer »GroKo« – in der Natur kennt man das als Inzest zwischen siamesischen Zwillingen. Als Grundlage deutscher Politik wird von der GroKo vereinbart: Alters- und Kinderarmut bleiben erhalten, der Spitzensteuersatz wird nicht erhöht, Exportüberschüsse werden weiterhin angestrebt, Klimaziele werden nicht erreicht und eine weltweite Friedenspolitik ist in weiter Ferne. Die große Koalition setzt sich folgende Ziele:

Gute Lieder müssen mitklatschbar sein.

Essen kommt grundsätzlich vom Grill.

Behörden haben immer recht.

Alles andere wird in die Ausschüsse verwiesen.

Kleine Gefälligkeiten

US-Präsident Richard Nixon war an Einbrüchen beteiligt, der französische Staatspräsident Nicolas Sarkozy wurde wegen Korruption vom Staatsanwalt bedroht, einer seiner Vorgänger, Jacques Chirac, wurde wegen krummer Sachen gerichtlich belangt, Dominique Strauss-Kahn, der Chef des Internationalen Währungsfonds, hatte einen Sex-Skandal an der Hacke, US-Präsident Clinton hat den Sex mit einer von ihm Abhängigen nur knapp überstanden, gegen den italienischen Ministerpräsidenten Silvio Berlusconi beantragte der Staatsanwalt fünf Jahre Gefängnis, Israels ehemaliger Präsident Mosche Katzav kam wegen Vergewaltigung in den Knast, dem US-Spitzendiplomaten Henry Kissinger werden in verschiedenen Ländern von der Justiz zwielichtige Machenschaften vorgeworfen, der britische Regierungschef Tony Blair hat die Öffentlichkeit kräftig belogen und mit falschen Behauptungen einen Krieg angefangen, gegen den deutschen Bundespräsidenten a. D. Christian Wulff ermittelte die Staatsanwaltschaft, Helmut Kohl hat als Empfänger anonymer Spenden gegen das deutsche Grund- und Parteiengesetz verstoßen, und auch die deutschen Minister Friedrichs, Schäuble und Graf Lambsdorff wussten in ihren Ämtern Vorteile wahrzunehmen …

Aus dieser kleinen Aufzählung können wir schließen: Die Kriminalitätsrate unter Staatenlenkern ist beachtlich hoch. Zöge man daraus die gleiche Konsequenz, die immer wieder aus der Kriminalitätsrate bei Immigranten gezogen wird, müsste man die Abschaffung aller Regierungen fordern. Doch Quod licet Iovi, non licet Bovi:

Politiker, Gesetzgeber, Staatenlenker – das sind keine primitiven Straßenräuber, die ihr Leben riskieren, um an Bimbes zu kommen, und dann im Knast landen, sondern es sind elegante Vorteilsnehmer, an deren Wohlergehen das Allgemeinwohl partizipieren darf. Und wenn Sie glauben, Politiker sind nur scharf auf das Geld anderer Leute, dann sind Sie im Irrtum: Das haben Politiker nicht nötig. Die brechen keine Gesetze, die erlassen welche. Und der entscheidende Durchbruch ist ihnen gelungen, als sie neben den drei klassischen Gewalten – Legislative, Exekutive und Judikative – die vierte Gewalt erschaffen haben: die Lukrative. Na und?

Wir wollen schließlich alle nur reich werden. Und dabei hilft ein klares, sauber strukturiertes Weltbild. Und da muss man feststellen: In der Sparte Korruption mangelt es bei uns, trotz guter Ansätze, immer noch an erstklassigen Fachleuten. Unser ganzes Volk leidet unter der Unfähigkeit, gekonnt zu schmieren, und das schwächt uns in unserem Kampf um globale Marktanteile. Auf der ganzen Welt weiß man: Schmieren schafft Arbeit, fördert den Strukturwandel und stabilisiert den Standort.

Der frühere niedersächsische Landtagsabgeordnete Holger Grapschmann, der heute als Motivator große Säle in Kleinstädten füllt, schreibt in seinem erfolgreichen Ratgeber mit dem Titel *Wie werde ich reich, ohne unanständig zu wirken*, wie er sich aus seinen psychischen und physischen Tiefs herausgearbeitet hat:

»Früher war ich ständig am Rande meiner Leistungskraft. Ich schlief und träumte schlecht, vernachlässigte mein Sexualleben, litt unter Stimmungsschwankungen, war medikamentenabhängig, mein Gedächtnis ließ immer mehr nach, ich stumpfte täglich ein bisschen mehr ab gegenüber meinem sozialen Umfeld, sah mich nur noch von Sachzwängen umstellt und hatte ausgeprägte Minderwertigkeitskomplexe, die gelegentlich in massive Selbstverachtung umschlugen. Ich war mir ganz sicher: Die meisten Menschen, mit denen ich zu tun hatte, würden mir am liebsten die Fresse polieren. Doch dann lernte ich die sogenannte Korruption kennen, eine Heilmethode, die schon den Schamanen im Reich der Sumerer um 3000 vor unserer Zeitrechnung bekannt war, und seit ich mich selbst als korrupt akzeptiert habe, geht es mir deutlich besser. Die Korruption ist für mich eine echte Lebenshilfe: Sie macht mich zugänglich, ich möchte sogar sagen: Menschlicher.

Meine Bekannten empfinden es als angenehm, dass ich nicht mehr so sprunghaft bin, sondern viel berechenbarer, und meine ehemaligen Kollegen bestätigen mir immer wieder: Ein Mensch, der nicht korrupt ist, gilt als bereits bestattet, und er wird mit seiner Lebensplanung scheitern. Oder, mit anderen Worten: »Korrupter Politiker« – das ist ein Pleonasmus, das ist doppelt gemoppelt. Das gilt auch für Führungspersönlichkeiten in der Wirtschaft, von denen ich etliche kennenzulernen die Ehre hatte und die ich heute zu meinen Freunden zähle.

Heute weiß ich: Ein Mensch, der nicht korrupt ist, der ist zu allem fähig. Der durch und durch korrupte Mensch hingegen ist freundlich, aufgeschlossen und offen. Die Zusammenarbeit mit ihm ist ein Vergnügen. Er wird als Partner akzeptiert und sogar als Politiker ernst genommen. Denn es hat sich herumgesprochen: Nur das Streben nach Bereicherung bringt uns voran. Nur die kleinen Ungenauigkeiten, das geschickte Umgehen einengender Richtlinien, garantieren den wirtschaftlichen Erfolg. Wäre es anders, und wären die Parteien nicht die Anhängsel von Unternehmen und die Abgeordneten nicht deren Handelsvertreter, wäre die Verknüpfung von Amts- und Privatinteressen nicht die Regel – es hätte nie eine Konjunktur gegeben, und wir würden auch nie wieder einen Aufschwung erleben. Oberstadtdirektor, Grundstücksmakler, Arbeitgeber-Präsident oder Würstchenbudenbetreiber auf dem Rathausmarkt wird man nur, wenn man tadellos korrupt ist. Ich bin heute glücklich sagen zu dürfen, ich fühle mich wohl in meiner korrumpierten Haut und habe berechtigte Hoffnung, mir demnächst sogar eine pummelige Praktikantin unter dem Schreibtisch halten zu können.«

Ergänzend zu den Erkenntnissen Holger Grapschmanns sollte, wer entschlossen ist, sich korrumpieren zu lassen, einige Fakten verinnerlichen: Unternehmen zahlen kein Geld für nix. Alle Empfänger von Spitzengehältern, Dienstwagennutzer, doppelt und dreifach Altersversorgten sind ihren Geldgebern nützlich, sonst würden sie kein Geld erhalten. Ihr Nutzen besteht nicht in politischer Einflussnahme, sondern darin, dass der Konzern an ihnen öffentlich sein demokratisches Engagement demonstrieren kann. Das hat ein führender Unternehmer in einer Talkshow glaubwürdig dargelegt: »Wir sind daran interessiert, dass sich Mitarbeiter meines Unternehmens in der Politik engagieren, und wenn es erlaubt ist, was es ist, und in einer klaren Definition, wie es in unserem Fall so ist, bekommt er ein Gehalt für die Arbeit, die er bei uns leistet. Und was wir von ihm erwarten, ist doch nicht, dass er uns damit dann zusätzlich einen politischen Einfluss in der Politik verschafft, sondern dass er sich einbringt in die repräsentative Demokratie.«

Heute kann der Staat voller Stolz darauf verweisen, dass immerhin achtzehn der dreißig Konzerne im Deutschen Aktienindex in den letzten Jahren erfolgreiche Korruptionsmaßnahmen durchführen konnten und somit fast zu den osteuropäischen Ländern aufgeschlossen haben, und es ist ja kein Geheimnis: Selbstverständlich zahlt es sich aus, wenn eine Konzern-Spitze nicht nur jeden Bleistiftanspitzer der Firma im Auge behält, sondern auch die Arbeitnehmervertreter systematisch korrumpiert, beispielsweise durch einen breit aufgestellten Kopulationsdienst mittels Vögelfluglinie nach Brasilien. Es ist doch wohl sonnenklar: Wenn ein Staat wie Deutschland einigermaßen funktionieren soll, dann braucht er florierende Müllverbrennungsanlagen, in die man vorne Schmiergeld reinsteckt, damit hinten Schwarzgeld rauskommt.

Und wenn Sie nun den Verlust der Moral beklagen und es abscheulich finden, das Volk zu belügen und zu betrügen, verweise ich auf eine Frage, die Friedrich II von Preußen 1780 den Mitgliedern seiner Akademie der Wissenschaften stellte: »Nützt es dem Volk, belogen zu werden?« Eine der beiden preisgekrönten Antworten lautete: »Selbstverständlich – wozu ist es sonst da?«

Blindes Vertrauen

Kompetenz kann man kaufen, Loyalität kann man kaufen, aber Vertrauen kann man nicht kaufen. Nur wer zu einem hält, obwohl es dafür keinen Grund gibt, ist ein Vertrauter und verdient Vertrauen. Nun ist im Fernsehen oft von einem Vertrauensverlust die Rede, und die Zuschauer werden von obskuren Gestalten angebettelt, man möge ihnen Vertrauen schenken:

Der Bundespräsident bittet, die Bürger sollten Vertrauen haben zu denen, »die in unserem Lande Verantwortung tragen«. Der Innenminister fordert einen Vertrauensvorschuss, als ob er den jemals zurückzahlen könnte, und die Ausländerbeauftragte der Bundesregierung will bei den Angehörigen von Opfern des Nazi-Terrors »um Vertrauen werben«. Der Finanzminister will das Vertrauen der Finanzmärkte und die Parteien wollen verlorenes Vertrauen in die Zukunft zurückgewinnen. Ein Sozialdemokrat behauptet, Vertrauen sei eine wesentliche Grundlage rechtsstaatlicher Demokratie, der Bundesinnenminister fordert »Vertrauen für den Staat«, sagte aber auch anlässlich einer Plagiats-Affäre in der Regierung, das sei »ein Sargnagel für das Vertrauen in unsere Demokratie«. Die stark überschätzte erste Dame im deutschen Kanzleramt erklärt, »die Krise im Euro-Raum ist vor allem eine Vertrauenskrise«, und Grund dafür sei, dass die »Politik jedes Vertrauen verspielt« habe, und sie wolle Vertrauen zurückgewinnen – als ob zwischen ihr und mir jemals ein Vertrauensverhältnis bestanden hätte – und sie will sogar bei allen Europäern »das Vertrauen in den Euro zurückgewinnen«, aber zum Bundespräsidenten habe sie »tiefes Vertrauen«. Der wiederum sagt, er habe in den vergangenen Wochen ein wenig an Vertrauen eingebüßt, das wolle er jetzt wiederherstellen.

Alle diese Leute benutzen den Begriff »Vertrauen«, als handle es sich um recycelbares Klopapier, das man zum Trocknen auf die Leine hängen kann …

Die Phrase vom Zurückgewinnen des Vertrauens ist grob irreführend, denn die Idee vom intakten Vertrauensverhältnis zwischen Berufspolitikern und Bürgern hat der Wirklichkeit in der Bundesrepublik noch nie entsprochen. Doch unbeirrt behauptete der Präsident des Bundestages: »Demokratie braucht Vertrauen, sie gründet auch und vor allem auf dem Vertrauen in ihre Repräsentanten. Ein auf Dauer gesetztes Misstrauen zerstört nicht nur jede persönliche Beziehung, sondern macht auch die Wahrnehmung öffentlicher Ämter unmöglich.« Das ist falsch, Herr Präsident: Ein »auf Dauer gesetztes Misstrauen« gehört zu den Voraussetzungen und den Überlebensnotwendigkeiten einer Demokratie und nicht zu ihren Problemen. Das Funktionieren des Staates und seiner Institutionen bedarf der ständigen Nachfrage und Kontrolle, ob die handelnden Personen den Ansprüchen der Wählerinnen und Wähler an ihre Vertreter und Mandatsträger auch genügen.

Demokratie bedarf der ständigen Überprüfung, ob die führenden Demokraten auch vertrauenswürdig sind. Misstrauen ist Bürgerpflicht!

Was ist überhaupt Vertrauen? Ein Hochseil-Artist balanciert in fünfzig Meter Höhe auf dem Hochseil zwischen zwei Kirchtürmen. Die

Menge ist begeistert. Dann nimmt der Artist eine Schubkarre und ruft zur gaffenden Menge hinunter:

»Glaubt ihr, dass ich auch mit dieser Schubkarre hinüberkomme?«

Die Zuschauer rufen:

»Ja, das glauben wir!«

»Vertraut ihr mir wirklich, dass ich das schaffe?«

»Ja, wir vertrauen dir!«

Und der Artist antwortet:

»Gut – dann brauche ich jetzt einen Freiwilligen, der sich in die Schubkarre reinsetzt ...«

Da gab's dann unten auf der Erde einen rapiden Vertrauensverlust ...

Vertrauen wird dadurch erschöpft, dass es in Anspruch genommen wird – sagte Bertolt Brecht. Und was mein Staatsvertrauen betrifft – als Jogger sollte man auch keinesfalls darauf vertrauen, dass auf jedem Gully in der Straße auch ein Deckel liegt ...

Sicher ist sicher

Angenommen, es gäbe ein perfekt organisiertes weltweites Terrornetzwerk. Diese globale Terror-Organisation könnte alle Einrichtungen Deutschlands problemlos in Schutt und Asche legen, denn die Strom- und Gasleitungen, Kraftwerke, Ölpipelines, Trinkwasser-Seen, Verkehrswege, Kommunikations-Netze usw. sind alle ziemlich ungeschützt. Da kann jeder ran. So eine perfekt arbeitende global tätige Terrororganisation könnte Deutschland auch komplett entvölkern. Faktische Gefühle oder gefühlte Fakten?

Egal – als diese Überlegung ruchbar wurde, verschärfte die Berliner Polizei – aufs Höchste alarmiert – sofort die Sicherheitsmaßnahmen: Sie sperrte die Kuppel und die Dachterrasse des Reichstagsgebäudes für Besucher. Allerdings konnten Politiker, wenn sie wollten, trotz Terroralarm im Restaurant auf dem Dach des Reichstags weiterhin speisen: Havelländer Räucheraal mit Kräuterrührei und geröstetem Wurzelbrot, Entenkraftbrühe mit Ravioli und Beifuß, karamellisierte Oldenburger Landentenkeule mit Grünkohl, gefüllten Kartoffelklößen und Jus (alles zusammen für 58 Euro, ohne Getränke).

Zum Glück stellte sich dann schnell heraus, dass es kein perfekt organisiertes weltweites Terrornetzwerk gibt. Aber schon beim Nachtisch – Haselnuss-Parfait mit marinierten Feigen und Grieß-Orangenmousse – verständigten sich die Politiker aller Fraktionen darauf, es sei dringend geboten, eine Anti-Terror-Datei anzulegen. Danach sollen sich alle Terroristen bei den Einwohnermeldeämtern melden, wo ihre persönlichen Daten erfasst werden. Falls jemand einen gefälschten Pass hat, muss er angeben, auf wessen Namen der ausgestellt ist. Von besonderem Interesse für die Behörden sind Hinweise auf Tarnexistenzen sowie bevorzugte Anschlagsziele. Ferner müssen Terroristen Auskunft darüber erteilen, ob sie im Besitz eines abnehmbaren Bartes sind, ob sie Haarteile und Brillen mit Fensterglas benutzen und wie viel Flüssigsprengstoff ihr Rasierwasser enthält. Erfragt werden ferner die Religionszugehörigkeit sowie die Schulnoten in Chemie und Sport, denn es ist wahrscheinlich, dass ein Mensch, der fünf Mal pro Tag betend auf einem Teppich kniet, auch Chemikalien mixt und schleunigst abhauen kann, und last but not least tritt ab sofort eine Visagen- und Grimassenanordnung in Kraft – demnach ist die Bevölkerung verpflichtet, ihre Gesichtszüge zu kontrollieren und unter freiem Himmel jedes Lächeln zu unterlassen.

Kontrolle

Die Sehnsucht nach totaler Kontrolle ist seit dem *Kalif von Bagdad* besonders ausgeprägt bei Politikern, die glauben, die Untertanen könnten für sie zur Bedrohung werden, und die vielleicht sogar den Wunsch verspüren, sie ins Gefängnis zu sperren. Dem muss natürlich vorgebeugt werden, und es ist verständlich, wenn die

Herrschenden jederzeit die Kontrolle über ihre Untertanen haben wollen.

Dafür gibt es bei uns den Verfassungsschutz. Die Verfassungsschützer stehen in der Tradition des bekanntesten V-Mannes aller Zeiten: Der bespitzelte 1919 die Münchner Bierlokale, wo sich einige Bierdimpfl der völkischen Deutschen Arbeiterpartei (DAP) trafen. Er fand die Leute zwar lächerlich spießig und bemäkelte »Vereinsmeierei der allerärgsten Art und Weise«, trotzdem wurde er Mitglied. Er holte sich einige Kameraden aus der Kaserne zur Verstärkung, ließ ein »NS« vor den Parteinamen DAP rücken und sich »Führer Adolf Hitler« nennen. Das hatte Folgen: Der Mann wurde der Diktator unseres Vertrauens. Seine Geheime Staatspolizei und seine Blockwarte legten an jede erreichbare Wand die langen Ohren, und zusätzlich bespitzelten und denunzierten sich die Deutschen gegenseitig. Da herrschte dann die totale Transparenz.

Anschließend gab's »Horch & Guck« – so lautete der Kosename der sogenannten Stasi in der DDR, ursprünglich mal gegründet zum Aufspüren und zur Überwachung alter Nazis, dann aber zu einer undemokratischen Unterdrückungsorganisation mutiert. So mussten viele Deutsche ihr halbes Leben und länger in einem Überwachungsstaat verbringen, und heute sind sie der Ansicht, dass das gar nicht so schlecht war.

Während des Kalten Krieges belauschte ein Netz geheimer Abhöreinrichtungen alle Menschen in Ost und West, Tonnen von Briefen wurden abgefangen und gelesen, Millionen von Telefongesprächen abgehört, Fernschreiben und Telegramme wurden nachrichtendienstlich ausgewertet. Seit jener Zeit leben wir inmitten einer allgemeinen Verwanzung.

Mittlerweile werden Passbilder aus elektronischen Reisepässen online von der Polizei abgerufen, und biometrische Daten, Internetbewegungen, Telefonate und alle Nachrichten können zentral gespeichert werden. Fingerabdrücke kommen in die Pässe, und wer sich gegen die Speicherung seiner Fußabdrücke im Computer des Finanzamtes sträubt, kommt in Untersuchungshaft. Computer in Privathaushalten werden erfolgreich ausgeforscht. Online-Durchsuchungen ermöglichen es den Ermittlern nicht nur, Daten unbemerkt und unprotokolliert zu kopieren – nein, man kann einen Rechner auch manipulieren, um einer unbequemen oder missliebigen Person eine Straftat anzuhängen, wenn man ein paar Beweise braucht oder mal wieder ein Exempel statuieren möchte.

Die Videoüberwachung von sogenannten kriminalitätsbelasteten Plätzen – Bahnhofsvorplätzen, Parkanlagen, Hauseingängen, Wohnungen und Kinderspielplätzen – ist längst rund um die Uhr gewährleistet. Und diese Überwachung dient nicht nur dem Schutz der Bevölkerung, sondern auch dazu, die Bedürfnisse, Pläne und vor allem das Kaufverhalten auszuforschen, denn eine genaue Kenntnis aller Gewohnheiten der Menschen ist Gold wert.

Zudem ist unser Land überzogen mit einem Wald von Kontrollbrücken, die Form und Farbe nach an Lagertore erinnern. Dieses Großprojekt einer landesweiten elektronischen Erfassung kennen wir unter dem Namen »Toll Collect«. Es handelt sich dabei um Bundesbewegungsmelder.

Den Rest der Observation hat die US-amerikanische »National Security Agency«, abgekürzt NSA, übernommen, die weltweit alles und jeden ausspioniert. Na gut – wenn die Amerikaner in ihrer Anspruchslosigkeit Spaß daran haben, fromme Islamisten beim Porno-Gucken zu beobachten und die kleinen Ferkeleien europäischer Politiker aufzuzeichnen – wen interessiert's? Die deutsche Kanzlerin hatte ja ihre absolute Ahnungs- und Interesselosigkeit schon bekundet mit dem Satz: »Das Internet ist für uns alle Neuland.« Sie kann sich einfach nicht vorstellen, dass jemand Wildfremdes ihr Hotelzimmer professionell ausspäht und das Geschehen dort auch noch abspeichert: wie sie mit ihrem Gatten ins Bett steigt, wie sie einen Zehnerpack Schokoriegel und alle Erdnüsse aus der Minibar verschlingt, wie sie rülpst und wie der Gatte unglaubliche Flatulenzen rausdonnert und wie er sie anmuffelt, sie soll aufhören, ihn zu befummeln, und dann hört man sie schnarchen und den Mann an ihrer Seite leise weinen …

Zum Glück macht es vielen Deutschen Spaß, sich durchleuchten zu lassen und auch noch die unsinnigsten Vorschriften zu akzeptieren: So haben kürzlich Security-Kräfte auf einem Flughafen bei der Sicherheitskontrolle einem Baby die volle Windel weggenommen, weil die darin enthaltene Flüssigkeit das erlaubte Maß überschritt. Und so wurde mal wieder ein schrecklicher Anschlag verhindert …

Ich habe kürzlich eine Message erhalten: »Herzlichen Glückwunsch – geile Kriminalbeamte wollen mit dir chatten: Du wurdest unter achtzig Millionen Verdächtigen ausgelost für eine BKA-Online-Durchsuchung.« Und darunter stand noch: »Kunden, die von uns online durchsucht wurden, kauften auch das neue Jesus-Buch von Ex-Papst Ratzinger und den Softquicky-Pürierstab von Bosch …« So ein Erlebnis beruhigt, da weiß man doch, der Staat hält Wache über seine Bürger.

Und um die immer weiter vorangetriebenen Überwachungsmaßnahmen zu rechtfertigen, begleiten Politiker ihre sporadisch vorgetragenen Panik-Attacken mit beruhigenden Versprechungen und verheißungsvollen Ankündigungen: Ein Spitzenpolitiker der SPD will »mit Hilfe der Vorratsdatenspeicherung die nächste Straftat« verhindern. Dabei lässt er völlig außer Acht, dass eine verhinderte Handlung niemals eine Straftat sein kann, jedenfalls nicht auf Grund der aktuellen Gesetzeslage …

Ein CDU-Politiker von selten erlebter Gradlinigkeit kündigte an, »gewaltbereite Chaoten« präventiv zwei Wochen wegsperren zu wollen. Er betonte, die Polizeigesetze der Länder sähen den sogenannten Unterbindungs-Gewahrsam vor, wohl wissend, dass »Chaot« kein Rechtsbegriff und »gewaltbereit« nicht gleichbedeutend mit »gewalttätig« ist.

Aber diese zupackende Art, einengende Vorschriften innovativ zu interpretieren, auch wenn sie uns wie obszöne Gewaltphantasien vorkommen, brauchen wir vielleicht für unsere absolute Sicherheit.

Eine besonders eindringliche Warnung kam von Bayerns Innenminister. Der verlangte, dass der Verfassungsschutz auch alle Kinder im »islamistischen Umfeld« observieren möge. Da fehlt dann nur noch, dass Kinder, die im Kindergarten zu Mittag kein Schweineschnitzel essen wollen, als potentielle Extremisten in Haft genommen werden. Offenbar orientiert sich dieser Minister an den USA: Als ein fünfjähriger Knabe stundenlang in Handschellen in Gewahrsam genommen worden war, rechtfertigte das der Sprecher des derzeitigen Throninhabers im Weißen Haus: »Anzunehmen, dass jemand nur aufgrund seines Alters oder seines Geschlechts oder was auch immer keine Bedrohung darstellen könnte, ist töricht und falsch.«

Da kann einem durchaus Heinrich Himmler einfallen. Der Mörder sagte 1943: »Es trat an uns die Frage heran: Wie ist es mit den Frauen und Kindern? – Ich habe mich entschlossen, auch hier eine ganz klare Lösung zu finden. Ich hielt mich nämlich nicht für berechtigt, die Männer auszurotten […] und die Rächer in Gestalt der Kinder für unsere Söhne und Enkel groß werden zu lassen.«

Wir stellen also fest – der Staat tut alles, um seinem Volk die Sicherheit zu garantieren. Nur an den Orten, an denen eine elektronische Überwachung wirklich von allgemeinem Interesse wäre – an den nicht allgemein zugänglichen Treffpunkten der Kriminalität – in den Schatzmeistereien der Parteien, auf Parkplätzen, wo Geldkoffer ihre Besitzer wechseln, an den Reißwölfen in den Staats-Archiven, in Konzernzentralen und auf Polizeirevieren, in Dienstwagen, Direktions-Fahrstühlen, Direktions-Toiletten, Beichtstühlen und auf exklusiven Golfplätzen, wo vor allem kriminelles Verhalten stattfindet – da ist keine Kamera installiert, da mangelt es an Überwachung. Das ist schade.

Allen Menschen, denen die Sicherheitshysterie zum Hals raushängt und die eine Veranlagung zum Außenseiter in sich spüren, empfiehlt sich der digitale Ungehorsam: auf jede elektronische Technologie verzichten, alle Thermostate und Rauchmelder in der Umgebung vernichten, Plastikkarten häckseln und sie ins Hundefutter mischen, sämtliche Konten kündigen und den Computer auf die Schienen einer vielbefahrenen Eisenbahnstrecke legen, den Fernseher aus dem Fenster und das Handy in ein Säurebad schmeißen, keine Fahrkarten mehr lösen, also grundsätzlich schwarz fahren, jede Steckdose meiden und am besten die ganze Wohnung mit Alufolie tapezieren.

Wer das alles tut, gehört zu einer Guerilla, die so unbedeutend ist, dass es sich für keinen Geheimdienst dieser Welt lohnt, ihn aufzuspüren …

Die Bewerbung

Sehr geehrter Herr Carl Friedrich Arp Freiherr von Beust!

So adlig zu heißen und dann Bürgermeister der republikanischen Großstadt Hamburg sein zu wollen, das ist noch verwegener, als wenn ein kiffendes Partygirl mit unehelichem Kind dänische Königin werden will. Aber Carl Friedrich Arp Freiherr von Beust zu heißen und sich dann mit Ole zufriedengeben – das hat Größe! Dann kann ich Dich auch anreden mit he Du da. Oder:

Moin Ole,

hiermit bewerbe ich mich bei Dir um den Posten eines Hamburger Kultursenators. Es kommt aber auch jedes andere Senatorenamt für mich in Frage, weil ich von gar nichts Ahnung habe, und das ist immer noch mehr als Dein kommissarischer Kulturchef, auch wenn der in der Bundeswehrhochschule schon mal einen Vortragsabend von Vicky Leandros organisiert hat.

Nun fragst Du Dich vermutlich, was mich denn wohl qualifiziert. Nun, ich denke, es ist meine alte Tante: Die legte sich immer ihren Fuchspelz um die Schultern. Und ich habe verstanden, genauso geht das in unserer Stadt: Hamburg legt sich Kultur um die frierenden Schultern wie meine tote Tante ihren toten Fuchs.

Lieber Ole, ich befürworte Deine Wende und vor allem Deinen Kampf für eine autogerechte Stadt. Aber Entpollerung allein reicht nicht. Ich könnte mir eine zwingend vorgeschriebene Trunkenheits-Untergrenze vorstellen: Mit weniger als 2,5 Promille darf niemand ans Steuer. Wir müssen dem autolosen Gesindel einfach jegliche Motivation nehmen, die Straße zu betreten.

Sehr gut gefällt mir Deine Ankündigung, das Verunstalten fremden Eigentums schärfer zu ahnden und Graffiti-Sprayer bis zu zwei Jahre in den Knast zu stecken. Das ist endlich mal eine richtige Maßnahme gegen die Jugendarbeitslosigkeit! Und stimmig ist auch deine Einsicht, dass wir mehr Haftanstalten brauchen: 15 000 neue Zellen Minimum – Du glaubst gar nicht, wie schnell wir die vollkriegen, die füllen sich quasi von selbst: Funktion schafft Organe! Wichtigste Aufgabe der Justiz ist es nun mal, den Bedarf an Kriminellen der Anzahl leerstehender Gefängniszellen anzupassen …

Dass, wie ich von Deinem Innensenator Schill hörte, Gefängniszellen »mehr an Wohnzimmer als an Haftplätze« erinnern, empört mich sehr. Demnach haust der arme Schill auf acht Quadratmetern Wohnfläche, guckt durch ein vergittertes Oberlicht, und in seinem Wohnzimmer stehen nicht nur Bett und Kleiderschrank, sondern auch das Klo. Das nenne ich bescheiden, und ich unterstütze seine Pläne, Strafgefangenen das Fernsehgerät wegzunehmen, damit da mal ein Unterschied deutlich wird zu Menschen, die sich noch auf freiem Fuß befinden.

Glänzend auch Deine Idee, die dezentralen Fixerstuben zuzumachen und im Knast keine sauberen Spritzen mehr an Häftlinge auszugeben. Das erhöht die Infektionsgefahr und wird uns wegen letaler Abgänge in Kürze finanziell deutlich entlasten.

Lieber Ole, in Deinem Senat befinden sich ein Richter, ein Staatsanwalt, zwei Rechtsanwälte und zwei Offiziere – dieses Ensemble wirkt wie eine Partnervermittlung für Vogelscheuchen. Lass mich mit in Deinem Verhandlungsspielraum sitzen, und ich mobbe Dir die Kameraden in hohem Bogen alle raus. Und dann setze ich mich auf den Sessel Deiner jetzigen Kultursenatorin Dana Horakova – die ist Dir doch nun wirklich keine Hilfe. Kürzlich beklagte sie in einem Interview die Intellektualisierung des Alltags. Ich konnte das gut verstehen, die Senatorin ist wirklich nicht die Einzige, die ständig überfordert ist. Vielleicht wäre sie bei der Telekom gut aufgehoben, das scheint mir die zurzeit meistfrequentierte Raststätte für Dödel zu sein. Bei der Telekom nehmen sie sogar die, die bei der Bahn wegen Unfähigkeit ausrangiert werden.

Und dass die Hamburgerinnen und Hamburger lieber mich zum Kultursenator hätten als jemanden deiner Wahl, nun, das weißt Du ja wohl selbst.

Tschüs und mach's gut,

Dein hv

8 Wachstumsbeschleunigung

Zum Wohl der Firma

Die Siemens AG ist ein börsennotierter Technologiekonzern, der auch als Bank mit angeschlossener Elektroabteilung gelten kann. Der Reichtum dieses Konzerns kam zusammen durch die Produktion von allem, was mit Strom zu tun hat – von der Glühbirne bis zum Atomkraftwerk. Und dann war da auch noch die Zeit von 1933 bis 1945, in der die Firma sich durch den Einsatz von Zwangsarbeitern aus nationalsozialistischen Arbeitslagern bereicherte. In ihren offiziellen Presse-Informationen handelt die Firma diese lukrative Epoche in zwei Sätzen ab: »Im zweiten Weltkrieg wurde das Unternehmen der nationalsozialistischen Kriegswirtschaft unterstellt und war zu vermehrter Produktion kriegswichtiger Güter gezwungen. Durch den Einsatz von Zwangsarbeitern fiel auch auf Siemens in dieser Zeit ein dunkler Schatten.«

Der Schatten wurde folgendermaßen geworfen: Eines Tages kamen einige Herren von Siemens in das KZ Ravensbrück, und die haben die Frauen begutachtet – wie Gebrauchtwagen oder Hammelkeulen. Die Frauen mussten Figuren aus Draht biegen. Als Intelligenztest. Diejenigen, die ihn bestanden, mussten in der Kriegsproduktion von Siemens arbeiten. Sklavenarbeit. Täglich zwölf Stunden. Lohn gab es nicht dafür. Nur eine Scheibe Brot täglich mit billiger Blutwurst. Blutwurst, um auch für ein wenig Humor zu sorgen. Nach der Befreiung erhielt jede Arbeiterin nach dem Bundesentschädigungsgesetz für jeden Tag KZ-Haft fünf D-Mark Entschädigung. Eine nachträgliche Lohnzahlung oder gar ein Schmerzensgeld gab es nicht.

Siemens macht heute zwischen achtzig und hundert Milliarden Jahresumsatz, der Konzern hockt auf Milliarden liquider Mittel. Da dürfte doch eine Lohnnachzahlung für die in Ravensbrück ausgebeuteten und bis aufs Blut gequälten Frauen kein Problem sein. Viele sind es ja nicht mehr …

Doch die Firma Siemens behauptet, dem Konzern seien damals im Dritten Reich die Zwangsarbeiter von der SS aufgezwungen worden. Der Sprecher von Siemens, ein Herr von Kühlmann-Stumm, sagte:»Niemand kann uns unterstellen, dass wir das freiwillig gemacht haben.« Und in einem Schriftsatz an das Landgericht München schrieb der Weltkonzern Siemens:»… scheidet eine auf Vermögensmehrung gerichtete Leistung der Klägerin an den Siemens-Konzern aus, denn ein Leistungsverhältnis im Sinn des Bereicherungsrechtes kann nur im Verhältnis zwischen Siemens und der SS aufgrund der dort getroffenen Absprachen vorgelegen haben.« Das heißt: Wenn überhaupt noch jemand Geld von der Firma Siemens zu kriegen hat, dann ist es die SS.

Es ist eine Zeit her, aber die SPD hat auch schon mal die Enteignung unrechtmäßig erworbenen Eigentums gefordert. Da klang so durch, als würde die Partei am liebsten Siemens und andere Konzerne enteignen. Aber der Gedanke geriet dann in Vergessenheit. So eine Maßnahme würde das deutsche Wirtschaftssystem wohl zu arg modifizieren, wenn nicht gar strapazieren. Trotz alledem kann man heute nicht davon ausgehen, dass die deutsche Wirtschaft und ihre Aktionäre im Allgemeinen und die Firma Siemens im Besonderen, dass das alles schlechte Menschen sind. Man kann nur vermuten, die sind alle ganz bitterarm. Und einige wenige Leute werden, wenn sie so richtig bitterarm sind, auch noch rücksichtslos, geizig, habgierig und unbarmherzig …

Ein Haufen Kohle

Die Firma Aventis wurde gekauft von dem kleineren Konzern Sanofi. Kaufpreis: 55 Milliarden Euro. Ein Stapel von 10 000 Scheinen à 500 Euro, das sind fünf Millionen Euro, ist etwa vierzig Zentime-

ter hoch. Wie hoch ist der Stapel für 55 Milliarden Euro? Wenn fünf Millionen Euro vierzig Zentimeter hoch sind, dann sind fünfzig Millionen 400 Zentimeter also vier Meter hoch, 500 Millionen sind dann vierzig Meter hoch, fünf Milliarden sind 400 Meter hoch, und ein Stapel von 55 Milliarden ist 4 400 Meter hoch. Da wird die Luft schon etwas dünn.

Ein Markt für Krisen

Abstrakte Begriffe werden vermenschlicht: Die Börse überspringt alle Hürden, die Kurse finden einen Weg und gehen auf Rekordjagd, Investmentfonds machen Druck, der DAX ist beflügelt, er rauscht nach oben und krönt sich mit einer Höchstmarke. Der Markt regelt alles, die Märkte regulieren sich selbst und verdienen deshalb absolutes Vertrauen.

Doch der Markt ist keine Einbahnstraße. Auch Solidarität ist keine Einbahnstraße, Integration ist keine Einbahnstraße, Globalisierung ist keine Einbahnstraße, und Toleranz ist erst recht keine Einbahnstraße. Aber was, wenn der Markt in eine Krise gerät? Dann stellt sich die Frage: Ist die Krise eine Sackgasse oder steht sie am Scheideweg? Möglicherweise handelt es sich um einen Kreisverkehr …

Die Frage, vor der heute jeder Entscheidungsträger steht, bevor er eine Entscheidung fällt, ist: Wie reagieren darauf die Märkte? Die neoliberalen Schamanen beten sogenannte effektive Märkte an, also Aktienmärkte, Finanzmärkte, Graue Märkte, Wurst- und Käsemärkte. Wie reagieren die Supermärkte auf den Wegfall der Ladenschluss-Zeiten? Gibt es eine Katastrophe, oder erfüllt sich damit ein alter Traum der Arbeiterbewegung, den schon Rosa Luxemburg in ihrem unsterblichen Satz zusammengefasst hat: »Freiheit – das ist immer auch die Freiheit, nach Mitternacht noch Abführmittel einkaufen zu können.«

Es könnte ja sein, ganz plötzlich geraten die Märkte in Aufruhr, denn die Märkte zittern vor einem Linksruck. Die Märkte misstrauen dem Euro. Die Märkte sind auf Talfahrt. Die Märkte geraten in Schieflage. Die Märkte brechen zusammen. Die Märkte sind außer Kontrolle. Die Märkte befinden sich im freien Fall. Die Märkte stürzen ab.

Dann natürlich, irgendwann: Atempause für die Märkte. Die Märkte erholen sich. Die Märkte sind wieder im Aufwind. Konjunkturdaten beflügeln die Märkte. Die Märkte melden sich zurück. Die Märkte wollen schnell eine stabile Regierung. Die Märkte treiben die Politik vor sich her. Die Märkte kennen kein Pardon. Märkte misstrauen Athen. Märkte hetzen Italien. Märkte zählen Spanien an. Japan überrascht Märkte. Ungarn enttäuscht Märkte. Nordkorea beunruhigt Märkte. Türkische Notenbank verwirrt Märkte. Motorola schreckt Märkte auf, Kairo-Schock lähmt die Märkte. US-Daten schockieren Märkte, und Deutschland lässt Märkte hängen.

Auf die Märkte kommt es an. Die Märkte haben immer recht. Die Märkte sehen schon nach vorne. Die Einzigen, die wissen, was sie tun, sind die Märkte. Sie spielen die Staaten gegeneinander aus, wechseln blitzartig Interessen und Aktionen, immer dorthin, wo aus der Krise am meisten Kapital zu schlagen ist. Die Macht der Märkte ist groß, die Moral der Märkte steht nicht in Frage, die Freiheit der Märkte ist unermesslich. Die Märkte laden zum Bummeln ein, und die Märkte sollten mal Urlaub machen. Nun aber überraschen uns die Märkte mit einer Schuldenkrise, und das bedeutet: Die Märkte sind nicht krisenfest.

Das Krisenmanagement versagt, die Krisengipfel sind krisengeschüttelt, die Krise gerät in die Krise. Die Krise steht am Abgrund. Die Menschen sind von Krisen umzingelt: Wirtschafts-Krise, Automobil-Krise und ganz übel: die Bankenkrise. Alle Krisen-Gipfel stecken in der Krise. Im Spreewald wurden sehr viel weniger Gurken als im Vorjahr verarbeitet: Das ist die schwerste Gewürzgurkenkrise seit der Saure-Gurken-Krise, und in den Kirchen fragt man sich bang: Ist unser Amen noch krisensicher? Aber über so was kann ich mich nicht mehr aufregen, ich kenne ja die Ursachen: Überträgt man in einer Schnarchnasendemokratie wie der unseren ehrgeizigen Leuten Macht, werden die meisten automatisch kriminell. Die Inkompetenten unter diesen Kriminellen werden erwischt und kriegen eine Abfindung, die Bösartigen dürfen weiter machen. Das nennt man Kontinuität. Bittere Erkenntnis: Das Wort »Krise« hat sprachlich kein Gegenteil.

Die deutsche Kanzlerin, unverbraucht, spritzig-witzig, appetitlich-anmutig und trotz ihrer Jugend schon erstaunlich altbacken, managt alle Krisen. Sie hat die Wortschöpfungs-Richtlinienkompetenz, sie profitiert von einem Wirtschaftssystem, dessen Nachteile sie persönlich nie erfuhr und auch nie erfahren wird, mit nie erlahmender Eloquenz bringt sie uns die Vorzüge der Marktwirtschaft nahe, und ihr wichtigster Leitsatz sollte in jedem deutschen Kopf Platz finden: »Wir leben ja in einer Demokratie, und das ist eine parlamentarische Demokratie, und deshalb ist das Budgetrecht ein Kernrecht des Parlaments, und insofern werden wir Wege finden, wie die parlamentarische Mitbestimmung so gestaltet wird, dass sie trotzdem auch marktkonform ist.«

Diese »marktkonforme Demokratie« ist eine sehr gelungene Umschreibung für die Alleinherrschaft der Lobbyisten und das Bestimmungsrecht der Märkte über den Grad an Demokratie in Deutschland. So, wie die Bundeskanzlerin ihr System lobt, klingt es vermutlich auch, wenn ein Mastschwein die Vorzüge des Islam anpreist ...

Die Konjunktur brummt

Unsere Marktwirtschaft funktioniert folgendermaßen: Das Kaufhaus verkauft mir eine Waschmaschine im Pappkarton. Den muss ich mitbezahlen. Das Kaufhaus nimmt den Pappkarton aber als Müll zurück. Allerdings gibt das Kaufhaus mir nicht das Geld wieder, sondern verlangt für die Abholung des Pappkartons noch mehr Geld. Der Gipfel der ökologischen Marktwirtschaft ist erreicht, wenn das Kaufhaus den Pappkarton nur noch zurücknimmt, wenn er gut verpackt ist in einen anderen Pappkarton, den ich vorher kaufen musste … Marktwirtschaft ist der Tarnname für ein System, das außer Angebot und Nachfrage keine Regeln kennt. Im Klartext nennt man dieses System Kapitalismus. Und der soll jetzt reguliert werden. Das ist aber schwierig, denn es nützt nichts, Scheiße zu parfümieren …

Als marktbewusste Bürger sind wir natürlich trainiert, uns die Frage zu stellen: Hat die Krise mich schon erreicht? Neben der Restaurant- und der Textilbranche schwächelt ja auch der deutsche Pornofilm. In den Bordellen ist Kurzarbeit angesagt, und das Landessozialgericht Thüringen urteilte: Sozialhilfeempfänger haben keinen Anspruch auf staatlich bezahlte Hausbesuche von Prostituierten. Sogar in den Kirchen: Blanke Not. Predigten vom Band, Abendmahlwein nur noch gegen Bares, Christen und Muslime planen gemeinsame Kult-stätten mit Kirchtürmen, die auch als Minarette durchgehen. Be-zeichnend, wie man in der Schweiz auf die Krise reagiert: Seit die Ölscheichs forderten, dass ihr Geld nur in einer Moschee-ähnlichen Bank mit hohem Minarett aufbewahrt werden dürfe, schießen in der Schweiz jeden Tag mehrere hohe Minarette aus dem Boden.

In jeder Krise gibt es aber auch Gewinner: Kondome steigerten ihre Umsätze, und alle Welt kauft sich einen neuen Flachbildschirm. Den Matratzen-Geschäften geht's ebenfalls gut: Auf neuen Matrat-zen kann man entspannt rumlungern vorm neuen Flachbildschirm. In den Supermärkten bekommt man Knabberzeug und Kondome fürs Rumlungern auf der neuen Matratze vor dem neuen Flachbild-schirm. Sogar die Fastfoodketten legen zu: In Notzeiten lieben die Menschen es fett und aromaverstärkt. Kondome kann man nach dem Fressen trotzdem benutzen, am besten live vor dem neuen Flachbildschirm auf der neuen Matratze …

Wir haben es längst begriffen – das Wichtigste in der Marktwirtschaft ist das Wachstum. Alles, was wächst, soll weiter wachsen: Warenangebot, Freizeitangebot, Dienstleistungen, Unternehmensgewinne und der Druck auf Russland: Alles soll wachsen. Aber: Das einzige System in der Natur, das permanent wächst, ist der Krebs. Alle anderen Systeme nähern sich nach einer Wachstumsphase ihrem Ende. Nur durchgeknallte Wachstumshysteriker glauben, dass ausgerechnet ihre Bäume in den Himmel wachsen.

Die Inkompetenz der Weltwirtschafts-Experten zum Beispiel, die im Fernsehen den alsbaldigen Auf- oder Abschwung prognostizieren, wächst wie verrückt – mittlerweile könnten die Herrschaften jederzeit ersetzt werden durch einen Schwarm durchschnittlich sprachbegabter Papageienvögel. Ständig wiederholen sie, dass die Lohnnebenkosten der Beschäftigten für die Unternehmern zu hoch sind, und selten oder nie nimmt jemand ernsthaft daran Anstoß, dass die Unternehmer für die Beschäftigten erst recht zu teuer sind. Den Zuschauern wird eingeredet, wenn sie sich nur genügend einschränken, werden sie belohnt, weil die Unternehmer dann ganz viele neue Jobs schaffen. Und es gibt tatsächlich Idioten, die glauben das. Sie glauben wirklich, sie könnten Aufschwung und Wachstum durch Abstriche am eigenen Einkommen herbeidulden …

Als Krönung behauptet dann ein Wirtschaftsprofessor namens Sinn: »In jeder Krise wird nach Schuldigen gesucht, nach Sündenböcken. Auch in der Weltwirtschaftskrise von 1929 wollte niemand an einen anonymen Systemfehler glauben. Damals hat es in Deutschland die Juden getroffen, heute sind es die Manager.« Und Ex-Bundespräsident Wulff erdreistet sich: »Ich finde, wenn jemand zehntausend Jobs sichert und Millionen an Steuern zahlt, gegen den darf man keine Pogromstimmung verbreiten.« Offenbar liegt der IQ der beiden Herren nur knapp über der Zimmertemperatur. Ihre Verweise auf den Holocaust sind obszön, denn bislang ist noch keinem einzigen Manager von einem Mob auch nur ein Haar gekrümmt worden. Im Gegenteil – wenn in unserem Land eine Pogromstimmung herrscht, dann wird sie von solch servilen Kapitaldienern angeheizt, und zwar gegen die sozial Schwachen. Jeder Rentner, dessen Dackel in die Rabatten pinkelt, wird doch eher zur Rechenschaft gezogen als Manager, die Geld verschleudern und Arbeitsplätze vernichten …

Auch wenn man die soziale Kompetenz unserer neoliberalen Elite bezweifelt, kann man zugeben: Mit der sogenannten Abwrackprämie hat sie vor einigen Jahren große Kreativität entfaltet, die hat den Autohändlern damals richtig gutgetan, denn indem man Altes, was aber noch bestens funktioniert, zerschlägt, erzeugt man Bedarf an Neuem, und so kann man schleunigst Wachstum erzwingen, wo von allein gar nichts mehr wächst.

Ich denke, man müsste noch einen Schritt weiter gehen und bei Tarifverhandlungen einfach alle Forderungen der Arbeitnehmer erfüllen. Dann hätten alle, die Arbeit haben, mehr Geld, sie würden ein wenig mehr Steuern zahlen, aber sie gingen auch einkaufen, zum Beispiel noch einen neuen Flachbildschirm fürs Kinderzimmer …

Tafelsilber verscheuern

Die besten Wünsche für das Gedeihen der Bundesrepublik Deutschland stammen aus dem klassischen Altertum. Heraklit aus Ephesos äußerte sie in einem Brief vor rund 2 500 Jahren, also etwa 500 Jahre vor der Bergpredigt: »Möge nie der Reichtum euch ausgehen, dass offenbar wird, wie verkommen ihr seid.«

Egal, was dann offenbar wird – den Wunsch nach Reichtum teilen wir. Da sind wir ganz einig mit unserem Staat. Denn offenbar ist auch: Ein Staat ohne Geld wirkt lächerlich.

Und deswegen haben schon die alten Römer die Steuereinnahmen privatisiert. Ein solventer Pächter streckte dem Staat etwas vor und holte sich dann seine Auslagen – und noch ein bisschen mehr – von den Einwohnern wieder zurück. Und als historische Vorbilder können auch findige Duodezfürsten dienen – allen voran die hessischen: Die haben im achtzehnten Jahrhundert ihre Landeskinder an die Engländer verkauft. England brauchte damals dringend Kanonenfutter gegen aufsässige Kolonisten.

Was tun deutsche Politiker heute, um die öffentliche Hand zu füllen? Das ist die Kardinalfrage: Wie saniert man einen kapitalistischen Staat? Gut, manche gehen in die Reichstagskantine und versuchen, den Staat aus seinem Defizit herauszusaufen. Aber das reicht nicht. Und so heißt die große Zauberformel »Verkauf«: Klar, eigentlich soll der Staat Errungenschaften, die die Bürger mit ihren Steuern finanziert haben, also den Besitz der Bürger, nicht weiter verhökern, weil das Hehlerei ist, aber wenn Politiker sagen »unser Staat«, dann meinen die das so. »Unser« ist ein besitzanzeigendes Pronomen. Die halten sich wirklich für die Eigentümer des Gesamtvermögens aller Bürger. Alle Macht den Hehlern.

Adolf Hitler hat zu dem Thema auch Stellung bezogen: »Es ist ein Ding der Unmöglichkeit, dass ein Teil des Volkes sich zum Privateigentum bekennt, während ein anderer Teil das Privateigentum ableugnet. Solch ein Kampf zerreißt das Volk.«

Politiker haben kein Problem damit, alles zu verscherbeln, was ihnen nicht gehört. In der Folge verdienen Shareholder beispielsweise an der Bahn, der Post, den Autobahnen, der Energieversorgung, der öffentlichen Sicherheit, an Schulen und Universitäten. Sie verdienen sogar an den Kranken und deren Krankheiten in den Krankenhäusern, weil sie sich selbstverständlich als Vorgesetzte und Arbeitgeber auch darum kümmern, dass immer genügend Kranke zur Verfügung stehen. Das ist eben Gesundheitspolitik im Spannungsfeld des Christentums: einerseits Fürsorge und Barmherzigkeit mit den Siechen und Hinfälligen, andererseits das berechtigte Streben nach Dividende und Einsparungen. Nur die Luft kann der Staat nicht verkaufen. Die befindet sich schon in Privatbesitz, sie gehört der Hoechst AG. Und der Schlaf der Menschen entzieht sich bislang noch der Verkäuflichkeit. Aber es wird daran gearbeitet, ihn einer Gebührenpflicht zu unterwerfen.

Auch seine Beamten könnte der Staat verkaufen. Wird schwer werden, aber vielleicht, wenn man sie in undurchsichtige Folie einschweißt … Gut verkäuflich hingegen sind Polizei, Zoll und Bundeswehr. So eine privatisierte Bundeswehr, leistungsorientiert und schnell einsatzbereit, ist bestimmt ein noch größerer Exportschlager als Dosenbier – das kriegt man ja auch in jedem Krisengebiet – und wenn wir dann noch alle Friedhöfe privatisieren und sie mit der Bundeswehr zu einer »Knall & Fall GmbH & Co. KG« zusammenschließen: Da höre ich doch schon die Werbung im Fernsehen: »Er steht auf unserer Heldenliste, die Firma dankt mit einer Kiste.« Allerdings sollte man mal durchrechnen, ob es nicht lukrativer ist, die Bundeswehr in einem globalen Leasingsystem zu vermarkten.

Das Endziel kann nur lauten: den gesamten öffentlichen Dienst an privat zu verkaufen. Alles. Komplett. Legislative, Jurisdiktion, Exekutive, bis nichts mehr da ist, was regiert werden könnte. Und weil dem Staat dann nichts mehr gehört, bleiben den Politikern auch alle Vorwürfe erspart, sie könnten nicht mit Geld umgehen. Und weil jeder Deutsche dann als Shareholder genügend Aktien hat, braucht niemand mehr zu arbeiten, weil die Aktienkurse so hoch stehen, dass das Volk von seiner Gesamtarbeitslosigkeit gut leben kann.

Das Land ist also auf einem erfolgversprechenden Weg, und wenn man sich auf etwas verlassen kann, dann sind es hechelnder Aktionismus, Eitelkeit und die Ignoranz deutscher Politiker sowie ihr nie nachlassender Ehrgeiz, sich der Lächerlichkeit preiszugeben. Inkompetenz oder Betrügereien bei Privatisierungen federn sie locker ab. Niemand muss mit Sanktionen oder Schadensersatzforderungen rechnen wegen Verschleuderung öffentlichen Eigentums, dabei wünscht man sich doch gerade für die Verantwortlichen eine Privatisierung des Strafvollzugs …

Die Schneckenpost

Können Sie sich noch an die Post erinnern, an die gute alte gelbe Thurn und Taxis-Hinterlassenschaft, damals, als ihre Filialen noch nicht als Kramladen und Flohmarkt missbraucht wurden? Die deutsche Post: Welche Idioten haben diese wunderbare Einrichtung, die immer funktionierte, so ruiniert? Man sollte diesen Terroristen die Ohren abfackeln, die Nasenlöcher zulöten und das Pupsloch verschweißen.

UM ZWÖLF KOMPOST!

Auf meinem Postamt, das sich jetzt »Agentur« nennt, stellte ich kürzlich die Frage: Was, bitte, kostet ein Brief nach Holland?

Neunzig Cent.

Dann geben Sie mir bitte zehn Marken à neunzig Cent.

Neunzig-Cent-Marken gibt's nicht.

Aha. Was gibt's dann?

Sie müssen Marken à 75 Cent kaufen und fünfzehn Cent dazu kleben.

Okay, dann bitte zehn à 75 und zehn à fünfzehn.

Fünfzehn Cent gibt's nicht.

Was gibt's dann?

Sie müssen Marken à zehn Cent nehmen und fünf Cent dazu kleben.

Also dann bitte zehn á 75, zehn à zehn und zehn à fünf.

Fünf-Cent-Marken gibt's nicht.

Nicht? Tja, und wie machen wir's dann?

Ich gebe Ihnen Marken à zehn Pfennig, und die gelten als fünf Cent …

Diese spaßigen Verkaufsgespräche sind der Grund, dass Postfilialen immer ziemlich voll sind. Egal, wann und wo ich Briefmarken kaufen oder ein Päckchen abgeben möchte, die stehen Schlange. Immerhin – das flotte Design der Postämter vermittelt den Wartenden die Gewissheit, in einem modernen, weltoffenen Konzern zu Gast zu sein.

Früher hockte hinter jedem Schalter ein Beamter oder eine Beamtin und verbreitete die Niedergeschlagenheit der geknechteten Kreatur. Heute – in den Postämtern neuen Stils – kann man nicht nur Bleistifte und Bindfaden kaufen, sondern auch Filterkaffee trinken, ein eingeschweißtes Salamibrötchen erwerben und sogar einen Brief aufgeben. Vier Schalter von insgesamt sechs sind zwar geschlossen, aber zwei Postler ziehen mit ganz viel Fun und echt kreativ ihren total geilen Job durch. Deswegen kommen die Weihnachtspäckchen heutzutage oft schon Ostern in der Nachbarschaft an, manchmal sogar ausgepackt …

Bis man am Schalter nach seinen Wünschen gefragt wird, vergehen im Durchschnitt fünf Minuten. Wenn ein Postler pro Stunde zwölf Kunden abfertigt, dann haben diese zusammen eine Wartezeit von sechzig Minuten erbracht. Wenn sich zwölf Kunden pro Stunde insgesamt sechzig Minuten die Beine in den Bauch stehen und Löcher in die Luft starren, dann heißt das: Bei einem Acht-Stunden-Tag werden von einem Postler oder einer Postlerin auch acht Warte-Stunden produziert. Wenn auf dem Postamt zwei Schalter besetzt sind, bedeutet das pro Tag 16 Stunden oder, mit anderen Worten: In zweieinhalb Tagen produzieren die beiden Postler mehr Zeit, als ein zusätzlicher Angestellter eine Woche lang arbeiten könnte. Das heißt, die Kunden eines Postamtes stehen an zehn Tagen eine Vollzeitstelle ab …

Gleichzeitig muss in den Räumlichkeiten hinter den Schaltern mit dem Publikumsverkehr der Kollege Georg zehn Postsäcke mehr schultern, damit Kollege Mirko gekündigt werden kann. Bald ist Mirko arbeitslos und muss von der Allgemeinheit ernährt werden. Das heißt: Der Mehrheitsaktionär der Deutschen Post AG, die Bundesrepublik Deutschland, optimiert ihre Dividende aus dem Post-

Aktienpaket mittels Vernichtung von Arbeitsplätzen. Man kann also sagen, die Managergehälter für die Vorstände kommen nicht aus der freien Marktwirtschaft, sondern aus dem Sozialhaushalt. Also: Unsere teuersten Sozialhilfeempfänger sitzen in den Vorstandsetagen. Da, wo die meisten Arschlöcher sitzen ...

Die Post jedenfalls, die wir immer so liebgehabt haben, die gute alte gelbe Thurn und Taxis-Hinterlassenschaft, wurde in ihre Einzelteile zerlegt, was 135 000 Mitarbeitern wesentlich mehr Freizeit verschaffte. Einige traten in eine Sekte ein und wollten von Teneriffa aus mit ein paar Außerirdischen ins Weltall starten, andere gingen lieber ins Kino. Der Film handelte hauptsächlich vom Essen, und da insbesondere vom Nachtisch: Eis, soviel jeder mag, und Trinken bis zum Gehtnichtmehr. Er hieß »Titanic«.

Unser tägliches Verständnis gib uns heute

Früher bin ich gern mit der Bahn gereist. Ich empfand Zugfahren als intellektuelles Abenteuer. Denn die Züge hießen nicht etwa Hoppelpoppel, Weichenkobold oder Schotterfuzzy, die Züge waren Träger glanzvoller Namen, und deswegen galt meine ganze Liebe den Durchsagen:»In Stuttgart erhalten Sie Anschluss an den ICE Theodor W. Adorno, planmäßige Abfahrt neun Uhr 34 auf Gleis drei. Der ICE Freddy Quinn konnte leider nicht warten. Wir bitten um Verständnis.«

Freddy Quinn an Adorno anschließen zu wollen – das konnte ja nicht gut gehen. Von Adorno auf Alma Mahler Werfel umzusteigen, das hätte Stil, aber Alma Mahler Werfel hatte auf einer anderen Strecke Verspätung. Was sollte ich nur machen, wenn Adorno zu spät kam und ich deswegen ICE Schopenhauer verpasste? Dann würde ich niemals ankommen. Nirgends. Gottseidank hörte ich rechtzeitig:»ICE Bertolt Brecht nach Augsburg steht an Gleis zwei bereit. Reisende nach Düsseldorf erreichen in Mannheim den ICE Joseph Beuys leider nicht mehr und werden gebeten, in den ICE

Karl May Richtung Hannover umzusteigen. Wir bitten um Verständnis.«

Da wollte ich sowieso nicht hin. Dann: »ICE Karl May fällt wegen eines Lokschadens von ICE Hera Lind aus. Wir bitten um Verständnis.«

Kein Problem: Ich nahm Sepp Herberger. Was ist denn jetzt schon wieder?

»ICE Mozart nach Salzburg verspätet sich um etwa neunzig Minuten, Reisende nach Osnabrück über Bremerhaven steigen auf den ICE Paula Modersohn-Becker um, der aber leider nicht auf Rainer Maria Rilke warten konnte. Wir bitten um Verständnis.«

Geht klar, mein Verständnis ist schrankenlos.

Irgendwann in der Folgezeit benannte die Deutsche Bahn ihre Züge nach Städten, Flüssen oder Bergen, und ich fand es ganz in Ordnung, wenn sich die Züge nicht mehr sklavisch an irgendwelche idiotischen Fahrpläne hielten, sondern einfach durch schönere Landschaften fuhren.

Setzt man sich heute in einen Zug, wird man als Erstes über das Bordmikrofon davon in Kenntnis gesetzt, dass alles Mögliche nicht funktioniert. Der Zugchef bedankt sich artig für das Verständnis, dass sich der Speisewagen zwar in der Mitte des Zuges befinde, dass aber die Kaffeemaschine leider kaputt sei und dass die Toiletten im vorderen Zugteil wegen einer Störung nicht besetzt werden könnten. Und dann wird alles auf sächsisch mit englischem Akzent wiederholt: »Attention, passengers! I am the chief of this train from München to Hamburg. In case of questions, please feel free to ask them ... I am sorry to inform you that the trains in Fulda could not wait. All passengers with the destination Melsungen travel to Kassel and ask the service point.«

Und weiter, diesmal etwas Erfreuliches:

»I am happy to inform you that the Brezel-Verkäufer has entered the train. He will sell you delicious pretzels.«

Aber erstmal: »Personalwechsel. Die Fahrscheine bitte.«

Leider verfängt sich der Herr Oberschaffner im Tarifgestrüpp der Bahn: Irgendwer im Reise-Center hat meiner Sitznachbarin eine Fahrkarte verkauft, die entweder heute nicht oder auf dieser Strecke nicht oder in diesem Zuge nicht oder nie und nirgends gültig ist. Darob verwandelt sich der Dienstleister von heute in den Beamten von gestern und verlangt nicht etwa nur den Differenzbetrag, sondern mit der polizeitypischen Begründung, sich die Beförderung erschlichen zu haben, noch einmal den vollen Fahrpreis. Man möchte sich nicht vorstellen, wie dieser Servicevollstrecker mit der alten Dame reden würde, hätte sie eine dunkle Hautfarbe und trüge ein Kopftuch ...

Trotzdem ist der Fortschritt unaufhaltsam. Ich hatte das Vergnügen, im TV ein ausführliches Interview mit dem Bahnchef zu sehen. Er kündigte an, die Bahn werde Personal einsparen und weniger Löhne für die Beschäftigten zahlen. Er sei sicher, diese Maßnahmen werde den Service der Bahn ganz erheblich verbessern, zumal er beabsichtige, alle Nebenstrecken stillzulegen, damit niemand mehr mit Triebwagen, den sogenannten Ferkeltaxen, über die Dörfer fahren müsse, die an jeder Milchkanne halten.

Gut gefallen hat mir bei diesem Interview die Offenheit des Bahnchefs. Ohne Umschweife gab er zu, er habe den Gedanken an eine Privatisierung der Bahn nicht aufgegeben, er beabsichtige weiterhin, aus der Bahn einen Global Player zu machen, weil er, seine Freunde und auch die Sponsoren am Börsengang der Bahn richtig fett abkassieren wollen. Dafür würden heute schon die meisten Güterzüge auf LKWs umgeladen. Dann machte der Bahnchef darauf aufmerksam, die Bahn habe, im Gegensatz zu früher, nicht mehr nur die vier unerbittlichen Gegner Frühling, Sommer, Herbst und Winter, sondern es sei ein echter Feind hinzugekommen, nämlich die Kundschaft, und um diesen Feind hinters Licht zu führen, müsse die Bahn ihre Fahrpläne täglich neu gestalten ...

Danach stellte der Bahnchef einige neue Regelungen vor: In Zukunft hat jeder Reisende das Recht, den Einstieg in einen Zug zu verweigern, und niemand darf gegen seinen Willen vom Zugpersonal zur Teilnahme an einem Personenschaden auf der Strecke gezwungen werden. Nicht so gut finde ich, dass bei einem längeren Halt auf freier Strecke Standgebühren auf die Reisenden zukommen und bei Verspätungen ein Verständniszuschlag, weil der Reisende den Zug ja länger als vorgesehen benutzt hat. Zum Ausgleich wird es aber in absehbarer Zeit das Einkaufsparadies auf Schiene geben, eine Train-Shopping-Mall: Für die Schnäppchenjagd sollen jedem Zug ein Supermarktmarktwaggon, ein Baumarktwaggon, ein türkischer Obst- und Gemüsewaggon, ein Fit- und Wellness-Waggon und ein überkonfessioneller Gebetswaggon angehängt werden. Zum Glück darf aber niemand wegen Geruchsbelästigung durch seinen Reiseproviant – hartgekochte Eier und überreife Bananen – schief angesehen werden. Wer dagegen anstinken will, kann sich vom Zugpersonal jederzeit eine schöne Portion Döner Kebab holen lassen.

Dann wurde der Bahnchef noch angesprochen auf jenen Vorfall, als ein ICE mit rund 450 Fahrgästen an Bord in einem Tunnel zwischen Bielefeld und Mainz in eine Schafherde fuhr und dabei auch gleich noch zwei Kühe umlegte, die dort das feuchte Herbstlaub von den Schienen fraßen. Jetzt weiß ich, wie das ablief: Die Schafe, die das Unglück ausgelöst hatten, sind kurz vorher zu Recht aus einem vorausfahrenden Regionalexpress in dem Tunnel ausgesetzt worden, weil die Zugbegleiter die Fahrkarten der meist sehr jungen Tiere nicht akzeptieren konnten. Das ICE-Personal hat es dann abgelehnt, die Schafe zusteigen zu lassen, weil der Zug ohnehin schon so überfüllt war, dass er einige seiner Türen verloren hatte. Dadurch waren die Fahrgäste alle ganz durchgefroren, und um ihnen Gelegenheit zu geben, sich aufzuwärmen, blieb man einfach eine Weile im Tunnel stehen. Die Bahn wird aber für den Aufenthalt im Tunnel keinen Aufpreis erheben. Eins ist mittlerweile ganz sicher: Der ICE, der abends in den Tunnel hineinfuhr, war nicht derselbe ICE, der am nächsten Morgen wieder herauskam, denn der Tunnel war gar nicht an beiden Enden offen, weil es in Wirklichkeit die Garage von einem leitenden Mitarbeiter der Deutschen Bahn war.

Fazit: Dieser Bahnchef wirkte im Interview recht sympathisch, er machte plausibel, dass die Deutsche Bahn AG ein kundenorientierter Mobilitätsdienstleister ist, weil sie eine gewisse Mobilität nicht von vornherein ausschließen kann, und dass sie auch enorm leistungsfähig ist, es aber leider immer mal wieder mit dem Schienenverkehr hapert. Und alles in allem habe ich verstanden: Für die Bahnkunden wird das Reisen bequemer, aber nicht teurer, denn: Wer acht Monate früher bucht, bekommt achtzig Prozent Rabatt, wer spontan in den Zug steigt, bezahlt den doppelten Preis plus Zuschlag, wer dem Zug bis zur nächsten Station hinterherläuft, darf bis zu fünf Kinder mitnehmen, und reservierte Stehplätze können jetzt schon eine Woche vor Reiseantritt eingenommen werden. Die BahnCard wird erneut billiger, dafür muss man damit aber auch jedes Shopping bezahlen, sämtliche Versicherungen laufen lassen und bei Bedarf ein Auto mieten. In Zukunft haben Bahnkunden die Auswahl zwischen der Alten BahnCard, der Neuen alten BahnCard, der Neuen neuen BahnCard und der Alten alten BahnCard. Etwas teurer ist die »Alte neue BahnCard«, weil man mit der für jeden Zug auch eine Fahrkarte zum regulären Preis erwerben kann.

Was der Bahnchef in seinem Interview nicht erwähnt hat: Seit einiger Zeit schon gibt es die sogenannte KöterCard: Damit erhalten Hunde das Recht, ihr artgerechtes Verhalten auch in Zügen intensiv auszuleben. Hunde, die eine KöterCard besitzen, sind mit allen Vergünstigungen – also Frühbucher-Rabatt, Sammeln von Bonuspunkten und Recht auf Sitzplatzreservierung – ausgestattet. Das freundliche Zug-Team muss ihnen Lunge und rohen Pansen servieren und für Herrchen und Frauchen zum Kaffee einen leckeren Hundekuchen anbieten.

Die Gänge in allen Zügen dienen den Tölen als Hundewiese, auf der sie sich entwursten dürfen. Dies, wie gesagt, hat der Bahnchef nicht erwähnt. Ich erfuhr es erst vor einem Monat auf meiner Reise von Peine über Pattensen nach Pforzheim: Da nahm ein sabbernder und hechelnder Rottweiler neben mir Platz, stemmte mir die Vorderpfoten in den Schritt und leckte mir mit seiner feuchten

Schnauze, mit der er wahrscheinlich eben noch auf dem Bahnhofs-vorplatz in einer Urinpfütze geschnüffelt hatte, das Ohr aus. Und

VORSICHT - RISSIGER HUND !

als ob das noch nicht genug wäre, begann kurz hinter Hannover ein wildfremder ungarischer Hirtenhund so heftig an meinem Schienbein zu rammeln, dass ich mich gezwungen sah, die Notbremse zu ziehen. Daraufhin hat mich das freundliche Zugpersonal genötigt, wegen Belästigung anderer Fahrgäste den Zug auf freier Strecke zu verlassen.

Nun hat mein Arzt bei mir eine profunde Eisenbahnphobie diagnostiziert, und ich suche nur noch einen Bahnhof auf, wenn ich das dringende Bedürfnis habe, mich von einem Taubenschiss treffen zu lassen. Oder wenn meine Frau verreist und ich sie zum Zug bringen muss. Vor einer Woche fuhr sie nach München. Der Zug hatte dreißig Minuten Verspätung. Die Begründung über Lautsprecher: »Es gab Probleme bei der Zug-Zusammenstellung in Hamburg-Altona. Wir danken für Ihr Verständnis.«

Als der Zug endlich einlief, waren die Waggons leider nicht da, wo sie laut Zuglaufplan sein sollten. Der Zug war 400 Meter lang, der reservierte Platz 350 Meter entfernt. »Wir bitten um Verständnis!« Wir drängelten uns durch die anderen genervten Fahrgäste, die drängelten in die Gegenrichtung, schließlich konnte niemand einsteigen, weil sich die Zugtüren nicht öffnen ließen. Nach zehn Minuten gingen sie schließlich auf, die Passagiere stiegen ein und stellten fest, dass es keine Reservation gab. Vermutlich ein Computerfehler. Dann wurde das Abfahrtsignal gegeben. Aber der Zug fuhr nicht ab, weil sich jetzt die Türen nicht schließen ließen. »Wir bitten um Verständnis!« Als sie es schließlich doch taten, war die Dreiviertelstunde Verspätung voll. Tschüs, Mutti. Sie hat dann bis Hamburg-Harburg im Gang gestanden. Dort mussten alle Passagiere aus- und in einen anderen Zug umsteigen. Das war dann kein ICE, sondern ein EC, der nur bis Nürnberg fuhr und in dem es roch, als hätten mehrere Generationen von Bundeswehrrekruten in die Polster gepinkelt. »Wir bitten um Verständnis!« Das Umsteigen in einen Regionalzug nach München wurde dann allgemein als Wohltat empfunden, angesichts der Umstände waren dreieinhalb Stunden Verspätung in München relativ erträglich, und dafür erhielt meine Frau auf Antrag sogar ein paar Euro als Entschädigung.

Eine Woche später stand ich wieder auf dem Hamburger Hauptbahnhof. Der Zug aus München – so der Anruf meiner Frau aus dem Zug – habe dreißig Minuten Verspätung. Eine diesbezügliche Ansage auf dem Bahnhof gab es nicht. Es gab überhaupt keine Ansagen, für keinen Zug. Alle Auskunftsbeamten versteckten sich oder waren im Urlaub. Die tatsächliche Verspätung des Zuges aus München betrug dann 48 Minuten. Zwischenzeitlich stellte ich fest, kein einziger Zug fuhr pünktlich ab, kein einziger Zug kam pünktlich an, alle Ansagen fielen aus, und auf einigen Bahnsteigen standen sogar die Uhren still. Mit all diesen Erfahrungen im Rücken bin ich zu der Überzeugung gelangt: Das ganze Unternehmen DB ist unfähig, faul, inkompetent und zutiefst bösartig, und dem Bahnchef würde ich nicht mal eine Modelleisenbahn im Keller anvertrauen …

Zum Schluss noch ein Hinweis: Wer bei der Deutschen Bahn ohne Reservierung einen Fensterplatz ergattert, in einem Zug, dessen Wagenreihung der Ankündigung entspricht, dessen Toiletten alle benutzbar sind, in dessen Bistro-Wagen die Kaffeemaschine funktioniert, der pünktlich abfährt und pünktlich ankommt, obwohl er alle Haltestationen anfährt, erhält wegen eines schweren Verstoßes gegen das Gewohnheitsrecht auf normale Beeinträchtigungen als Entschädigung ein fabrikneues Mittelklasseauto, wenn er einen

23-seitigen Entschädigungsantrag ausfüllt. Dafür habe ich volles Verständnis …

Ein fliehender Zug

Martin duckte sich unter den Regenschirm, was wenig nützte. Es regnete von unten in seine Hosenbeine. Er hastete dem Bahnhof entgegen.

»Ich kann keine Pfütze vermeiden«, sagte er.

»Wenn ich keinen Kopf hätte, könnte ich den Schirm etwas tiefer halten«, antwortete er.

»Dann könnte ich die Pfützen nicht sehen«, sagte er.

»Du springst doch sowieso hinein«, antwortete er.

Eine Rettung gibts sowieso nicht, dachte er.

Er wusste nicht, warum er das dachte.

Sagte aber nicht, was er dachte.

Wusste nicht, warum er dachte, was er nicht sagte.

Das war die ihm angenehmste Form von Distanz.

Er hatte ein abschüssiges Lächeln im Gesicht.

Wie er auf abschüssig kam, wusste er nicht.

Er sagte es auch nicht.

Weil er es nicht dachte.

Es passierte immer wieder, dass er etwas wusste, was wie eine Antwort war auf das, was er nicht dachte. Er genierte sich stürmisch dafür, dass er in Gedanken so wüst mit sich umging.

Es war unangenehm, dass ihn das Eisenbahnpersonal mit der Pünktlichkeitskeule bedrohte. Er wollte über diese Schande nicht mit sich diskutieren. Er hätte jetzt gern etwas Beeindruckendes über sich gesagt.

Sagte es aber nicht. Dachte nicht, was er sagen wollte.

Er erreichte den Bahnhof von hinten. Einem fliehenden Pferd kannst du dich in den Weg stellen, einem fliehenden Zug nicht.

Martin eilte ins Abteil, warf sich auf den Sitz und machte ein kompliziertes Gesicht. Außerhalb des Zuges Grundloses grundlos im Grundlosen. Das ist das Jenseits. Eine Gegend aus nasser Landschaft, schau, die Bäume da und dort, die Strommasten, schau, der Himmel, alles verweht, verweht, verweht, Wolken hängen wie Lappen, Lappland, läppisch …

Er fühlte sich zuständig für das Gedenken, wollte aber gedenken, ohne sich zu erinnern. Gewissen, Gewissenserforschung, Gewissensentscheidung, Gewissensfreiheit: In der inneren Einsamkeit mit sich wollte er nur noch wegschauen.

Martin verspürte eine Art von triefendem Appetit nach totem Schwein. Der Nigerianer von der Mitropa brachte ihm eine polnische Brühwurst. Das einzig polnische daran war ein hartnäckiger Knorpel, der ihm eine kostbare Porzellankrone zog. Oben rechts. Der Schneidezahn. Er hätte zittern können vor Empörung. Martin setzte sein verstorbenes Lächeln auf, führte die Hand beiläufig zum Mund, wälzte die Krone mit der Zunge Richtung Lippen, ließ sie in seine Handfläche kullern und steckte sie zum Kleingeld ins Jackett. Das Lachen, das er so oft nur seinen Zähnen zuliebe gelacht hatte, konnte er nun ins Archiv packen. Sein Vorzeigegebiss im Eimer. Ohne Zähne auf Reisen.

Eine Katastrophe.

Martin war erschöpft. Jeden Tag zehn, zwölf Stunden vor leerem Papier, es war eine Schinderei. »Ich muss präsent sein«, sagte er. Was er machte, machte er nur aus Verantwortung für sich. Es war bedrückend. Er war bedrückt. Ja, bedrückt, er wollte bedrückt erscheinen. Er, der bedrückte Martin, war der Grund unter dem Pflaster unter dem Sand unter dem See. In Martins Wipfeln war Ruh. Seine Lebensgrenzen waren zwischen Heckenschneiden und Geldsparen delikat abgesteckt. Er hatte zum Abschied gründlich seinen Mülleimer shampooniert und sich auf die Reise nach Frankfurt begeben. Dort musste er den Menschen die Wahrheit sagen.

»Ihren Fahrschein bitte«, sagte der Schaffner.

»Hier bitte«, sagte Martin.

»Danke. Die BahnCard bitte«, sagte der Schaffner.

»Hier bitte«, sagte Martin.

»Sie fahren nach Frankfurt?« fragte der Schaffner.

»Ja«, sagte Martin.

»Dies ist der falsche Zug«, sagte der Schaffner.

»Heiligs Blechle«, sagte Martin, »i bin im falsche Zug?«

»Sie doch nicht, Herr Walser«, antwortete der Schaffner, »Ich«.

Die Dienstleister

Je mehr von Service gesprochen wird, desto weniger gibt es davon. Andererseits wird der Service auf Bereiche ausgedehnt, die mit dem Ursprungsanliegen nichts zu tun haben. Ich kann heute kein Frisörgeschäft mehr betreten, ohne dass mir sofort etwas zu trinken angeboten wird – wie dann die Frisur ausfällt, ist Nebensache. Ich bin vielleicht altmodisch – aber wenn ich was trinken will, gehe ich eine Kneipe, und da fragt mich schließlich auch keine Kellnerin: »Einmal waschen und schneiden, der Herr?« Service ist die Krätze unserer Zeit. Rasend ansteckend. In drei oder vier Generationen werden die Menschen nicht mal mehr selbständig furzen können.

Am Telefon findet die Service- und Informationsgesellschaft ihre aggressivste und zugleich ekelhafteste Ausprägung. In den Callcentern hat man eine Zermürbungstaktik perfektioniert, die jeden Mormonen-Missionar mit Neid erfüllen kann:

»Einen wunderschönen guten Tag, hier spricht Ihr persönlicher Service-Berater Günter Unverständlich, was kann ich für Sie tun?« Callcenter sind Firmen, die vollgestopft sind mit Profi-Telefonierern. Die melden sich stets professionell freundlich, rasend gut gelaunt und unbarmherzig sympathisch, denn sie haben nur eine Aufgabe: Anrufer für dumm zu verkaufen, während die Euros nur so durchrattern: »Einen wunderschönen guten Tag, hier spricht Ihr persönlicher Service-Berater Patrick Leistenbruch, was kann ich für Sie tun?«

Alle Firmen, die befürchten müssen, dass ihre Kunden Gründe haben, sich zu beschweren, setzen diese Begrüßungspapageien ans Telefon. Und die haben von nichts eine Ahnung. Trotzdem arbeitet so ein Callcenter nicht nur für eine Firma, sondern für mehrere gleichzeitig. Der Herr Unverständlich alias Leistenbruch arbeitet außer für die Telekom auch noch für eine Backwarenkette, drei Baumärkte und für die Telefonseelsorge. Aber es hat überhaupt keinen Zweck, ausfallend zu werden, denn er ist es gewöhnt, beschimpft und beleidigt zu werden, und deshalb legt er sich bei jedem Telefonat einen anderen Namen zu, weil es weniger schmerzlich ist, wenn so eine Beschimpfung nicht mit dem eigenen Namen verbunden ist. Ergo: Als ich Günter Unverständlich und Patrick Leistenbruch das nächste Mal angerufen habe, meldeten die beiden sich mit »Einen wunderschönen guten Tag, hier spricht Ihr persönlicher Service-Berater Kevin Beutelschwund, was kann ich für Sie tun?«

Jetzt warte ich darauf, dass sich auch die Polizei mit einem Callcenter zusammentut. Wenn Frau Pustekuchen dann Zeugin wird, wie ein Ganove eine Tankstelle ausraubt, und sie hängt sich in höchster Aufregung an den Polizei-Notruf, dann werden ihr Günter Unverständlich, Patrick Leistenbruch und Kevin Beutelschwund in größtmöglicher Freundlichkeit mitteilen: »Einen wunderschönen guten Tag, hier spricht Ihr persönlicher Service-Berater Mike Sesselschoner, was kann ich für Sie tun?«

Führungskräfte

Zu welchem Beruf soll man jungen Menschen raten? In den großen deutschen Tageszeitungen finden sich seitenweise Stellenangebote: Key-Account-Manager, Junior Consultant, Supervisor-Application Engineer, Vice Presidents Assistent-Manager, kurz gesagt, gesucht werden Spitzenmanager. Leider wissen unsere jungen Leute kaum etwas über die Anforderungen, denen sich ein echter Spitzenmanager stellen muss.

Zunächst einmal: Wenn er erfolgreich sein will, arbeitet er im Schnitt mehr als 24,8 Stunden täglich, und nach getaner Arbeit schleicht er aus der Firma nicht selten auf seinen Brastwurzen nach Hause. Verzeihung: Brustwarzen. Trotzdem ist er absolut einverstanden mit dem real existierenden System von Rationalisierung und Gewinnmaximierung, und es erscheint ihm selbstverständlich, wenn er seine eigenen Bezüge und Renditen an den Verhältnissen in den USA orientiert, den Maßstab für den Lohn der subalternen Mitarbeiter aber aus Usbekistan oder Burundi bezieht.

GOLF HAMSTER

Der Tagesablauf des Spitzenmanagers sieht meistens so aus:

Um einer Strukturkrise vorzubeugen, beginnt er den Tag mit Sanierungsmaßnahmen, das heißt mit Personalabbau, Personalabbau und Personalabbau. Bis zur Mittagspause macht er entweder die Entlassungspapiere für die Angestellten fertig oder die Angestellten direkt. Einzige Abwechslung ist, das eine oder andere Tochterunternehmen in die Pleite zu steuern, dafür geht dann auch häufig die Mittagspause drauf. Ist ihm das gelungen, lehnt er sich waghalsig aus dem Fenster und schreit gellend nach Reformen oder nach Auflösung des Reformstaus.

Mehrmals täglich sucht der moderne Spitzenmanager diverse Talkshows auf. Dort fordert er, der Staat solle sich darauf beschränken, alle sozialen Sicherungssysteme abzuschaffen, jedenfalls für Großkonzerne. Das Thema Steuern interessiert ihn weniger, denn Großkonzerne zahlen dank seiner Bemühungen kaum Steuern. Wenn wirklich mal ein paar Steuern anfallen, nimmt er die aus dem Sparschwein seiner Tochter, und die merkt das noch nicht mal. Den frühen Nachmittag verbringt er damit, Bilanzen zu fälschen, danach werden Krise und Rezession angekurbelt. Sitzungen, in denen es darum geht, die Anleger um ihre Rücklagen fürs Alter zu bringen, ziehen sich bis tief in den Abend hinein. Anschließend – zwischen Mitternacht und Morgengrauen – setzt er seine ganze Kreativität dafür ein, Konzepte zur Halbierung der Kosten der Arbeitslosigkeit zu entwerfen. Mit irgendwelchen Träumereien kann er sich da nicht belasten.

Welche Qualifikationen sind notwendig, um den Beruf eines Spitzenmanager zu ergreifen? Nun, jede Führungspersönlichkeit sollte in den USA studiert haben, am besten was mit Wirtschaft, vielleicht Schiffbau oder Schiffbruch, so in dieser Richtung. Sie soll wissen, dass eine Fusion am ertragreichsten im Rahmen eines Merger of Equals zu einem Powerhouse stattfindet. Asset Management und Global Technology and Services müssen die Big Points einspielen. Die Kernkompetenz liegt im Future-Banking: Fresh money für Investitionen in E-Commerce. Gesucht werden Troubleshooter für den Chat beim Online-Banking mit Direct-Speach, weil Banking vor allem People-Business ist.

Außerdem sind überdurchschnittliche Fähigkeiten in den Bereichen Tennis und Golf wünschenswert, und eine Empfehlung ist auch, in einem amerikanischen College-Football-Team als Captain gestanden zu haben. Was ihn aus der Masse hervorhebt, ist sein ausgeprägtes Selbstwertgefühl und natürlich seine gepanzerte S-Klasse. Seine moralische Grundhaltung lässt sich auf die Formel bringen: Gewinn ist gerecht. Was ihn auszeichnet, ist ein sicherer Blick für die Opportunität. Soziale Kompetenz ist weniger vonnöten, sie wirkt sich in etwa so hemmend aus wie eine gegeelte Glatze. Wenn diese menschlichen Qualitäten sich paaren mit traditionellen Tugenden wie Habgier, Größenwahn und Mordlust, steht einer erfolgreichen Karriere nichts mehr im Wege. Bewerben Sie sich!

Ein teurer Flop

Was war eigentlich damals diese New Economy? Kann mir das mal jemand sagen? Ja: Ein Tummelplatz für Bilanzbetrüger, Hochstapler und Geldvernichter, dann ein Jammertal und das schmählichste Kapitel der deutschen Aktiengeschichte. Das war der hochgejubelte Neue Markt, auf dem junge Leute vorführten, wie man einen Laptop auch als Fliegenklatsche benutzen kann. Ende 2003 wurde die New Economy dichtgemacht ... Die Geschichte ist schnell erzählt:

Während der Staat dem Aufschwung angeblich mit aller Macht im Weg stand, wurde *Der Spiegel* zum Propagandisten des Aktienbooms, von E-Commerce und globaler Digitalisierung. In elegantester Prosa veröffentlichte das Magazin sein Credo zum Neuen Markt: »Die New Economy schreibt die Grundregeln des Kapitalismus neu.« Andere schicke Blätter folgten dieser Kampagne, und wer den Blick in die Presse vermied, konnte viel Geld sparen. Denn was die ehemals neuen Dienstleister der New Economy, die kompetenten Supermanager unter dreißig, den auf Jugendwahn abonnierten Investoren und ihren journalistischen Gefolgsleuten an Geschäftsideen lieferten, entpuppte sich als Serie von Reinfällen. Sie verkauften nichts, aber das mit professionellem Lächeln.

Am Ende hockten die Wunderknaben des virtuellen Flohmarktes demotiviert und unflexibel ohne Strom, ohne Heizung, ohne Wasser mit abgeschaltetem Telefon in ihren mittlerweile wieder unmöblierten Lofts, das noch nicht abgezahlte BMW-Cabrio stand als Schnäppchen wieder beim Händler, es reichte kaum noch für ein altes Fahrrad ohne Gangschaltung, und sie rätselten lange, was wohl der Unterschied ist zwischen intelligenten Telefonhörern, intelligenten Golfschlägern, intelligenten Autositzen und intellektueller Kompetenz.

Angesichts all der gefälschten Umsatzzahlen und unsauberen Insolvenzen konnte man feststellen: Selbst für eine respektable kriminelle Energie hat es nicht gereicht. Und dieselben Journalisten, die mit all ihrem Herrschaftswissen den Internetklitschen, Online-Banken und IT-Konzernen bis zum Absturz so kompetent die Stange gehalten haben, mussten schließlich ihre Entbehrlichkeit registrieren und ihre mögliche Abschiebung in Arbeitslosigkeit oder Vorruhestand. Doch statt den Sieg ihrer eigenen Ideologie zu feiern, jammerten sie über ihr schweres Schicksal und riefen nach mehr Sachverstand in der Politik durch sogenannte Fachleute. Oder sie bettelten für sich selbst um Rente und wollten denen, die vierzig Jahre lang eingezahlt haben, die Rente kürzen. Tja, mit zwanzig noch auf hohen Rossen, mit dreißig durch die Brust geschossen.

Wir wollen aber auch nicht verhehlen: Was die juvenilen Kreativitätssimulanten alles nicht im Kopf hatten, wurde zum kulturellen Projekt ausgerufen, denn auch die krakeelende Substanzlosigkeit der Comedy-Industrie kann als Garant für eine rosige Zukunft der Fun-Generation präsentiert werden. »Together. The Future. Now« tönen die Protagonisten der sozialen Ignoranz, vereint im Zeitgeist der fröhlichen Risikogesellschaft: Man kann den Neoliberalismus ja auch ausleben, ohne zu wissen, was Liberalismus ist.

Ein gutes Geschäft

Es gibt gute Gründe, die Autobahnen zu privatisieren, sogar für Naturfreunde: Auf den alten Konsularstraßen, die einst alle nach Rom führten und den Reichtum der Ewigen Stadt mehrten, auf diesen alten Straßen wächst das Gras, seit sich kein Staat mehr darum kümmert. Das heißt: Privatisierung ist ökologisch wertvoll.

Während andere Länder Uran, Gold, Diamanten oder Erdöl fördern, legen wir einen Kilometer Autobahn nach dem anderen in die Landschaft. Die Autobahnen sind unsere Bodenschätze, und Bodenschätze zu fördern, heißt, sie zu privatisieren, also Unternehmern anzuvertrauen. Folglich wurde im Bundestag die Privatisierung der Autobahnen verhandelt. Es ging um eine »Infrastrukturgesellschaft«, also eine privatrechtliche Firma, die künftig die Finanzierung, den Bau, den Erhalt und den Betrieb von rund 13 000 Kilometern Autobahnen steuern sollte. Ein Milliardengeschäft. Bei dieser Bundestagssitzung konnte man sehr schön erkennen: Politik wird gemacht wie jeder andere ordentliche Kuhhandel auch. Die Sozialdemokraten, obwohl eigentlich gegen die Autobahnprivatisierung, stimmten dafür – aus Treue zu den Koalitions-Vereinbarungen mit der Union. »Gibst du mir den Mindestlohn, gebe ich dir deine Infrastrukturgesellschaft«, lautete vermutlich die stillschweigende Vereinbarung. Kein Wunder, dass einige Oppositionelle hinter diesem Milliardengeschäft eine Riesenschweinerei vermuteten und behaupteten: Diese Basar-Mentalität verkauft man den Wählern als politische Rationalität – die Kanzlerin scheißt ihnen aufs Butterbrot, und ihr Koalitionspartner erklärt, es handle sich um getrüffelte Gänseleberpastete.

Dieses Geschwätz kümmerte aber niemanden, und vernünftigen Volksvertretern war ohnehin klar: Es ergibt keinen Sinn, wenn der Staat diese Auto-Fahrbahnen hortet, während internationale Firmen nur darauf warten, sie zu Höchstpreisen zu kaufen. Aber nicht nur finanzkräftige Konzerne kommen als Käufer in Frage, es geht ja auch nicht nur um Filetstücke wie die Überholspur oder den Ruhrschnellweg ohne Stau, nein, jeder kann sich ein paar Meter Autobahn kaufen, je nach Geldbeutel, auch in angenehmer Lage am Stadtrand, oder ein Stückchen Standspur, vielleicht sogar mit eigener Nothaltebucht.

Es braucht nur wenig Phantasie, um zu ahnen, was für nette Geschenkideen sich aus der Autobahnprivatisierung entwickeln werden – ich sehe den Geburtstagsgutschein schon vor mir: »Lieber

Jens-Martin, zu deinem Geburtstag schenke ich dir fünf Meter Autobahn ohne Geschwindigkeitsbegrenzung. Leider ist es nur eine Wanderbaustelle.« Zur Alterssicherung kann man ein paar Meter Leitplanke erwerben – die bietet sich an für intensive Bandenwerbung, und natürlich lässt sich Autobahnbesitz auch vererben. Im Testament steht dann: »Liebe Nichte Natascha, hiermit vermache ich dir meine Auffahrt zur Sauerlandlinie.« Für den kleineren Geldbeutel empfiehlt sich der Kauf eines Stückchens Landstraße. Gegen Münzeinwurf öffnet sich dann vor und hinter jedem Dorf eine Schranke, und schließlich kann man auch noch einen Schritt weitergehen: Bürgersteige werden von den Kommunen bei Ebay versteigert und sind für Fußgänger mautpflichtig. Schwierig wird's natürlich bei Scheidungen: Dann kriegt er die rechte Spur und sie die Gegenfahrbahn. Für die Kinder bleiben die Fun-Center auf dem Parkplatz, denn leider sind die Autobahn-Raststätten mitsamt den Toiletten ja schon lange in Privatbesitz:

»Tank & Rast« war einmal eine deutsche Behörde, damals, als man auch noch ans Christkind glaubte. Tank & Rast wurde von der rotgrünen Bundesregierung verhökert, an ein Konsortium, an dem auch die Lufthansa beteiligt war. Der verantwortliche Minister hieß Franz Müntefering. In den Privatisierungsverträgen stand der Passus, es müsse »eine ganzjährige, durchgehende und unentgeltliche Benutzung der sanitären Anlagen gewährleistet sein« … Das Konsortium wiederum hat Tank & Rast zwei Jahre später an einen britischen Hedge-Fonds namens »Terra Firma« verkauft, mit Sitz in London und auf der steuerfreien Kanalinsel Guernsey. Franz Müntefering nannte solche Geldhändler Heuschrecken. Chef von Terra Firma war Guy Hands. Der verkaufte fünfzig Prozent von Tank & Rast weiter an einen Fonds, der von der Deutschen Bank aufgelegt wurde und seinen Sitz ebenfalls auf einer Kanalinsel hatte.

Der Tank & Rast GmbH gehören heute über neunzig Prozent aller deutschen Autobahnraststätten. Der Konzern hat ein trickreiches Geschäftsmodell namens »Sanifair« entwickelt. Jeder Kunde zahlt siebzig Cent Eintritt. Er bekommt dafür einen Bon über fünfzig

Cent, mit dem er in der Raststätte heillos überteuerte Produkte einkaufen kann. Zwanzig Cent gehen als Grundgebühr weg. Bei über 500 Millionen Kundenkontakten im Jahr mal 320 Raststätten kommt einiges zusammen. Von »unentgeltlich« ist nicht mehr die Rede, der alte Vertrag ist wohl verloren gegangen. Ich warte auf den Tag, an dem die Raststättentoilettenbetreiber mit ihrem Erlös nicht mehr auskommen und gezwungen sind, den Einwurf von siebzig Cent in den Automaten am Drehkreuz nicht mehr mit einem Gutschein über fünfzig Cent zu belohnen, sondern mit einem Blatt Klopapier, und wer mehr Papier benötigt, muss mit heruntergelassenen Hosen zurück zum Eingang und noch mal siebzig Cent einwerfen. So wird dann im Handumdrehen aus Scheiße Gold.

Ich persönlich habe leider ein sehr gespaltenes Verhältnis zu Autobahnen im Allgemeinen, zu Raststättenklos im Besonderen und vor allem zu den Verkehrsnachrichten. Wenn ich höre, »auf der Strecke befinden sich Schwertransporter, die nicht überholt werden können«, frage ich mich unwillkürlich: »Um Gotteswillen, wie schnell fahren die denn ...?«

Ich denke, die deutsche Autobahn ist Deutschlands größte offene Psychiatrie. Nur hier treffen Sie Leute, denen es gelingt, einem Geisterfahrer hintendrauf zu fahren.

Wasser Marsch

Wer glaubt, mit der Bio-Ernährung auf der sicheren Seite zu sein, der sollte die Qualität unseres Wassers mit all den Medikamentenrückständen nicht vergessen. Am Wasser scheiden sich die Geister: Die einen sagen, der kostenlose Zugang zu sauberem Wasser sei ein Menschenrecht. Die anderen, also die ökonomisch angeblich vorausdenkenden Manager von Konzernen wie Nestlé, behaupten, Wasser sei eine Ware.

Besonders in Ländern mit hoher Verschuldung ist die Versuchung groß, die Wasserversorgung an die Privatwirtschaft zu verkaufen.

Auch die Weltbank und etliche westliche Regierungen behaupten, ein Menschenrecht auf Wasser, also auf freien und regelmäßigen Zugang zu genügend Trink-, Wasch- und Bewässerungswasser, gäbe es nicht. Sie erklären, nur der Markt könne darüber entscheiden, und das heißt: Die Menschen erhalten eine wesentlich schlechtere Wasserqualität zu Höchstpreisen.

Die Erfahrung zeigt: Das Schlimmste, was eine Kommune tun kann, um sich von Schulden zu befreien, ist, die Wasserversorgung an die Privatwirtschaft zu verkaufen. Die meist geheimen Deals der Wassermultis mit den Kommunen haben oft skandalöse Folgen: Der Konzern kauft sich bei der Gemeinde ein, um Wasser zu liefern oder Abwasser zu entsorgen. Die dafür gezahlten 200 bis 300 Millionen Euro oder mehr gelten als Kaufsumme oder auch als Geschenk an die Kommune. Doch bei genauerem Hinschauen entpuppt sich die Zahlung der Konzerne meist als Kredit, der von den Wasserkunden über zwanzig oder dreißig Jahre mit Zins und Zinseszins in mehrfacher Höhe zurückgezahlt werden muss.

Und dann passiert überall, wo es zu einem solchen Deal gekommen ist, dasselbe: Die Wasserleitungen werden von den privaten Betreibern nur noch notdürftig gepflegt, und ein notwendiger Austausch erfolgt höchstens teilweise. Der Pfusch wird dem Verbraucher als Neuanschaffung in Rechnung gestellt. Und irgendwann werden alle Reparaturmaßnahmen eingestellt, bis es nicht mal mehr aus den Hähnen tröpfelt, aber die Wasserrechnung kommt pünktlich.

Wer nicht zahlen kann, muss sich vom Wasser der dreckigen Tümpel und der verseuchten Flüsse am Leben erhalten. Das hat, vor allem in Entwicklungsländern, schreckliche Folgen: Typhus, Bilharziose, Ruhr, blutige Diarrhö und so weiter. Alle zwanzig Sekunden stirbt laut UNO ein Kind unter zehn Jahren an den Folgen schlechter sanitärer Anlagen und von verunreinigtem Wasser. Also: Wasserprivatisierung hat mörderische Folgen.

Man darf gespannt sein, wie's weltweit weitergeht: Alle Jahre wieder veranstaltet ja die Welt-Toiletten-Gesellschaft ihren Welt-Toilettengipfel. Da spricht man dann intensiv darüber, dass vierzig Prozent der Weltbevölkerung keinen Zugang zu sanitären Einrichtungen haben und dass kein halbwegs vernünftiger Bauer seine Kühe mit verschissenem Arsch im Stall stehen lässt ...

Früher war es wenigstens in Italien und Frankreich normal, dass beim Essen im Restaurant automatisch Leitungswasser auf den Tisch gestellt wurde. Diese simple Geste der Gastfreundschaft wird schon seit einiger Zeit nicht mehr gepflegt. Im Gegenteil: Wasser ist nicht selten teurer als Bier. Wie ist es möglich, dass ein Stoff, der umsonst aus der Erde austritt, der nicht behandelt werden muss, der von selbst in Flaschen fließt, mehr Geld einbringt als ein Produkt aus Getreide, Hopfen und Malz, das in einem über Wochen sich hinziehenden Maisch-, Koch-, Abkühlungs- und Gärverfahren wochenlang gelagert, filtriert und erst ganz am Ende in Flaschen gefüllt wird? Es ist die blanke Profitgier. Auch die edlen Mineralwässerchen sind ihren hohen Preis nicht wert. Auch dann nicht, wenn auf der Flasche ein Verfallsdatum angegeben ist, obwohl das Wasser angeblich aus einer zwei Millionen Jahre alten Gesteinsschicht stammt ... Ich bin entschieden dafür, dass sich die Gastronomie auf einen bescheidenen Grundpreis für das Grundnahrungsmittel Wasser aus dem Hahn einigt. Ob ich's dann auch trinke, sei mal dahingestellt.

Die Wegelagerer

Beim Anblick der Friedrich-Schiller-Statue vor der Hauptzentrale der Deutschen Bank in Frankfurt werde ich immer ganz nachdenklich. Nannte der große Schiller sein erstes Drama nicht *Die Räuber*? Schrieb er nicht von »Fürstenwillkür« und »Tyrannen«?

Lautet einer der Kernsätze nicht: »Das Recht wohnet beim Überwältiger, und die Schranken unserer Kraft sind unsere Gesetze?« Der Haupteingang der Deutschen Bank war lange Zeit ein nächtlicher Treffpunkt der Heroin-Junkies. Da wuchs dann zusammen, was zusammen gehört ...

Wissenschaftler haben herausgefunden, Geld ist die härteste und am weitesten verbreitete Droge. Betrachten wir mal die Deutsche Bank: Die ist auf allen Ebenen in diesen Drogenhandel verwickelt. Die führenden Köpfe sind selbst abhängige Drogendealer. Die Beschaffungskriminalität erstreckt sich auf Steuerhinterziehung, Geldwäsche, Zinsbetrug, Bilanzmanipulation und das Abgreifen von Steuergeldern. Die Bank verhält sich auch wie ein Drogenkartell: Schweigen, Vertuschen, Weitermachen. Angesichts der Ähnlichkeit mit den PR-Strategien des Vatikans ist der einzige Fehler, den die Drogenhändler der Deutschen Bank gemacht haben, dass sie sich nicht als Religion angemeldet haben …

Als der Euro 2002 eingeführt wurde, hingen in den Banken Plakate, auf denen der Euro in allen Erscheinungsformen abgebildet war, und darüber stand geschrieben: »Unser Geld.« Das war eine klare Ansage, da hätte auch jeder vertrauensselige Idiot misstrauisch werden müssen. Aber das Volk hielt lieber weiter an seinem Glauben fest, dass Finanz-Akrobaten, Investment-Zauberer und Anlagen-Gurus mit ihren Transaktionen eine überirdische Naturgewalt sind, gegen die man sich nicht auflehnen darf. Das erleichterte den Bankiers in der Folgezeit die große Abzockerei mit Hilfe diverser Bankenkrisen. Sorge um die Aufdeckung ihrer Machenschaften muss die internationale Finanz-Mafia nicht haben: Schwarzgeld-Schieber und Steuerhinterzieher sind so gut mit den politischen Eliten vernetzt, dass sie den nötigen Einfluss haben, um wirklich bedrohliche gesetzlichen Maßnahmen zu ihrer Verfolgung zu verhindern. Da ist also nix zu befürchten.

Über allem Geldhandel thront, als eine Art globaler Cosa-Nostra-Buchhalter, der deutsche Finanzminister. Er folgt seiner neoliberalen Überzeugung: Die notleidenden Banken haben zu wenig Geld, weil die Bevölkerung zu viel davon hat. Und: Nicht die Banken müssen verstaatlicht, sondern der Staat muss verbanklicht werden. Das Finanzwesen ist wie ein Karussell, das von unseren Steuern und Ersparnissen angeschoben wird. Die Staaten retten die Banken und die Banken verdienen an der »Rettung« der Staaten, denen die Banken kein Geld mehr für ihre eigene Rettung leihen wollen. Das ist so, als würde eine Einbrecherbande meine Wohnung ausräumen, und anschließend muss ich beim Bandenchef einen Kredit zu seinen Zins-Konditionen aufnehmen, damit ich mir ein paar billige Möbel kaufen kann ... Menschen, deren Ersparnisse zwischen Anlage-Beratergesprächen und heißen Tipps ehrgeiziger Filialleiter verloren gegangen sind, tröstet vielleicht ein Blick in die Literatur. In Nietzsches *Also sprach Zarathustra*

SOME GUYS HAVE ALL THE LUCK

sagt ein Mann, der freiwillig Bettler wurde: »Was trieb mich doch zu den Ärmsten, oh Zarathustra? War es nicht der Ekel vor unseren Reichsten?«

Die Erfahrung zeigt: Der Banker ist der natürliche Feind des Menschen. Aber seltsamerweise klagen die Banker, dass das Image ihres Berufes nur knapp über dem des Zuhälters liege. Das ist doch nicht so schlecht. Ich dachte, es liegt drunter ... Aber persönlich habe ich auch nur einen Bankdirektor kennengelernt. Der trat immer auf wie Ammoniak riecht, und ich denke, der Typ ist nicht durch menschlichen Kontakt entstanden, sondern wurde unter einem Stapel toxischer Kredite auf einer Bad Bank gefunden.

Kürzlich wurden in einer wissenschaftlichen Studie der Universität St. Gallen Aktienhändler, die bei Schweizer Banken und bei Hedge-Fonds tätig sind, zusammen mit Psychopathen getestet und die Ergebnisse wurden miteinander verglichen. Dabei kam heraus: Die

Börsenprofis haben einen immensen Hang zur Zerstörung, und sie verhalten sich noch rücksichtsloser und manipulativer als Psychopathen. Ein an der Studie beteiligter Psychiater meinte: »Es ist, als malträtiere man das teure Auto des Nachbarn mit einem Baseballschläger, um selber das schönste Auto im Quartier zu haben.« Das kann nicht überraschen, denn eine alte Banker-Faustregel lautet: Wer nicht kriminell ist, macht sich strafbar ...

Ich habe mich schon oft gefragt: Wer hat diese Typen eigentlich erzogen? Wer hat ihnen diese Raffgier, diese Rücksichtslosigkeit und diese Bedenkenlosigkeit beigebracht? Wer lehrte sie, zu lügen und zu betrügen, sich aber gleichzeitig für etwas Besseres zu halten? Woher haben sie ihren Dünkel? Wer hat sie so asozial gemacht? Warum haben sie nicht mehr im Kopf als ihren Zinsmechanismus?

Man kommt nicht darum herum zu vermuten: Diese arroganten Schnösel sind ein Ergebnis unseres Bildungs-Systems. Da scheinen Resozialisierungsmaßnahmen dringend geboten, und es ist zu hoffen, dass man eines Tages Guantanamo, diesen idyllisch gelegenen All-Inclusive-Knast mit seinen eleganten Käfigen am karibischen Palmenstrand von Kuba, zum zentralen Gefängnis für verurteilte Investmentbetrüger und Finanzschwindler macht. Etwas intensivere Unterwasser-Befragungen finden dann in fensterlosen Hohlräumen, ähnlich einem Banksafe, statt. Da fühlen sich diese Geldwanzen am wohlsten, vor allem, wenn nebenan Politiker zur Buße für ihre Unterstützung der Banken mit dem Kopf im Klo stecken ...

Immer wieder frage ich mich: Wie war das eigentlich früher? So vor fünfzig Jahren? Waren wir da auch von Börsenberichten eingekesselt? Gab es da auch zu jedem Raketeneinschlag per Laufschrift den passenden Kursanstieg? Heute kriege ich im Fernsehen von morgens bis abends die blödsinnigste Börsenreklame um die Ohren gehauen, seit der Erfindung des Wuchers im zweiten Buch Mose. Als besonders aufdringlich empfinde ich das Wertpapiergeschwätz in der Fernsehsendung »Die Börse vor acht«. Direkt vor der »Tagesschau« wird die Aufmerksamkeit des deutschen TV-Guckers auf

Geldhändler und Aktiendealer gelenkt. Obwohl kaum sieben Prozent der Zuschauer Aktien besitzen, wird beste Sendezeit verschleudert mit Gerüchten aus der Spekulantenecke.

Warum sollte es mich interessieren, wenn schwadronierende Analysten auf dem Schirm erscheinen, seriös wie Hütchenspieler im Blindenheim? Sie stehen vor einer großen schwarzen Tafel mit einer hysterisch gezackten weißen Linie, als seien es Herzrhythmusstörungen eines rammelnden Eichhörnchens, sie behaupten aber, es sei ein Dachs, und sie labern mich voll mit ihrem Börsen-Kauderwelsch, suggestiver als beim Erweckungsgottesdienst von Scientology – warum? Warum gehen sie nicht in den Regenwald und besprechen ihre Probleme mit den Affen? Was wollen die eigentlich von mir? Mich informieren? Worüber?

»Der DAX schafft mal wieder ein Jahreshoch, das er allerdings nicht halten kann, 9045 der Schlussstand, der höchste Ravioli des Jahres.« Ravioli, sagte er. Meinte wohl »seit Juli«. Der silbern gescheitelte Aktienconférencier, der so redet und dabei aussieht, als hätte man ihn zu lange in Domestos gebadet, hat gewiss Glück, dass er beim Fernsehen untergekommen ist. Sonst müsste er für seinen Lebensunterhalt zur nächsten Börse krabbeln und da die Treppenstufen ablecken. Offenbar hat Gott diese Börsenhirnis nur geschaffen, um die Wettervorhersager etwas besser aussehen zu lassen.

Bei anderer Gelegenheit erklärt mir ein Analyst, Typ Leiter der Platzreservierung bei Schweinske, das US-Haus »JP Morgan« kaufe die »BankPayForMe« für 58 Milliarden Dollar, das habe die Phantasie der Börsianer beflügelt, aber die Frage nach dem Sinn solcher Zusammenschlüsse bliebe auch heute unbeantwortet ... Schade, aber dass es vielleicht seine Aufgabe sein könnte, eine Antwort zu finden – darauf kommt er nicht. Guckt nur völlig intelligenzfrei in die Kamera, als wolle er Gratiswurst in einem vegetarischen Restaurant anbieten.

Stets lärmend humorvoll und allzeit bereit, seinen Charme aus der Tube krachend in die deutschen Wohnzimmer zu spritzen, platzt der Herr Lehmann auf den Bildschirm. Schaut uns bei jeder Kursbewegung an wie ein schlecht animierter DJ auf Ecstasy in einer Seniorendisco in Quakenbrück und sagt: »Der neueste Schrei – Hedge-Fonds, jetzt auch bei uns offiziell zugelassen, die investieren in alles, was es gibt, auch Schweinebäuche. Empfehlenswert als Beimischung, weil höhere Rendite bei geringer Schwankungsbreite.« Reisende in Kinderpornos können nicht überzeugender sein. Geringe Schwankungsbreite beim Schweinebauch war auch immer eins meiner Ziele. Und ich ahne: Leute, die an der Börse tätig sind, brauchen kein Klo: Da bescheißt jeder jeden.

Gelegentlich tritt auch eine dynamische Dame auf, eine Frau Kohl, der glaube ich schon wegen ihres Namens kein Wort, möglicherweise ist sie ja der verlängerte Arm des Dicken, der soll ja überall noch seine Finger drin haben, und was mir bei Frau Kohl immer besonders auffällt: Entweder ist der Euro zu hoch, oder er ist zu niedrig. Ich habe noch nie gehört, dass sie sagte: Heute ist der Euro mal genau richtig. Das ist wohl überhaupt nicht vorgesehen. Und nicht vergessen wollen wir auch die auftretenden Experten, die alle so aussehen, als würden sie sich nur deshalb mit dem Wertpapierhandel abgeben, weil sie nicht mit Geld umgehen können: Dem Herrn vom Deutschen Aktieninstitut trieft seine persönliche Baisse aus allen Poren, und die Dame von der Schutzgemeinschaft der Kleinaktionäre, lächelnd wie Bambi in der Wildererfalle, repräsentiert nichts außer der Schutzbedürftigkeit ihres Vereins. Alle zusammen werben für ihr windiges kapitalistisches System, und dafür reden sie in ihrem Börsen-Kauderwelsch auf mich ein, als sei's ein spannendes Spiel, bei dem es hauptsächlich um den Spaß beim Zocken geht, dabei haben sie nur eins im Sinn: Sie wollen an meine Kohle. Aber ich bin nicht die Mutter Theresa der Finanzwelt. Ich will auch nicht Baumeister der teuren gläsernen Bankpaläste sein. Ich weiß, ein Fond ist mehr als eine Soßengrundlage, aber ich weiß auch: Analyst verhält sich zu Analyse wie Astrologe zu Astronomie.

Sollten Sie nun immer noch an Börsengeschäften interessiert sein, dann fangen Sie langsam an: Üben Sie erstmal nur mit dem Geld

Ihrer Frau, dem Sparguthaben Ihrer Kinder, leihen Sie sich was von Freunden und Bekannten. Wenn Ihr Lebenspartner in kritischen Situationen, in denen es sinnvoll ist, das Urlaubsgeld auch mal in Schweinebauchhälften zu investieren, nicht mitzieht, dann hat diese Beziehung sowieso keine Zukunft, dann haben Sie auf dem Gebiet schon mal Klarheit. Übrigens: Wissen Sie, wie man einen Kleinaktionär vom Baum runterkriegt? Einfach den Strick durchschneiden.

Interessant ist eigentlich nur die Frage, ob mir der sogenannte kleine Aktienbesitzer leidtun soll: Der vertraut sein bisschen Kohle Zockern an und erwartet allen Ernstes, dabei einen Gewinn zu machen. Ja, ist der denn bescheuert? Sicher ist er das – er ist die Personalunion von Gier und Blödheit. Deswegen beschließe ich: Er tut mir nicht leid. Andererseits: Mit den sogenannten Börsenkursen kann man Menschen drohen, kann man Angst erzeugen, kann man Demut, Verzicht und Wohlverhalten erzwingen. Und da tut er mir dann doch wieder leid. Ihn zu schützen, gibt es nur ein Mittel: Die Börsen einfach schließen. Das wäre zwar schmerzlich für die Spekulanten, und die Medien müssten eine andere Sau durchs Dorf treiben, aber sensible Menschen wären etwas weniger genervt …

Eine Alternative könnte sein: Bundestag und Länderparlamente in Aktiengesellschaften umwandeln! Was für eine Freude, wenn Großaktionäre ganze Reihen von Hinterbänklern bündeln und auf dem Rentenmarkt verschleudern! Und es grinst der DAX, wenn eine Holding die Regierung als Abschreibungsobjekt vom Shanghai Composite auf den Nikkei-Index verschiebt, bis sich die ganze sogenannte politische Klasse auf ewig im Dow Jones verpisst …

Hoch und Heilig

Beim Geld werden die Deutschen demokratieresistent. Wo es um Geld geht, da hat die Demokratie nichts zu suchen, Geld ist die fundamentalistische Weltreligion. Ich plädiere dafür, dem deutschen

Grundgesetz eine Präambel voranzustellen, in der geschrieben steht: »In der Gesellschaft der Bundesrepublik Deutschland geht es ausschließlich um Geld. Es geht nicht um irgendeinen idealistisch verbrämten Überbau wie Kultur, Kirche, Olympia oder irgendwelche karitativen Netzwerke, sondern nur um Geld. Sinn und Ziel der Gesellschaft ist die Bewahrung und Vermehrung des Geldes.«

Leute, wir müssen in dieser Angelegenheit endlich mal die Wahrheit über unser menschliches Leben sagen, denn auch eine Sau, könnte sie reden, würde niemals behaupten, dass sie kein schweinisches Leben führt. Es sei denn, sie hält Anteile an einem Schlachthof …

Wer diese Grundgesetzänderung ablehnt, findet Trost im Seelenbalsam klösterlicher Erbauungsliteratur: »Kommen Sie zu uns. Genießen Sie hier, was Sie heute wahrscheinlich nur noch an wenigen Orten finden werden: Vertrauen und Zuwendung, Offenheit und zugleich Verschwiegenheit. Es gibt nun einmal Dinge im Leben, die brauchen, um in Ordnung gebracht zu werden, den Ort der Verschwiegenheit, eine Stätte der hilfreichen Übereinstimmung, einen Raum ungestörter Besonnenheit. Wir geben Ihnen mit Sicherheit und Feinfühligkeit diesen Rückhalt, den Sie für den festen Glauben in die Zukunft benötigen …«

Das sind angemessene Worte für eine Kirche, eine Moschee, einen Tempel oder für sonst einen heiligen Ort. Sie standen in einem Werbeprospekt der Deutschen Bank …

Wohlstand für alle

Mitte März 2003 hat ein sozialdemokratischer Kanzler namens Gerhard Schröder von seinen bedeutendsten Reden die allerbedeutendste gehalten, eine Rede, vergleichbar nur den wirklich bedeutenden Reden von Cicero und Bismarck. Dabei hat er so richtig aus dem Leeren geschöpft: »Wollt Ihr den totalen Sozialabbau?« fragte der Kanzler und erhielt den allergrößten Beifall von denen, für die das Wort »Existenzangst« ein abstrakter Begriff ist.

Das Thema dieser Kanzlerrede lautete: Wer den Sozialstaat erhalten will, muss ihm die Luft abdrehen, und wer Arbeitsplätze schaffen will, muss die Entlassung der Beschäftigten erleichtern. Der Kanzler wies darauf hin, Arbeitslosigkeit habe nichts zu tun mit fehlenden Arbeitsplätzen, sondern sei nach seiner Überzeugung in erster Linie Folge von asozialem Verhalten der Betroffenen.

Trotzdem kommen entlassene Mitbürger nun in den Genuss von Hartz IV. Dafür müssen sie nur einen Antrag ausfüllen. Der geht los mit ganz allgemeinen Fragen, zum Beispiel, ob sich die »Leistungen für Mehrbedarfe« nur auf »erwerbsfähige Hilfsbedürftige« erstrecken oder auch auf »die im Haushalt lebenden Eltern oder den im Haushalt lebenden Elternteil eines minderjährigen, unverheirateten, erwerbsfähigen Kindes und den im Haushalt lebenden Partner dieses Elternteils«. Dann muss man Auskunft geben, ob man selbst oder die mit im Haushalt lebenden Angehörigen Vermögen wie Bettwäsche und Zweitkugelschreiber hat oder haben. Kostbare Gemälde, etwa die Mona Lisa oder den Mann mit dem Goldhelm, muss man nicht angeben. Eher schon so intime Dinge, zum Beispiel wird gefragt: »Wie viele Schlüpfer haben Sie?« Wenn man mehr als drei Stück hat, werden davon Kopien verlangt. Man darf zwei Schlüpfer besitzen, die kürzer als drei Jahre in Gebrauch sind, und einen Schlüpfer, der älter als vier Jahre ist. Noch ältere Schlüpfer muss man nicht angeben, bei Nachweis von Verschiss soll man einen Dringlichkeitsantrag stellen und bekommt dann einen gebrauchten, aber gewaschenen Schlüpfer zugeteilt. Dasselbe gilt für Socken. Da soll man bei Mehrbedarf aber ein ärztliches Attest vorlegen. Eine Krawatte ist erlaubt, aber nur, wenn man keinen Schal hat. Kopfbedeckungen sind abzugeben, denn man kann sich ja die Haare wachsen lassen und so auch das Geld für den Friseur sparen. Man darf eine Wolldecke haben, die ersetzt Hemd, Pullover und Mantel. Anspruch auf eine Hose hat man nur, wenn man alleinstehend ist. Ansonsten wird erwartet, dass Lebensgefährten sich eine Hose teilen. Jeder hat Anrecht auf einen Schuh, denn zum Arbeitsamt kann man auch auf einem Bein hüpfen – das ist erstens gut für die Fitness, und zweitens hat der hüpfende Hartz IV-Empfänger eine positive Wirkung auf anständige Menschen: Diejenigen, die noch einen Job haben, werden durch den Anblick von hüpfenden Elendsgestalten zu erhöhtem Fleiß ermuntert.

Ist der Antrag vom Amt angenommen und mit einem Eingangsstempel versehen, wird man zu einem Gespräch über weitere Vermögenswerte geladen. In dem Anschreiben heißt es wörtlich. »So wollen wir auch eine Registrierung des Golddeputats in Ihren Zähnen vornehmen. Weiter wollen wir Ihnen empfehlen, einen Organspendeausweis zu beantragen und ihn für den Fall Ihres Ablebens dem Arbeitsamt zu überschreiben.«

Raus aus dem Aufschwungtal

In Mitteleuropa hat viel zu lange kein Krieg stattgefunden. Das heißt: Häuser blieben stehen, Fabriken erzeugten allzu langlebige Konsumgüter, es gab zu wenig Sachschäden und überhaupt – die Zivilbevölkerung lebt einfach zu lange. Bedarf gedeckt: Das ist gar nicht gut für das Wachstum, gar nicht gut …

Um das Wachstum bis zum Eintritt des nächsten Krieges ein bisschen anzuheizen, wurden in den vergangenen Jahren der Öffentlichkeit zahlreiche Vorschläge unterbreitet, wie man wenigstens die Langzeitarbeitslosen profitabel einsetzen könnte, beispielsweise als Intensivbeter für gutes Wetter und als Garderobenständer in Schwimmbädern. Ein Verkehrsminister hatte die prima Idee, das kreative Potenzial dieser Leute als Patrouillen im öffentlichen Nahverkehr zur »Erhöhung des Sicherheitsgefühls« im Kampf gegen Terror und alles Böse dieser Welt zu nutzen. Und ein Vordenker von der christlichen Brikettfraktion assistierte: »Wir müssen auch an bewaffnete Zug-Begleiter denken – sogenannte »Rail Marshalls«, vergleichbar mit den Sky Marshalls auf vielen Flügen.« Er stellte sich das so vor: Der Rail Marshall erspäht einen jungen Gotteskrieger im IS-T-Shirt, der sich in der S-Bahn heimlich einen Sprengstoffgürtel anlegt, er zieht seine Knarre, ruft ihm ein knappes »Manos Arriba«

zu und ballert dann in Putativnotwehr die ganze Trommel leer, bis
aus den tödlich verletzten Koffern aller Mitreisenden die Socken
und Unterhosen herausquellen … Man weiß gar nicht, was einen
erwartungsvoller stimmt: die Vorstellung, dass eine fünfzigjährige
Sekretärin, zur »Security Hostess« umgeschult, das Recht haben
soll, Terroristen zu liquidieren und Gefangene zu machen, oder die
Tatsache, dass Politiker derartige »Denkanstöße« produzieren …

Wegweisend hingegen ein japanisches Modell: Japans Regierung
wird mit regionalen Projekten 140 000 neue Stellen schaffen. In der
Stadt Shabata wurden vier Menschen eingestellt, um 600 Affen von
den Reisfeldern zu verscheuchen. Nun, wir können bei uns keine
Affen verscheuchen, jedenfalls nicht von Reisfeldern. Aber wir haben Kaninchen auf Grünflächen, Fliegen in Kuhställen, Ratten in
der Kanalisation, Eichhörnchen auf Friedhöfen, Schnecken in Gärten und Filzläuse in Intimbereichen. Da fällt es nicht schwer zu prognostizieren, dass es auch in Deutschland eines Tages Millionen
Verscheucher geben könnte. Damit diese Leute sich dann nicht gegenseitig verscheuchen, braucht es Spitzenmanager, und deren Gehälter und Abfindungen werden aus den eingesparten Kosten für
die Langzeitarbeitslosen finanziert.

Zumutbare Beschäftigung ist zumutbar, sagen Politiker. Sie haben
die Zumutbarkeits-Definitionshoheit. Deswegen stufen sie Arbeitslosigkeit als Hobby ein und erklären ihren Wählern, wer faul ist,
muss hart arbeiten, um sich nicht zu langweilen. Also werden über-
zählige Akademiker in der Park-Putzkolonne oder beim Werbeblatt-
verteilen untergebracht, Ingenieure auf dem Melkschemel, die Pathologie sucht Leichen mit Abitur, und ein Museumswächter, der
seinen Arbeitsplatz durch Einsparungen verloren hat, kann vom
Arbeitsamt für einen Euro pro Stunde in seinen alten Job zurück
vermittelt werden. Das ist doch besser als nix.

Glück gehabt hat auch ein arbeitsloser Gärtner aus Afghanistan.
Der erfuhr bei der Jobvermittlung der Bundesagentur für Arbeit immer wieder: »Nix Arbeit für Gärtner aus Afghanistan in Deutsch-

land.« Dann wanderte er zurück in seine schäbige Flüchtlingsunterkunft, legte sich auf seine stockige Matratze und war traurig. Eines Tages aber riefen ihn seine Mitbewohner ganz aufgeregt ans Gemeinschafts-Telefon. Da hörte er dann:»Ja, guten Tag, entschuldigen Sie bitte vielmals die Störung, hier ist die Bundesagentur für Arbeit, Ihre Jobvermittlung, wir hätten möglicherweise etwas sehr Interessantes für Sie. Würde es Ihnen etwas ausmachen, morgen nochmal bei uns hereinzuschauen? Sie brauchen keine Nummer zu ziehen, kommen Sie gleich hoch in den dritten Stock, Zimmer sieben, wir freuen uns.« Und was macht er jetzt, der Gärtner aus Afghanistan? Er hat Arbeit! Er hört beim Verfassungsschutz Telefongespräche nach Pakistan und in den Iran ab.

Ein anderer Blickwinkel

Vernünftige Leute, auf deren Urteil man durchaus etwas geben kann, sagen: Wir brauchen keine Arbeit. Wir brauchen Wasser, warme Kleidung, Schuhe, Wohnungen, Betten, Brot und Butter, Bier und Steaks, Bücher und Musik, und ein bisschen Liebe soll auch sein. Aber Arbeit braucht kein Mensch. Warum also ein Arbeitsministerium, eine Bundesagentur für Arbeit und jede Menge Jobvermittlungen? Der Philosoph Konfuzius hatte schon vor 2 500 Jahren einen etwas präziseren Blick auf Arbeitskräfte einerseits und Unternehmen andererseits. Er hinterließ uns das schöne Bild: Ein Unternehmen ist wie ein Baum voller Affen, alle auf unterschiedlichen Ästen auf unterschiedlichen Höhen. Einige klettern hoch, manche sitzen untätig herum, und manche machen Unsinn. Wenn die Affen ganz oben dann herunterschauen, sehen sie einen Baum voll lachender Gesichter. Die Affen ganz unten schauen nach oben und sehen nichts als Arschlöcher.

Trillerpfeifen

»Die Gewinne von heute sind die Investitionen von morgen, und die wiederum sind die Arbeitsplätze von übermorgen. Lohnsenkungen führen zum Aufschwung, Gehaltverzicht sichert Arbeitsplätze, Arbeitszeitverlängerung bewirkt den Abbau von Arbeitslosigkeit. Am besten, man würde zwei Drittel der Bevölkerung entlassen.« Das glaubt jeder neoliberale Welterklärer, und warum das in den vergangenen Jahrzehnten nicht wirklich funktioniert hat, das ist eins der großen Wunder unserer Zeit.

Für zukünftige Tarifverhandlungen kann man, in Prozenten ausgedrückt, eine klare Null sowohl hinter wie auch vor dem Komma erwarten. Denn mehr Weniger ist in jedem Fall mehr, mehr oder weniger, weil weniger Mehr auch mehr ist, als mehr Weniger. Und wenn da nun jemand an Streik denkt: Eine Belegschaft, die morgen ohnehin entlassen wird, wen will die noch mit einem Streik erschrecken? Man weiß doch: Erst gehen sie auf die Straße, und dann stehen sie da.

Die britische Premierministerin Margaret Thatcher hat im vergangenen Jahrtausend die Gewerkschaften noch mit Polizeigewalt bekämpft. Das übernehmen heute die Medien. Im Fernsehen sprach die Tagesthemen-Moderatorin über den »wahnwitzigen Lokführer-Streik«, in Zeitungsberichten wurde der Streik als »Erpressungsversuch« kriminalisiert, und es gab Journalisten, die sahen sich des Grundrechts auf Mobilität beraubt. Offensichtlich wissen sie nicht: Im Grundgesetz ist von Mobilität nicht die Rede, vom Streik dagegen schon.

In Zeitschriften nannte man den Anführer der kleinen Lokführer-Gewerkschaft einen rabiaten Machtmenschen, doch wie genervt man von ihm auch sein mochte: Der Mann ist im Gegensatz zu anderen, die sich Gewerkschafter nennen, nicht käuflich, und sein Hinweis, dass es sich bei diesem Streik um Privatisierungsfolgen handelte, war völlig richtig. In Zeitungs-, Radio- und Fernseh-Interviews kamen aber vorzugsweise wutschnaubende Leute zu Wort, die sich über die Lokführer ereiferten, zum Beispiel eine Frau, die keifte, sie arbeite in der Pflege und verdiene viel weniger als die Lokführer. Wie blöde ist das denn? Die Frau sollte lieber genauso leidenschaftlich für höhere Löhne im Pflegewesen streiken.

Diese Streiks der Lokführer und Piloten waren endlich mal welche, die den Namen Streik auch verdienten: Sie taten den Arbeitgebern weh und haben dadurch etwas erzwungen, was diese partout nicht wollten. Und alle, die sich über Unbequemlichkeiten als Folge der Streiks aufregten, sollten bedenken, dass auch sie Arbeitnehmer sind, denen es besser ginge, wenn auch sie von einer Gewerkschaft vertreten würden, die das Wort Arbeitskampf tatsächlich mit Leben erfüllt. Ich denke: Wenn die deutsche Sozialministerin nicht will, dass Lokführer streiken, dann soll sie sie wieder zu Beamten machen, die angemessen bezahlt werden.

Auch die Piloten hatten es satt, seit Jahren von jeder Gehaltserhöhung abgeschnitten zu sein. Anlässlich des Piloten-Streiks waren immer die gleichen Sprüche zu hören: »Dieser Arbeitskampf ist doch eine Geiselnahme!« Oder: »Diese hohen Lohnforderungen sind doch Ausdruck der Raffgier einer sowieso schon privilegierten Berufsgruppe!« Und ausgerechnet ein Betriebsrat des Frankfurter Flughafens tönte: »Was immer die Piloten herausholen, muss am Ende des Tages an anderen Stellen im Unternehmen gegenfinanziert werden. In der Schüssel ist eben nur eine begrenzte Menge Suppe.«

Man kann ja nicht verlangen, dass jeder Gewerkschafter schon mal was von Karl Marx gehört oder sogar gelesen hat. Der schrieb (unter anderem): »Wenn irgendetwas die Arbeiter hindert, mehr aus der Schüssel herauszuholen, ist es weder die Enge der Schüssel noch die Dürftigkeit ihres Inhalts, sondern einzig und allein die Kleinheit ihrer Löffel.« An dieser Stelle ein Wort zur Schüssel: In der Schüssel befindet sich der einbehaltene Lohn, hochdeutsch Profit. Der betrug bei der Lufthansa 2016 satte 1,4 Milliarden Euro, und das ist genug Suppe, um nicht nur die Aktionäre zu füttern, sondern auch die Piloten zu sättigen. Ein Betriebsrat müsste das eigentlich wissen …

Völlig zu

»Liebe Kolleginnen und Kollegen, wir sind, und man kann es gar nicht oft genug sagen: Die Geschlossenheit. Wir, und damit meine ich alle eingeschlossen, wir sind nicht nur geschlossener als alle andere Geschlossene, nein, wir sind von allen Geschlossenen die Geschlossensten. Und weil nun mal unsere, und damit meine ich die ganze Gesellschaftsstruktur, in verschiedene Bereiche aufgeteilt ist, sind wir die bei weitem, bei weitem die Geschlossensten in diesen Bereichen überhaupt. Sei es jetzt im zwischenmenschlichen, im sportlichen, gentechnischen, im sozialen oder politischen, sprachlichen, im Jugend- und Alten- im Polizei- und Freiheitsbereich, im Abwehrbereich unserer Nationalmannschaft, also, ich kann ganz offen sagen: Wir sind in jedem, in jedem Bereich, wo es mal auch mehrere Bereiche gibt, da sind wir geschlossen. Was die Geschlossenheit angeht, da lassen wir uns von keinem an Geschlossenheit was vormachen. Auch wenn der internationale Fragenbereich, und da sind wir uns in aller Geschlossenheit einig, an Geschlossenheit in der Völkergemeinschaft zu wünschen übriglässt, das wissen wir, klar … aber der Geschlossenheitsbereich bleibt ein ganz zentraler Eckpfeiler unserer Geschlossenheits-Politik. Ja, sicher müssen wir uns öffnen, damit wir geschlossen im Diskussionsbereich auftreten können, weil, nur ein geschlossener Bereich die Aufgeschlossenheit, die im Öffentlichkeitsbereich zu einer wirklichen Geschlossenheit führt, bereichern kann. Damit, liebe Geschlossinnen und Geschlossene, ist der Bereich Salami und Käseschnittchen eröffnet, ihr dürft jetzt im Buffetbereich vorrücken. Aber bitte geschlossen.

Arme Reiche, reiche Arme

Sehr verehrte potentielle Arbeits- Erwerbs- und Obdachlose, liebe Armenhäusler!

Zu Beginn meiner Ausführungen möchte ich feststellen: Neben den Schweizern und den Österreichern genießen die Deutschen weltweit den größten Netto-Standard. Das begünstigt vor allem die Armen: Allen Unkenrufen zum Trotz erlebt die Armut zurzeit einen vielversprechenden Aufschwung, und im Armutsbericht der Bundesregierung steht der Satz: »Armut entsteht durch niedriges Einkommen und durch hohe Ausgaben.«

Was für ein kluger Gedanke!

Wir wissen, das Existenzminimum bringt niemanden um. Und sich umzubringen, ist ja auch ein Verbrechen gegen den Staat, sagte schon Aristoteles, weil das dem Staat Produktivkräfte entzieht: Gerade die Armen sind ungeheuer wichtig für den Staat. Sie sorgen für das gesellschaftliche Gleichgewicht. Sie steuern die Krise, und die Krise bestimmt die Richtlinien der Politik. Deshalb brauchen wir eine leistungsfähige, konkurrenzbewusste, aufbauwillige Armut. Armut schafft jede Menge Arbeitsplätze in Suppenküchen, Kleiderkammern und öffentlichen Duschkabinen. Armut verleiht Sozialarbeitern, Gerichtsvollziehern, Polizisten und Justizvollzugsbeamten ihre Existenzberechtigung.

Die Armen haben nicht nur – von den Pyramiden bis zum Kölner Dom – große kulturelle Werte geschaffen, sie sind auch im Falle eines Krieges unentbehrlich: Ohne die Armen würde jeder General zum Einzeltäter, denn ein Offizier ohne Truppe ist wie Salz ohne Suppe. Dazu kommt: Weil die Armen als faul, blöde und unfähig zu lernen abgestempelt werden, ermöglichen sie es anderen Leuten, bessere Jobs zu kriegen. Das nennen wir Aufwärtsmobilität. Ferner: Die Armen erlauben den reichen Damen der Gesellschaft, sich als mildtätig zu präsentieren. Das ist für viele die einzige emotionale Befriedigung. Fast jede Industriellen-Gattin kommt wie die Feuerwehr, wenn irgendwo ein paar Arme herumstehen, vorausgesetzt, das Fernsehen ist auch da. Und wir wollen auch nicht vergessen: Die Armen sind ganz wunderbare Film- und Theaterfiguren – der verlauste Cowboy, der mit Geschwüren übersäte Clochard, die hinkende Bettlerin, in der Mülltonne wühlend, und die Nutte mit dem goldenen Herzen – sie alle sind ein steter Appell an unsere Barmherzigkeit.

Die Armen kaufen Wirtschaftsgüter, die sonst keiner haben will – Klamotten aus dem Ramsch, schrottreife Autos, Analogkäse-Pizza. Ohne die Armen gäbe es keine Kostgänger des Wohlfahrtsstaates und niemanden, der in der sozialen Hängematte liegt, geschaukelt vom sauerverdienten Geld des Steuerzahlers.

Die Sorge, dass Arbeits- und Sozialminister aller Parteien die Armen beseitigen wollen, ist allerdings unbegründet: Diese Leute sind ja professionelle Politiker, von denen darf man doch nicht annehmen, dass sie nicht lügen. Zustimmung kann aber erwarten, wer die Existenz der Armut leugnet: Der durchschnittliche deutsche Arme verdient immer noch mehr als ein durchschnittlicher Slum-Bewohner in Kalkutta. Es hat also eine gewisse Berechtigung, wenn im Gemeinschaftsraum des Nachtasyls ein Penner feststellt: »Es genügt ja nicht, Schampus zu saufen, Kaviar zu fressen und aus veilchenblauer Seide maßgeschneiderte Kondome zu tragen. Richtig Spaß macht es erst, wenn unsereins beim Blick aus dem Villenfenster sieht, wie gegenüber das nackte Elend vorbeidefiliert.«

Größere Sorgen als die Armen bereiten uns die Reichen, denn die Verhältnisse des Frühkapitalismus sind ja mittlerweile in ihr Gegenteil verkehrt worden. Erst in unseren Tagen ist Ausbeutung bittere Realität geworden: In einer sozial orientierten Gesellschaft werden diejenigen ausgebeutet, die letztlich die Verantwortung für den allgemein hohen Lebensstandard tragen, also die Unternehmer, die Selbstständigen, die Eigentümer, kurz: die Leute mit Vermögen.

Es ist offenkundig: Die Rentner beuten die Erwerbstätigen aus, die Studenten beuten die Lohnempfänger aus, die Arbeitslosen beuten die Bürokratie aus, die Kranken beuten die Gesunden und die Faulen die Fleißigen aus. Die Armen beuten die Reichen aus, und die Gesetzlosen beuten die Gesetzestreuen aus. Die deutschen Lohn- und Gehaltsempfänger als Nutznießer des Sozial- und Wohlfahrts- staates müssen lernen, dass sie nicht ungestraft auf Kosten anderer Aufwand treiben und leben können, wie es ihnen beliebt. Sie müs- sen lernen, was es heißt, sich selbst sinnvoll auszubeuten. Nur, wer sein Schicksal selbstverantwortlich in die Hand nimmt und seine eigene wirtschaftspolitisch relevante Aktivität entfaltet, nur, wer eine hohe Bereitschaft zur Selbstausbeutung mitbringt, darf sich wundern, wenn der erwartete Wohlstand dann wider Erwarten ausbleibt.

Die große Koalition garantiert den global tätigen Unternehmern das Recht auf Fürbitte und Almosen. Almosen und Fürbitte – das Recht, für diese Werte zu kämpfen, werden sie sich niemals entrei- ßen lassen. Wir alle müssen begreifen: Die Reichen sind die wirk- lich armen Schweine im Land. Sie sind die Leistungsträger, sie fi- nanzieren letztlich alles, und doch bedroht sie ein habgieriger Staat mit der Reichensteuer. Die Reichen sagen zu Recht: Wenn es sich nicht mehr lohnt, Millionär zu sein, wo bleibt dann der Anreiz für Geringverdiener, sich gebührend anzustrengen?

Es ist kein Geheimnis: Von allen armen Schweinen im Land ist der Präsident des Bundesverbandes der deutschen Industrie, der BDI- Präsident, das allerärmste Schwein. Der Mann ist Tag und Nacht im Dienst steigender Aktienkurse unterwegs. Wir wissen, dass er durch seiner Hände Arbeit kaum etwas beiseiteschaffen kann und dass seine Einkünfte jenseits der Armutsgrenze tief unter dem Existenz- minimum liegen. In Kreisen des großen Kapitals hat es sich mittler- weile herumgesprochen: Wenn der deutsche BDI-Präsident seine amerikanischen Managerkollegen besucht, dann wischen die sich Tränen des Mitleids aus den Augen. Die Caritas überlegt, ein »Spen- denkonto BDI-Präsident« einzurichten, die Phono-Industrie plant ein Benefizkonzert für alle noch lebenden BDI-Präsidenten. Und was das Demütigendste ist: In die Dritte Welt darf der BDI-Präsident nur noch nachts einreisen, und wenn er sich von einer Sitzung zur nächsten bewegt, wird eine Wolldecke über ihn gebreitet, damit die Bevölkerung diese Elendsgestalt nicht zu Gesicht bekommt.

Es kann kein Zweifel daran bestehen: Die deutschen Unternehmer sind die Gequältesten in Europa, wenn nicht in der ganzen Welt. Sie müssen sich ihr bescheidenes Einkommen durch das Wegrationalisieren von Arbeitsplätzen zusammenklauben. Sie sind darauf angewiesen, sich von den Tauben auf dem Rathausmarkt füttern zu lassen, und ihre Familien leben ständig in der Furcht, dass Vati schon bald mit der Wäscheleine auf den Dachboden geht … Angesichts der Probleme, die unsere wirtschaftliche Elite zu bewältigen hat, kann man nur staunen, wie gut das deutsche Gemeinwesen insgesamt funktioniert. Und eigentlich kann auch nichts schief gehen, denn der weise Ernst Bloch sagte richtig und tröstlich: »Wenn's für alle nicht mehr reicht, springen die Armen ein.«

Um die große Not der Leistungsträger zu lindern sei, schlägt ein bedeutender Visionär vom Deutschen Industrie- und Handelstag vor: »Schluss mit der Jammerei, die Deutschen sollen jährlich 500 Stunden kostenlos arbeiten, als Geschenk an den Arbeitgeber.« Das ist ein durchaus akzeptabler Vorschlag – die meisten Arbeitnehmer wären sicher sogar dazu bereit, sich freiwillig in Leibeigenschaft zu begeben. Ein früherer Arbeitgeber-Präsident mahnte die Politik: »Ich setze darauf, dass es sich keine Regierung leisten kann, die Interessen der Wirtschaft mit Füßen zu treten.« Wie wahr! Wenn jemand getreten werden muss, dann ja wohl die Arbeitnehmer, aber doch nicht »die Wirtschaft«, denn die muss ja für alle wirtschaften, irgendwie. Der aktuelle Arbeitgeber-Präsident ergänzte, »dass der Wohlstand ganz entscheidend auf den Spitzenleistungen Einzelner in Wirtschaft, Ingenieurwesen und Forschung beruht.« Einzelner! Und in einer Talkshow erzählte er: »In meinem Buch habe ich beschrieben, wie sich ein Klassenkamerad in der Schulzeit den Arm gebrochen hat und wie aus dem, als der Gips weggenommen wurde, ein dünnes Ärmchen geworden war. Und das gleiche gilt für die Gesellschaft. Je mehr der Staat an Aufgaben übernimmt, desto mehr verkümmert die Leistungsfähigkeit der Bürger.« Der Herr Präsident wollte damit sagen: Arbeitslosengeld macht faul! Das ist einleuchtend, denn wenn der kleine Klassenkamerad des Präsidenten damals auf ärztliche Behandlung verzichtet hätte, wäre bestimmt ein Boxweltmeister aus ihm geworden ...

Zielführend für Deutschland scheint mir das Gleichnis von jenem Autofahrer zu sein, der über eine Klippe geflogen ist und auf dem Weg nach unten beschließt, sicherheitshalber den Fuß vom Gas zu nehmen. Sein Beifahrer, ein hoher Gewerkschaftsfunktionär, ist strikt dagegen. »Nein!« sagt er, »auf keinen Fall den Fuß vom Gas, sonst geht der Motor aus!« Und das ist es doch, was wir wollen: Dass der Motor läuft. Und der Motor läuft, wenn wir einerseits die Armut fördern und andererseits den Reichen ein wenig unter die Arme greifen.

Eine Vision

Deutschland muss endlich zu einem Reformstaat modernen Zuschnitts umgebaut werden:

In Zukunft muss es gleichen Niedriglohn für gleiche oder mehr Arbeit geben. Und wer einen zumutbaren Arbeitsplatz besitzt, muss dafür eine unzumutbare Bezahlung hinnehmen. Alle Gesetze, die den Arbeitsmarkt reglementieren, werden abgeschafft.

Subventionen und jede staatliche Hilfe für Unternehmen, die in Schwierigkeiten sind, entfallen.

Monatseinkommen über 5 000 Euro sind steuerfrei.

Monatseinkommen unter 5 000 Euro werden besteuert, und zwar zu 100 %.

Das heißt: Das Sozialstaatsprinzip bleibt erhalten.

Die Krankenversicherung wird abgeschafft.

Die Zahl der Urlaubstage der Bürger darf die Zahl der Karenztage nicht übersteigen.

Alle Karenztage werden gestrichen.

Die Pflegeversicherung entfällt.

Alle Beamten und Angestellten, die diesen Versicherungskram bislang bearbeitet haben, werden freigestellt. Wer von ihnen will, kann in der praktischen Pflege tätig werden.

Fünf Jahre Jobsharing bewirken eine Rententeilung durch fünf.

Als Ausgleich für entfallene Sozialhilfe wird der Handtaschen-Raub legalisiert.

Kindertagesheime werden abgeschafft.

Die allgemeine Schulpflicht wird abgeschafft.

Schulen und Universitäten werden eingespart, was auch die Einsparung aller Stipendien ermöglicht.

Arbeitslose müssen 48 Stunden in der Woche stempeln gehen.

Das in der Jugend gezahlte Arbeitslosengeld wird im Alter von der Rente abgezogen.

Wer einen einjährigen Einsatz beim Bundesfreiwilligendienst verweigert, muss bis an sein Lebensende regelmäßig Alten- oder Behinderten-Heime ausfegen.

Beratungsstellen für Migranten, Arbeitslose, Drogenabhängige, Jugendliche und dergleichen werden geschlossen, desgleichen Bildungs- und Beschäftigungsprojekte.

Für jeden Tag beantragten Bildungsurlaub wird ein Jahr Ausbildungszeit aberkannt.

Nach 45 Jahren Beitragszahlung wird pro Jahr eine Rentensteuer von 500 Euro fällig. Frauen, die Mutterschaftsurlaub hatten, wird die Rente gestrichen, weil sie von dem in dieser Zeit geborenen Kind unterhalten werden können.

Die notwendige Kürzung beim Elterngeld wird durch die Verkürzung aller Schwangerschaften auf fünf Monate abgefedert.

Für jeden Gesprächstermin auf dem Sozialamt wird ein Rentensolidarzuschlag in Höhe eines durchschnittlichen Grabschmucks in Rechnung gestellt.

Unverändert gültig bleibt die Regelung: Frauen werden älter und belasten die Rentenversicherer über jedes männliche Maß hinaus.

Damit Männer nicht benachteiligt werden, bekommen Frauen weniger Monatsrente.

Zum Ausgleich werden ältere Männer mit Prostata-Problemen

aus allen sozialen Sicherungssystemen ausgeschlossen, denn Rentner haben Zeit zum Pinkeln.

Rentnern ist der Besitz von Aktien zwingend vorgeschrieben.

Frauenhäuser werden geschlossen. Betroffene Frauen erhalten auf Antrag eine Schusswaffe.

Arbeitslosen- und Sozialhilfe werden mit der Sterbehilfe kombiniert.

In den Altersheimen wird einmal pro Woche die Frage gestellt: Essen oder Waschen? Heute dürfen Sie es sich mal wünschen.

Das Begräbnisalter wird herabgesetzt.

Alle kirchlichen Feiertage werden abgeschafft. Wer unbedingt Weihnachten, Ostern oder anderen Glaubens-Firlefanz feiern will, darf unbezahlten Urlaub nehmen.

Ich bin dafür, das alles durchzusetzen. Denn ich bin neugierig zu erfahren, was dann geschieht. Und ich frage mich: Wie werden sich dann die menschlichen Beziehungen entwickeln?

Haste ma 'n Euro?

Und schließlich steht die Abschaffung des Bargelds auf unserer Agenda. Wir brauchen die Überwachung aller Finanztransaktionen und die totale Kontrolle aller Bürger. Es reicht nicht, wenn heute neunzig Prozent der »umlaufenden Geldmenge« digital sind: Auch die restlichen zehn Prozent gehören in die Obhut der Banken, denn nur dort erzeugen sie Kontogebühren und Negativzinsen. Bargeld ist das einzige Geld, für dessen Besitz die Bürger keine Abgaben zahlen. Sobald es nur noch digitales Geld gibt, wird jedes Guthaben gebührenpflichtig ... Das erleichtert Enteignungen und andere Maßnahmen zur Bankenrettung.

Die Abschaffung des Bargelds bietet vor allem die Möglichkeit, den Konsum jedes Einzelnen zu überwachen. Schon jetzt sind alle Daten über fünfzigmal gespeichert: Polizei, Rentenkasse, Autoversicherung, Finanzamt, Krankenkasse, der Handy-Anbieter, Geldautomat – das wird sich ganz ohne Bargeld noch mehr ausweiten. Wenn jeder Busfahrschein, jede Eiskugel und jedes Kondom mit einer Geldkarte bezahlt wird, kann der Staat von jedem seiner Bürger ein lückenloses Bewegungsprofil erstellen. Dann ist nicht nur jede politische Aktivität unter staatlicher Kontrolle, dann hat auch der Terrorismus endgültig ausgespielt.

Natürlich, eine Belohnung der Enkelin für ein gutes Zeugnis, ein Trinkgeld für den Kellner in der Gaststätte, eine Spende für den Akkordeonisten an der Straßenecke – das wird ohne Bargeld schwierig. Doch ein freundliches Lächeln, ein warmer Händedruck und ein Schulterklopfen machen auch Freude und sind mehr wert als ein paar Münzen.

Und was kommt nach der Abschaffung des Bargelds? Vielleicht die Abschaffung der persönlichen Handschrift. Warum sollen Kinder schreiben lernen, wenn sie doch Computer und Tablets bedienen können … Der Verlust von Kulturgütern ist kurzfristig bedauerlich, aber langfristig äußerst profitabel.

9 Euroland

Über alle Grenzen (1997)

Ende des zwanzigsten Jahrhunderts steckte sich der kluge Herr Mustermann einen Hundertmarkschein extra ein, einen, den er nicht zum Einkaufen, sondern nur zum Umtauschen benutzen wollte. Er fuhr nach Frankreich, tauschte ihn in Francs um. Weiter ging's nach Spanien, wo er die Francs in Peseta wechselte. Retour nach Frankreich, Peseta wieder zu Francs machen. Abstecher nach Holland, Francs in Gulden umtauschen. Mit den Gulden nach England rüber, da erhielt er dann Pfund. Herr Mustermann flog anschließend nach Wien, wechselte dort die englischen Pfund in österreichische Schillinge, überquerte die Alpen und machte in Italien die Schillinge zu Lire, bevor er nach Deutschland zu seiner harten Währung zurückkehrte. Dort stellte Herr Mustermann fest, dass sein stolzer Hundertmarkschein in den Wechselstuben auf ein Drittel zusammengeschrumpelt war, ohne dass er dafür auch nur den geringsten Gegenwert erhalten hatte. Seitdem glaubt Herr Mustermann ganz fest daran, alles wird besser mit dem Euro.

Unser Kontinent

Der Schlamassel mit den Ausländern begann ja mit dem Brand von Troja. Die Griechen hatten schon damals getrickst und Feuer gelegt. Aus dem brennenden Troja in Kleinasien floh Aeneas, mit seinem Vater auf dem Buckel und einigen anderen Flüchtlingen im Schlepptau, um in Italien einen sicheren Neuanfang zu wagen. Aeneas gründete Alba Longa, das Fundament von Rom. Damals war Europa ein Land der Hoffnung, ein Asyl für besiegte und entwurzelte Menschen. Bei dem römischen Dichter Vergil kann man die Definition für europäische Gastfreundschaft nachlesen. Danach entwickelte sich dann das europäische Lagerdenken, und seitdem scheitern die Europäer mehr oder minder regelmäßig am Flüchtlingsproblem: 1938 zum Beispiel konnten sich die in Évian versammelten Nationen nicht auf eine erleichterte Aufnahme jüdischer Flüchtlinge aus Nazi-Deutschland einigen. Auch damals hat man die Grenzen geschützt und nicht die Menschen. Seit Évian wissen wir: Grenzen zu schließen, um Flüchtlingszahlen zu reduzieren, heißt, Menschen zu töten.

Herodot, ein griechischer Historiker, Geograph und Völkerkundler, schrieb vor 2 500 Jahren an die Menschen in fernen Ländern: »Jahr für Jahr scheuen wir weder Kosten noch Gefahren für Leib und Leben, um nach Afrika zu segeln und euch zu fragen: Wer seid ihr? Was für Gesetze habt ihr? Welche Sprache sprecht ihr? Ihr aber habt noch nie ein Schiff zu uns geschickt und uns noch nie eine Frage gestellt …«

Die Afrikaner waren eben keine unternehmungslustigen Kolonisatoren … Und nun endlich kommen sie – leider aus Not.

Montesquieu schrieb 1734: »Europa bildet nurmehr eine Nation, die aus einigen zusammengesetzt ist. Frankreich und England benötigen Polens und Russlands Reichtum, so wie eine ihrer eigenen Provinzen die andere braucht. Und der Staat, der seine Macht durch die Vernichtung seines Nachbarn zu vergrößern glaubt, schwächt sich im Allgemeinen selbst.«

Jean-Jaques Rousseau schrieb 1771: »Heute gibt es weder Franzosen noch Deutsche noch Spanier, ja nicht einmal Engländer. Was immer man sagen mag, es gibt nur Europäer.«

Kurz, nachdem er das geschrieben hat, bildeten sich die Nationalstaaten in Westeuropa, in Nordeuropa, Südeuropa, Osteuropa und auch in Mitteleuropa. –

Leider verkam vor allem dieses Mitteleuropa, das auf Grund seiner kulturellen Vielfalt prädestiniert war, eine Region der Koexistenz zu werden, zu einer Region der nationalen Konflikte und des Hasses, hauptsächlich wohl, weil fast nirgends in Böhmen, Mähren, Istrien, der Vojvodina, dem Banat, Serbien, Kroatien, Slowenien, Mazedonien, Bosnien, der Slowakei und Albanien die ethnischen und staatlichen Grenzen übereinstimmen. Das hat wahrscheinlich etwas mit der Intelligenz der Europäer zu tun: Bis heute definiert sich Europa vor allem über die Ausgeschlossenen: Es stellt sich als Festung dar, die im Inneren Räume von höchst unterschiedlichem Komfort anbietet.

Und die wichtigste, überall spürbare, europäische Grenze ist die Grenze zwischen Arm und Reich.

Angeblich, um die zu überwinden, gründete man über 200 Jahre nach den französischen Aufklärern die Europäische Union. Man hielt Europa für eine brillante Marketing-Idee, vergaß dabei aber: Europa ist zunächst mal eine Idee, ein Friedensangebot. So was wird nicht an der Börse gehandelt. Man muss nämlich sorgfältig unterscheiden, zwischen EU und Europa: Egal, ob in Griechenland, in England, Holland oder in Italien – die Menschen in allen Teilen Europas sind und bleiben Europäer. Auch die Schweiz gehört zu Europa, obwohl sie der EU noch nie angehörte ... Europa ist im Unterschied zur EU kein Tummelplatz für Wirtschaftskriminelle und auch kein Betreuungsangebot für nationalistische Rassisten. Aus Europa kann man als Europäer nicht austreten. Aus der EU schon.

Die Entscheidungen der EU treffen die Zentralbank und dann eine Reihe von Abkürzungen: EFSF, ESM, EZB, EBA, KFW und IWF – diese Geheimgesellschaften kommen zwar in keiner Verfassung vor, aber ihre Beschlüsse sind völkerrechtlich wirksam. Am wichtigsten ist eine nichtgewählte Kommission: Die deutsche Kanzlerin hat Jean-Claude Juncker, ihren christdemokratischen Bauchredner aus

Luxemburg, der größten europäischen Finanzoase, als Präsidenten der Europäischen Kommission installiert, und Biedermann Juncker, seit Jahrzehnten im Bund mit Banken und US-Beratern, der in seinem kleinen Großherzogtum die anderen EU-Staaten jährlich um Milliarden Euro Steuergelder beklaut, erklärte, ohne seine Gesichtsfarbe zu wechseln: »Es kann keine demokratische Wahl gegen EU-Verträge geben!« Demnach sind die EU-Verträge die einzige Verfassung in der Welt, die dem Kapitalismus verpflichtet ist.

Paul Valéry schrieb schon 1919: »Überall, wo der europäische Geist dominiert, sieht man das Maximum von Bedürfnissen hervortreten, das Maximum von Arbeit, das Maximum von Kapital, das Maximum von Ertrag, das Maximum von Ehrgeiz, das Maximum von Macht, das Maximum von Veränderung der äußeren Natur, das Maximum von Beziehungen und von Austausch. Dieses Ensemble ist Europa oder ein Bild von Europa.«

Leider hat die EU alles, was ein Maximum an Einheit in Europa herstellen könnte – die gerechte Verteilung von Ressourcen, die Menschenrechte und die Bewahrung der Natur – erfolgreich hintertrieben, und immer wieder präsentiert sich die EU als Zusammenschluss von Staaten, die grundlegende demokratische Regeln nicht beherrschen. Mit den Flüchtenden aus Arabien und Afrika befindet sie sich de facto im Kriegszustand. Und deshalb betrachtet es die Politik in Brüssel als ihre wichtigste Aufgabe, ein »Wir-Gefühl« bei den Führungskräften der Mitgliedsstaaten zu entwickeln. Dabei konnte man in den letzten Jahren einige Fortschritte erzielen, weil die in der EU Verbündeten Staaten den gleichen Interessen folgen und wissen:

Wir müssen die afrikanischen Küsten leerfischen, damit sich unser Nordatlantik auch mal erholen kann.

Wir müssen Regenwälder roden, um das für unsere Genussmittel so notwendige Palmöl zu gewinnen.

Wir müssen weltweit in Land Grabbing investieren, um unsere Zukunft zu sichern.

Wir müssen Soldaten einsetzen für unsere Rohstoffversorgung – wir brauchen schließlich unsere Mobiltelefone.

Wir müssen Textilfabriken in Pakistan betreiben und dort auch mal den Tod von Kindern in Kauf nehmen – die Menschen in Europa haben ja Anspruch auf Kleidung.

Wir müssen europäische Hähnchen auf den afrikanischen Märkten billiger verkaufen als die ortsansässigen Bauern ihr eingeborenes Federvieh, denn Europa muss hochsubventionierte Lebensmittel exportieren, damit die Aktionäre keinen Grund haben, das Vertrauen in die Politik zu verlieren. (Und wenn Europa tatsächlich mit tiefgefrorenen Hühnern die dort einheimischen Bauern ruiniert, dann können die zur Not immer noch nach Europa flüchten und sich beim Ausmisten europäischer Legebatterien nützlich machen …)

Wir müssen Unfair-Trade und Sklavenarbeit global fördern, sonst werden die Produkte, die die Europäer im Alltag konsumieren, erheblich teurer und der europäische Lebensstandard sackt ab ins Bodenlose.

Wir müssen den Mittelmeer-Raum und den Vorderen Orient mit aggressiver Außenpolitik unter Druck setzen, um unsere Öl- und Erdgas-Interessen wahrzunehmen. Das geht nicht immer ohne Militäreinsätze und auch nicht ohne Waffenlieferungen. Dass dabei gelegentlich größere Fluchtbewegungen der Bevölkerung entstehen, ist ein bedauerlicher, aber unvermeidlicher Kollateralschaden.

Und schließlich müssen wir in Kauf nehmen, dass durch unsere europäische Politik auch sozial schwache Europäer in Mitleidenschaft gezogen werden …

Das oberste Gebot der führenden Menschenrechtler in Europa lautet demnach: absaufen lassen – ja, reinkommen lassen – nein. Die Europäer sind gehalten, dafür Verständnis aufzubringen: Der Tod von Flüchtlingen in einem maroden Kahn auf dem Mittelmeer ist für die europäischen Behörden lange nicht so eine Herausforderung, wie es ihr Überleben wäre. Das kann man sich ja vorstellen, was für finanzielle und auch verwaltungsrechtliche Schwierigkeiten diese klatschnassen Neger machen, die lebend an Land kommen und keinen Cent in der Tasche haben. Da ist es für die Öffentliche

Hand wesentlich zuträglicher, dass eine naturnahe Lösung des Problems erfolgt, etwa auf meteorologischer Basis.

Flüchtlinge sollen einfach zur Kenntnis zu nehmen: Die Würde des Menschen gibt es nicht umsonst – die muss man kaufen. Viele Bewohner Schwarzafrikas haben das längst begriffen und bezahlen relativ hohe Summen für eine Überfahrt nach Europa, aber nicht an die Brüsseler Behörden, sondern an afrikanische Kleinunternehmer. Und das erscheint weißen europäischen Bürokraten als unverzeihlich ...

Dabei stehen die offiziell »Schleuser- und Schlepperbanden« genannten, privaten Dienstleister, die heimlich immer wieder auch von Diplomaten, Polizei und Zoll unterstützt werden, durchaus in der Tradition jener Fluchthelfer, die Menschen aus dem Nazireich oder den Ostblockstaaten – oft gegen hohe Bezahlung – ins rettende Ausland schmuggelten. Und jeder EU-Anhänger muss zugeben: Die nordafrikanischen Schleuser und Schlepper haben von Anfang an die Botschaft aus Brüssel verstanden und wirkungsvoll umgesetzt: »Geldgier ist die starke Kraft, die den größten Wohlstand schafft!«

Käme Gott der Herr auf die Idee, mal aus seinem Himmel einen prüfenden Blick auf die europäische Zentrale in Brüssel zu richten, müsste er denselben Eindruck gewinnen wie Bauer Piepenbrink, wenn er in seinem Vorgarten einen Stein hochhebt und das Gewimmel darunter bestaunt: Fette Maden, feiste Würmer, flinke Käfer, und alle versuchen, ihre Beute in Sicherheit zu bringen. Mittendrin krabbelt ein fusselbärtiger Bonsai-Herkules. Das ist der wichtigste deutsche Europa-Politiker. Der hat zwar, außer dass er immer seinen Teller leer gegessen hat, noch nichts geleistet, aber in der EU gilt er als außerordentlich geselliger Kollege, der jederzeit in der Lage ist, in einem Statement zur Lage der Situation eine breite Themenpalette auf den Punkt zu bringen: »Das ist ein strukturelles Problem – da gibt es keine einfachen Lösungen.«

Der Satz passt immer, auch auf die unfassbare Inkompetenz im Organisatorischen:

Im Spätsommer 2015 hatte die EU beschlossen, 160 000 Geflüchtete, die in Italien und Griechenland gestrandet waren, auf andere Staaten umzuverteilen. Im März 2016, ein halbes Jahr später also, hatten auf Grund intensiver Bemühungen gerade mal 500 Asylbewerber eine neue Bleibe gefunden. Damit, sagte man in Brüssel, sei Europa aber auch an seine Kapazitätsgrenze gestoßen ...

Den öffentlichen Diskurs bestimmen nun zwei Lager: einerseits die nationalistischen Spießer, vollgesaugt mit Dünkel und Ressentiments, borniert und fremdenfeindlich. Wenn diese Vollidioten schreien: »Raus aus der EU«, verspürt jeder denkende Mensch den Wunsch, doch lieber »drin« zu bleiben. Andererseits die neoliberalen Lobbyisten, die angepassten SPD-Weiterwurschtler, die Geheim-Verhandler, Austeritäts-Apologeten und andere schwarze Nullen – wenn die lautstark vor einem Austritt warnen, dann will man doch lieber schleunigst »raus« aus diesem Freizeitpark für globale Absahner ... Zusammenfassung in zwei kurzen Sätzen: Wenn sich Wirtschaftsinteressen und Bürokratie verbünden, ist der Verstand im Eimer. Und wer Marktextreme nicht bändigt, produziert Rechtsextreme.

Verständigung

Nie fühlt sich der Europäer intensiver als Europäer, als wenn er außerhalb des europäischen Kulturkreises unterwegs ist. Was für eine Wohltat, im Urwald von Borneo einen Slowenen zu treffen oder in Hoyerswerda einen Tataren. Andererseits: Lernen sich ein US-Amerikaner und ein Europäer kennen, wird der Ami immer sagen: »Hallo, ich bin Amerikaner«, und dass er Südamerika einfach eingemeindet, lässt ihm jeder durchgehen. Wohingegen der Europäer mit Sicherheit nicht sagen wird: »Hallo, ich bin Europäer«, sondern beispielsweise: »Hallo, ich bin Lappe«, oder, vielleicht noch verwunderlicher: »Hallo, ich bin Belgier.« Die Frage ist, ob der Lappe und der Belgier auch im Urwald auf Borneo entspannt miteinander plaudern können. Die Sprache ist ja das Terrain, auf dem der Kampf um die kulturelle Hegemonie ausgetragen wird.

Wer sich behaupten will, muss die entscheidenden Begriffe und Floskeln zwar nicht mögen, aber kennen. Entscheidend ist die von Politikern und Journalisten entwickelte Formelsprache, denn die verströmt die Aura des Eingeweihten:

»Nach Nizza« können wir davon ausgehen, dass …

Gewiss, aber »seit Schengen …«

Also, da sage ich nur »Maastricht«!

»Vor Maastricht« lagen die Dinge ganz anders als nach dem »START-Abkommen.«

Trotzdem, das START-Abkommen gilt ja noch. Nicht zu verwechseln mit »Rio II.«

»Rio II« fand ja »in Johannesburg« statt.

Und »Helsinki« war vorher. Oder war das »Camp David«?

Auf keinen Fall. Das war »Reykjavik.«

Entschuldigen Sie, aber »Reykjavik« ist doch nicht »Dublin«, oder?

Nein, natürlich nicht. Man darf auch »Rom« nicht mit »Feira« verwechseln.

Was war denn nochmal »Feira«?

Feira ist eine portugiesische Stadt. Die Feira-Vereinbarung ist der EU-Plan über eine einheitliche Besteuerung von Kapitalerträgen im vereinten Europa. Das weiß doch jeder, der einigermaßen vermögend ist.…

Um sich nicht gegenseitig zu erzürnen, sind solche Differenzen nur mit Humor zu bewältigen. Aber wie soll das funktionieren? Humor ist eine zutiefst nationale Angelegenheit, und die Schaffung eines europäischen Einheitshumor ist ein noch nicht erkanntes, aber dringliches Problem. Kurt Tucholsky hat zu Protokoll gegeben:

»Einmal wurde ein besonders unanständiger, besonders kniffliger Witz erzählt. Der Tscheche verstand ihn sofort, der Italiener gleich, der Holländer nach einer halben Stunde und die Dame aus Hamburg nie. Der Grieche kannte ihn.«

Dieses Humorgefälle kann schon sehr bald – gerade auch im Hinblick auf die primitiven Scherze des amerikanischen Präsidenten – zu ernsthaften politischen Verwicklungen führen, und es ist zu hoffen, dass in einem Europa mit gemeinsamem Binnenmarkt, militärischer Kommandoebene und einheitlicher Währung, mit normierten Bananen und festgeschriebener Gurkenfarbe, auch der Euro-Humor auf ein leicht verständliches DIN-Format verpflichtet wird. Dann lachen wir gemeinsam in verbindlich festgelegter Lautstärke.

Aber das wird schwierig, denn Europa ist ein Kontinent der Vaterländer und der Muttersprachen. Und jedes Vaterland ist das beste und jede Muttersprache ist die schönste. Das Vaterland aufgeben und sich woanders ansiedeln, ist nicht unbedingt ein Problem – als Hamburger kann man gut in Bordeaux leben, so europäisch ist der Hanseat. Will er dafür die Muttersprache aufgeben? Nö. Europa kann aber nicht zu den Vereinigten Staaten von Europa werden, wenn man sich nicht auf eine einheitliche Sprache einigt. Nur welche? Womöglich dieser weit verbreitete Sprachmix der werbetreibenden Industrie? Damit kann man vielleicht geschäftlich kommunizieren, aber miteinander reden …?

Um Ungerechtigkeiten beim weiteren Zusammenwachsen Europas zu vermeiden, scheint es mir wünschenswert, sich nicht auf eine der großen Sprachen zu einigen – Englisch, Französisch, Spanisch oder Dänisch – sondern alle Europäer zu zwingen, eine neue Sprache zu lernen, eine Sprache, unter der alle Europäer gleichermaßen leiden. Da Esperanto oder Volapük sich nicht haben durchsetzen können, empfiehlt sich die Sprache eines kleinen, aber beliebten Volkes. Dann spricht eben ganz Europa sorbisch oder estländisch oder meinetwegen auch läppisch: »Sikki Ruttu karre tulle!«

Das ist ein läppischer Dialekt. Ganz leicht zu lernen: »Sikki Ruttu karre tulle!«

Wörtlich übersetzt heißt das: »Scheiß schnell, der Bär kommt.«

Mit dieser Zeile als Refrain sollte doch ein Konsortium europäischer Dichter gemeinsam eine allseits akzeptierte europäische Einheitshymne schreiben können ...

Europa den Europäern

Das Wort hat der Abgeordnete Dr. Piesepampel vom »Christlichen Aufschwung für alle«.

»Jetzt, in diesem Moment, liebe Kolleginnen und Kollegen, überschwemmen Milliarden schwule Rumänen und bulgarische Zigeuner unsere schöne Heimat und machen schamlos von ihrer Arbeitnehmerfreizügigkeit Gebrauch. Transsilvanische Restaurants verdrängen unsere einheimischen Dönerbuden, kaukasische Pferdewursthändler ruinieren unsere traditionellen Sushi-Bars, und Millionen perspektivlose Afrikaner warten nur auf eine Gelegenheit, sich rasend zu vermehren.

Das alles kann niemanden erstaunen, denn wer die offenen Märkte predigt, der soll sich nicht wundern, wenn der Zufluss von Waren aus dem Norden in den Süden (nachdem er die traditionelle Wirtschaft dort nachhaltig zerstört hat) letztlich zu einem Zufluss von Menschen aus dem Süden in den Norden führt. Das hat schon einmal funktioniert, nur andersrum: Im Jahre 84 errichteten die Römer von Bonn bis Regensburg einen Schutzwall namens Limes. Der erfüllte bis in die Mitte des dritten Jahrhunderts seine Aufgabe, doch dann halfen den zivilisierten Römern, die schon längst über Fußbodenheizungen verfügten, weder technische Finessen noch geistige Überlegenheit: Ein barbarischer Massenansturm von Norden nach Süden fegte das Bauwerk einfach weg. Damit sich so etwas, nun aber von Süden nach Norden, nicht wiederholt, haben wir wenige, aber wirkungsvolle Optionen.

Deutschland kann sich weiterhin zum Grundrecht auf Asyl bekennen, das nun aber nicht mehr auf deutschem Boden, sondern nur noch exterritorial gewährt wird. Zu diesem Zweck nehmen wir die Länder Nordafrikas in die Europäische Union auf. Die Mittelmeer-Anrainer sind ja nicht gerade arm: Libyen hat jede Menge Öl, Marokkos König kann vor Geld kaum laufen, Ägypten und Tunesien kriegen reichlich vom Tourismus. Und das problematische und ziemlich heruntergekommene Algerien kann froh sein, wenn es wieder an Frankreich angeschlossen wird. Zur Absicherung des neu gewonnenen Territoriums modifizieren wir unsere Abschiebungsgesetze: Wir ermöglichen eine Abschiebung in Kriegsgebiete, wenn die kriegführenden Parteien verbindlich zusichern, dass in ihrem Kriegsgebiet keine kriegerischen Handlungen stattfinden. Eine Abschiebung in Folterstaaten wird unbürokratisch vorgenommen, wenn der Folterstaat mit einer formlosen Erklärung bestätigt, dass er kein Folterstaat ist. Den Gefolterten steht es frei, nachträglich gegen die Anwendung von Folter Klage zu erheben. Alle Gerichtsverfahren werden auf eine Instanz reduziert. Das Einlegen von Rechtsmitteln wird untersagt. Ziel dieser gesetzlichen Maßnahmen ist es, unseren Rechtsstaat durch seine Abschaffung zu schützen.

Zusätzlich müssen wir selbstverständlich einen Ausbau der Festung Europa forcieren: Es reicht nicht, unsere Freiheit am Hindukusch zu verteidigen, wir brauchen einen Schutzwall von Königsberg bis Palermo. Und diesmal sollen die Wachen auf der richtigen Seite stehen! Dafür müssen wir Millionen Soldaten, Panzer, Kampfhubschrauber, Kampfflugzeuge und Kriegsschiffe, also unsere vereinte militärische Streitmacht, unter finalem Aspekt für Leib und Leben dieser Flüchtlinge einsetzen. Auch auf die finnischen Eisbrecher, die im Hohen Norden operieren, werden wir nicht verzichten, damit die Schwarzen nicht über den Bottnischen Meerbusen kommen. Nur so funktioniert die totale Abschreckung, und anders können wir die allgemeine Reisefreiheit, für die ich immer eingetreten bin, nicht aufrechterhalten.

Ich bin der festen Überzeugung, wenn wir uns als Christen nicht rigoros von allen europäischen Wertvorstellungen trennen, werden wir von Mohammedanern und Negern zugeschissen. Aus humanitären Gründen gebe ich aber zu bedenken: In Ostdeutschland werden zur Zeit Betriebe stillgelegt, Häuser abgerissen, Schulen geschlossen und Krankenhäuser dichtgemacht. Seit der Wende sind zwei Millionen Ostdeutsche abgewandert, und Kinderreichtum ist auch nicht in Sicht. Also – bevor das ganze Land total verödet, sollten wir überlegen, es drei bis fünf Millionen Afrikanern anzubieten, quasi als Lehen, oder, wenn das unseren deutschen Antisemiten lieber ist, dem palästinensischen Volk. Das würde aus den Krisenregionen im Nahen Osten den Druck nehmen, die Entwicklungshilfe könnte bei uns, den Lehnsherren, im eigenen Land, bleiben, und die uns von den Lehnsnehmern geschuldete Treue inklusive militärischer und politischer Unterstützung muss uns ja nicht hindern, zwischen uns und diesen Leuten nach bewährtem Muster eine Mauer bauen, was wiederum unserer Bauwirtschaft zugutekäme … Danke für Ihr Interesse!«

Der Abschieber

Wenn mir damals, als ich zur Polizei ging, jemand gesagt hätte, Holger, du landest mal als Abschieber, ich hätt's nicht geglaubt.

Diese Abschiedsszenen auf dem Flughafen, die gehen mir unglaublich auf den Sack … Das Geheule und Geknutsche … manchmal ist die ganze Sippe da, die Kinder klammern sich fest, die Ehefrau oder die Mutter verfluchen einen … Diese Naturvölker haben eben einen ganz besonderen Familieninstinkt. Und dann musst du irgendwann dazwischengehen und denen klarmachen, bei uns geht alles nach Recht und Ordnung. Aber da verstehen die eben nix von.

Schlimm war gestern so'n Schwarzer aus Elsterwerda. In Brandenburg. Der hatte da 'ne Pizza-Bude. Aber nicht lange, dann haben sie die zerlegt und abgefackelt, also die Völkischen. Und das war's dann mit der Geschäftskarriere – ausgewiesen hat man ihn. Ist doch klar:

keine Pizzabude – keine Existenz – keine Aufenthaltserlaubnis. Da ist die Rechtslage klar.

Auf'm Flughafen, gestern früh um vier, ist er mir dann blöd gekommen, hat mir seinen Gebetsteppich auf den Kopp gehauen. Da hab' ich aber ganz cool reagiert, ich hab' gesagt: »Ey Mann, halt' ma' den Ball flach. Was soll das denn heißen, ihr Ausländer werdet hier schlecht behandelt? Wir Deutschen haben eben aus der Entdeckung Amerikas gelernt. Wie war das denn, als Kolumbus dort ankam? Er wurde freundlich begrüßt. Ein schwerer Fehler, wie sich später herausstellte. Verstehst du? Wir Deutsche, wir sind hier die – die Eingeborenen.« Aber er hat weiter rumgebrüllt: »Menschenrechte, UNO-Charta!«, und so'n Scheiß, und da habe ich auch das Brüllen angefangen: »Worüber regst du dich auf, du Kackarsch, du kriegst doch morgen wieder deinen Hirsebrei ...«

Okay, war nicht die feine Art, aber ich meine – das muss ja nicht sein, diese Brüllerei. Obwohl ich hab' da auch ein gewisses Verständnis: Die haben alle Schiss, dass sie in ihrer Heimat in die Mangel genommen werden. Folter und so, das gehört in den Ländern ja irgendwie zur Folklore. Manche von denen haben ja vor ihrer Rückkehr in die Heimat sogar mehr Angst als vorm Tod – die hängen sich dann in den Abschiebezelle auf.

Ein Wahnsinn. Damit will ich nichts zu tun haben. Und wovon ich nichts weiß, dafür kann man mir hinterher auch nicht die Schuld geben ...

Ehrlich – dieses ganze Deportations-Gehege hier macht mich depressiv. Ich muss diese Abschiebungsaktionen nicht mehr haben. Was die Kollegen sich da manchmal alles so ausdenken, das ist mir echt zu viel. Hand- und Fußfesseln, Klebeband auf dem Mund und sogar luftdicht abgeschlossener Motorradhelm, obwohl das gegen die Dienstvorschriften verstößt. Luft sollen sie noch kriegen, hat der Chef gesagt. Jedenfalls bis zur Übergabe ...

Ich hau demnächst in den Sack. Ich hab' auch schon einen neuen Job in Aussicht. Ich geh zum Werkschutz von MBB. Im Panzerwerk.

Leopard und so. Da kann ich sagen: Jeder Bürgerkrieg am Arsch der Welt garantiert mir meinen privaten Aufschwung.

Und unsere deutsche Wirtschaft bleibt ja nur dann stabil, wenn wir Waffen liefern. Irgendwo von muss der Schornstein ja rauchen. Trotzdem – damit das ganz klar ist: Ich bin überhaupt nicht fremdenfeindlich. Ich hab' nur was gegen Ausländer in meiner Nähe. Ich hab' auch nichts gegen Abschiebung, wenn sie human abläuft. Abschiebung ist total notwendig. Unsere Waffen brauchen schließlich Ziele ...

Der Abgeschobene

Flüchtlinge aus anderen Ländern und Asylbewerber werden bei uns tagtäglich zu Flugreisen eingeladen. Leider lässt der Service bei humanen Aktionen dieser Art oft sehr zu wünschen übrig.

Interessant war in dem Zusammenhang der Bericht einer Tageszeitung. Demnach hat die Bundespolizei ein Flugzeug gechartert, um zwei »ausreiseunwillige« Männer nach Mali abzuschieben. Dabei kam heraus: Das passiert gar nicht so selten. 70 990 Euro legte die Behörde für die Abschiebung einer einzigen Person nach Kamerun hin, 220 632 Euro kostete die Abschiebung von drei Menschen nach Bangladesch.

Omaru F. hat seinem deutschen Anwalt seine Abschiebung geschildert:

Sehr geehrter Herr Rechtsanwalt,

Ich schreibe Ihnen diesen Brief, damit Sie erfahren, was mir auf dem Weg nach Ghana passiert ist. Die Polizei brachte mich in einen Raum und nahm mir meine Kleidung weg und sagte mir, ich solle die Hände nach oben nehmen und meine Beine breit machen. Dann hat einer von ihnen meine Geschlechtsteile angefasst. Ich habe gesagt, er soll damit aufhören, dann hat mir ein anderer erzählt, sie würden nach etwas anderem suchen. Dann haben sie gesagt, ich solle mich umdrehen und mich bücken. Als ich das tat, hat mir einer seinen Finger in den Hintern gesteckt, worauf ich aufgesprungen bin. Dann haben sie gelacht und sich über mich lustig gemacht. Sie haben mich nackt in der Zelle zurückgelassen und meine Kleider mitgenommen. Nach einer Stunde haben sie sie mir zurückgebracht und gesagt, ich solle mich anziehen. Nachdem ich mich angezogen hatte, habe ich in mein Portemonnaie geschaut und entdeckt, mein Geld war weg, 200 Euro, und das auf einer Polizeistation. Als das vorüber war, haben sie mich in eine große Halle gebracht, einen Spezial-Terminal für Abschiebung. Dort warteten viele Polizisten, die sahen aus wie Robocop. Da haben sie mich wieder in einen Raum gebracht, und einer machte nochmal Fotos von mir. Danach musste ich mich wieder ausziehen.

Dann haben sie begonnen, meinen ganzen Körper zu untersuchen und meine Kleider, dann haben sie meinen Gürtel weggenommen und mir dafür ein extrem hartes Plastikband gegeben. Einer der Polizisten hat es mir umgeschnallt und so hart zugezogen, bis mein Bauch weh tat. Genauso haben sie meine Hände mit Handfesseln aus Plastik extrem fest zusammengebunden. Mit anderen Handfesseln haben sie meine Hände an dem Plastikgürtel festgemacht, so dass ich meine Hände nicht mehr bewegen konnte. Wenn ich pinkeln musste, haben sie mich zur Toilette gebracht und mir den Reißverschluss geöffnet und dann musste ich versuchen, ohne Hände zu pinkeln. Das Flugzeug kam sehr spät, ich verließ Bremen um sieben Uhr früh und kam in Düsseldorf um zehn Uhr an, dort wartete ich bis achtzehn Uhr. Ich war sehr hungrig, bekam aber nichts zu essen oder trinken. Als das Flugzeug kam, haben sie mich mit einem Auto hingefahren. Im Auto saß ein Arzt. Als sie mich aus dem Auto holten, warteten wieder ein paar Polizisten auf mich an der Gangway, die Bilder von mir machten, während ich ins Flugzeug stieg. Im Flugzeug blieb ich gefesselt, bis wir Ghana erreichten. Dort wurde ich eskortiert von ghanaischen Sicherheitsbeamten. Als ich sie bat, mir die Fesseln abzunehmen, sagten sie, das hätten die deutschen Polizisten nicht erlaubt. Sie haben mich mit Essen und Getränken gefüttert, weil ich meine eigenen Hände nicht benutzen durfte.

Sie brachten mich ins Gefängnis, dort musste ich eine Nacht schlafen. Ich habe sehr gelitten. Ich fühlte mich so krank. Dann bin ich, immer noch begleitet von ghanaischen Sicherheitsbeamten, nach Gambia geflogen.

Mit freundlichen Grüßen

Omaru F.

Der Bundesgrenzschutz teilte auf Anfrage mit: Omaru F. wurde am dritten Dezember nach Ghana abgeschoben. Der Abflug habe sich aus Gründen verzögert, für die der Grenzschutz nicht verantwortlich sei. Da es sich bei F. um einen verurteilten Straftäter gehandelt habe, seien Entkleidung und Körperkontrolle aus Sicherheitsgründen selbstverständlich gewesen. Alle anderen Vorgänge und Vorwürfe seien in den Unterlagen über diese Abschiebung nicht verzeichnet.-

Die Wiege der Demokratie

Stammtisch und Qualitätsmedien wissen: Der Grieche als solcher, also der Grieche an sich, oder genauer: der Grieche schlechthin, ist eine faule und korrupte Sau, die Touristen betrügt, deutsche Rentner ausplündert, Sprengstoffpakete versendet und über unsere Verhältnisse lebt. Als der Multimillionär Günther Jauch im Fernsehen eine Zuschauerumfrage machte »Haben die Griechen zu Recht Unterstützung bekommen oder nicht?« waren selbstverständlich 93 Prozent dagegen, Griechenland zu unterstützen.

Griechen zu quälen, hat Tradition in Deutschland: Schon während der Okkupation Griechenlands durch Nazideutschland von 1941 bis 1944 wurden die Nazis nicht müde, die Griechen als Schieber und korrupt hinzustellen. Wehrmacht und SS zerstörten über 400 Dörfer und verschuldeten den Tod von 7,2 Prozent der Bevölkerung. Die Säuglingssterblichkeit stieg auf achtzig Prozent, in den Sommermonaten 1944 wurden täglich zwischen 106 und 110 Griechen ermordet, außerdem hat sich die deutsche Seite bei der Ermordung von etwa 59 000 jüdischen Menschen erheblich bereichert. Nach Abzug der Deutschen waren fast alle Straßen, Brücken, Tunnel, Bahnhöfe, Gleisanlagen, Eisenbahnen und alle wichtigen Hafenanlagen zerstört.

Von Mordtaten deutscher Wehrmachtssoldaten können etwa hundert griechische Märtyrerdörfer berichten – von Distomo bis Lingiades. Dorthin reiste 2014 der deutsche Chefprediger aus der Abteilung Freiheit und Verantwortung, Bundespräsident Joachim Gauck. In Lingiades hatte die deutsche Wehrmacht Säuglinge, Kinder, Frauen und Männer verbrannt oder erschossen. Deutschlands oberster Phrasenonkel ist einer von denen, die vor Ort ohne Bedenken Formulierungen benutzen wie »ich schäme mich für das, was die Nazis hier im deutschen Namen verbrochen haben«, aber die Diskussion über eine finanzielle Entschädigung der Griechen lehnt er ab. Er sagte: »Ich werde mich dazu nicht äußern. Und ganz gewiss nicht anders als meine Regierung.« Wenn es um Geld geht, sind die Verbrechen der deutschen Wehrmacht verjährt. Dass Griechenland einer jener 65 Staaten war, die 1953 im Londoner Schuldenabkommen der Bundesrepublik Deutschland einen Großteil der Kriegsschulden erließen, ist kein Grund, heute noch dankbar zu sein. Das erledigen wir mit ein paar präsidialen Gefühlsbekundungen im pastoralen Billigpack.

Ich denke, es gäbe gute Gründe, höflichst bei den Griechen anzufragen: Wie können wir euch heute, in eurer wirtschaftlichen Notlage, helfen? Stattdessen hört man arrogantes Geschwätz und dummdreiste Ratschläge. Der einzige Vorschlag, der nicht kam, war, Griechenland an die Türkei zu verschenken. Aber ein Dr. Josef Schlarmann von der CDU/CSU-Mittelstandsvereinigung, ein wackerer Streiter für die soziale Marktwirtschaft, erklärte den »bankrotten« Griechen: »Ein Bankrotteur muss alles, was er hat, zu Geld machen – um seine Gläubiger zu bedienen. Griechenland besitzt Gebäude, Firmen und unbewohnte Inseln, die für die Schuldentilgung eingesetzt werden können.« Also: Akropolis verkaufen! Kap Sunion! Den Olymp! Kreta! Alles verramschen!

Der deutsche Wirtschaftsminister, ein Spitzenvertreter des politischen Flachsinns, stellte fest: »Es geht um die Privatisierung, auch hier sind schon deutsche Experten in Griechenland vor Ort, so dass wir also hier auch schon ganz konkret werden helfen können.« Da weiß man gleich: Das geht in die Hose.

Der bayerische Ministerpräsident Markus Söder sagte zum Thema Griechenland: »Wenn jemand an deinem Seil hängt und dabei ist, dich mit in den Abgrund zu reißen, musst du das Seil kappen«, denn das sei in den Bergen so üblich, um das eigene Leben zu retten. Der fromme Christ Söder, der in allen bayerischen Amtsstuben Kruzifixe aufzuhängen befahl – will den Griechen außerdem »die Zähne zeigen« und an ihnen »ein Exempel statuieren«. Bei politischen Seilschaften in der CSU mag das die übliche Verhaltensweise sein, aber wenn's nach mir ginge: Beim jüngsten Gericht würde dieser Markus Söder wohl auferstehen als ranzige Portion Tsatsiki.

Ein Herr Jäger, Sprecher des Finanzministers, löste Griechenlands Probleme spielerisch: »Der Ball ist und bleibt im Spielfeld der griechischen Seite.« Offenbar wollte das niemand hören – deshalb sagte er's einen Monat später nochmal: »Der Ball liegt definitiv im Spielfeld der Griechen.« Daraufhin meinte der CDU-Außenpolitiker Röttgen im Juni: »Der Ball ist jetzt im Spielfeld von Griechenland.« Tags darauf bestätigte dies CSU-Spielführerin Hasselfeldt: »Der Ball liegt im Spielfeld von Griechenland.« Noch genauer wusste es einige Tage später der CDU-Haushälter Rehberg: »Der Ball liegt eindeutig im Spielfeld der griechischen Regierung.«

Und während dem Ball im Spielfeld der Griechen langsam die Luft ausging, lief den Griechen die Zeit davon: »Den Griechen läuft die Zeit davon« verkündeten alle Medien von morgens bis abends, und ausgerechnet *Die Zeit* meldete in mehreren Ausgaben: »Den Griechen läuft die Zeit davon.« Die deutschen Tageszeitungen teilten mit, dass den Griechen die Zeit wegläuft, die Rundfunksender sagten auch, dass den Griechen die Zeit wegläuft, der Bundesbankpräsident erzählte jedem, der's nicht mehr hören konnte, den Griechen läuft die Zeit weg, und ganz Deutschland staunte, als Herr Steinmeier von der SPD behauptete: »Den Griechen läuft die Zeit weg!« Ich denke aber, die Zeit ist nicht vor den Griechen, sondern vor der deutschen Austeritätspolitik und der damit verbundenen Phrasendrescherei weggelaufen.

In jenen Tagen, als es darum ging, Griechenland zu einem deutschen Protektorat umzugestalten, kommentierten besonders humorige deutsche Gäste ihre Rechnung in griechischen Restaurants mit den Worten: »Das haben wir deutschen Steuerzahler doch schon mehrfach bezahlt«, hahaha, und es gab Fälle, in denen griechischstämmigen Kindern auf dem Schulhof der Ball weggenommen wurde mit der Bemerkung: »Zahl erst mal, dann darfst du wieder mitspielen!«

Der oberste Buchhalter der europäischen Finanzmafia, Wolfgang Schäuble, notierte zum Thema Griechenland in seinem Tagebuch: »Es reicht nicht, nur die Hälfte aller Beschäftigten zu entlassen, dem Rest die Gehälter zu streichen und dafür die Ladenschlusszeiten abzuschaffen. Wir müssen auch die Jugendarbeitslosigkeit fördern, das Gesundheitswesen eliminieren und alle Rentnerinnen und Rentner mit Geldstrafen belegen. Wer ernstlich alle Griechen, die derzeit keine Krankenversicherung haben, gesundheitlich versorgen will, der verzichtet auf 35 hochwertige Leopard-Panzer zur Versorgung der Bevölkerung mit nationaler Sicherheit! Nur, wenn alle Griechen-Rentner komplett entsorgt werden, kann sich dieses angeblich so arme Land die dringend benötigte eigene kleine U-Boot-Flotte aufbauen. Wir müssen die Griechen zwingen, uns nicht nur ihre Flughäfen zu überlassen, sondern auch das gesamte Straßennetz mitsamt den öffentlichen Verkehrsmitteln. Energieversorgung, Krankenhäuser, alle staatlichen Liegenschaften und auch die Wasserversorgung müssen wir privatisieren, und letztlich kann es nur unser Ziel sein, auch die Atemluft zu privatisieren und mit Gebühren zu belegen. Ich muss der Troika (EU-Kommission, Europäische Zentralbank, Internationaler Währungsfonds) Beine machen.

Die müssen endlich verstehen: Wer Griechenland sanieren will, muss es führen wie eine Kneipe, die vor der Pleite steht. Also: keine Kosten verursachen! Das heißt: das Personal entlassen, die Küche verkaufen, das Geschirr versteigern, den Tresen zu Kaminholz verarbeiten, das Mobiliar in Zahlung geben, Wasser, Strom, Gas und Heizung abstellen und dann die Mehrwertsteuer so saftig erhöhen, dass keine Touristen mehr kommen. Danach meinetwegen Schuldenschnitt. Eventuell werde ich in Brüssel durchsetzen, dass wir dem Wirt die Schulden, die er bei uns hat, erlassen, und dafür können wir bis an unser Lebensende bei ihm anschreiben. Dann wird man ja sehen, wie der Laden brummt.«

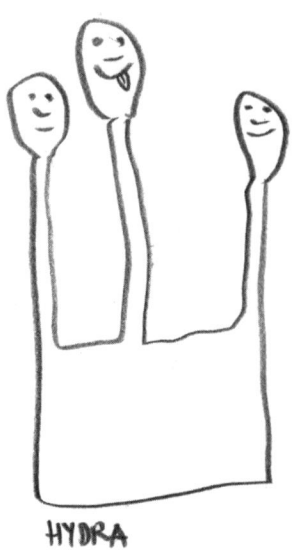

HYDRA

Differenziert denkende Eltern erzählen ihren Kindern zur Erklärung dieser Vorgänge in Griechenland die Geschichte, wie die Schildbürger einst das Problem angingen: Die Schildbürger hatten ein Pferd, dem im Zuge von Sanierungs- und Sparmaßnahmen das Futter gekürzt wurde. Da das Pferd zunächst mit weniger Hafer die gleiche Leistung wie zuvor erbrachte, beschloss man, die Haferrationen nach und nach weiter zu kürzen. Am Tag, als die Schildbürger glaubten, sie hätten es geschafft, nun würde das Pferd auch ganz ohne Futter arbeiten, fanden sie es tot im Stall.

Wie's mit Griechenland weitergeht – ich bin gespannt. Der deutsche Finanzminister verbreitet Zuversicht, dass das tote Pferd demnächst wieder Rennen gewinnen wird. Im Fernsehen gab er seine Sicht der Dinge laut Wortprotokoll folgendermaßen zum Besten: »Wir haben aus dem ersten Griechenlandprogramm für Griechenland bilaterale Kredite zur Verfügung gestellt in einer Höhe von, na ja, das werden sein, von achtzig Milliarden abzüglich irgendwo um die zwanzig Milliarden schätze ich, unter zwanzig Milliarden, fünfzehn wahrscheinlich, ich weiß nicht genau die Zahl, aber in der Größenordnung, die die KfW an Griechenland ausgereicht hat, die der Bund verbürgt und für die Griechenland auch Zinsen bezahlt, die entsprechend vereinnahmt worden sind. Darüber hinaus haben wir für die, übernehmen wir an den vereinbarten Programmen und der EFSF, das sind für EFSF insgesamt für Portugal und Irland etwa 44 Milliarden, für das neue Griechenlandprogramm, in den der Rest des ersten Griechenlandprogramms einbezogen wird, 144 Milliarden, der deutsche Anteil daran sind etwa 28 Prozent, wobei wir ja eine höhere Summe an Haftung übernehmen müssen, weil die Konstruktion des EFSF ist, dass man, um das Triple-A für die vom EFSF aufzunehmenden Anleihen zu erhalten, nur die Garantien der sechs Länder gezählt werden, die zum Zeitpunkt der Gründung des EFSF mit Triple-A beurteilt waren.

Sie sehen, ich bin ganz präzise in meiner Darstellung – das ist sehr wichtig, weil man ja das genauer sehen muss, wie es zusammenpasst.«

Manchmal frage ich mich: Kann Deutschlands Finanzminister das Wort »Eurokrise« eigentlich noch hören? Geht er nach einer dieser nächtlichen Krisensitzungen noch zum Griechen? Zahlt er dann in bar? Gibt er Trinkgeld? Und noch wichtiger: Kann der griechische Kellner das Wort »Schäuble« noch hören? Wie kann er den süffisant-arroganten Ton dieser personifizierten schwarzen Null noch ertragen? Bei der Kanzlerin hat sich anscheinend die Vorstellung festgesetzt, man könne einen Staat nach der Küchenphilosophie einer schwäbischen Hausfrau führen. Sie ist davon überzeugt, die deutsche »Sparpolitik« könne so schlecht nicht sein, denn den deutschen Überschüssen stünden in anderen Ländern zwar zwangsläufig Defizite gegenüber, aber das sei ja deren Sache, wenn sie nicht haushalten können. Wir sind jedenfalls Exportweltmeister …

Sollten diese verschuldeten Länder, den deutschen Sparbefehlen folgend, eines Tages weniger bei uns einkaufen, weil sie es sich nicht mehr leisten können und weil sie auch keine Kredite mehr aufnehmen wollen oder können, wird der Exportweltmeister wohl auf seinen Produkten sitzen bleiben. »Darüber mach ich mir kein' Kopp«, denkt die Kanzlerin sich gewiss, »da kann man dann ja immer noch Gewalt – erstmal nur androhen ...« Sie weiß natürlich auch: Krieg schafft Arbeitsplätze. Aber erstmal geht es ja weiter Richtung Aufschwung und Wachstum: Die Arbeitslosigkeit in Südeuropa treibt viele hochqualifizierte Arbeitskräfte zu uns, und das heißt: Der deutsche Staat spart Ausbildungskosten, die Unternehmen können die Löhne drücken ...

Ich vermute, von Berlin und Brüssel aus betrachtet ist Griechenland eine Art politisches Laboratorium: Hier wollen die Fonds und Spekulanten, die Banken und Konzerne, Versicherungen und Kapitalgesellschaften mal testen, wie weit sie gehen können, wenn sie Menschen zumuten, in einem Land zu leben ohne öffentlichen Dienst, ohne soziales Netzwerk, ohne Gesundheitssystem, ohne feste Arbeitsplätze, ohne öffentliche Verkehrsmittel, ohne staatliche Bildungseinrichtungen und ohne Kulturförderung, und die Regierungen wollen nur mal sehen, wie lange es wohl dauert, bis die gepeinigte Bevölkerung zurückschlägt.

Nun zwingt die europäische Austeritätspolitik das griechische Parlament dazu, Steuererhöhungen, Massenentlassungen, drastische Kürzungen von Gehältern und Renten sowie Einschnitte im Sozial- und Gesundheitswesen zu beschließen. Allgemeine Verelendung ist die Folge – schon fällen die Menschen die letzten Bäume, weil sie sich kein Heizöl mehr leisten können. Sogar die Natur ist also ein Opfer der Sparmaßnahmen. Dagegen demonstrieren und streiken die Menschen. Nicht nur in Griechenland, auch in Italien, in Spanien und Portugal riefen die Gewerkschaften zum Generalstreik auf, und in Belgien verkehrten keine Züge mehr. In Deutschland hingegen war das Schweigen geradezu ohrenbetäubend, nur sehr vereinzelt war ein »Hoch die internationale Solidarität« zu vernehmen, aber das hörte keiner, denn die Aufgabe der deutschen Medien ist es zu verhindern, dass die

Lohnabhängigen Gemeinsamkeiten mit ihren Kollegen in Griechenland entdecken und dann feststellen, dass wir alle Griechen sind … Bei uns quittiert man die Proteste im Süden Europas zumeist mit Kopfschütteln, denn »Sparen« ist in der deutschen Sprache positiv besetzt.

Die Menschen in Griechenland haben längst verstanden: Das europäische Krisenmanagement mit seinen Rettungsschirmen, Rettungsfonds und Rettungspaketen will nicht Griechenland retten, sondern den Banken Gutes tun. Und Sokrates sagt süffisant grinsend: »Allein die Stützung der Commerzbank kostete rund achtzehn Milliarden – dagegen ist Griechenland doch ein Schnäppchen. Aber wer will schon in der Commerzbank Urlaub machen?«

In vielen griechischen Kneipen hängen Dart-Scheiben mit dem Konterfei des deutschen Finanzministers, und vor zahlreichen Hauseingängen liegen Fußabtreter mit dem Bildnis der deutschen Bundeskanzlerin. Aber in Deutschland regt man sich auf wegen griechischer Karikaturen, die den deutschen Finanzminister in Nazi-Uniform und die deutsche Bundeskanzlerin mit Hitler-Schnurrbart zeigten. Diese Art Geschichtsdeutung ging ja auch haarscharf daneben: Man könnte die beiden allenfalls als Steigbügelhalter der Nazis in der Spätphase der Weimarer Republik abbilden – dann sähen sie aus wie Franz von Papen oder Hindenburg …

Geht es gesprächsweise um Europa, lautet ein beliebter Spruch in Deutschland: »Wir zahlen und zahlen, und alle wollen unser Geld, und wir sind auch noch so blöde und geben es denen.« Wenn das stimmt: Warum sind wir dann so unbeliebt?

Woanders ist es auch nicht besser

Im Süden wird Italien beherrscht von der organisierten Kriminalität, im Norden von einer ausländerfeindlichen Partei und im Zentrum von den direkten Nachfahren des Faschismus. Darüber thront die fleischgewordene Korruption, ein Großganove, der den Staat als

Reservoir für persönliche Bereicherung ansieht. Er beherrscht als Diktator das Fernsehen, Pressefreiheit ist tabu, die Justiz wird mittels einer für den Regierungschef maßgeschneiderten Gesetzgebung manipuliert. Flüchtlinge werden nicht als Menschen angesehen: Die Abschottungspolitik mit Patrouillenbooten und immer höheren Mauern wird täglich perfektioniert. Dabei sind die Italiener selbst nichts anderes als Türken, die sich für Abkömmlinge der Griechen halten ...

Ein Land, in dem Rassismus so schamlos und ungestraft ausgelebt werden kann wie in Italien, ist eine Schande für Europa. Eigentlich müssten wir Krieg führen gegen Italien, wegen der Menschenrechte. Wenn Sie mir nun vorhalten, bevor man einen Krieg anfängt, sollte man bessere Gründe haben, kann ich nur entgegnen: Haben wir! Wir brauchen den unmittelbaren Zugriff auf unsere Rohstoffreserven Brunello, Verdicchio dei Castelli di Jesi, Parmigiano, Prosciutto, Focaccia, Zabaione, Limoncello, Espresso Doppio, Belcanto und Toskana. Doch die Liebe zu diesen Köstlichkeiten des Lebens bringt einen zwangsläufig in die Nähe von 'Ndrangheta, Cosa Nostra anderen Mafia-Organisationen.

Vielleicht sollten wir uns lieber Irland zuwenden. Die grüne Insel links neben England zählt zu den größten Exporteuren von übelschmeckendem Bier und ungenießbarem Whisky, das Schweinefleisch ist eine einzige Schweinerei, und Irland ist auch der größte Exporteur von kopfschmerzerregender akustischer Belästigung namens »Irish Folk« sowie mythologisch zerkochten Zwergen, die alle aussehen wie Chris de Burgh. Ihren Lebensunterhalt bestreiten die Iren von EU-Subventionen, die für Butter und Brauchtumspflege gezahlt werden. Im Juni 2008 haben die Iren in einer Volksabstimmung »Nein« zum EU-Vertrag gesagt, 2009 dann »Ja!« Sie sind also wankelmütig. Ob sie deswegen eines Tages aus Europa rausgeworfen und gegen Tibet eingetauscht werden, das entscheiden die Brüsseler Spitzen im Badeurlaub.

Über Tibet hört man ja dieselben üblen Geschichten wie über Irland, jedenfalls wenn man die Chinesen fragt. Dann fragen die Chinesen zurück, warum sollten wir diesem Gottesfürsten Dalai-Lama die Herrschaft über Tibet geben? Ihr gebt dem Ratzinger ja auch nicht das katholische Münsterland als persönliche Pfründe … Ich weiß nicht, ob man die beiden Herren mit der Vorliebe für ausgefallene Damengarderobe miteinander vergleichen kann, ich denke nur, der Dalai-Lama ist noch wesentlich wiedergeborener als der Ex-Papst Ratzinger …

Dann habe ich eine Zeit lang gedacht, die Tibeter gibt es gar nicht wirklich, die hat sich der Reinhold Messner ausgedacht, so, wie Karl May die Kurden erfunden hat, aber dann haben die Chinesen bei den Olympischen Spielen eine neue Disziplin eingeführt: Schießen auf den laufenden Tibeter. Und da haben alle anständigen Deutschen gewusst, jetzt müssen wir aber mal Widerstand leisten: Über 200 deutsche Rathäuser haben die tibetische Flagge gehisst, obwohl das ganz schön gefährlich war, weil sich im Umkreis von wenigen Metern zahlreiche Chinarestaurants befanden.

In der Folgezeit war ich total solidarisch mit Tibet und habe China energisch boykottiert:

Mein bleihaltiges chinesisches Kinderspielzeug habe ich einem katholischen Kindergarten gespendet, meine Tüten mit der chinesischen Milch hat das Tierheim gekriegt, ich habe alle meine Chinaböller nebenan im Treppenhaus des Seniorenheims auf einmal in die Luft gejagt, und Hunde esse ich auch nicht mehr, weder Mopsgulasch noch Dackelkotelett. Ich stehe auf dem Standpunkt: Wenn Soldaten eines großen Landes in ein kleines Land mit ähnlicher Kulturgeschichte einmarschieren und dieses kleine Land mit Gewalt ins eigene Reich eingliedern – das gehört sich nicht, und so etwas konnten wir Deutschen noch nie leiden. Aber dann erfuhr ich, in Tibet herrschte, bevor die Chinesen es einnahmen, ein durch und durch antidemokratisches Regime, ein feudaltheokratischer Priesterstaat, in dem bis in die Mitte des zwanzigsten Jahrhunderts Leibeigenschaft und Sklaverei gebräuchlich waren …

Chef des Landes, das weltliche und geistliche Oberhaupt der Tibeter, war bis zu seiner Vertreibung durch die Chinesen Seine Helligkeit der Dalai-Lama, ein gelernter Mönch. Dieser Gottkönig vom Dache der Welt, der redseligste und lustigste aller Kuttenträger, die je durch die Weltgeschichte geschlurft sind, war der Anführer einer okkultistischen Splittersekte, die an Karma und Wiedergeburt glaubt, an Astrologie, Hellseherei, Psychokinese und jedweden sonstigen Esoterikunsinn, einschließlich der Fähigkeit tibetischer Mönche, frei durch die Luft zu fliegen.

Was der Gottkönig in seinen Vorträgen mit Fistel- oder Gackerstimme zum Besten gibt, ist eine absurde Dialektik von Plattitüden und Nonsens. Zum einen lässt er Positive-Thinking-Trivialkram ab, der sich nur selten über das Niveau von Glückskeksen erhebt, die man nach dem Essen im Chinarestaurant bekommt, zum Beispiel: »Nur wer Leid erträgt, wird Glück erfahren.« Alle können dabei mit dem Kopf nicken und sich der Erleuchtung ganz nahe wähnen, auch wenn der Aussagewert gleich null ist. Zum anderen reiht er, begleitet von unmotiviertem Gekichere und anderen Hanswurstiaden, wie etwa dem Herumschaukeln auf seinem Thron, sinnleere Worthülsen aneinander. Die Zuhörer schalten schnell ab und halten das dann für bewusstseinsfördernde Meditation. Und wer diese spezielle Art von Philosophie und Metaphysik nicht versteht, der ist eben noch nicht genügend erleuchtet.

O-Ton der von innen erleuchteten Kichererbse: »Dass Erscheinungen unter letztgültiger Analyse nicht gefunden werden können, zeigt an, dass sie nicht wirklich existieren. Da sie leer sind in Bezug auf die konkrete Existenzweise, in der sie erscheinen, ist klar, dass sie im Kontext und Wesen der Leere in Bezug auf inhärente Existenz existieren.« Aha. Alle sind berührt, keiner gibt zu, dass der Dalai-Lama Unsinn verzapft.

In Hamburg erteilte der Gottkönig Belehrungen in »Buddhistischer Philosophie und Praxis«. Die Dauerkarte kostete 330 Euro, dafür bekam man ein Dauergrinsen und durchschlagende Weisheiten wie diese: »Ein Bewusstsein wird dadurch bestimmt, dass ein Objekt erscheint, unabhängig davon, wie das Objekt erscheint, korrekt oder falsch. Zum Beispiel tritt bei einem Bewusstsein, das fälschlich an inhärente Existenz glaubt, die Erscheinung von inhärenter Existenz auf. Da diese Erscheinung dem Bewusstsein tatsächlich erscheint, wird gesagt, dass es in Bezug auf diese Erscheinung gültig ist; es wird sogar gesagt, dass es eine unmittelbar wahrnehmende gültige Erkenntnis in Bezug auf diese Erscheinung ist. Somit ist selbst ein verkehrtes Bewusstsein, das an die inhärente Existenz seines Objekts glaubt, gültig in Bezug auf die Erscheinung von inhärenter Existenz.« Ich muss das nicht verstehen – ich bin privatversichert. Aber ich frage mich, welchen Shit der Dalai-Lama raucht …

Der Eurotürke

Ist der Türke einer von uns? Ein Europäer? Oder scheitert Europa, wenn der Türke ins Innere gelangt? Das ist ein Glaubenskrieg: Gebetsteppich gegen Rosenkranz, Fatima gegen Maria, Beschneidung gegen Taufe, Imam gegen Hochwürden. Ständig werden von der jeweiligen Glaubensindustrie und den zuständigen Auferstehungsbeamten neue Gotteskrieger produziert. Das ist ein Horror für alle Ungläubigen und am Diesseits orientierten Gottlosen, die ihre Entscheidungen nach politischen und nicht nach theologischen Kriterien fällen.

Ein humanistisch gebildeter, bayerischer Ministerpräsident aus dem humanistisch gebildeten Bayern hat verlangt, »die geografische Ausdehnung Europas soll sich an gemeinsamen Wertvorstellungen orientieren«. Gemeinsame Wertvorstellungen mit dem bayerischen Ministerpräsidenten? Brezen, Dirndl, Alphorn, Fronleichnam? Für Ali sind Stubenmusi, Schweinshaxe und Enzianschnaps im Beichtstuhl keine Wertvorstellung. Ali – in all seiner Paschaherrlichkeit – würde nicht mal die Frau des bayerischen Ministerpräsidenten nehmen, selbst wenn er zwei Ziegen dazu kriegen würde …

Ali sagt zu mir: *Vermutlich ist dir entgangen: Der größte Teil der Türkei liegt in Kleinasien.*

Stimmt schon, antworte ich, und der kleinere Teil ist drüben, andere Elbseite, in Hamburg-Wilhelmsburg.

Wir haben eben auch unsere Kolonien, antwortet Ali.

Ich will ihn gnädig stimmen: Einige der wichtigsten Säulen der europäischen Kultur stehen in Städten Kleinasiens: Milet, Ephesus, Antiochia. Und das Konzil von Nizäa, 325.

Davon weiß ich nix, sagt Ali, *daran kannst du dich erinnern, alter Mann, wir Türken sind später gekommen, wir stammen aus den Steppen Vorderasiens, und diesen ganzen europäischen Kulturmüll, den haben die griechischen Bastarde produziert.*

Mach mal halblang, antworte ich, Rassismus geht gar nicht: Die Bayern stammen auch nicht von den Germanen ab, sondern vom Tross römischer Legionen, also von libyschen Saucenköchen, syrischen Warzenbesprechern und mazedonischen Freudenmädchen. Sollen wir die Bayern deswegen aus Europa abschieben?

Versuch's, sagt Ali, *aber die nimmt doch keiner. Weißt du eigentlich, dass Adenauer die Elbe zur Westgrenze Asiens machen wollte?*

Türkischer Humor – immer wieder köstlich. Ich frage: Bist du denn nicht der Meinung, dass es Zeit wird, alle Grenzen zu überwinden? Auch und gerade die kulturellen?

Güllegülle, sagt er, *Grenzen gibt es überall: Weißwurschtäquator, die Grenze zwischen Dithmarschen und Nordfriesland, dann die zwischen Döner und Gyros, und die Obergrenze bei Flüchtlingen. Außerdem habt Ihr Eingeborenen auch noch die Promillegrenze.*

Ja, das stimmt zwar, aber überall bröckeln die kulturellen Grenzen: Kein Mensch regt sich mehr über eine protestantisch-katholische Mischehe auf, und es gibt sogar schon Männer, die Hand in Hand aufs Standesamt gehen.

Allah hilf, antwortet Ali, *sonst wird das noch zur Pflicht.*

Es gibt junge Türkinnen, die widersetzen sich ihrer Zwangsverheiratung. Diese kulturelle Grenze bröckelt auch. Es gibt sogar schon junge Türkinnen, die drehen Pornofilme: »Die megageile Kükenfarm«. Schon gesehen? Hat in Berlin den goldenen Bären bekommen …

Das mag Ali nun gar nicht hören: *Mögen die Ungläubigen, die uns das eingebrockt haben, von ihren Filzläusen bei lebendigem Leib gehäutet werden,* sagt er.

Er will nicht, sagt er weiter, dass in Izmir in der Koranschule eine christliche Nonne in ihrem Pinguinoutfit kommt und den Kindern erzählt, sie ist die Braut Christi. Außerdem – Königsberger Klopse, Labskaus und pommerscher Kartoffelschnaps an Bosporus, bezahlt mit Euro: *Das hat keinen Stil.*

Wo er recht hat, hat er recht, auch wenn die Osmanen mittlerweile die mitteleuropäischen Innenstädte komplett durchdönerisiert haben.

Ja, sagt er, *euch macht das ja nichts aus, aber ich bete jeden Abend: Allah hilf, beschütze die Türkei vor der EU. Sieh mal Italien,* sagt er: *Seit Italien in der EU ist, halten die Autofahrer an jeder roten Ampel. Das ist nicht normal. Istanbul ist nur noch Orient-Light.*

Ja, antworte ich, Antalya und Aschaffenburg haben gewisse Ähnlichkeiten.

Und irgendwann verbietet die EU uns auch noch den Schnurrbart und die Wasserpfeife.

Herrgottimhimmel, antworte ich, niemand will euch eure Folklore wegnehmen. Aber es ist ja wohl selbstverständlich, dass die Türkei Folter und Todesstrafe abschwören muss, wenn sie in die EU aufgenommen werden will.

Das klingt logisch, sehr gut! Wollt ihr denn auch die USA aus der NATO rausschmeißen?

Gute Idee, kriegen wir nicht durch. Aber ist es denn nicht schön, wenn eine gewisse Ordnung ins Land kommt? Kläranlagenstandards und genormte Lochgrößen für Fischfangnetze – so was braucht man doch.

Quatsch. Braucht kein Mensch.

Gut, Ali, dann was anderes. Ich könnte eine Unterschriftenaktion starten: Türken nach Brüssel!

Hör auf, das hat doch keinen Zweck.

Wieso? Ich kenne genügend Leute, die schon an etlichen Unterschriftenaktionen teilgenommen haben. Sie haben mit ihren Unterschriften die Unterdrückung der Frauen in Saudi-Arabien angeprangert, das Abholzen des Regenwaldes in Indonesien verdammt, den Walfang in Japan gegeißelt, die Besetzung Tibets verurteilt und den Hunger in Afrika bekämpft.

Und? Was hat das Unterschreiben gebracht? Saudis, Indonesier, Japaner, Tibeter, Afrikaner – sind sie in der EU? Nein! Da kommen sie auch nicht rein.…

Im Grunde liebe ich den Türken, so, wie er ist, also diesen barbarischen und frauenverachtenden Unhold mit Krummdolch und stechendem Mundgeruch, der weit jenseits unserer Zivilisation steht. Er ist mir sehr sympathisch.

Sei mal ehrlich, sagt Ali zu mir, *du hast doch Angst. Du brauchst uns als Feindbild. Du hast Angst, uns als Feindbild zu verlieren.*

Das ist ein interessanter Gedanke, antworte ich, da ist vielleicht sogar was dran, aber lass uns jetzt mal lieber übers Geschäft reden. Wenn die Türkei in die EU kommt, das ist für uns Mitteleuropäer ein schöner Sicherheitszuwachs. Und deswegen liefern wir euch erstmal dreißig Schützenpanzer, eine Palette Boden-Boden-Raketen, ein Dutzend Abfangjäger und ein paar Container Nervengas, also unser ganzes Menschenrechtsarsenal. Damit kommen wir unseren gemeinsamen Wertvorstellungen doch schon ziemlich nahe. Was sagst du dazu?

Großartig, antwortet Ali, *das brauchen wir alles ganz dringend …*

Bei den Operetten-Nazis

Österreich – nahe der Grenze zu Slowenien, also Steiermark, eine Woche! Da sieht's immer noch so aus wie im Heimatfilm der Fünfzigerjahre. Ein Besuch dort führt leicht zu erheblichen Wesensveränderungen.

Die Steiermark ist eine Kürbisregion. Massenhaft Kürbisse. Sehr feines Kürbiskernöl. Kürbiskerne kann man auch knabbern. Deswegen hat die EU verfügt, die Kürbiskerne heißen jetzt Knabberkerne. Und haben Sie mal Schilcher getrunken? Die Steirer behaupten, das sei Wein. Ich bin nicht dahintergekommen, was es ist. Jedenfalls, in Schilcher sollten Sie ihr Gebiss nachts lieber nicht aufbewahren.

Gern gelesen habe ich die *Weststeirische Rundschau*. Eine Meldung aus Stainz lautete: »Was macht man bei einem Fest, wenn es regnet? Das Organisationsteam der Fleischwerke Messner wusste die Lösung: Ab in die trockenen Garagen. An den gemütlichen Tischen konnte sich das Würstelfest in voller Blüte entfalten.« Und über den Jubilar Alfred Silgener erfuhr ich: »Seine Hobbys sind Fischzucht, das Wandern und Schifahren. Vom Jagdpächter Hubert Theisl wurde er zum Oberfütterer für Rehwild ernannt.« Also, die Steiermark hat was.

Ansonsten bleibe ich bei meiner Meinung: Österreich hat zwei große Irrlehren in die Welt gesetzt – dass Beethoven Österreicher und Hitler Deutscher gewesen ist. Aber ein österreichischer Schriftsteller hat mir erklärt, österreichische Normalität ist immer das Gegenteil dessen, was ein denkender Mensch für logisch hält. Einige Beispiele, die es Ihnen erleichtern zu verstehen, was da zurzeit im österreichischen Wahlkampf abläuft.

WIENER WALZER

Einen Politiker, der vor Wahlen ankündigt, dass er in die Opposition geht, wenn er nur Dritter werden sollte, und der sich dann, wenn er nur Dritter wird, mit Hilfe einer international geächteten Krawalltruppe zum Kanzler machen lässt, nennt man »Reformpolitiker«.

Eine Partei, deren Spitzenpolitiker nach wenigen Wochen wegen Überforderung oder strafbarer Handlungen in der Versenkung verschwinden, nennt man »einen bewährten Koalitionspartner, mit dem die Arbeit an der Modernisierung Österreichs fortgesetzt werden sollte«. Wenn der Reformpolitiker Neuwahlen ansetzen muss, weil ein Chaotenhaufen, nämlich sein Koalitionspartner, abgesprungen ist – gibt er bekannt, dass er nach der Wahl am liebsten ebendiese Koalition fortsetzen möchte. Die öffentliche Meinung in Österreich gibt dem Chef der Regierung, die diese vorzeitigen Neuwahlen notwendig gemacht hat, laut Meinungsumfragen die besten Zustimmungsdaten für seine Partei seit sechsunddreißig Jahren.

Eine Politikerin, die den gesamten Forschungsförderungssetat ihres Ministeriums einfach streicht, wodurch Dutzende Beamte arbeitslos in ihren Zimmern sitzen, während das für die Forschungsförderung vorgesehene Budget zur Finanzierung von Plakaten und Fernsehspots eingesetzt wird, die das »Image« der Forschung verbessern sollen, nennt man Wissenschaftsministerin. Sie heißt deshalb Wissenschaftsministerin, weil sie aus dem Hochwasserentschädigungspaket einen Forschungsauftrag in Millionenhöhe an einen Historiker vergeben hat, der nachweisen soll, dass die Rote Armee 1945 Österreich gar nicht befreit hat.

Einen Politiker, der im bürgerlichen Beruf Tierarzt ist, und als erste politische Tat eine Abteilung in seinem Ministerium gründet, die »ungerecht behandelten Männern« Rechtsschutz anbietet, nennt man Frauenminister.

Einen Politiker, der die Weisung gibt, Asylanten auf die Straße zu setzen, noch bevor ihr Asylantrag bearbeitet ist, und ihnen mitteilt: Sie müssen ja nicht frieren, wir bieten ihnen vierzig Euro an, wenn sie das Land verlassen, nennt man Innenminister.

Einen grünen Abgeordneten, der Zeuge wird, wie Polizisten einen Demonstranten verprügeln, und die Polizisten auffordert, diese Übergriffe zu beenden, nennt man einen »gewaltbereiten Chaoten«.

Und ein Geistlicher, der als »Porno-Bischof in St.Pölten« sein Unwesen trieb, heißt Kurt Krenn. Der ist auch der Vorsteher einer kleinen, aber äußerst zähen Lobbytruppe, der zutiefst reaktionären »Kaiser-Karl-Gebetsliga für den Völkerfrieden«, die sich seit Jahrzehnten energisch dafür einsetzt, dass der letzte österreichische Kaiser, Karl I, in den erlauchten Kreis der Seligen befördert wird. Wichtigste Voraussetzung für die Seligsprechung ist ja, dass die betreffende Person tot ist. Außerdem muss die Person ein »heiligmäßiges Leben« geführt und ein Wunder gewirkt haben. Ebenfalls ein Kriterium ist die »weit verbreitete Verehrung durch das gläubige Volk«.

Kaiser Karls Lebensstil war angemessen: Er sei ein »vorbildlicher Christ, Ehemann, Familienvater und Herrscher« gewesen, heißt es in der Begründung der vatikanischen Heiligsprechungskongregation, Und der zuständige Kardinal erklärte, Karl »suchte den Frieden, half den Armen, führte mit Entschiedenheit ein geistliches Leben, der Glaube bestimmte sein Leben von Jugend an, vor allem während des Weltkriegs.« Das mag ja alles so sein, nur: Bei der zwölften Isonzo-Schlacht im Oktober 1917 wurden italienische Stellungen mit Phosgen-Gas angegriffen. Die jungen Italiener gingen elend zugrunde, aber Kaiser Karl I rechtfertigte hinterher ausdrücklich diesen Giftgas-Einsatz.

Mir fallen da Saddam Hussein von Iraq und Assad von Syrien ein: Ob diesen mächtigen Herren trotz der Giftgas-Einsätze gegen ihre Feinde eines Tages von frommen Moslems auch eine privilegierte Stellung im muslimischen Himmel eingeräumt wird?

Jedenfalls, an Kaiser Karls Lebenswandel hatte Rom nichts auszusetzen. Und das nötige Wunder ereignete sich 1960: Seitdem gilt es als erwiesen, dass Kaiser Karl 38 Jahre nach seinem Tod eine polnische Nonne in Brasilien von ihrem schmerzhaften, unheilbaren Beinleiden geheilt hat. Krampfadern. Ganz übel. Das Leiden verschwand über Nacht. Dies für bare Münze zu nehmen und nicht zu bespötteln, braucht viel vertrauensvolle Glaubensstärke. Der selig gesprochene Karl wird nun in den liturgischen Kalender aufgenommen, und seine Statuen dürfen mit Heiligenscheinen ausgestattet werden.

Und wenn Sie irgendwelche Anliegen an die Himmlischen haben: Österreichs letzter Kaiser ist zu Ihren Diensten.

Ein ganz falsches Bild

Der Europa-Korrespondent einer Tageszeitung in Moldawien fasste seine Eindrücke von Deutschland folgendermaßen zusammen: Niemand kann bestreiten, dass es in der Bundesrepublik Deutschland rechtsstaatliche Defizite gibt:

Bei Großeinsätzen der Polizei in Deutschland kommt es regelmäßig zu Übergriffen gegen Demonstranten. Versuche von Betroffenen, sich auf dem Rechtsweg Geltung zu verschaffen, verlaufen fast immer im Sande. Rassistische Übergriffe sind an der Tagesordnung, und glaubwürdige Berichte über ausländerfreie Zonen beweisen, dass Minderheiten- und Migrantenpolitik in der Bundesrepublik noch in den Kinderschuhen stecken. Deutschland ist auch von einer strikten Trennung von Staat und Religion weit entfernt. Der Staat treibt die Kirchensteuer ein und duldet trotz höchstrichterlicher Urteile religiöse Symbole in öffentlichen Einrichtungen.

Was die Frauen betrifft: Jede dritte Frau in Deutschland ist in ihrem Leben bereits einmal geschlagen worden. Jede siebte erlebte sexuelle Nötigung oder Vergewaltigung, und 58 Prozent der Befragten gaben zu Protokoll, sie seien sexuell belästigt worden.

Mit Befremden wird in aller Welt das schlechte Abschneiden deutscher Schüler in Studien wie PISA wahrgenommen, und in dieses Befremden mischt sich Besorgnis um die in Deutschland lebenden ausländischen Kinder. In der Türkei zum Beispiel hat der Schuletat einen Anteil von acht Prozent am Gesamtbudget und ist damit größer als der Militärhaushalt. Davon ist Deutschland weit entfernt.

Dazu kommt: In Deutschland ist der Europa-Gedanke nicht sonderlich weit verbreitet. Das allgemeine Desinteresse erkennt man schon daran, dass nur etwa die Hälfte der Wahlberechtigten bei Europawahlen ihre Stimme abgibt. Dieses alles bedenkend wäre es möglicherweise angebracht, per Unterschriftenaktion den EU-Ausschluss Deutschlands zu fordern: Deutschland ist einfach noch nicht reif für Europa ...

10 Friedenstruppen

Peng, Bumm + Rattatazong

Der deutsche Mann in Uniform ist traditionell der Beschützer des Guten. Jede Art der Kriegsführung muss für ihn erkennbar ökologisch und nachhaltig sozialverträglich sein. Er will nur Frieden schaffen, mit immer besseren Waffen.

Unsere Bundeswehr steht in der postkonfrontativen Ära vor multidimensionalen Risiken. Deswegen nennen wir das Militär auch nicht mehr Militär, sondern Krisenreaktionskräfte.

Das sollte uns allerdings niemand als Schwäche auslegen. Und den islamistischen Terroristen muss man sehr deutlich sagen: Wer meint, unsere westliche Zivilisation unbedingt ins Unglück stürzen zu müssen – das schaffen wir durchaus auch allein!

Die deutsche Bundeswehr dient der Aufrechterhaltung des freien Welthandels und des Zugangs zu strategischen Rohstoffen. Wenn uns also Venezuela von den Bananen abschneidet oder Schweden von unseren Fichtenmöbeln, dann kommen wir mit den Panzern und mit der Luftwaffe: Rumms Bumm! Und wenn die Sorben im Spreewald, diese slawischen Essiggurkenzüchter bei Bautzen, plötzlich ihre Autonomie wollen – dann peng-peng-peng! Und wenn sich die Schleswiger mit den Holsteinern in Friesland um Dithmarschen schlagen, auf den Deichen hocken Uno-Blauhelme aus Ghana, und im Hintergrund auf den Düppeler Schanzen lauert die Großmacht Dänemark: Rattatazong!

Probleme löst man mit Rattatazong!

Die Bundeswehr muss einstehen für die Vorbeugung, Eindämmung und Beendigung von Konflikten jeglicher Art, die die Unversehrtheit und Stabilität Deutschlands beeinträchtigen könnten. Der deutsche Verteidigungsminister hat längst aus dem fortschrittlichen Gedanken der Sozialpflichtigkeit des Eigentums die Begründungen für weltweite Militär-Interventionen entwickelt. Er erklärte: »Ich bin überzeugt davon, dass aus Wohlstand auch Verantwortung erwächst. Das ist ein Grundprinzip der sozialen Marktwirtschaft: Eigentum verpflichtet.« Damit ist nichts anderes gemeint als die »Pflicht« zur Verteidigung des Wohlstands durch Krieg. Denn er sagte weiter: »Unser Reichtum entsteht durch Verflechtung in der Welt, durch Handel, durch Export und Import. Wir können nicht sagen, um die globale Sicherheit, von der wir sehr profitieren, sollen sich andere kümmern.«

Es ist staatspolitisch sehr verantwortungsvoll, wenn der Bayerische Rundfunk seine Sendezeit zur Verfügung stellt, um über Unterrichtsstunden mit Bundeswehr-Werbungs-Offizieren in bayerischen Gymnasien zu berichten. Da haben doch tatsächlich einige Schüler gefragt, was deutsche Soldaten denn im Ausland zu suchen hätten, aber am Ende haben die meisten kapiert, dass das, was die Bundeswehr im Ausland tut, richtig und wichtig ist, denn der Offizier hat den jungen Menschen erklärt: »Neunzig Prozent eines Edelmetalls, nämlich Coltan, wird zur Zeit im Kongo gefördert, und unsere Chip-, Computer- und die ganze Siliziumindustrie sind wesentlich abhängig von diesem Material.« Als er dann fragte, wer von den Schülern ein Handy habe, hoben alle den Arm. Und sie verstanden, wie in der globalen Welt Sicherheitspolitik und Wirtschaft zusammenhängen.

Fazit eines besonders intelligenten Schülers: Früher sagte man »Gefallen für Kaiser und Vaterland«. Heute klingt das cooler: »Gefallen für DAX und Handy«.

In der Tat: Als zwei deutsche Soldaten bei dem Versuch, eine Rakete zu entschärfen, in Afghanistan ums Leben kamen, konnte man im Fernsehen ihre Aufbahrung auf dem Kölner Flughafen sehen. Dazu erklang »Ich hatt' ein' Kameraden,« und per Laufschrift wurden am unteren Bildrand die aktuellen Aktienkurse eingeblendet. Das war eine schöne Bestätigung für den wirklichkeitsnahen Unterricht an bayerischen Gymnasien.

Neben den internationalen Verpflichtungen ist die Truppe aber auch der Garant für unseren inneren Frieden. Die Bekämpfung der Kriminalität kann ja nicht allein Aufgabe der Polizei sein. Gewiss, Ladendiebe, Schwarzfahrer und Heiratsschwindler gehören nicht unbedingt vors Kriegsgericht, trotzdem ist ein Inland-Einsatz der Bundeswehr in manchen Fällen durchaus zu begrüßen – betrügerische Finanzdienstleister, korrupte Stadtverwaltungen, mafiagesteuerte Fußballfunktionäre und andere gesellschaftlich wertvolle Gesetzesbrecher sind ja eine durchaus angemessene Zielgruppe. Und die absolute Sicherheit kann erst recht nicht von der Polizei allein gewährleistet werden.

Auch, wenn Polizisten mittlerweile aussehen wie die Ninja–Turtles, sind sie doch weder befugt noch dafür ausgebildet, eine Stadt zur militärischen Festung umzugestalten – da braucht man Panzer, Kanonen, Raketenwerfer, Streubomben, Drohnen und Kampfflugzeuge, jedenfalls, wenn man alle Geschäfte, Schulen, Kitas, Kulturzentren und ganze Stadtviertel nicht nur abriegeln, sondern bei Bedarf auch mal einäschern muss. Da braucht man eine Armee. Und in dem Zusammenhang ist es beruhigend und sinnvoll, wenn die Bundeswehr aufgestockt wird, und zwar durch Kinder und Jugendliche.

Die Bundeswehr stellt von Jahr zu Jahr mehr Minderjährige ein, und auch die Zahl der weiblichen minderjährigen Bewerberinnen ist so hoch wie nie zuvor. Selbstverständlich ist das keine Verletzung der UN-Kinderrechtskonvention – darauf achtet penibel die Jugendfürsorge – und den jungen Menschen macht es Spaß, bei Bedarf auch mal ihre Heimatstadt mit all den alten Spießern in Angst und Schrecken zu versetzen. Außerdem sollen in Zukunft auch junge Spanier, Portugiesen und vielleicht sogar Engländer in der Truppe dienen. Die haben vermutlich keine Skrupel, demonstrierende Deutsche stundenlang einzukesseln, und wenn die Freiheit Deutschlands unbedingt an der Stadtgrenze von Kabul verteidigt werden muss – warum sollten das nicht Arbeitslose aus Lissabon, Madrid und London übernehmen?

Der Heldentod für Deutschland – das ist ja nicht der schlechteste Job. Auch moralisch: »Die Bundeswehr ist Teil der Friedensbewegung«, sagte der deutsche Verteidigungsminister. Die Europäische Union bekam schon vor einigen Jahren den Friedensnobelpreis.

Seitdem erhalten europäische Rüstungsexporte endlich das verdiente Gütesiegel: »Hergestellt im Land der Friedensnobelpreisträger«. Auch der US-Präsident Obama erhielt den Friedensnobelpreis. Auf Befehl dieses sympathischen Mannes flogen US-Drohnen, also unbemannte Flugzeuge, in Pakistan und anderen dunklen Ecken zahllose Angriffe. Dabei wurden mehrere Tausend Menschen getötet. Das veranlasste den deutschen Verteidigungsminister zu der Erläuterung, »dass sich ein unbemanntes Flugzeug, also eine Drohne, von einem klassischen Kampfflugzeug ethisch nicht unterscheidet. Es kommt auf die Menschen an ... es ist irrelevant, ob der Mensch im Cockpit sitzt und eine Bombe auslöst oder vor einem Monitor auf dem Boden. Insoweit sind Drohnen und Flugzeuge ethisch neutral.«

Mit dieser philosophischen These hat der Verteidigungsminister beim Intelligenzvergleich mit einer feuchten Teppichfliese einen guten zweiten Platz belegt. Denn er weiß natürlich, dass Kurt Tucholsky schon in den Zwanzigerjahren seine Leser gefragt hat: »Wenn du plötzlich sehr reich werden könntest und müsstest dafür nur einen Knopf drücken, und in China fällt ein Mandarin tot um – würdest du das tun?« Die überwiegende Mehrheit antwortete mit »ja«. Man musste ja nur einen Knopf drücken und nicht selbst töten. Man kannte China ja gar nicht, und der Knopf ist ethisch neutral ...

Die deutsche Bundeskanzlerin stellte zur Zielsetzung der EU sehr deutlich fest: »Die zentrale außenpolitische Zielsetzung lautet, Politik und Handeln anderer Nationen so zu beeinflussen, dass damit den Interessen und Werten der eigenen Nation gedient ist. Die zur

Verfügung stehenden Mittel reichen von freundlichen Worten bis zu Marschflugkörpern.« Dieser Satz führt uns ohne Umschweife zum »Alten Fritz«, also zu Friedrich II von Preußen. Der Flötenspieler und Hobbykomponist, von Adolph Menzel gemalt, in unzähligen Schlachten stets im einfachen Soldatenrock zu sehen, belehrte uns: »Wenn Ihnen eine fremde Provinz gefällt und Sie stark genug sind, besetzen Sie sie sofort. Wenn Sie dies erst getan haben, finden sich immer genügend Juristen, die beweisen, dass Sie ein Recht auf das besetzte Land hatten.«

Es ist nun etwa 150 Jahre her, dass Deutschland mal einen Krieg gewonnen hat, da herrscht also ein gewisser Handlungsbedarf, und es ist wohl auch an der Zeit, sich für die Stalingrad-Klatsche zu revanchieren. Was spricht also dagegen, dass Deutschland die Führung von NATO-Verbänden an der russischen Grenze in Litauen übernimmt? Hauptsache, unsere Jungs haben genügend warme Socken im Tornister ...

Gott mit uns

Konrad Adenauer und sein Aufrüstungsminister Franz Josef Strauß brauchten in den Fünfzigerjahren des zwanzigsten Jahrhunderts geistlichen Beistand – der »Christ in Uniform« sollte ermöglicht werden. Also unterzeichnete Bischof Otto Dibelius für die Evangelische Kirche Deutschlands den Militärseelsorgevertrag. Dieser Herr Dibelius war ein besonders frommer Christ. Er segnete 1933 auch Hitlers Machtübernahme ab und sagte 1958: »Die Anwendung einer Wasserstoffbombe ist vom christlichen Standpunkt aus nicht einmal eine so schreckliche Sache, da wir alle dem ewigen Leben zustreben. Und wenn zum Beispiel eine einzelne Wasserstoffbombe eine Million Menschen tötet, so erreichen die Betroffenen umso schneller das ewige Leben.«

Rechtsgrundlage der katholischen Militärseelsorge war das Reichskonkordat, das 1933 zwischen dem Vatikan und Hitlerdeutschland geschlossen worden war. Kardinal Meisner argumentierte: »Einem Gott lobenden Soldaten kann man guten Gewissens Verantwortung über Leben und Tod anderer übertragen, weil sie bei ihm gleichsam von der Heiligkeit Gottes mit abgesegnet sind.«

Die Militärseelsorge-Verträge legten fest, dass die Militärseelsorge unter der Aufsicht der Kirchen vonstattengeht, die anfallenden Kosten jedoch vom Staat übernommen werden. Dafür können von staatlicher Seite Einwände gegen einen für das Amt des Militärbischofs in Aussicht genommenen Geistlichen geäußert werden – ein Passus, der dem deutschen Verteidigungsminister erheblichen Einfluss einräumt, für den unwahrscheinlichen Fall, dass sich auf der Kanzel des Militärbischofs ein engagierter Pazifist breitmachen sollte.

Es ist Tradition, dass die Kirchen den staatlichen Wünschen nach einer Legitimation des Krieges entsprechen. Und der Staat, dem ja nichts an einer freien, kritischen, am Evangelium orientierten Seelsorge liegt, revanchiert sich gern: Die Militärseelsorge wird von allen Steuerpflichtigen, auch von konfessionslosen, ebenso subventioniert wie die konfessionellen Schulen: Erziehung und Militär – hier arbeiten Thron und Altar schon immer Hand in Hand. Der Staat zahlt regelmäßig auch für gottesdienstliche Utensilien – für Gebets- und Gesangbücher ebenso wie für Hunderttausende von Kerzen. Die Kosten für die religiöse Betreuung der Soldaten rechtfertigte Bundeskanzlerin Merkel so: »Militärseelsorge ist ein wunderbares Stück gelebte Demokratie.«

Die anderen Stücke heißen Völlegefühl, Sodbrennen und saures Aufstoßen.

Segensreiche Gewalt (2009)

Carl Philipp Gottlieb von Clausewitz, preußischer Militärtheoretiker, hat geschrieben, der Krieg »ist ein Akt der Gewalt, um den Gegner zur Erfüllung unseres Willens zu zwingen«. Clausewitz ist heute aus der Mode: So was Abstoßendes wie Gewalt benutzen wir nicht mehr, nicht mal im Krieg. Doch zwecks seelischer Aufrüstung lädt ein Kölner Kardinal alljährlich Soldaten zu einem Soldatengottesdienst in den Kölner Dom ein. Mit der ganzen Wucht seines klerikalen Aggressionspotentials bestärkt der Kardinal die Soldaten, das zu tun, wofür sie ausgebildet wurden. Er predigt ihnen, es sei legitim, dass »ungerechte Gewalt durch Gegengewalt eingedämmt wird«, und es sei legitim, neu aufflammende Gewalt »im Keim zu ersticken«. Die Soldaten zu Füßen des Kardinals verstehen das richtig: Deutsche Soldaten sind die legitime, die gerechte Gegengewalt, die die ungerechte Gewalt des Taliban in Afghanistan bekämpft.

Am 4. September 2009 haben sie dann die Predigt des Kardinals in die Tat umgesetzt und die ungerechte Gewalt im Keim erstickt. Es ging um zwei geklaute Tanklastwagen. Afghanen machen sich an den Wagen zu schaffen, wollten offenbar das Benzin abzapfen. Das ging natürlich nicht, denn es war ja deutsches Benzin. Oberst Klein, ein deutscher Offizier, entschied: Da waltet die ungerechte Gewalt des Taliban, das erfordert unsere gerechte Gegengewalt. 142 Männer, Frauen und Kinder wurden so im Keim erstickt. Nach dieser Keimerstickung war, wie es im Militärjargon heißt, am Kundus-Fluss kaum noch Human-Material aufzufinden.

Der Oberst hat sich kriegerische Verdienste erworben. Für so was wird man befördert und kriegt einen Orden. Man machte den Oberst Klein zum Brigadegeneral Klein. Der deutsche Verteidigungsminister äußerte subjektiv volles Verständnis für Oberst Klein, der zwar objektiv unangemessen gehandelt habe, aber subjektiv von der objektiven Richtigkeit seines subjektiv richtigen Handelns überzeugt gewesen sei. Die deutsche Kanzlerin übernahm im Namen Deutschlands, also in unserem Namen, die Verantwortung für das Massaker. Vielleicht stellt sie sich ja auch persönlich einem Vergeltungs-Attentat …

Friedensinitiative

Sehr geehrter Herr Bundestagspräsident,

die Bundestagsdiskussion über den Einsatz deutscher Friedenstruppen in Afghanistan hat mich sehr bewegt. Als die kriegsähnlichen Zustände Ende 2001 begannen, diente der Militäreinsatz in Afghanistan der Vernichtung von Al Quaida. Als das daneben ging, kämpfte die Truppe für den Schutz der Menschenrechte, also Frauen nicht hauen und so, und als das auch nicht funktionierte, ging es darum, »stabile Verhältnisse« zu schaffen. Ich bin gespannt, wann die Stabilität erreicht ist und wie die dann wohl aussehen wird, die »Stabilität«. Es braucht sicher seine Zeit, unsere freiheitlich demokratische Grundordnung an den Steilhängen des Hindukusch durchzusetzen.

Voraussetzung dafür ist selbstverständlich die Ausbildung aller Afghanen zu Polizisten: Afghanen können ja nicht so ohne weiteres die dortigen Finanzämter, die Straßenreinigung und die U-Bahn-Kontrollen übernehmen, wenn sie nicht zuvor durch eine deutsche Polizeiausbildung qualifiziert worden sind.

Ich habe mich wahnsinnig gefreut, als ich hörte, wie beliebt sich unsere Soldaten bei den eingeborenen Frauen machen, weil deren Männer ja meistens auf Geschäftsreise sind oder bei einer Steinigung. Es war auch schön zu erfahren, dass unsere Jungs sich überall so nützlich machen, dass sie die Ansiedlung von Deichmann-Filialen in der Fußgängerzone von Kabul vorbereiten und als Altenpfleger in Seniorenresidenzen Greise füttern. Ein Riesenfortschritt ist auch, dass in den befriedeten Gebieten, wohin wir die aus Deutschland abgeschobenen Afghanen verfrachten, mehrere Taliban in die CSU eingetreten sind und nun Ammerländer, Sattelschweine und das Hallesche Urschwein züchten, und am glücklichsten bin ich darüber, dass Frauen dort nicht nur unverschleiert studieren, sondern sogar betrunken Auto fahren dürfen. Ich zweifle nicht, dass auch die Korruption im ganzen Land recht bald westliches Niveau erreicht haben wird.

Als wohltuend volksnah empfand ich die Anregung einer unserer Volksvertreterinnen, traditionelles afghanisches Brauchtum zu modernisieren und statt der ja nun wirklich nicht mehr zeitgemäßen Mohnplantagen Grünkohl anzupflanzen und eine Weinkönigin zu wählen. Lieber Herr Bundestagspräsident, ich bin absolut sicher: In ganz Afghanistan werden schon bald mehrere Schweinske-Filialen aufmachen, und dann dürfen die Afghanen auch beim Dschungelcamp mitmachen.

Aber was ich Ihnen eigentlich schreiben wollte: Mich hat die tief empfundene Trauer über die gefallenen deutschen Soldaten beeindruckt und dass die Redner ihre Forderung zur Fortsetzung unserer militärischen Bemühungen in gedeckter Kleidung und mit belegter Stimme vortrugen. Schwarze Kleidung sollten Sie, verehrter Herr Präsident, schon mal prophylaktisch auch für alle kommenden Bundestagssitzungen anordnen ...

Staatsbürgerliche Grüße

Ihr hv

Wahrheitsfindung (2004)

Das Internationale Komitee vom Roten Kreuz war pikiert: Ein vertraulicher Bericht über Misshandlungen irakischer Kriegsgefangener durch ihre Bewacher aus den USA und Großbritannien war in die Medien gelangt. Nun konnte sich die Zivilbevölkerung aller Länder anschauen, welche Methoden das Abendland im Kampf für die Durchsetzung der Menschenrechte im Morgenland anwendet und wie Demokraten ihre demokratischen Grundsätze, die es gegen die Terroristen zu verteidigen gilt, selbst verraten. Das war ein großer Erfolg der Terroristen ...

Die Folter macht das Verhör zu einer Parodie der Aufklärung. Denn niemand kann ernsthaft behaupten, Folter würde den Wahrheitsgehalt der Aussage steigern. Die Geschichte der »peinlichen Befragung« von der Inquisition bis Guantanamo, von den Methoden der Gestapo bis zu Pinochets Geheimdienst zeigt: Der Wahrheit hat Folter nirgends gedient. Im Gegenteil: Unter der Folter sind geradezu phantastische Aussagen gemacht worden. Zahllose Frauen haben gestanden, als Hexen den Wetterzauber zu betreiben und des Teufels Buhlschaft zu sein, und führende Bolschewiken haben erklärt, sie hätten weltweit Verschwörungen gebildet, um den Genossen Stalin zu ermorden.

Es war Ulrike Meinhof, die vor über dreißig Jahren feststellte: Die Würde des Menschen ist antastbar. Und seitdem wird immer wieder diskutiert, ob und wie weit das Unantastbare eventuell zu relativieren sei ...

Der Bonner Jura-Professor Herdegen unterscheidet zwischen einem »Würdekern«, der sakrosankt ist, und einem »peripheren, abwägungsoffenen Schutzbereich«, in dem »die Menschenwürde ›tangierende‹ Eingriffe ausnahmsweise bei einer bilanzierenden Gesamtwürdigung aller Umstände keine Würdeverletzung darstellen«. Da weiß man doch, was mit dem Begriff »Gehirnwindungen« gemeint ist ...

Und schon sind wir bei der roten Linie. Die rote Linie, da sind sich alle Parteien einig, darf keinesfalls überschritten werden. Aber keiner weiß, wo sie verläuft. Dabei ist die Sache ganz einfach: Wer dem Folterer die abgepressten Aussagen der Opfer abnimmt, zugleich aber für das weltweite Verbot der Folter eintritt, der ist ein Heuchler. Wer einerseits die Schließung der Folterkammern von Guantanamo empfiehlt, andererseits die Nutzung der dort erlangten Erkenntnisse »nicht von vornherein« ausschließt, der ist das Musterbeispiel eines heuchlerischen Europäers, der ist zum Beispiel deutscher Innenminister. Wenn der dann zu seiner Entlastung anführt, es gäbe keine seriösen Anhaltspunkte dafür, dass Häftlinge in Guantánamo gefoltert würden, so ist ihm entgegenzuhalten: Allein das Festhalten ohne Verfahren, richterliche Kontrolle und Befristung ist ja wohl Folter genug.

Es muss also Ordnung geschaffen werden zwischen Würdekern und Würdeverletzung.

Zurzeit ist eine gemischte Sachverständigen-Kommission aus Juristen, Theologen, Politikern und Militärs damit beschäftigt, dem Bundestag entsprechende Gesetzesvorschläge zu unterbreiten. Über einige Forderungen besteht anscheinend bereits Einigkeit:

Die Folter darf nur durch zuverlässige Personen angewendet werden, die vor der Industrie- und Handelskammer die Meisterprüfung im Gewerbe des Folterknechts abgelegt haben. Ordnungswidrig handelt, wer, ohne im Besitz des Befähigungsnachweises zu sein, das Foltergewerbe ausübt. Die Kosten der Durchführung der Folter sind von dem Delinquenten oder im Falle seines Versterbens von dessen Angehörigen zu tragen. Die Kosten können einem überlebenden Delinquenten erstattet werden, wenn er in einem späteren Strafprozess freigesprochen wird. Wird eine Frau gefoltert, ist die Frauenbeauftragte der zuständigen Gemeinde zu benachrichtigen. Die Folter einer Frau ist ausschließlich durch Foltermägde durchzuführen.

Das ist schon mal ein Fortschritt.

Käfighaltung

Murat Kurnaz, türkischer Staatsbürger, in Bremen geboren und aufgewachsen, wurde von der CIA nach Guantanamo verschleppt, ohne Prozess inhaftiert, nach eigener Aussage gefoltert und jahrelang in einen Käfig gesperrt. Während er in Guantanamo wohnhaft war – Wohn-Haft? –, entzogen ihm die deutschen Behörden seine Aufenthaltsgenehmigung für Deutschland, weil er es verpasst habe, rechtzeitig eine Verlängerung zu beantragen.

Die deutsche Bevölkerung reagierte relativ gelassen. Vermutlich, weil Kurnaz ein langhaariger, meist sehr ernst dreinblickender Typ ist, ein Mann, zu dem, wäre er ein arbeitsloser Stadtstreicher, ein sozialdemokratischer Spitzenpolitiker sagen würde, er solle sich erstmal waschen und rasieren, dann ginge es auch wieder aufwärts. Das ist gewiss nicht ganz falsch, denn hätte Kurnaz keinen wilden Zottelbartart, aber eine nette deutsche Freundin, und besäße er sogar einen süßen kleinen Schäferhundwelpen oder ein dressiertes Ferkel, hätte man ihn vielleicht liebgehabt.

Immerhin war mal in einer ARD-Tagesschau zu hören: »Murat Kurnaz, der zu Unrecht in Guantánamo einsaß« ... Diese gewiss gut gemeinte Formulierung zeigt das ganze Ausmaß der Verrohung: In einem Zwinger wie Guantanamo kann man nicht »zu Recht einsitzen«...

Wenn in Deutschland ein Eier- und Geflügelproduzent seine Hühner mit Fußfesseln und zugeschnürtem Schnabel, mit verbundenen Augen und gefesselten Flügeln in einem Open-Air-Käfig halten würde, das gäbe einen gewaltigen Proteststurm! Doch man darf natürlich hochqualifizierte mitteleuropäische Hühner nicht mit diesem Taliban-Abschaum vergleichen ...

Ehre, wem Ehre gebührt

Ehre – wem gebührt sie schon? Denen, die auf deren Koppelschloss der Spruch »Meine Ehre heißt Treue« eingraviert war? Im Mai 1945 war ganz schnell Schluss mit der Treue der SS-Leute zum Nazi-Reich, da war die Ehre dahin. Auch die Soldaten der deutschen Wehrmacht brachen ihren Treueeid, den sie Adolf Hitler geschworen hatten.

Die Verbindung von Treue und Ehre hatten waffentragende deutsche Männer schon vorher torpediert, als sie erst dem Kaiserreich und dann der Weimarer Republik den Eid brachen. Ehrenvoll war das alles nicht ... Karl Kraus schrieb: »Die Ehre ist der Wurmfortsatz im seelischen Organismus. Ihre Funktion ist unbekannt, aber sie kann Entzündungen bewirken. Man soll sie getrost den Leuten abschneiden, die dazu inklinieren, sich beleidigt zu fühlen.« Gut – versuchen wir, uns dem Thema anzunähern:

Ehre kann man einlegen wie Essiggurken. Sieger werden ehrenhalber mit Ehren überhäuft, bis sie sich selbst um ein Interview bitten. Es ist aller Ehren wert, im Ehrenkleid der Nation auf dem Feld der

Ehre ehrenvolle Niederlagen zu erringen. Das Ehrengrab ruft. Wer lange genug Ehrenformationen abgeschritten hat, wird schließlich Ehrenvorsitzender. Ehrfurcht, Ehrgefühl und Ehrgeiz sollten jedoch aufs Feinste austariert sein. Dann stehen Ehrentage und Ehrenmäler auf dem Programm. Ehrenvolles Gedenken ist leider nur für kurze Zeit möglich.

Einem Politiker die Ehrerbietung zu versagen, dem hoch Geehrten womöglich die Ehre abzuschneiden, ist ehrenrührig. Dann muss der Politiker um seine Ehre kämpfen. Er hat nämlich sein Ehrenwort gegeben. Das repräsentiert immerhin den Gegenwert von lauwarmem Wasser. Der Ehrenkodex der ehrenwerten Politiker liegt in einer Badewanne in Genf. Laut Immanuel Kant besteht die Ehre des Mannes in der Schätzung seiner selbst. Aha. Hin und wieder unterliegt ein Mann aber auch einer Fehleinschätzung seiner selbst.

Der elisabethanische Schriftsteller Shakespeare wusste eine Menge von modernen Denkstrukturen. Von ihm stammt der Satz: »Ehre ist nichts als ein gemalter Schild beim Leichenzug.« Das deutet auf die Möglichkeit hin: Jede Mutter ist eine potentielle Ehebrecherin. Jeder Vater ist ein potentieller Schläger. Jedes Kind ist ein potentieller Junkie. Jeder Politiker ist ein potentieller Puffgänger. Und jeder Soldat ist selbstverständlich ein potentieller Mörder.

Seltsam, wie dieser altbackene Satz immer noch jeden Ehrenmann in Habachtstellung zwingt. Ehrabschneidend sei er, dieser Satz, sagt man. Und die Empörung wächst, wenn man sagt, jeder Gefallene war nicht nur ein potentieller Mörder, sondern strafverschärfend ein potentieller Brandstifter, Plünderer, Vergewaltiger, Landfriedensbrecher und Erreger öffentlichen Ärgernisses. Wer gar auf die Behauptung »der Mann hat nur seine Pflicht getan« entgegnet, die Pflicht des Gefallenen wäre es gewesen, rechtzeitig nach Hause zu desertieren und sich um Frau, Kinder und die Blumen im Vorgarten zu kümmern, macht sich des Landesverrats schuldig.

Drei ehemalige Bundesverteidigungsminister forderten nun eine Gedenkstätte für gefallene deutsche Soldaten der Bundeswehr:

»Geben Sie den Männern und Frauen, die für die Werte unserer Verfassung, für den Schutz von Frieden und Vaterland, ihr Leben ließen, eine Gedenkstätte!« Warum? Was haben die davon? Nehmen die Minister an, dass sich ein Soldat lieber totschießen lässt, wenn er weiß, dass sein vergoldeter Namenszug auf einer Marmortafel stehen wird? Um dieser Idee eines Ehrenmals etwas Sinnstiftendes abzugewinnen, sollte man wenigstens Kopien vor jede Kaserne und vor alle »Karrierecenter der Bundeswehr« stellen. Als Abschreckung und Prävention gegen kommende Opfer. Und gleich daneben auch noch ein Mahnmal für die von der Bundeswehr Getöteten sowie für die, die noch zu erwarten sind. So ein Ehrenmal könnte die Aufschrift haben: Alle Zivilisten, Frauen, Kinder und Greise sind potentielle Leichen.

»Ehre« ist nur ein Codewort aus dem Lehrbuch der Massenhypnose. Niemals ist es in Kriegen mit deutscher Beteiligung um etwas Ehrenhaftes gegangen, also um Überleben, Frieden und Freiheit der Bevölkerung, sondern immer um Profit und Macht privilegierter Egoisten. Zu viele Morde, von Soldaten begangen, sind dokumentiert. Von Alexanders Schlächtern über die römischen Metzger zu den amoklaufenden Kreuzzüglern, vom Deutschen Orden in seinem Blutrausch bis zu jenen braven »Soldaten Jesu«, die Indianer in ihrem Tross mitführten, damit die Hunde was zu fressen hatten, von Oradour-sur-Glane über die Exzesse der Roten Armee bis zu My Lai: Immer waren Soldaten als Mörder unterwegs, und immer wurden ihre Gräueltaten mit einem Ehrenkleid bemäntelt. Und wenn nun jeder Waffenfreund und Militärbefürworter erklärt, dann sei ja wohl auch jeder Autofahrer ein potentieller Mörder, ist ihm zu entgegnen: Im Gegensatz zum Soldaten wird der Autofahrer nicht dazu ausgebildet, die Bevölkerung zu dezimieren. Im Gegenteil, man versucht, ihm beizubringen, in freier Entscheidung auf die Bremse zu treten.

Ich wünsche allen, die die Soldatenuniform immer noch für ein Ehrenkleid halten, ein neues Gehirn, muss ja nicht groß sein, eins mit dem Durchmesser eines 9-mm-Geschosses reicht völlig, soll ja nicht gleich wieder abgestoßen werden, und das kann ja die Kriegsgräberfürsorge als Spende verteilen, vorsorglich …

Frauen sind auch nicht besser (2000)

»Weil Frauen glauben, sich unbedingt selbst verwirklichen zu müssen und sogar Abtreibungen in ihre Lebensplanung einbezogen haben, haben wir heute das Loch im Rententopf, die Verblödung der Schulkinder, die wachsende Gewalt unter Jugendlichen und den seelisch und körperlich völlig verstörten Mann. Frauen sollten sich gefälligst wieder auf ihre Traditionen besinnen: Kinder bekommen, mit ihnen nach dem Mittagessen Schularbeiten machen, sie sollten die alten Schwiegereltern füttern und säubern, sie sollten im Beruf flexibel, aber bescheiden bleiben, pünktlich das Abendbrot auf den Tisch bringen und so aussehen, dass man am Strand der Dominikanischen Republik nicht unangenehm auffällt. Eine Frauenquote auch für Männergesangsvereine kommt nicht in Frage. Basta.«

Dieses Statement ihres Macho-Verlobten hat die 43-jährige Marion Eastwood, britische Inhaberin eines Tierasyls, zum Anlass genommen, ihn gegen ein Schwein auszutauschen. Fortan legte sie sich mit einer Sau namens Rachel ins Bett. »Rachel hält mich warm und sorgt dafür, dass es mir in dem großen Bett nicht einsam wird«, sagt sie, »außerdem ist sie auch viel treuer als jeder Mann. Mit einem Schwein zusammenzuleben ist viel besser, das sollten mehr Frauen ausprobieren. Männer sind auch viel unordentlicher, aber Rachel macht nie Dreck.«

Ob Frauen klüger sind als Männer, weiß man nicht genau, aber vermutlich haben sie weniger Unverstand – eine charmante, bislang jedoch unbewiesene Behauptung des dichtenden Spaziergängers Johann Gottfried Seume. Die Frage, ob Frauen genauso rücksichtslos, machtgierig und prinzipienfern sein können wie Männer, kann nach den Erfahrungen der letzten Jahrzehnte aber auf jeden Fall mit »ja« beantwortet werden. Kämpferische Feministinnen wollten Ende des zwanzigsten Jahrhunderts sogar, dass Frauen »Dienst an der Waffe« leisten dürfen, und ein beliebter Frauenwitz jener Zeit lautete: »Was macht frau, wenn ein Mann im Zickzack durch den Garten läuft? Antwort: Weiterschießen.« Ein großartiger Witz – hoffen wir, dass es ein serbokroatischer Vergewaltiger war und nicht nur der eigene Vater …

Ich konnte mir immer gut vorstellen, dass das Gewehr der Bräutigam der Soldatin ist und dass die Damen, wenn sie in Reih und Glied im Gleichschritt zur Gefechtsausbildung ins Gelände ziehen, ein kerniges Lied schmettern: »Auf der Heide blüht ein kleines Blümelein, und das heißt Eberhard.« Auch eindeutige Kommandos und naturnahes Robben über Mutter Erde hielt ich für geeignet, die Entwicklung deutscher Frauen voranzutreiben.

Möglicherweise ist aber die monatliche Regel ein Problem, dachte ich. Wie soll der Kampfauftrag erfüllt werden, wenn die halbe Truppe einmal im Monat wegen Unterleibsbeschwerden krampflösende Pillen schluckend im Lazarett liegt, mit der Wärmflasche auf dem Bauch? Wie soll der Endsieg errungen werden, wenn frau in der Hitze des Gefechts überlegen muss: Erst Granate abfeuern oder erst frische Slip-Einlage aus dem Tornister kramen? Andererseits schien es mir plausibel, dass Frauen, die bislang in den Lazaretten oder unter dem Zeichen des Roten Kreuzes medizinische Hilfe geleistet haben, wissen sollten, wie ein Bein im Felde militärgerecht zerschossen wird, denn nur dann können sie es im Sanitätszelt im Gefühl beruflicher Befriedigung auch amputieren.

Herr Rupert Scholz, ein früherer Verteidigungsminister, der wegen der Spechte bei jedem Waldspaziergang einen Stahlhelm aufsetzt, machte sich nicht so viele Gedanken. Er kommentierte die Bestrebungen der Frauen um Gleichberechtigung beim Militär kurz und abfällig mit »die Frau im Panzer ist nicht möglich«. Der Mann hatte keine Ahnung, logisch, sonst wäre er ja auch nicht Minister geworden, denn Luke auf, Frau rein, Luke zu, Panzer marsch, Feuer – also, das geht schon …

Das dachte sich auch die Anlagenelektronikerin Tanja Kreil. Die hat sich vor dem Europäischen Gerichtshof in den Truppendienst der Bundeswehr eingeklagt und sprengte so die Grenzen des Grundgesetzes in der Frage der Waffengleichheit bei Männern und Frauen. Mit Tanja ging die Epoche, in der die Waffen einer Frau vor allem Lippenstift und Augenaufschlag waren, zu Ende, und das war gut: In einer Zeit, in der immer mehr junge Männer sich entschlossen, die Alten, Kranken und Behinderten lieber zu pflegen als zu erschießen, brauchte unser Land junge entschlossene Menschen, die den bewaffneten Dienst fürs Vaterland übernahmen, also Frauen. So ist's recht laut Europäischem Gerichtshof, so ist es gut und richtig demokratisch: Statt den Männern das Schießen zu verbieten, muss man es den Frauen erlauben. Und nachdem nun die vorletzte Männerbastion, der Kriegerstand, gefallen ist, wird Tanja nur noch der Beruf des katholischen Priesters verwehrt. (Die Frage nach weiblichen Henkern stellt sich zurzeit nicht, aber da würde es vermutlich keine verfassungsrechtlichen Bedenken geben.)

Wer am Sonntagabend eine Bahnfahrt in der zweiten Klasse auf sich nimmt, erfährt sehr bald, dass Tanja ihrem Kameraden Eberhard in nichts nachsteht: Total routiniert stürzt sie noch auf dem Bahnsteig ihre Bierdosen auf ex runter und feuert krachende Rülpser ab. Im Zugabteil verbreiten Tanja und ihre Kameradinnen eine angenehm männliche Atmosphäre, stampfende Rhythmen aus bis zum Anschlag aufgedrehten Kopfhörern, herumfliegende benutzte Papiertaschentücher und leere Kümmerling-Flaschen auf den Gängen erfreuen die Mitreisenden. Kein Wunder, dass auch der deutsche Stehpisser wieder im Kommen ist. Dieser kleine Unterschied sollte auch gewahrt bleiben …

Wenn Tanja dann dereinst auf dem Feld der Ehre den Dienst am Vaterland quittiert, wird ihr gewiss ein Ehrensalut zuteil, und als letzter Gruß ertönt die Ehrfurcht gebietende Weise »Ich hatt' eine Kameradin«. Also, Tanja: Sprung auf, marsch, marsch! Ihre Kameradin, die Augustdorfer Panzergrenadierin Silke aus der »Generalfeldmarschall-Rommel-Kaserne«, stellte überzeugend fest: »Selbst, wenn wir einmal töten müssen – warum sollten Männer das besser können?« Kurt Tucholsky müsste demnach seinen berühmtesten Satz heute wohl korrigieren: Auch Soldatinnen sind Mörderinnen.

Wenn der Opa vom Krieg erzählt (2003)

Mein lustigstes Kriegserlebnis, also sagen wir mal meine absolute Lieblingsepisode, war die Folge, in der zehn Lookalikes von Saddam Hussein in einem Bunker in Bagdad versammelt waren. Diese Doppelgänger sollten den Diktator in der Öffentlichkeit darstellen, bei Empfängen, Sportveranstaltungen oder Besuchen in Altenheimen. Die standen zusammen, zehn Husseins, die sich abschätzig beäugten. Kommt der Informationsminister rein. Jungs, sagt Said al-Sahaf, es gibt eine gute Nachricht und eine schlechte. Zuerst die gute: Saddam hat schon wieder einen Bombenangriff überlebt. Die schlechte: Wir mussten ihm den rechten Arm amputieren. Haha.

Dieser Mohammed Said al-Sahaf mit seinem festbetonierten Barett, der den Informationsminister gespielt hat, ist ein sensationeller Komiker, den ich durchaus mit Groucho Marx auf eine Stufe stelle. Bei seinem letzten Fernseh-Auftritt sagte er völlig ernst: »Der Irak hat schon jetzt den Sieg erreicht – von ein paar technischen Einzelheiten abgesehen.« Das war echt ein Brüller, und mir hat's sehr leidgetan, dass man den Said aus der Serie rausgeschrieben hat. Es gibt ein paar Folgen, die habe ich noch nicht gesehen – die handeln wohl davon, wie Saddam Hussein mit neuem Gesicht auf der Flucht ist. Man weiß ja mittlerweile, er hat sich bereits vor Jahren je eine Ausrüstung zum Fettabsaugen und eine für Haartransplantationen bestellt. Es könnte also sein, er hat Asyl in Kärnten gefunden, wo er nun mit Schnäuzer und Kaftan als Alm-Öhi deutsche Touristenkinder tätschelt. Er wäre ja nicht der erste Diktator aus Österreich.

Der Rundfunk gibt Auskunft (2004)

Rüdiger Schlupfloch aus Rüsselsheim fragt: Warum haben die Amerikaner den Irakis nicht den Krieg erklärt?

Das liegt vor allem daran: es ist ihnen kein vernünftiger Grund eingefallen.

Frau Dittelbach aus Dutteln will wissen: Warum hatten die Amerikaner so große Schwierigkeiten mit dem Waffen- und Munitionsnachschub?

Ganz einfach: Der Großteil der Waffen in den USA muss an Schulen geliefert werden.

Herr Schwellensack aus Hemelsbrück meint: Diese Präzisionswaffen, die sind doch sehr teuer, vor allem, wenn sie danebengehen, oder?

Präzisionswaffen treffen immer etwas, selbst wenn es nicht das anvisierte Ziel ist.

Die Klasse 7 der Christa-Meves-Gesamtschule in Hollerstedt will wissen, ob im Irak Massenvernichtungswaffen eingesetzt wurden.

Nur von den Engländern, die in Basra englische Lebensmittel verteilt haben.

Viele Menschen bewegt die Frage, ob auch bei uns Demonstranten Gerhard-Schröder-Denkmäler und Johannes-Rau-Standbilder einfach umkippen und zerstören könnten.

Nein. Im Irak handelt es sich zumeist auch um Standbilder von Doppelgängern.

Familie Ülmüll Bülent aus Aufstoßen im Sauerland schreibt: Haben wir gesehen schreckliche Bilder, wo uns mache sehr nachdenken. Bilder von Plünderung. Habe gesehen Menschen laufe mit die Kühlschränke, Sofa und Kopiergeräte durch die Straße. Und Stühle. Viele Stühle aufgeladen auf Autos und Rücken. Bagdad und Basra ganze Stadt voll mit alte Bürostühle. Überall viele Stühle. Denke, ganze Regime Saddam Rücken kaputt wegen schlechte Verbestühlung.

Ja, Familie Bülent, das wird's wohl sein.

Frau Dr. Hanne Busse (79) aus Mariawillnich schreibt: Wir alle erinnern uns an die siegreichen amerikanischen Kämpfer, die sich in die Sessel der Paläste und Museen in Bagdad fläzten und erstmal eine pafften. Dabei weiß jedes Kind, dass Krieg allein schon ungesund genug ist.

Das stimmt natürlich, liebe Frau Mariawillnich, aber eingedenk des näher rückenden Werbeverbots für Zigaretten ist dieser Beutezug die ultimative Möglichkeit der Tabakkonzerne, für ihre Produkte zu werben.

Die elfjährige Sandra aus Hoyerswerda möchte später mal Irak-Expertin im Fernsehen werden und will wissen, was man da können muss.

Entscheidend ist, liebe Sandra, dass du den Unterschied zwischen Babelsberg, Babylon und Babyboom ganz genau kennst. Dann wird's schon klappen.

Herr und Frau Hölzemuhs-Brücklein möchten erfahren, ob denn für uns Deutsche kulturell und wirtschaftlich was rausgesprungen ist bei diesem Irak-Krieg.

Auf jeden Fall, und zwar die brandaktuelle »Allways Mega Super« – die bietet Schutz und Sicherheit auch während der kritischen Kriegstage, und für unsere lieben jungen Zuschauer gibt es demnächst Saddams letzte Rede als irren Klingelton fürs Handy.

Women Help Women

Amerikanische Mütter – also diese übergewichtigen Frauen mit Lockenwicklern, die im Schnitt 1,7 fette Kinder großziehen, haben an die irakischen Mütter geschrieben, also diese hohlwangigen Kopftuchträgerinnen, die stets eine größere Anzahl unterernährter Kinder am Rockzipfel hinter sich herziehen. Der Brief der amerikanischen Mütter ist sehr hilf- und kenntnisreich, also echt Goodwill:

Liebe irakische Schwestern,

das Allerwichtigste im Leben ist der Schutz von Kindern. Denken Sie immer daran: Jedes Haus ist ein Schlachtfeld für Ihr Kind. Tischkanten, Steckdosen und vor allem steile Kellertreppen sind potenzielle Quellen von Auaweh und großem Geschrei. Vermeiden Sie auch rutschige Böden und zu hohe Teppichkanten. Bedenken Sie immer: Für ein Kind ist jede Wohnung ein Hinterhalt. Sichern Sie Schränke und Schubladen, damit Ihr Kind sich nicht in den Besitz von Messern oder Schusswaffen bringen kann, denn bewaffnete Kinder sind genauso gefährlich wie bewaffnete Schimpansen – sie gefährden sich und andere.

Wenn Sie keine Chips, Crunchies oder Popcorn zur Verfügung haben, können Sie Ihrem Kind auch frisches Obst oder Gemüse geben. Das Obst sollte aber keine Pestizide enthalten und aus biologischem Anbau stammen. Vermeiden Sie die Fütterung mit Obstkernen, Fischgräten oder Geldstücken. Schenken Sie Ihrem Kind keine kleinen mechanischen Spielsachen: Es könnte die losen Teile verschlucken. Und kontrollieren Sie ständig die Augen von Puppen und Teddys. Kaufen Sie keine Puppe, deren Augen locker sind. Vergessen Sie nie: Ein Kinderzimmer ist immer voller Blindgänger.

Stellen Sie Ihrem Kind ruhig ein Planschbecken in den Garten, aber vergewissern Sie sich, dass Ihr Kind eine Schwimmbrille trägt, wegen der Chemikalien im Wasser, und erklären Sie ihm, dass man bereits in einer zehn Zentimeter tiefen Pfütze ertrinken kann. Auch der Garten ist für Ihr Kind ein Kriegsgebiet! Wenn Ihr Kind im Freien spielt: Verhindern Sie Verbrennungen bei Ihrem Kind. Das gilt nicht nur für den Grill oder die Fritteuse! Vermeiden Sie auch das Sonnenlicht, und cremen Sie Ihr Kind ein – bei starkem Sonnenlicht, benutzen Sie einen hohen Sonnenschutzfaktor. Wenn Sie Rat brauchen, welche Creme die beste ist: Lesen Sie die Packungsbeilage und fragen Sie Ihren Arzt oder Apotheker.

Beachten Sie, dass auch die Straße vor Ihrem Haus für Ihr Kind ein Minenfeld ist. Erklären Sie Ihrem Kind schon früh die Verkehrsregeln und was das rote Ampelmännchen bedeutet. Lassen Sie Ihr Kind niemals unter einem Auto spielen, und schnallen Sie es im Auto auf dem Rücksitz in einem speziellen Kindersitz fest. Was Sie vielleicht auch nicht wissen: Im Flugzeug muss ein neugeborenes Baby mit seiner Mutter angeschnallt sein, und vor Antritt einer Vergnügungsreise auf See müssen Sie Ihrem Kind unbedingt eine

Schwimmweste anlegen. Auf seinem Kinderfahrrad sollte Ihr Kind stets einen Helm tragen. Auf Roller-Skates sollte es nicht nur einen Helm, sondern auch Knie- und Ellbogenschützer tragen.

Weisen Sie Ihre Haustiere darauf hin, dass es absolut verboten ist, im Kinderbett zu schlafen oder sich sogar auf das Gesicht Ihres Kindes zu legen. Achten Sie darauf, dass Ihr Kind keine Fernsehprogramme sieht, die ihm Angst machen. Lassen Sie es nur Filme sehen, in denen das Gute siegt. Ihr Kind sollte zwei Mal am Tag warm duschen. Regelmäßige Körperpflege mit klarem Wasser hat noch keinem Kind geschadet.

Kontrollieren Sie, dass Ihr Kind stets seine Zahnspange trägt. Auch der Mund Ihres Kindes ist eine strategisch wichtige Zone. Machen Sie alle drei Tage einen Allergietest bei ihrem Kind, und zwar sowohl einen Lebensmittel-Allergietest wie auch einen Pollen-Allergietest.

Zeigt Ihr Kind Anzeichen einer Krankheit – Ekzeme, Brechdurchfall, innere Blutungen, Lähmungserscheinungen oder Ähnliches –, rufen Sie unverzüglich einen Arzt oder eine Ärztin. Die haben einen Eid geleistet, im Bedarfsfall unverzüglich zu kommen und die neuesten Medikamente und die modernsten Methoden anzuwenden. Achten Sie auf das Verfallsdatum der Arzneimittel in Ihrem Medizinschrank und stellen Sie sicher, dass Ihr Kind, auch wenn es auf einen Stuhl klettert, diesen nicht öffnen kann.

Und schließlich, liebe irakische Mütter, was das Wichtigste ist: Beten Sie regelmäßig. Das ist das Beste, was Sie für Ihr Kind tun können.

Herzlichst,

Ihre amerikanischen Schwestern.

Zapfenstreich

Warum heißt der Zapfenstreich eigentlich Zapfenstreich?

Ursprünglich war der Zapfenstreich eine Methode, mit der Soldaten abends aus den Kneipen verjagt wurden. Ein Offizier klapperte, unterstützt von Pfeifern und Trommlern, die Lokale ab, schlug mit einem Stock auf die Zapfen der Bier- und Weinfässer und beendete damit die Gelage der Landsknechte, um ihren militärischen Gebrauchswert für den kommenden Tag zu erhalten. Da sieht man schon – der Zapfenstreich ist eine der dümmsten Erfindungen, die die Menschheit je gemacht hat: Über die Jahrhunderte wären Millionen Landsknechte nach erfülltem Leben ruhig im Bett gestorben, hätte man ihnen nur anständiges Koma-Saufen gestattet.

Der Große Zapfenstreich ist eine Art Militärballett, er folgt einer ausgeklügelten Choreographie. Höhepunkt ist der für Soldaten besonders sinnige Choral »Ich bete an die Macht der Liebe« und der Befehl »Helm ab zum Gebet!«. Damit keine babylonische Sprachverwirrung entsteht, wird stumm gebetet – also jeder kann zu dem beten, bei dem er sich die besten Chancen auf Gehör ausrechnet. Die erste Aufführung des Großen Zapfenstreichs in dieser Form fand 1838 im preußischen Berlin statt, als Herrscherhaus und Militär sich einig waren: Gegen Demokraten helfen nur Soldaten.

Dieser anachronistische Mummenschanz wirkt zwar skurril, ist aber alles andere als harmlos. Gelöbnisse, Fahnenappelle, Zapfenstreiche sind raffinierte Disziplinierungstechniken, die aus einem bunten Haufen junger Männer eine einheitliche Masse von Soldaten formen sollen: Das Denken wird gleichgeschaltet und unter fremde Kontrolle gestellt. Der Verlust des Verstandes wird ausgeglichen durch einen Zuwachs an Gefühl: blitzende Stahlhelme, Stiefel und Fackeln, die Musik, das metallische Klicken der Karabiner, scharfe kurze Befehle. Diese Inszenierung, ästhetisch ein Bild des Grauens, wirkt wie eine Reklamesendung, mit der das Ansehen der Truppe gesteigert werden soll.

Wenn sich die Bundeswehr eines Tages mit einem großen Zapfenstreich von sich selbst verabschiedet – das wird sehr traurig. Über die geladenen Gäste legt sich eine quasiesoterische Aura, für die Fernsehzuschauer entwickelt die Show mit ihrer mystischen Überhöhung von Gewalt und Disziplin eine beachtliche Tiefenwirkung, und je länger man zuschaut, desto stolzer wird man, ein Deutscher zu sein.

11 Auf dem Gipfel

Höhepunkte der Unverschämtheit

Wenn die Stadt überschwemmt ist von schwarz uniformierten, vermummten und schwerbewaffneten jungen Männern, die offenbar zu dumm sind, einen sinnvollen Beruf zu ergreifen, aber ihrer Aufgabe, ein heilloses Chaos zu produzieren, bestens gerecht werden, wenn diese sogenannten Ordnungshüter an jeder Ecke herumlungern, auf den Brücken, unter den Brücken, hinter jedem Blumenkübel, wenn sie Einkaufstüten und Kinderwagen kontrollieren, alte Menschen herumschubsen, Wirtshauskeilereien auf offener Straße provozieren und überall zuschlagen, wo sie einen oppositionellen Gesichtsausdruck vermuten, dann ist Gipfel-Time.

Da treffen sich die führendsten Staatschefs der wichtigsten Industrienationen der Erde in unserer kleinen Stadt zu ihrem G8-Gipfel, und dieses Gipfeltreffen ist ein wichtiges Treffen, weil in der globalen Welt von heute nichts wichtiger ist, als dass die führendsten Staats- und Regierungschefs der wichtigsten Industrienationen sich treffen, um sich mit den führendsten Staats- und Regierungschef zu treffen. Und dieses Treffen der führendsten Staatchefs der wichtigsten Industrienationen der Erde findet statt auf Anweisung der führendsten Unternehmerverbände der wichtigsten G8-Staaten. Die haben sich auf Einladung des Bundesverbandes der Deutschen Industrie, des BDI, getroffen, und der BDI-Präsident hat in standesgemäßem Größenwahn formuliert, welche wesentlichen Antworten auf die globalen Herausforderungen die führendsten Staatschefs der wichtigsten Industrienationen der Erde bei ihrem Treffen zu geben haben: Es geht ausschließlich um die völlige Bewegungsfreiheit für das Kapital, und was Afrika betrifft – da muss man eben die Bedingungen für privatwirtschaftliches Engagement verbessern.

Zum Inhalt der Gespräche ist zu sagen: Im Mittelpunkt der Gespräche über Wachstum und Wirtschaft stehen bei den Gesprächen über
Wachstum und Wirtschaft die Gespräche über Wachstum und Wirtschaft, weil die Aufgabe der modernen Weltwirtschaft die moderne
Weltwirtschaft von heute ist, damit die Weltwirtschaft von heute im
Mittelpunkt der Weltwirtschaft steht, um es gerade auch den armen
Ländern zu ermöglichen, durch die Förderung der Weltwirtschaft
das Wachstum zu fördern, denn das Wachstum wächst, weil es nur
dort Wachstum gibt, wo es auch Wachstum gibt, vor allem, weil
Wachstum das Wachstum braucht wie Wachstum das Wachstum
zum Wachsen und einzig und allein Wachstum durch Wachstum zu
mehr Wachstum und damit zu noch mehr Wachstum führen kann,
zumal zu geringes Wachstum für ein ausreichendes Wachstum nicht
ausreicht. Dagegen kann schließlich kein vernünftiger Mensch Einwände erheben.

Wenn die Herrschaften in den Verhandlungspausen durch die Stadt
kutschiert werden, vom Kalbshintern zur Entenbrust sozusagen,
herrscht Ausnahmezustand, und alle Räder stehen still. Das gehört
selbstverständlich zur Bürgerkriegsübung, die traditionell gleichzeitig mit dem sogenannten Gipfel abläuft.

Auch wenn böse oppositionelle Zungen sich nicht davon abbringen
lassen, bei diesen G8-Gipfeln ziehe man aus dem Elend der Welt
zwar vor allem zeremonielle Konsequenzen, würde aber auch die
Claims abstecken für die Konkurrenzschlacht auf dem Rücken der
Dritten Welt, bin ich der Meinung, diese Veranstaltungen sind Fern-
seh-Produktionen, um die Sommerlöcher in der Fernseh-Unterhal-
tung zu stopfen ...

Kaum war der eher unbedeutende G8-Gipfel vorbei, trafen sich
die Regierungschefs von Deutschland, den USA, Japan, Großbritannien, Frankreich, Italien und Kanada, also die berüchtigte »Gruppe
der Sieben«, auf Schloss Elmau in den bayerischen Alpen zu einem
G7-Gipfel. Sie erklärten sich erst die Witze, die über den abwesen-
den, russischen Präsidenten kursierten, und palaverten dann über
die Probleme, mit denen sie schon seit Jahren nicht fertigwerden.

Für dieses Treffen musste der deutsche Sicherheitsdienst einen ganzen Berg komplett abriegeln, damit ein eventuell randalierender Mob nicht gegen den Gipfel protestieren konnte. Man richtete Hubschrauberlandeplätze ein und errichtete Sammellager für Demonstranten und Zelte für Journalisten. sechzehn Kilometer Stacheldrahtzaun wurden gezogen, und die Bauern mussten ihre Felder mit Gülle tränken, damit die Protestler, wenn sie auf den Wiesen ihre Zelte aufschlugen, elend erstinken. Gullydeckel wurden verschweißt und Blumentöpfe von Fensterbänken entfernt, weil Geranien und Alpenveilchen gefährliche Wurfgeschosse sind.

20 000 Polizisten schoben Überstunden, zusätzlich gab's Extra-Grenzkontrollen wegen der gewaltbereiten Aktivisten, die sich nach Bayern einschleichen wollten, um dort die Kühe in Panik zu versetzen. Das Kalifat Bayern wurde umgebaut zum Hochsicherheitstrakt, nicht unähnlich dem fundamentalistischen Gottesstaat Iran, damit das Konzept des betreuten Demonstrierens reibungslos aufging. Das alles kostete viele Millionen Euro, nicht zuletzt, weil Politiker mitsamt ihren Hofschranzen gewohnheitsmäßig so viel fressen und saufen wie reinpasst und sich nachts auch noch Bezahlfilme im Pay-TV anschauen.

Die Ergebnisse dieses G-7-Gipfel-Treffens waren erwartungsgemäß sensationell, und die Welt war danach so gut wie gerettet. Schloss Elmau »was so romantic« and »totally Heidi«, sagten die Staatenlenker übereinstimmend, und der amerikanische Präsident hat für den Frieden und gegen den Rassismus ein alkoholfreies Weißbier getrunken.

Nur wenige Tage nach diesem Gipfel trafen sich die sogenannten »Bilderberger« in Österreich. Die Bilderberger sind die etwa 150 wirklich Mächtigen der Welt: die Chefs der Finanzbranche, Industrielle und Aufsichtsratschefs, die Alphatiere der IT- und Datenbranche sowie Leitungskräfte von Google, mehrere internationale Kanzleien, Würdenträger von Hochschulen, Stiftungen und erzkonservativen Think Tanks, dazu Spitzenmanager von Firmen, die Überwachungssoftware anbieten, selbstverständlich auch etliche Militärs und Geheimdienstchefs. Außerdem einige auserwählte politische Strippenzieher, und ein paar adlige Schmarotzer sind auch immer anwesend. Diese Herrschaften beraten sich – ohne Konventionen, in konstruktiver Atmosphäre und total ergebnisorientiert –, was global geht, was keinesfalls geht, was noch gehen müsste und wo man am meisten rausholen kann. Einige Mediengötter vom Fernseh- und Verlagsolymp sitzen auch dabei – die haben die Aufgabe, die auf diesem Treffen gewonnenen Erkenntnisse der Öffentlichkeit schmackhaft zu machen und die besprochenen Trends zu lancieren. So, kann man wohl sagen, wird Weltregierung gespielt …

Wenig später waren dann die eher Ohnmächtigen dran: Vertreter von 196 Staaten stimmten auf dem sogenannten Weltklimagipfel in Paris einem Papier zu. Einem Papier, immerhin. Das löste in allen Medien große Euphorie aus. Laut diesem Papier will man die Erderwärmung auf unter zwei Grad und die Erhöhung der bodennahen Temperatur auf 1,5 Grad begrenzen. Man will also das Wetter gestalten.

Betrachtet man die aktuellen Konflikte um Gas und Erdöl, war es eine formidable Leistung, das Ende der Ölmächte ausgerechnet von den Ölmächten unterschreiben zu lassen. Es war allerdings schade, dass die globalen Rüstungskonzerne nicht die Aufnahme des Weltfriedens als Ziel verlangt haben. Das hätte man bei der Gelegenheit doch gleich mal mitvereinbaren können …

Unter den wichtigen Gipfeln ist einer der wichtigsten der Welthunger- oder auch Welt-Ernährungsgipfel. Da bereden dann circa achtzig Regierungschefs, 250 Minister und Vertreter von 650 Nichtregierungsorganisationen oft mehrere Tage hintereinander die Probleme des unfreiwilligen Kohldampfschiebens. Die Welthunger-Gipfel werden eröffnet mit einem opulenten Festessen, und das Catering an den Folgetagen ist auch nicht schlecht. Am Schluss verabschieden die Qualitätspolitiker eine Abschlusserklärung, in der sie ihr Bedauern darüber äußern, dass sie seit ihrer letzten Zusammenkunft vor fünfeinhalb Jahren nichts geleistet haben und dass sie beim Kampf gegen den Welthunger positiv in die Zukunft sehen. Dann tagen sie noch ein bisschen weiter, damit sich alle Teilnehmer noch einen Nachschlag vom Nachtisch holen können, und zum Schluss verabreden sie, in der nächsten Hauptstadt gemeinsam mal wieder richtig schön essen zu gehen.

Als Konsequenz überlegt unser Justizminister, den Hunger in der Welt zu verbieten, unser Wirtschaftsminister spricht von Vertrauen in die Zukunft, und der Landwirtschaftsminister erzählt den Verbrauchern, sie sollen Vertrauen haben zu den Bauern, der Fleischindustrielobby und vor allem zu ihm, dem Minister.

Olafs Fest der Demokratie

Nach dem G20-Gipfel 2017 in Hamburg entschuldigte sich Olaf, der oberste Bürgermeister, bei den Bewohnern der Stadt. Es tue ihm sehr leid, dass so viel kaputt gegangen und diese Art Hafengeburtstag so schlecht angekommen sei – aber es sei ja niemand ums Leben gekommen, also wolle er auf jeden Fall im Amt bleiben. Blieb er aber nicht, sondern floh zum Glück bei der erstbesten Gelegenheit nach Berlin.

Politiker und Polizeiführung, aber auch alle Menschen mit Verstand wussten vorher, dass es bei diesem G20-Gipfel zu Gewalttätigkeiten kommen würde. Deshalb waren Polizistinnen und Polizisten erstklassig ausgerüstet: Glasfaserhelme, Sicherheitsschuhe, flammenabweisende Unterwäsche, Genitalschutz, Arm- und Beinprotektoren, Schutzweste mit Metallplatten – man musste schon froh sein, dass sie sich nicht auch noch ein Akkordeon vor den Bauch geschnallt hatten. Nie zuvor waren in einer deutschen Stadt so viele Polizisten versammelt, um den Bürgerinnen und Bürgern so wenig Schutz zu bieten: Es waren rund 33 000.

Ihnen gegenüber standen etwa 330 Staatsfeinde, die sich nur ungern fotografieren lassen: der sogenannte »Schwarze Block« und eine Handvoll Aktivisten des soziokulturellen Zentrums »Rote Flora«.

Unter diese Demonstranten hatten sich vermummte Polizisten gemischt, eine sogenannte Beweissicherungs- und Festnahmeeinheit der Bereitschaftspolizei Sachsen. Deren Aufgabe war es, Straftäter aus der Menge an die Kollegen zu melden. Ein Polizeizeuge sagte aus, man sei dunkel gekleidet gewesen und hätte sich ein schwarzes Tuch bis unter die Nase gezogen, um während des verdeckten Einsatzes nicht aufzufallen.

Die Polizei stoppte die Demo bereits nach wenigen Hundert Metern, weil Mitglieder des Schwarzen Blocks vermummt waren. Nach einer knappen Stunde weigerten sich manche Teilnehmer noch immer, ihre schwarzen Tücher aus dem Gesicht zu nehmen: Das waren vor allem die vermummten Sachsen, die ihre Enttarnung fürchten mussten. Also wurde der Polizeistreitmacht »Knüppel frei!« befohlen, die dieser Aufforderung mit Freude und Sadismus nachkam.

Das Ergebnis: Nach der Zerschlagung der Demonstration verwüsteten wütende und von der Gewalt aufgeheizte Jugendliche, ein paar angereiste Brandstifter, Plünderer und betrunkene Randalierer ein Villenviertel an der Elbe, fackelten alle Autos ab, machten echte Biedermeier-Stadtviertel platt und legten zahlreiche Kulturdenkmäler in Trümmer. Experten der UNESCO äußerten die Meinung, dass die Stadt wahrscheinlich nie wiederaufgebaut werden könne – zu gründlich hätten die Chaoten gewütet …

Danach stand die überwiegend christliche Bevölkerung Hamburgs vor den rauchenden Trümmern ihrer Stadt, und es schien den Menschen ratsam, Hamburg an anderer Stelle neu zu errichten. Man war sich schnell einig: Als Grundstück für den Wiederaufbau empfahl sich das Gelände des Berliner Hauptstadtflughafens. Die Trümmer an Elbe und Alster sollten jedoch liegen bleiben als Mahnmal, für die Opfer der Sozialdemokratie.

Hanseaten-Bürgermeister Olaf, von Hause aus Jurist, hatte schon vor Beginn des Gipfels gefordert, alle, die sich gegen sein sogenanntes »Fest der Demokratie« zu versündigen die Absicht hätten, müssten mit »sehr schweren Strafen« rechnen, und die Gerichte begannen sofort, die gewiss notwendig werdenden Schnellgerichtsverfahren zu trainieren. Als sie dann die ersten Angeklagten zu verurteilen hatten, lieferten sie wunschgemäß mit der Argumentation: Man müsse den »generalpräventiven Aspekt« bedenken. Das heißt: Man muss Leute abschrecken, Straftaten zu begehen, und am besten ist es, Menschen zu inhaftieren, um andere zu belehren.

Aber Menschen für etwas zu bestrafen, was andere getan haben – das ist Hohn und Spott für ein Justizsystem, das individuelle Strafen für individuell nachweisbare Taten zur Prämisse hat. Und nach einer Entscheidung des Bundesgerichtshofes sind Gewalttätigkeiten, die am Rande einer Demo verübt werden, grundsätzlich nicht den anderen Teilnehmern zuzurechnen. Das unterschlugen Polizei und Gerichte. Ihr Umgang mit dem Recht wurde schon im absolutistischen Preußen und später, in den Jahren von 1933 bis 1945, praktiziert – und zwar unter der euphemistischen Bezeichnung »Schutzhaft«. Und so haben Justiz und Exekutive Hamburgs in jenen Tagen jeden Anschein von Anstand vermieden.

Da in der Bundesrepublik Deutschland die Verhältnismäßigkeit der Mittel striktes Gebot ist, gingen die Behörden auch davon aus, dass es beim G20-Gipfel keine unverhältnismäßige polizeiliche Gewalt gegeben hat, und Olaf stellte im Norddeutschen Rundfunk fest: »Polizeigewalt hat es nicht gegeben, das ist eine Denunziation, die ich entschieden zurückweise.« Weiter sagte er, das Wort »Polizeigewalt« dürfe man gar nicht in den Mund nehmen, denn das sei ein Kampfbegriff der Linksextremen. Da redete er allerdings extremen Blödsinn: »Polizeigewalt« ist ein Begriff aus der Kriminologie, der die physische Gewalt von Polizisten beschreibt, die das Prinzip der Verhältnismäßigkeit missachten. Und dieser Begriff wird von Professoren, Gutachtern und von Mitgliedern aller Parteien im Bundestag benutzt. Aber das muss ein Bürgermeister ja nicht wissen …

Das nächste Mal erklären wir dann dem dummen Olaf, was man unter »Denunziation« versteht. Obwohl – das muss ein stellvertretender Vorsitzender der Sozialdemokratischen Partei Deutschlands, Vizekanzler und Bundesfinanzminister auch nicht wissen ...

Alles in allem können wir froh sein, dass dieser G20-Gipfel in Hamburg und nicht im russischen St. Petersburg stattgefunden hat. Wenn man sich das vorstellt: Der russische Innenminister kündigt null Toleranz an, die russische Polizei sperrt einen riesigen Bereich der Innenstadt für jeden Verkehr und alle Versammlungen, schwer bewaffnete Überfallkommandos räumen ein gewaltfreies Protestcamp bei Nacht und Nebel, obwohl ein russisches Gericht das Camp erlaubt hat, Wasserwerfer werden gegen Menschen eingesetzt, die einfach nur Bier auf der Straße trinken, Journalisten vor Ort werden von Geheimdienstlern attackiert und des Platzes verwiesen, die Polizeiführung lässt Anwälte der Demonstranten als Gefahr für die Sicherheit behandeln, durch Vermummung unkenntlich gemachte Polizisten sprühen ganz normalen Demonstranten Pfefferspray ins Gesicht, prügeln auf sie ein und sorgen so für eine Vielzahl von Knochenbrüchen und Blutergüssen, Jugendliche werden in Gefangenensammelstellen eingepfercht und geschlagen, sie müssen sich nackt ausziehen und werden hochnotpeinlich untersucht ... Das alles in St. Petersburg – da wäre die Empörung in unseren Zeitungen, in Fernsehen und Funk aber groß! Und wir alle, wir alle würden uns zu Recht schrecklich aufregen über die Brutalität dieses autoritären russischen Regimes.

Zusammenfassend darf man wohl feststellen: Die Ereignisse bei diesem G20-Gipfel waren exemplarisch für den Widerstand großer Teile der Bevölkerung gegen die exzessiv neoliberale Politik und ein Beispiel dafür, wie die Staatsmacht in Zukunft mit diesem Widerstand umzugehen gedenkt – und zwar überall und bei jeder Gelegenheit. Seit diesem G20-Gipfel müssen alle, die in Deutschland zu einer Demonstration gehen, fürchten, schwer verletzt ins Krankenhaus eingeliefert zu werden. Einfache Zuschauer, auch wenn sie minderjährig sind, können damit rechnen, wegen Landfriedensbruch auf Verbrecherfotos in Tageszeitungen zur Treibjagd freigegeben und an den Onlinepranger im Internet gestellt zu werden …

Immerhin: Rund ein Jahr nach diesem Gipfel erhielt die Polizei wenigstens mal eine Backpfeife: Ein Hamburger Gericht tanzte aus der Reihe und stellte fest, die Ingewahrsamnahme einer italienischen Reisegruppe war »grob rechtswidrig«, es gebe keinerlei tragfähige Anhaltspunkte für Rechtfertigung von Gewahrsam, und lediglich und einzig die polizeiliche Maßnahme der Freilassung erfolgte nicht unrechtmäßig.

Was bleibt, ist die Verwunderung darüber, dass kaum mal ein Polizist den Befehl verweigert, wenn ein sadistischer Vorgesetzter ihm aufträgt, Menschen zu schädigen. Dieses Phänomen wird in so ziemlich allen Polizeitruppen dieser Welt zurückgeführt auf einen phantastischen Korpsgeist …

Immerhin waren am Ende wenigstens die Politikerinnen und Politiker mit ihrem Gipfel zufrieden: Sie durften über Gewalt labern – da mussten sie nicht über Gerechtigkeit reden … Da bleibt also nur noch eine kleine Frage zu stellen: Kann jemand drei für die Menschheit nützliche Vereinbarungen aufzählen, die auf diesem G20-Gipfel beschlossen wurden? Zwei? Eine? Keine? Olafs »Fest der Demokratie« war wirklich ein Riesenerfolg.

Schutzmaßnahmen

In diesen Tagen mutiert die Stadt zum Polizeistaat, weil zwanzig gewalttätige Unruhestifter mit etwa 6 000 Bandenmitgliedern morgen bei uns einfallen, um hier zu klönen und zu tafeln. Ich habe aus diesem bedrohlichen Szenario meine Konsequenzen gezogen. Im Garten habe ich ein Schild aufgestellt, auf dem steht: »Kein Zutritt für Selbstmordattentäter«. Das Schild wird bewacht von unserem Rottweiler. Auf dem Dach meines Hauses ist ein Flugabwehrgeschütz installiert und, Ehrensache, eine Stalinorgel. Meine Frau und ich halten abwechselnd Wache. Wir tragen Stahlhelme. Vor allem nachts. Und meine Frau hat sicherheitshalber auch ständig einen Marschflugkörper auf der Schulter, falls sie irgendwo ein entführtes Passagierflugzeug entdeckt.

In unserer Straße sind wir alle sehr sicherheitsbewusst: Mein Nachbar hat zwischen allen Zimmern seiner Wohnung Sicherheitsschleusen eingerichtet. Wenn er vom Wohn- ins Schlafzimmer will, muss er seine Taschen entleeren, sein Jackett in einen Korb legen und seine Bierflaschen durchleuchten. Außerdem überprüft seine Gattin regelmäßig seinen After.

Um die Möglichkeit von Massenvergiftungen auszuschließen, haben wir den Supermarkt in unserem Viertel dichtgemacht. Der Verkauf von Haushaltswaffen, also von Messern und Gabeln, Nagelscheren, Mistgabeln und Korkenziehern ist absolut verboten, und auch Büroklammern und Haarnadeln kann man nur noch bei Vorlage eines polizeilichen Führungszeugnisses kaufen. Nicht nur die Eingänge von Kirchen, Bahnhöfen, Museen, Restaurants, Kinos und Geschäften, sondern auch von öffentlichen Bedürfnisanstalten und Schrebergärten sind mit Röntgengeräten, Selbstschussanlagen und Bombenspürhunden ausgestattet. Für die Bewohner anderer Straßen haben wir eine Visumpflicht plus Passkontrolle eingeführt. Besucher müssen zudem ein persönliches Einladungsschreiben vorweisen. An jeder Parkbank ist eine Videokamera ausschließlich für Racial Profiling postiert – wenn der Verdacht besteht, ein schwarzer Bart wurde tarnungshalber abrasiert, hat unsere Bürgerwehr das Recht und die Möglichkeit, dem Verdächtigen zur Datenüberprüfung eine Bartperücke anzukleben.

Unsere Bürgerwehr heißt »Zerberus Dudde passt auf.« Dudde ist unser Innensenator. Wir patrouillieren vor allem durch die besseren Viertel, weil die Polizei schon in den Gefahrengebieten mit dem Sortieren von Klobürsten alle Hände voll zu tun hat. Also, ich denke, es herrscht sehr viel mehr Sicherheit, wenn Demokraten die Demokratie vor den Menschen schützen, als wenn Demokraten die Menschen vor der Demokratie oder gar Menschen die Demokratie vor den Demokraten schützen. Das ist jetzt vielleicht ein bisschen schwierig, aber so richtig verkehrt ist es auch nicht, und unser Dudde denkt ganz genauso.

Neues Demo-Recht

Es wird angestrebt, dass die Demonstrationszüge der Zukunft nur noch virtuell stattfinden, weil es die Kommunikationsgesellschaft erfahrungsgemäß schon zufriedenstellt, nur den Wunsch nach einer Demo auf der Homepage oder bei Facebook zu äußern. Für altmodische Demonstranten und klassische Straßenkämpfer gilt weiterhin die Hamburger Verordnung zur Eindämmung und Kontrolle des Demonstrationswesens in städtischen Gefahrenzonen:

Demonstrationen sind von dem verantwortlichen Leiter der Demonstration sechs Wochen vorher unter Vorlage der pol. Führungszeugnisse und der Krankenversicherungsnachweise aller Demonstrationsteilnehmer schriftlich zu beantragen. Dem Antrag ist eine ausführliche Begründung, die Namensliste aller Teilnehmer/innen und eine eidesstattliche Versicherung beizufügen, dass die Verpflegung der Polizei, des Bundesgrenzschutzes sowie der Polizeihunde und -Pferde von den Demonstranten übernommen wird.

Die Teilnehmer/innen der Demonstration sollen einen repräsentativen Bevölkerungsquerschnitt darstellen. Das Verhältnis Männer zu Frauen soll ebenso ausgewogen sein wie das Verhältnis Protestanten zu Katholiken und das Verhältnis Fleischesser zu Vegetariern und Veganern. Der Anteil Unverheirateter darf nicht überproportioniert sein, die Anzahl der Schwulen und Lesben soll der Anzahl der Schwulen und Lesben in den Polizeikräften entsprechen.

Mehr als 65 Prozent Bartträger/innen sind nicht zulässig.

Demonstranten sind gehalten, sich in frühlingsfrischen Farben zu kleiden. Burkas, schwarze Kleidungsstücke, Kapuzen und andere Kopfbedeckungen sind der Polizei vorbehalten.

Das Mitführen von Gebetsteppichen ist nicht gestattet.

Um eine ordnungsgemäße Durchführung der Demonstration zu gewährleisten, nimmt der Demonstrationszug in Sechserreihen Aufstellung. Jede Reihe wird von einem Reihenwart geleitet. Je zehn Reihen bilden einen Block, der von einem Blockwart geführt wird. Der Blockwart ist verpflichtet, unangemessene Äußerungen aus den Reihen der Demonstranten dem Lageoberbeamten zu melden.

Trillerpfeifen sind nur bei Schweigemärschen, Schweigekreisen und Schweigeminuten gestattet. Dabei ist das Hochhalten selbstgebastelter schwarzer Pappsärge Vorschrift. Stummes Herumstehen ist verboten und wird unverzüglich eingekesselt.

Feldjäger der Bundeswehr haben darauf zu achten, dass sich kein angemeldeter Demonstrationsteilnehmer seiner Demonstrationspflicht entzieht.

Jugendliche haben grundsätzlich kein Demonstrationsrecht.

Demonstrationen sind gebührenpflichtig. Die Gebühren richten sich nach den örtlichen Wetterverhältnissen. Die Gebühren sind zu entrichten an den Durchgangsschleusen zwischen den Absperrgittern.

Behinderte, Rentner, Schüler und Studenten (mit Berechtigungsschein vom Einwohnermeldeamt) zahlen einen Risikozuschlag.

Journalisten und Kameraleute werden grundsätzlich nicht in die Nähe eines Demonstrationszuges vorgelassen. Sie haben aber freien Zugang zu den Pressekonferenzen der Polizeibehörden oder des Innenministers, die allen Redaktionen die notwendigen Informationen über den Ablauf und ggf. notwendig gewordene Anwendung unmittelbarer Gewalt zur Verfügung stellen.

Verstöße gegen diese Verordnung werden mit Haft von unbegrenzter Dauer in der örtlichen Gefangenensammelstelle bestraft.

Das widerrechtliche Foltern eines gefangenen Demonstranten ist verboten. Geschieht es nicht widerrechtlich, so ist es grundsätzlich erlaubt.

Politik und Wirtschaft in Deutschland halten es für geboten, dass Demonstrationen nur noch nachts stattfinden, fünf Kilometer von der nächsten Siedlung entfernt, in Sandgruben, auf einsamen Panzerübungsplätzen und in stillgelegten Bergwerken.

Die Demonstrationsroute wird von der Polizei bestimmt.

Demonstrationen werden grundsätzlich nur montags bis donnerstags in der Zeit von ein Uhr dreißig bis drei Uhr fünfzehn ohne Behinderung des Straßenverkehrs durchgeführt.

Längere Demonstrationszüge finden auf den 400-Meter-Bahnen von Sportstadien statt, und zwar ausschließlich montags in der Zeit von fünf Uhr dreißig bis sieben Uhr.

Optische Identifizierungsmerkmale, um Polizeibeamte, die während der Ausübung ihres Dienstes Straftaten begehen, überführen zu können, sind verboten. Denn erstens begehen Polizisten keine Straftaten, zweitens schon gar nicht während des Dienstes, und außerdem wird jeder Polizeibeamte eine höfliche Frage nach seiner Kontonummer mit geradezu aufdringlicher Freundlichkeit beantworten …

Gez. Grote, Innensenator, Gez. Meyer, Polizeipräsident und Retter des Vaterlandes

Resozialisierung

Wir wissen alle: Gefängnisse sind ideale Orte, um über das Zugehörigkeitsgefühl Antigesellschaften zu bilden. Nun hat der hessische Justizminister in einer Pressemitteilung verkündet, die elektronische Fußfessel habe in ihrer fünfjährigen Probephase Unmengen von straffälligen »Probanden« wieder auf einen gutbürgerlichen Weg gebracht – mit regelmäßigem Aufstehen, Arbeiten gehen und allem, was dazugehört. Die Fußfesselträger würden zu einer hohen Selbstdisziplin angehalten. Die elektronische Fußfessel biete also auch Langzeitarbeitslosen und therapierten Suchtkranken die Chance, zu einem geregelten Tagesablauf zurückzukehren und in ein Arbeitsverhältnis vermittelt zu werden. Wir dürfen also zur Kenntnis nehmen – die Fußfessel ist nicht nur eine körperliche

Drangsal, vergleichbar mittelalterlicher Brandmarkung, sondern sie ist vor allem eine politische Geste, um hasserfüllten AfD-Wählern ein Signal des guten Willens zu senden.

Wurden also früher die Verbrecher durch das Klirren schwerer Eisenketten, womöglich noch mit einer Fünfzig-Kilo-Eisenkugel daran, unnötig gequält, was ja auch die Lärmempfindlichkeit anständiger Leute strapazierte, kommt heute die flotte und geräuschlose elektronische Fußfessel zum Einsatz, mit der ja nicht nur Junkies und Langzeitarbeitslose, sondern auch notorische Schulschwänzer und randalierende Rentner diszipliniert werden können. Und alle anderen – Jugendliche, die wegen ihrer Faulheit keine Lehrstelle finden, Depressive, die aus reinem Trotz nie aus dem Haus gehen, Obdachlose, kleptomanische Hausfrauen, sie alle können sich als Fußfesselträger selbst disziplinieren.

Man könnte die Fußfesseln in unterschiedlichen Farben, Formen, Materialien und in einem frühlingsfrischen Design von Karl Lagerfeld bei H&M anbieten. Die Fußfessel als schickes Lifestyle-Accessoire, unter dem Markennamen »Jump for Freedom« – da greifen dann weltweit auch ganz normale Tagediebe wie du und ich zu und binden sich die hippen Teile ans Bein. Und weil es auch um Therapie geht, wäre es echt cool, wenn in regelmäßigen Intervallen Stromstöße in die Fußfesseln gejagt würden, um jeden an seine verdammte Pflicht zu erinnern, sich diszipliniert zu verhalten.

Selbstverständlich ist die elektronische Fußfessel auch ein Faktor auf dem Arbeitsmarkt: Langzeitarbeitslose werden an die Fließbänder einer florierenden Fußfesselindustrie gestellt. Und außerdem wäre es schick, wenn Fußfesselträger ein Stoffabzeichen auf der Oberbekleidung tragen würden, zum Beispiel ein großes B für Blödmann.

Ich denke, wir sind ein Volk, das prädestiniert ist, Fußfesseln zu tragen. Nur Hessens Justizminister bekommt keine. Der bekommt eine elektronische Maulsperre.

12 Klimawandel

Wir müssen das Ozonloch stopfen

Erst stirbt der Grünkohl, dann brechen die Deiche … Besorgniserregend auch dieses weiße Reh in unserem Vorgarten – völlig ausgebleicht von der vielen Sonne. In diesem Jahr erwarte ich weiße Wildschweine. Für Jäger prima, solche Ziele sieht man natürlich besser, aber weiße Tiere schmecken einfach nicht so gut wie braune oder schwarze. Wer einmal einen Eisbären auf dem Teller hatte, weiß das. Andererseits: In letzter Zeit friere ich nicht mehr so wie früher, an der Unterweser ist man dabei, Delphine und Palmen anzusiedeln, und im staubigen Bett der ausgetrockneten Elbe ziehen Kamele die Schiffe auf Rädern nach Cuxhaven. Aber um auch die Schattenseite zu erwähnen: In Lüneburg wurde aus einem Baggersee ein blanchierter Schwimmer gezogen, tafelfertig …

Also, ich denke, es liegt am Klima.

Dass das Klima irgendwann eine Katastrophe sein würde, wissen wir, seit der Apostel Petrus seinen zweiten Brief geschrieben hat. In Kapitel 3, Vers 10 heißt es: »Es wird aber des Herrn Tag kommen wie ein Dieb; dann werden die Himmel zergehen mit großem Krachen; die Elemente aber werden vor Hitze schmelzen, und die Erde und die Werke, die darauf sind, werden ihr Urteil finden.«

Angesichts dieser Prophezeiung und ihrer offenbar demnächst stattfindenden Realisierung leiden viele Menschen schon heute unter einer ganz neuen Form von Flugangst: Sie fürchten nicht, abzustürzen, sondern zu lange in der Luft zu bleiben. So haben beim Anflug auf New York ökologisch korrekte Passagiere ultimativ gefordert, das Personal möge bitte »endlich die Triebwerke abstellen und im Segelflug sanft zum Flughafen gleiten«. Und in einer Maschine nach Singapur blockierte ein Agrar-Student stundenlang die Bordtoilette, weil er darin eine klimaneutrale Biogasanlage einrichten wollte.

Dankenswerterweise gibt es also Menschen, die den finalen Katastrophentag des Herrn verhindern wollen. Ich auch übrigens. Ich habe zum Beispiel die Aktion unterstützt, als Umweltschützer beim Kölner Dom, an zahlreichen Rathäusern, am Brandenburger Tor und anderen Sakralbauten für fünf Minuten das Licht ausgeschaltet haben, obwohl ich Energiesparlampen nicht leiden kann. Erstens sehen sie Scheiße aus, zweitens dauert es ewig, bis sie mal hell sind – bei kurzzeitigem Gebrauch im Bad oder Treppenhaus gehen sie einem nur auf die Nerven. Außerdem enthalten sie Quecksilber und müssen als Sondermüll entsorgt werden, das heißt, in aller Regel landen sie in der Restmülltonne. Und wenn man die Frage stellt: »Wie viele wasserstoffhelle Ökoaktivistinnen braucht es, um eine Energiesparlampe in Betrieb zu nehmen?« kann die Pointe nur lauten: »Drei. Eine dreht sie rein, eine installiert das Windrädchen und eine pustet.« Okay, das nur nebenbei.

Ich gebe zu: Seit dieser Lichtabschaltaktion haben wir schon viel weniger Klimabedrohung. Das hat funktioniert wie damals bei den Lichterketten: Kaum hatten wir die Lichterketten erfunden, waren schlagartig die Nazis verschwunden …

Seit unsere Bundesregierung ihr wundervolles ökologisch-soziales Reformprojekt gestaltet und die Kanzlerin in Grönland persönlich die Erderwärmung bekämpft hat, läuft mir nicht mehr der Rotz aus der Nase, schwellen mir nicht mehr die ständig juckenden Augen zu, und beißt es mich nicht mehr in der Lunge, denn das Umweltministerium hat den Sommersmog zum Symbol ernannt und damit den Heuschnupfen abgeschafft. Das ist ja schon mal was. Trotzdem gibt es immer noch das Loch der Löcher, das Fenster zum Weltraum, das Ozonloch. Und die Verantwortlichen leben völlig unbehelligt, leidlich atmungsaktiv und mäßig sauerstoffhaltig, mitten unter uns …

Ich rede vom Auto. Vor allem von den SUVs, den rollenden Doppel-whoppern. Allerdings: Womit soll denn die Gattin der vermögen-den Führungskraft den Dschungel, die Steinwüste, das Flussbett, die Steilwand und die Schotterpiste bewältigen, womit die wilden Tiere von der Piste rammen, wenn sie ohne größere Probleme von der Villa am Stadtrand zur nächsten Douglas-Filiale gelangen will, wenn nicht mit dem 12-Zylinder-Touareg? Ich weiß es nicht. Aber wir müssen alle Opfer bringen.

Ein Fortschritt ist immerhin, dass Europäische Kommission und deutsche Regierung die Auto-Industrie gezwungen haben, gesund-heitsförderliche Abgaswerte zu versprechen. Selbstverständlich wurden daraufhin in Wirtschaft und Politik sofort laute Protestge-sänge angestimmt. Am lautesten brüllte der bayerische Wirtschafts-minister: Man dürfe nicht zulassen, »dass die EU die deutsche Ober- und Mittelklasse kaputtmacht«. Er denke dabei an »Premium-Marken wie BMW, Audi, Mercedes, Porsche«, und dann verstieg er sich zu einer Formulierung von hinterfotziger Größe: »Die Deutschen dür-fen von Brüssel nicht zu einem Volk von Kleinwagenfahrern degra-diert werden.«

Was für ein Satz! Da steckt alles drin, was eine politische Äuße-rung aus Bayern braucht:

Die Hetze auf das bürokratische Brüssel, die gezielt geschürte Furcht vor der Herabsetzung (wer will schon »degradiert werden«?) und die beschworene Angst vor der Lächerlichkeit, ein »Kleinwa-genfahrer« zu sein. Meisterhaft! Offenbar ist der Herr Minister der Ansicht, wir Deutschen sind – im Gegensatz zu Franzosen und Itali-enern – von Natur aus ein Volk von Großwagenfahrern und eine Na-tion, die ein natürliches Recht darauf hat, auf Kosten anderer Völ-ker Gas zu geben. Auf jeden Fall ein Volk, das Raum braucht – wenn schon nicht im Osten, dann wenigstens auf vier Rädern. Wie fast alle hat auch dieser bayerische Minister ein Rad ab.

Vielleicht sollten wir uns, um die Umwelt in Ordnung zu bringen, an den Japanern orientieren. Japanische Lehrer dürfen ihre Schüler wieder schlagen. Jahrelang war diese traditionelle Maßnahme verboten, nun hat eine Expertenkommission sie wieder erlaubt. Was bedeutet Japans Rückbesinnung auf alte Bräuche für uns Deutsche? Das ist nicht schwer zu sagen: Auch wir kennen von alters her die Tradition der Stockstrafe. In besseren Zeiten gehörte sie auch bei uns zum pädagogisch wertvollen Handwerkszeug.

Traditionell schlägt das ausführende Organ dabei liebevoll, aber konzentriert mit einem Stock auf die nackten Fußsohlen des Delinquenten. Die Anzahl der empfohlenen Schläge schwankt in japanischen Handbüchern zwischen zwanzig und dreißig. Zum Vergleich: Das Alte Testament empfiehlt maximal vierzig Schläge. Karl May nannte 500 Schläge als Höchstgrenze. Das erscheint angemessen.

Bei aller Wertschätzung der japanischen Erziehungsrevolution sehe ich allerdings keinen Grund, deutschen Schülern die Bastonade zu verabreichen. Ich schlage vor, stattdessen die Spitzenmanager, Direktoren, Aufsichts- und Verwaltungsräte der deutschen Autokonzerne und die sie protegierenden Politikerinnen und Politikern dieserart durchzuprügeln wegen Schlafmützigkeit, übertriebener Profitgier und zahlreicher Betrügereien. Wir müssen sie ja nicht gleich an die nächsten Laternen hängen, aber schade, sage ich, schade um jeden Schlag, der vorbeigeht. Es ist doch wirklich nicht einzusehen, dass die einfachen Autofahrer, denen die Deutsche Bahn AG und andere öffentliche Verkehrsmittel zu teuer, zu unkomfortabel und zu unpünktlich sind, büßen müssen für die Faulheit, Inkompetenz und die dreiste Raffgier der Automobilproduzenten.

Einen Lichtblick in dieser Situation gibt es: Agrarwissenschaftler der Universität Florenz haben mitgeteilt, dass der Treibhauseffekt seit einiger Zeit zu Spitzenjahrgängen beim Rotwein führt. Und wenn die Erderwärmung weiter zunimmt, dann kommen auch bei uns Kiefern und Knicks weg und Rebstöcke her! Dann hauen wir uns abends den Sangiovese Primitivo vom Bungsberg in die Birne.

Eigeninitiative

Es reicht ja nicht, sich nur noch nachts in die Sonne zu legen. Ich werde in Zukunft auch kein Deodorant mehr benutzen, mich selbstverständlich vom Stromnetz abnabeln und darum kämpfen, die Straßenbeleuchtung einzusparen. Ich werde keine Milch mehr trinken, denn mir ist bewusst: Die Darmwinde einer einzigen Kuh vergrößern das Ozonloch genau um den Lebensraum eines australischen Kleinkindes. In meiner Freizeit werde ich in Zukunft Biberfallen basteln. Auch Biber produzieren Methangas und vergrößern so das Ozonloch. Dadurch wird es auf der Erde immer wärmer. Je mehr Biber es gibt, desto wärmer wird es. Je wärmer es wird, desto mehr Biber muss ich fangen und häuten.

Je mehr Biber ich fange und häute, desto kühler bleibt es. Je kühler es bleibt, desto mehr kommen Biberfelle in Mode. Je mehr Biberfelle ich zu Kleidung verarbeite, desto kleiner wird das Ozonloch, und desto überflüssiger wird die geplante Sommersmogverordnung.

Aber das ist noch nicht alles: Auch beim Reisanbau entstehen Millionen Tonnen Gase, die ebenfalls das Ozonloch vergrößern. Genauso sinnvoll wie der Bau einer Biberfalle ist demnach der Bau einer Asiatenfalle, um den Reisanbau zu stoppen. Ich sehe vor mir einen langgestreckter Weidenkäfig mit Falltür, und in der Mitte lockt ein Fläschchen Coca-Cola. Ich werde mir das Modell patentieren lassen ...

Was aber fängt man an mit den gefangenen Asiaten? Drei Biberfelle entsprechen größen- und qualitätsmäßig einem malaysischen Terroristenfell, vorausgesetzt, es ist ordnungsgemäß über die Ohren gezogen worden. Man könnte die gehäuteten Asiaten zum Anlocken furzender Biber in die Biberfallen legen. Oder besser umgekehrt? Nichts Fremdes ist mir menschlich ...

Nun habe ich aber gelesen, weder Biber noch Asiaten sind die Hauptursache für das Ozonloch, sondern die Ehescheidungen. Das ist einleuchtend: Zerfällt ein bislang intakter Haushalt in zwei Teile, dann steigt der Stromverbrauch um vierzig, der Wasserverbrauch um 35 Prozent. Durch konsequenten Scheidungsverzicht könnten wir Milliarden Kilowattstunden einsparen! Millionen Zimmer müssten nicht geheizt, Gebirge von Müll nicht deponiert werden. Vom Benzinverbrauch, den das turnusmäßige Kinderbesuchen nach der Scheidung am Wochenende auslöst, gar nicht zu reden ...

Also, die Regierung muss knapp und katholisch durchsetzen: Verzankte Ehepartner müssen wegen des Klimas weiterhin durchhalten. Wer sich scheiden lässt, wird als Klimaterrorist verfolgt.

Aber um die Erwärmung des Erdklimas wirklich aufzuhalten, ist es wohl am wichtigsten, dass alle Politikerinnen und Politiker für mehrere Jahre einfach mal das Maul halten. Wenn die ihr Heißluftgebläse abstellen, wird das den Ausstoß an heißer Luft in Deutschland entscheidend senken ...

Abgesoffen

Früher dachten wir, so was ist nur in Bangladesch möglich: Wir hatten noch die Nase voll vom letzten Hochwasser, da passierte es schon wieder, und seit diesem Sommer wissen wir: Auch bei uns kann praktisch jede Regenrinne über die Ufer treten und Tausende von Menschen in den Tod reißen. Die Kanzlerin bewies Gummistiefelkompetenz und machte sich mit einem regierungseigenen Fotoapparat vor Ort ihr eigenes Bild von der Flutkatastrophe. Im Oderbruch wurde ein Hochwassertisch ins Leben gerufen, der das Aufschichten demolierter Wohnungseinrichtungen am Straßenrand organisierte, und erst Wochen später stellte sich heraus: Ikea und andere Möbelfirmen hatten die Fluten selbst gesponsert.

Die wieder mal besonders hart getroffenen Ostdeutschen, an solchen Überfluss nicht gewöhnt, fragten naturgemäß, wer denn den Profit habe, von diesem Hochwasser. Die Antwort war einfach: Selbstverständlich die Sandsackindustrie. Der Sandsackstandort

Deutschland konnte mit diesem Hochwasser endgültig gesichert werden. Eine Dokumentation über die Sandsackbranche wurde gedreht, eine Volksmusikreihe unter dem Titel »Sandsäcke so schön wie die Lausitz« wurde ins Leben gerufen, und die Charts wurden gestürmt von einer Boygroup namens »Junge Ertrunkene«. Die gaben zum Beweis ihrer Solidarität mit den Flutopfern ein Benefizkonzert, was nach Meinung einiger Musikliebhaber allerdings die Not unnötig vergrößerte. Bon Aqua brachte sogar ein stilles Tafelhochwasser auf den Markt und Armani eine trendy Hochwasserhose. Dann, auf dem Scheitelpunkt der Flut, auf dem höchsten Pegelstand, meldete uns eine Fernseh-Berichterstatterin in Gummistiefeln das Ende der Menschheit: »Also, es ist eine gespenstische Stimmung hier! Man sieht keine Menschen mehr auf den Straßen, nur noch Hilfsmannschaften!« Der Moderator im Studio antwortete: »Danke nach Wittenberg für diese wichtige Information!« Und damit war das Thema wieder mal in trockenen Tüchern ...

Plastik

Plastik ist international. Plastiktüten entspringen aus der Mitte der Gesellschaft. Nun hat sich die EU-Kommission zum Ziel gesetzt, die Plastiktüten zu verbieten.

Viele EU-Bürgerinnen und Bürger sind jedoch der Ansicht, schon genügend gegen Plastiktüten zu kämpfen, wenn sie die Dinger in den Müll werfen. Das reicht natürlich nicht. Europa liegt bekanntlich am Meer, deshalb geraten die meisten Plastiktüten in internationale Gewässer. Die Meeresbewohner wiederum haben keinerlei Interesse an den Plastiktüten, weil sie nicht einkaufen gehen. Aber im Wasser lösen sich die Plastiktüten nicht auf, zum Glück, sonst würden sie in homöopathischer Verdünnung ihre DNS auf den gesamten Ozean übertragen, was den dann total vergiften würde. Also werden die Plastiktüten von Fischen gefressen, kommen so in panierter Form auf unsere Teller und von da in unseren Stoffwechsel. Das ist Scheiße.

Die EU, zuständig für alle Tüten-Belange zu Lande und im Wasser, erfüllt es mit tiefer Sorge, wie wenig der Einzelne gegen die Tüten-Plage ausrichten kann. Deswegen fordert sie, der Kampf gegen Plastiktüten müsse möglichst spektakulär geführt werden. Die deutschen Kulturvereine und Bürgerinitiativen sind aufgerufen, Plastiktütensammlungen durchzuführen, sie können dafür sogar Fördermittel aus dem Plastiktütenvernichtungstopf aus Brüssel beantragen, und Antitüten-Aktivisten könnten den Supermarktkunden die Tüten entreißen und deren Inhalte auf die Straße kippen. Die Polizei ist gehalten, solche Antiplastiktütenexzesse konsequent abzusichern und vor Gegendemonstranten zu schützen. Die Bundeskanzlerin hat schon gesagt: Scheitert der Kampf gegen Plastiktüten, scheitert Europa.

Allerdings müssen wir auch feststellen: Plastikblumen verschönern unseren Alltag und sind wesentlich haltbarer als die Pflanzenleichen in der Vase auf dem Esstisch oder das Bio-Gelumpe im Blumenkasten auf dem Balkon. Die Wissenschaft sollte dafür sorgen, dass Plastikblumen bei uns Wurzeln schlagen. Ohne Plastik keine Kultur. Ohne Plastik keine Handy-Schutzhüllen, keine Fahrradhelme, keine unzerstörbaren Polypropylen-Produkte. Plastik ist Leben.

Der Strandspaziergang (1999)

Ich stapfe, Ölklumpen unter den Schuhen, am Strand einer Nordsee-Insel entlang und denke an meine politische Führung. Vielleicht sollte ich mal wieder eine Gehirnstrommessung machen lassen. Na gut, ich muss das, was die Herrschaften in Berlin treiben, nicht beurteilen, denke ich mir, irgendwann ist Schluss mit der Überforderung, dann fallen die sowieso alle zurück in das, was ihrem Talent entspricht, also in ihre ureigenste Inkompetenz. Ich habe so viel Öl unter den Schuhen, dass ich ermessen kann, wie sich eine Ente fühlt, die sich auf ihren Entenfüßen über den Strand schleppt.

Und diese Spezialisten für proletarische Gemütstöne, die uns regieren? Sie hatten viele Jahre Zeit, sich auf ihre Aufgaben vorzubereiten – wieviel Dummheit und Faulheit müssen sie aufgebracht haben, um nach so langer Zeit derart durchs Examen zu fallen? Und dann, während ich kurzentschlossen eine verölte Ente erschlage, empfinde ich Mitleid: Nicht diese Regierung, nein, dieser Staat in all seiner größenwahnsinnigen Beschwingtheit ist am Ende. Ich bin ganz sicher – vom großen  Beutemachen, von all den Fusionen, hat der Kanzler genauso spät erfahren wie ich. Warum auch eher? Er versteht ja genauso wenig davon wie ich. Der Kanzler versteht sogar so wenig davon, dass er nicht mal Unsinn darüber reden kann. Wenn eine arabische Bank eines Tages die Bundesrepublik Deutschland in Besitz nimmt, kann er froh sein, wenn er als Oberaufseher in der Tiefgarage weiterbeschäftigt wird. Aber Regieren macht ihm Spaß, das sieht man ihm an. Keine Ahnung und trotzdem Spaß haben, das macht den erfolgreichen deutschen Zeitgeistrepräsentanten aus. Sein Fraktionschef redet davon, man wolle den Bundestag nur noch alle fünf Jahre wählen lassen. Ist ja klar: Wer so schlecht regiert, dass schon bei der nächsten Wahl der Absturz droht, freut sich, wenn er sich ein Jahr länger in der Sicherheit ausreichender Diäten wiegen kann.

Im Sand liegt ein Prospekt der Firma Benetton. Behinderte Menschen als Werbe-Blickfang für die United Colors. Doch, von Integration verstehen wir was. Behinderte in Reizwäsche wären allerdings noch marktorientierter. Oder leukämiekranke Kinder – die Plakate könnte man in der Nähe eines Kernkraftwerks aufstellen.

Es ist ziemlich kalt. Aber es ist besser, am Strand spazieren zu gehen, als zu Hause die Heizung aufzudrehen: Das wird teurer. Wenn es mir gelänge, eine Vorrichtung zu erfinden, mit der ich den Strand einer Nordsee-Insel so heizen kann, dass da Kokospalmen wachsen, würde ich als Großabnehmer von den Heizkosten befreit. Merkwürdigerweise hat ein Wirtschaftsstaatssekretär gedroht, auch von der Ökosteuer befreite Unternehmen sollen zum Energiesparen angehalten werden. Das löste eine gewisse Besorgnis aus: Sollen diese Firmen in der Kantine nur noch die Notbeleuchtung einschalten? Eine Ente im Ölmantel schaut mich an.

Sieben Mitglieder der parlamentarischen Kontrollkommission für die Geheimdienste sind auf die Kapverdischen Inseln geflogen, um die Insulaner beim Aufbau eines Geheimdienstes zu beraten. Auch dort will man eben wissen, wie man dem Staat mehr Gegner schafft, als man mit Hilfe solcher Organisationen betreuen kann. Bei uns ist es ja so, dass die Linken im Ausschuss zur Kontrolle der Geheimdienste sitzen und somit diejenigen kontrollieren, von denen sie selbst überwacht werden. Warum auch nicht? Ein Krückenfabrikant kann ja durchaus auch Präsident eines Skiclubs sein. Die Ente im Ölmantel versucht, vor mir davonzurennen. Als ob sie damit noch was gewinnen könnte.

Das Engagement des deutschen Außenministers für die Opfer des Wirbelsturms in Nicaragua und Honduras geht immerhin soweit, dass er einen Schuldenerlass für die betroffenen Länder »vorurteilslos prüfen« will. Die deutsche Gesamthilfe belief sich Anfang November auf 6,9 Millionen Euro. Das verdient man im Mittelfeld von Bayern München in einem Monat. Der Papst hat angeboten, für die Opfer zu beten. Die Ente bleibt liegen und stirbt.

Im Dunst vor der Küste liegt der Schrott der havarierten Pallas. Mitarbeiter einer holländischen Firma pumpen das Öl ab. Dafür kassiert die Firma täglich 40 000 Dollar. Eine Nachbarschaftshilfe des deutschen Steuerzahlers. Ich stelle mir vor, mein Haus brennt. Ich rufe die Feuerwehr an. Verschiedene Wachen streiten sich um den Einsatz. Keine weiß wirklich, was zu tun ist. Die Flammen nähern sich dem Haus meines Nachbarn. Ein Feuerwehrmann geht in eine Telefonzelle, um den Nachbarn zu fragen, ob man löschen dürfe. Der fragt: »Brennt's denn?« Die Feuerwehr schickt den kleinsten Löschzug, mit dem sonst Katzen vom Birnbaum geholt werden, um zu testen, ob der ausreicht. Endlich trifft der große Löschzug ein. Der kann den Hydranten nicht finden. Dann braten sich alle zusammen erstmal ein paar Äpfel. Schließlich ist die ganze Straße abgebrannt. Meine Schuhe sind so versaut vom Öl, die kann ich wahrscheinlich wegschmeißen.

Das Nordseewatt ist unberechenbar. »Es tut uns nicht den Gefallen, sich an die Zuständigkeiten des Bundes, der Länder und der einzelnen Ressorts zu halten«, klagte ein Sprecher des Bundesumweltministeriums. Die Zuständigkeit für das Wattenmeer wechsle mehrmals täglich, mit Ebbe und Flut, sagte er. Bei Flut gelte es als Bundeswasserstraße, dann darf das Bundesverkehrsministerium sich damit befassen. Bei Ebbe sei es ein Nationalpark, dann sei das Bundesland gefordert. Das Bundesumweltministerium sei thematisch zwar berührt, aber nicht zuständig, betonte er. Daher sei es weder an der Auslösung des Katastrophenfalls noch an der Bekämpfung der Folgen beteiligt. Keine Frage: Wir lassen uns von ausgewiesenen Fachleuten regieren. Am Strand versuchen zwei Männer, mit Hilfe eines Siebes Sand und Öl zu trennen. Für die nächste Wahl empfehle ich den Slogan: Schützt die deutsche Umwelt – Deutsche raus.

Unser GAU ist sicher

Deutsche Atomkraftwerke sind sicher, das weiß man. Unsere Parlamente sind in Bezug auf Störfälle auch niemals belogen worden, denn ein Parlament, das sich nicht intensiv nach einem Störfall erkundigt, kann auch nicht belogen werden. Nehmen wir mal die

Stadt Philippsburg, 12 695 Einwohner, in Württemberg. In Philippsburg steht ein Kernkraftwerk. Dort hat man mal die Dieselaggregate für die Notstromversorgung überprüft. Das sollte man von Zeit zu Zeit wirklich machen. Ein Handwerker, der Dieselaggregatüberprüfer, hat sich deswegen die Schlüssel zu dem Kernkraftwerk geben lassen. Dies geschah am Morgen. Am Nachmittag ist jemandem aufgefallen, dass der Schlüssel nicht zurückgegeben wurde. Der Schlüssel war weg. Das Kernkraftwerk war abgeschlossen, man kam nicht hinein. Der Handwerker konnte sich nicht erinnern, wo er den Schlüssel hingetan hatte. Man hat den Schlüssel überall gesucht. Das dauerte eine Woche. Danach hat man das Umweltministerium und die Polizei informiert. Nun haben auch das Ministerium und die Polizei den Schlüssel gesucht. Der Schlüssel blieb aber verschwunden. In das Kernkraftwerk kam man inzwischen zum Glück wieder hinein, denn es gibt Schlüsseldienste, die bekanntlich mit allen Mitteln arbeiten.

Zu Journalisten sagten die Kernkraftwerksleute, der Reaktor sei vollkommen sicher, denn er brauche zum Funktionieren keinen Schlüssel, der Schlüssel sei bloß für das Funktionieren der Tür notwendig. Im Übrigen komme niemand unbemerkt in das Kraftwerk hinein, weil es Kameras gibt, die alles beobachten. Wenn zum Beispiel ein Iraner kommt, reingeht und sich nimmt, was er brauchen kann, dann wird er von den Sicherheitskameras gefilmt, es sei denn, er versteckt sich unter einer Burka, aber die ist auf dem Gelände sowieso verboten.

Also, bei uns ist alles in Ordnung. Aber im Ausland kann man von Sicherheit wirklich nicht sprechen. Nehmen wir nur mal Tschernobyl in der Ukraine, 1986, da ließ die Sicherheit doch sehr zu wünschen übrig. Ich kann Ihnen sagen, meine Johannisbeeren damals im Garten: 80 000 Becquerel. Und erst die Pilze im Wald! Der Maronenröhrling war so radioaktiv – wenn man sich den ans Ohr hielt, sind alle Haare in den Kopf hineingewachsen, und verglichen mit einem 86er Pfifferling ist der 2006er Knollenblätterpilz ein Naturheilmittel. Heute esse ich gelegentlich sogar schon wieder türkische

Haselnüsse. Zurzeit beträgt meine Gesamtkörperdosis aber immer noch 800 Millirem, das heißt, ich muss rund 12 000 Jahre leben, bis ich das wieder los bin. Das kann ich gar nicht schaffen, bei der Rente ...

Billiger Schnarchstrom

Die Welt ist in einem verwirrenden Zustand: In Japan fließen Millionen Liter hochradioaktives Wasser in den Pazifik, aber wildes Urinieren an einem Ostseestrand kostet hundert Euro Strafe ... Und immer, wenn ich höre, wir können in Deutschland auf Atomstrom nicht verzichten, denke ich: Eigentlich kann ich zum Ausgleich meiner Finanzen auf Banküberfälle auch nicht verzichten. Trotzdem, ich bin gegen Atomenergie, weil sie gefährlich ist. Und ich bin gegen Kohle, Öl und Erdgas, weil sie das Klima aufheizen, aber für die Energiewende bin ich: Da baut man Windkraftanlagen dorthin, wo kein Netzanschluss besteht. Dann verlegt man Leitungen dorthin, wo keine Windkraftanlagen sind. Dann summiert man die Verluste der Netzbetreiber, befreit sie von jeglicher Steuerlast, subventioniert in doppelter Höhe die Energie-Konzerne und weist das Dreifache als Öko-Zulage auf der Verbraucher-Stromrechnung aus.

Um nachhaltig zu beweisen, dass ich ökologisch voll korrekt bin, schiebe ich mein Auto, heize mit Kuhfladen, schreibe meine Texte im Schein von Bienenwachskerzen, und das Bisschen Wind, das ich brauche, produziere ich selbst. Meine persönliche Energiewende verdanke ich dem bedeutenden europäischen Energie-Politiker Günther Oettinger. Dieser große Mann hat gesagt, bei der Energiewende geht es um die Wurst. Wörtlich sagte Herr Oettinger auf Europäisch: »Now goes it around the sausage.«

Natürlich ist das wichtigste bei der Energiewende, dass die armen Leute Strom sparen. Ein deutscher Bundesumweltminister rechnete vor: »Wenn der Strompreis um drei Prozent steigt, bleibt die Rechnung die alte, wenn man gleichviel Strom einspart.«

Das ist korrekt: Wer er in den letzten vierzehn Jahren seinen Stromverbrauch um 160 Prozent gesenkt hat, zahlt in diesem Jahr genau so wenig wie damals. Das erfordert naturgemäß eine gewisse Einschränkung: Heizung abschalten, nur noch kalt duschen, weder Tee noch Kaffee trinken, allenfalls warmes Bier, dreckige Wäsche anziehen, selber Geschirr spülen, Computer und Fernseher entsorgen, abends im Dunkeln sitzen, kalte Ravioli aus der Dose löffeln, gestiegene Lebensmittelpreise durch Kohldampfschieben ausgleichen und warten, dass die Löhne um 160 Prozent steigen …

Vor dem Gau von Fukushima hieß es, ohne die Atomkraftwerke drohten Stromengpässe. Danach wurden acht deutsche AKWs auf einen Schlag abgeschaltet – völlig folgenlos. Da fragte man sich als denkender Mensch: Warum waren die denn überhaupt so lange am Netz? Hatte im Kanzleramt bereits vor Jahren die Kernschmelze begonnen? Gerüchteweise hieß es, eine Explosion habe der Kanzlerin das Dach weggesprengt, aber sie bewahre wie immer in schwierigen Situationen einen kühlen Kopf. Und aus dem holte sie die gewohnt klugen Erkenntnisse raus, unter anderem: Es solle ein Ausstieg mit Augenmaß erfolgen. Das heißt auf Deutsch: Man muss im richtigen Augenblick auch mal wegschauen.

Nach der Abschaltung ihrer Kernkraftwerke fühlten sich die Herren der Energiekonzerne enteignet und klagten viele Milliarden Euro von der Bundesrepublik ein, also von uns Steuerzahlern. Mir würde es gefallen, wenn die Rüstungsindustrie ähnlich hohe Schadenersatz-Forderungen anmelden würde, weil in Afghanistan, Jemen, Syrien, Libyen, Mali, nein, weil nirgends mehr gebombt und geschossen wird …

Bis es soweit ist, erfreuen wir uns am Anblick unserer Windkraftpropeller: In Sachsen-Anhalt – zwischen Magdeburg und Leipzig – ist das Land bereits komplett mit Windkraftanlagen vollgestellt. Kirchturmhohe Spargelwälder lenken höchst erfolgreich von der Hässlichkeit der Landschaft ab und haben die ganze Gegend von lästigen Touristen befreit. Gewiss, Naturschützer geben zu bedenken, diese Windräder töten viele Vögel, besonders Mäusebussarde werden von den Rotorblättern zerfetzt, aber im Biotop am Fuß der Windkraftsäulen gedeihen dafür unbehelligt Feldmäuslein, Rüsselkäfer, Schnabelpfeifer und doppelt gehörnte Nacktschnecken, und das sind ja schließlich auch schützenswerte Geschöpfe Gottes ...

Ich jedenfalls erwarte neugierig die Zukunft: Die Umwandlung von Erdgas in Solarenergie und mit Holzkohle betriebene Solarstromanlagen scheinen möglich. Bei fortschreitendem Klimawandel wird es mit Wasserkraft betriebene Windkrafträder geben, und sogar Dampfmaschinen, die mit Schnarchstrom laufen, der aus einer Vernetzung aller schnarchenden Männer gewonnen wird. Die Forschungsabteilung von Ikea, diesen allzeit lustigen Schweden, hat Reaktoren vom Typ »Römmsebrömmse« auf den Markt gebracht: Die sind besonders sicher und kinderleicht aufzubauen, wie alles, was von Ikea kommt – man muss nur die Bauanleitung konsequent ignorieren, sich nichts aus den falschen oder fehlenden Dübeln machen und den unsachgemäßen Aufbauplan verkehrt herum halten. Es ist übrigens völlig unproblematisch, wenn Kraftwerksmitarbeiter übers Wochenende Brennstäbe mit nach Hause nehmen, um Grillabende damit zu veranstalten. Es wird allerdings davon abgeraten, Risse im Reaktormantel mit Kaugummi abzudichten – dafür empfiehlt sich eher ganz normales, deutsches Paketklebeband.

Sven Göran Bullköttel, der Sprecher eines schwedischen Stromerzeugers, wies auch auf den durchaus positiven Nebenaspekt hin, dass die Grundstückspreise im Umfeld von Ikea-Atomkraftwerken kräftig gesunken seien, was besonders für ältere Menschen mit kleinen Renten von Interesse sei, zumal sie dort weitgehend ihre Ruhe hätten, da es wegen zahlreicher Leukämiefälle kaum noch Belästigung durch Kindergeschrei gebe ...

Abschließend möchte ich anmerken: Störfälle dienen der persönlichen Sicherheit der Verbraucher, denn: Bei Störfällen werden Notkühleinrichtungen aktiviert und auf ihre Zuverlässigkeit getestet. Durch die störfallbedingte Inanspruchnahme wird sichergestellt, dass Notkühlsysteme im Fall einer Kernschmelze zufriedenstellend funktionieren.

Wenn es aber zur Freisetzung von Edelgasen infolge von Detonationen, Wasserstoffexplosionen oder zum Austritt von radioaktivem Dampf kommt – dann macht das nichts, denn: Das alles sind auch ganz normale Erscheinungen in Gottes freier Natur. Die Schweden garantieren: Je häufiger es in einem AKW zu Detonationen kommt, desto größer ist die Sicherheit für die Bevölkerung.

Ein wenig beunruhigt hat mich allerdings ein seltsamer Vorfall in Brunsbüttel: Der dortige Atomreaktor lief einen ganzen Tag lang störungsfrei. Gottlob kam dann gegen Mitternacht die Entwarnung: Mit einer Panne um 23:50 meldete Brunsbüttel wieder Normalbetrieb …

Das AKW von morgen

In jedem Reaktor ist eine Tempo-Dreißig-Zone eingerichtet.

Als zulässige Höchstgeschwindigkeit bei der Teilchenbeschleunigung gilt Tempo Hundert.

In sogenannten »Schnellen Brütern« dürfen nur Elektronen aus artgerechter Bodenhaltung verwendet werden.

Die elektrischen Anlagen des Atomkraftwerks werden durch eine auf dem Dach installierte Solaranlage versorgt.

Auf dem Hof des Atomkraftwerks müssen ausreichend Fahrradständer und beleuchtete Frauenparkplätze vorhanden sein.

Frauen dürfen nicht allein Schweres Wasser heben. Dabei muss ihnen jemand helfen. Am besten ein Behinderter.

Uran darf nicht aus solchen Ländern importiert werden, wo es von kleinen Kindern mit bloßen Händen abgebaut wird.

Atommüll muss sortenrein getrennt und in mindestens drei verschiedenfarbigen Behältern gelagert werden.

Der Kraftwerksbetreiber wird von der Pflicht zur Bereitstellung einer vegetarischen Vollwertmahlzeit auch dann nicht entbunden, wenn ein GAU eingetreten ist.

Die Mitarbeiter haben zwischen den Kettenreaktionen Anspruch auf eine Pause. Da können Sie sich dann gegenseitig zum Lachen bringen …

Nur schnell weg hier

Morgen früh geht es in den Straßen von München weder vor – noch rückwärts.

Der absolute Verkehrs-Stillstand ist erreicht. Die Fluglotsen können den Flughafen nicht mehr erreichen. Die dort tätigen Fluglotsen sind bald völlig erschöpft, sie schlafen vor ihren Computern und Sprechverbindungen ein. Orientierungslose Piloten lassen bei schlechter Sicht ihre Flugzeuge mit hoher Geschwindigkeit zusammenstoßen. Herabstürzend zertrümmern sie die Atomkraftwerke Isar 1 und Isar 2.

Kernschmelze und GAU sind die Folgen.

Bei Umberto Eco, der sich dieses furchteinflößende Szenario einfallen ließ, flüchten die Menschen der betroffenen Region in die umliegenden Wälder und richten sich in Höhlen ein. Die Menschheit ist wieder im Mittelalter angelangt.

Ich stelle mir eher vor, die von Haus aus recht bodenständigen Bayern stopfen eiligst ihre Habseligkeiten in Plastiktüten – Kruzifix, Gamsbarthut, Bierseidel – und fliehen, nein, nicht nach Österreich: Dort stehen Faschisten an der Grenze, die auf jeden schießen, der um Hilfe bittet – sie fliehen aus Chaos

MORD MIT TODESFOLGE

und Todesgefahr Richtung Hessen und Baden-Württemberg, nach Sachsen und Thüringen. Innerhalb weniger Stunden sind dort in die Belastungsgrenzen weit überschritten. Es kommt zu Unruhen,

Messerstechereien, und erboste Eingeborene zünden Flüchtlings-unterkünfte an. Einige Bayern kommen ums Leben. Grenztruppen marschieren auf, die zuständigen Gremien tagen, von Stacheldraht umzäunte Lager werden eingerichtet, sogenannte Rückführungs-Zentren (RZ).

Die übrigen Geflüchteten, die einst so energisch Hotspots, Ober-grenzen, Kontingente, Ankerplätze und Grenzzäune gefordert ha-ben, bleiben einfach im Matsch des Straßenrands auf den letzten Metern bayerischen Staatsgebietes sitzen und warten ergeben ab, bis die Strahlung sie erreicht …

Da kommt dann der Verdacht auf, dass diese Christen, im Gegen-satz zu Muslimen, zu blöde sind zum Weglaufen.

13 Medien

Die Meinung

Der Fortbestand der Demokratie wird garantiert durch das erfolgreiche Wirken von Meinungsexperten, die eine Reihe vorfabrizierter Alternativen so zur Wahl stellen, dass immer das von allen gewünschte Ergebnis herauskommt. Der Mensch, als Inhaber zahlreicher, völlig informationsfreier Meinungen, fühlt sich in einer so konstruierten Meinungsdiktatur entspannt und glücklich.

Meinung ist mittlerweile so inflationär, dass sie an Bedeutung verloren hat. Je mehr Kanäle man Leuten einräumt, um ihre Meinung zu posten, desto mehr nutzloses Zeug kommt heraus. Netzwerke und Plattformen, die ursprünglich dazu gedacht waren, unser Leben zu erleichtern und neue Verbindungen herzustellen, sind Sammelstellen von Hetz- und Hasstiraden. Jede Kommentarspalte lädt ein zu Eitelkeit, Exhibitionismus, Beleidigung und Arroganz.

Es macht den Eindruck, als habe die Menschheit vergessen: Eine Meinung kann man nur haben, auf Grund von Wissen, und da man selten wirklich etwas weiß, hält man besser das Maul. Grundlage jeder Meinung ist die Information. Die Informationen, denen wir ausgesetzt sind, fügen sich in unseren Köpfen zu sogenannten Meinungen. Da aber jede Information einen bestimmten Zweck verfolgt, ist sie manipuliert und hat demzufolge einen zweifelhaften Wahrheitsgehalt. Ergo: Jede Meinung ist uninteressant. Alles Müll.

Wir ahnen ja nicht, wir können gar nicht ahnen, wie viele wie wichtige Informationen uns tagtäglich vorenthalten werden. Wir glauben, wir seien gut informiert, weil alle Leute um uns herum, die die gleichen Zeitungen lesen, die gleichen Nachrichten hören und dieselben Fernsehsendungen sehen, auch keine anderen Informationen haben. Das heißt: Die Meinung ist der Untergang der Wahrheit. Und das Gegenteil von Meinung ist der begründete Standpunkt. Nun fragen Sie sich bestimmt, was Sie statt »ich meine« oder »ich bin der Meinung« sagen sollen. Also meiner Meinung nach sagen Sie am besten:

»Ich möchte mit Nachdruck behaupten!«

Der Journalist

Der Freiherr von Knigge war nicht nur für gutes Benehmen zuständig, sondern auch für pfiffige Gedanken. Irgendwann zwischen 1752 und 1795 schrieb er: »Unter den heutigen sogenannten Gelehrten muss man billigerweise unseren Journalisten einen ansehnlichen Rang einräumen. Mit diesen Leuten ist eine ganz besondere Vorsicht im Umgang nötig. Sie stehen bei geringem Vorrat an eigener Gelehrsamkeit im Sold irgendeiner herrschsüchtigen Partei oder eines Anführers derselben. [...] Dann ziehen sie durch das Land, um Märchen zu sammeln, die sie nach Gelegenheit Dokumente nennen. Oder sie verfolgen mit dem Schwerte der Verleumdung jeden, der nicht zu ihrer Fahne schwören will.« Ein Freiherr mit Durchblick, das hat man selten ...

Herrn von Knigges Einschätzung der Journalisten ist immer noch stimmig, auch wenn sich der Journalisten-Alltag seit jener Zeit ein wenig geändert hat:

Acht Uhr. Der Journalist schält sich aus der indischen Baumwolldecke und entsteigt dem japanischen Bett. Er schlüpft in den seidenen Morgenrock aus Hongkong und in die peruanischen Mokassins, rasiert sich nass in altägyptischer Tradition, shampooniert mit nordamerikanischem Duschgel und hüllt sich in einen französischen Duft. Er kleidet sich mit koreanischem Hemd, italienischem Anzug, einer Schweizer Uhr und mit spanischen Schuhen. Er trinkt Orangensaft aus Südafrika und eine Entdeckung der Äthiopier, die über die Türkei nach Europa gelangte: schwarzen Kaffee aus Brasilien. Er zündet sich eine mexikanische Erfindung an, eine Zigarette aus Dänemark.

Verlässt dann das Haus in einem englischen Regenmantel, und die thailändische Ehefrau auf Probe bleibt allein zurück, zwischen den Möbeln aus norwegischer Kiefer. Auf dem Weg zum Parkplatz kommt der Journalist an seinem Fleischerladen vorbei – Schlemminger, an dessen wurstiger Vielfalt er sich allmorgendlich erfreut. Es heißt, der alte Schlemminger selbst sei Vegetarier gewesen und habe deswegen weder Eichhörnchensalami noch Heuschreckenaufschnitt angeboten, dafür aber die berühmte finnische Holzwurst …

Der Journalist fährt in seinem schwedischen Auto in die Redaktion. Russischer Wodka, in einem tschechischen Kühlschrank gelagert, macht den Tag erträglich. Er liest die internationale Presse, für die einst die Chinesen das Papier erfanden, streichelt den ungarischen Hirtenhund seiner Sekretärin und macht Yoga auf dem kurdischen Perserteppich aus Nepal. Zwischendurch fällt dem Journalisten ein, dass er arbeiten muss. Er entwirft ein Szenario dessen, was ihm wichtig erscheint und bringt seine Gedanken zu Papier:

Ihm geht's:
ums Sterben der Wälder – wir sammeln da Gelder,
um Blumen für Bienen – um Ruß aus Kaminen,
um Schutz für die Affen – um weniger Waffen.
ums Schießen der NATO – möglichst bis dato,
um Kernkraftbetreiber – um Bundeswehrweiber,
um giftfreies Bauen – um Rechte der Frauen,
um Pflichten der Väter – der Opas folgt später,
ums Säugen in Gruppen – um Brennnessel – Suppen,
um Blei in den Brüsten – um Öl an den Küsten,
um Nahrungsvernichtung – um Streik und um Schlichtung,
um Demonstrationen und ob sie sich lohnen,
um Rettung der Moore in El Salvadore,
um Pro und Contra die Chemie,
ums tägliche Politpipi,
um Land für die Apatschen durch Reden und durch Quatschen,
um Schäden durch Entwässerung, kurzum: um Weltverbesserung.

Mittagspause. Der Journalist speist beim Italiener grönländische Crevetten an israelischer Avocado, argentinisches Steak und Holländer Käse zu einer Weinschorle: chilenischer Chardonnay, elsässisches Mineralwasser. Anschließend geht er an einen koreanischen Computer und schreibt seinen aktuellen Kommentar des Tages:

»Terrorangst: grunzen statt bellen! Schweine statt Wachhunde sollen bald jüdische Siedlungen im Westjordanland vor Extremisten schützen – schlug ein israelischer Sicherheitsdienst vor. Grund 1: Der Geruchssinn von Schweinen sei sehr viel ausgeprägter als der von Hunden. Grund 2: Da die Tiere im Islam als unrein gelten, hat ein vom Schwein berührter Terrorist nach moslemischem Glauben keinen Anspruch auf siebzig Jungfrauen im Paradies.«

Feierabend. Später am Abend sieht sich der Journalist noch einen auf den Lofoten gedrehten neuseeländischen Dokumentarfilm über die arabischen Eroberer der Galapagos-Inseln an. Bevor er einschläft, betet er kurz zu einer semitischen Gottheit und bedankt sich dafür, dass er ein guter Deutscher ist.

Nix passiert

In dem großen Chemiekonzern am Ufer des Main hat sich ein harmloser Störfall ereignet, der aber von der Betriebsleitung sehr ernst genommen wird. Die Imagepflege des Konzerns verlangt, bei Störfällen über der Bevölkerung umgehend Sedativa und Tranquilizer auszustreuen. Deshalb gibt der Pressesprecher im Regionalfernsehen ein offizielles Statement ab:

»In unserer Anlage zur Herstellung des Pflanzenschutzmittels Isoproteron hat es eine Verpuffung gegeben. Bei dem anschließenden Brand in einer Filteranlage sind 1,8 Tonnen chlorhaltige AZO-Farbstoffe verbrannt und toxische Äquivalente von Dioxin und polychloriertes Biphenylen sowie andere Verbindungen freigesetzt worden. Und wenn ich sage »freigesetzt«, dann meine ich das genauso positiv, wie ich es sage, denn diese Freisetzung macht mögliche Explosionen in der Folge eher unwahrscheinlich, so dass ich vor allem auch den Bewohnern in der Umgebung unseres Werkes die erfreuliche Mitteilung machen kann, dass eine Gefährdung der Öffentlichkeit zu keinem Zeitpunkt bestanden hat. Die freigesetzten Stoffe sind absolut ungefährlich. Außerdem handelt es sich um eine geringe Menge ganz knapp über der Nachweisgrenze.

Leider werden aber heute Nacht in einem Umkreis von fünf Kilometern ums Werk alle Kanarienvögel tot von ihren Schaukeln kippen, Hunde und Katzen werden sich aus ungeklärter Ursache von Balkonen und aus Fenstern stürzen, und auf den Autos zerbröselt der Lack. Das ist aber nur eine allergische Überreaktion, und wir können mit Sicherheit ausschließen, dass so etwas bei Menschen auftritt.

Morgen früh werden möglicherweise einige Leute – wir rechnen mit 7,5 Prozent der Bevölkerung – die Krankenhäuser aufsuchen, weil ihnen zum Teil die Ohren abgefault sind. Sie klagen über Gleichgewichtsstörungen, und sie sind von eitrigen Pusteln übersät, die sich hie und da in die Haut eingraben und starken Juckreiz verursachen, den man aber durch das Kratzen mit Stricknadeln leicht bekämpfen kann. Ich kann nur betonen: Harmlos! Auch, wenn gegen Abend unter Umständen in der ganzen Region kaum noch jemand Finger- oder Zehennägel hat.

Vielen, vor allem älteren Menschen, können die Augen herausfallen, was ein sicheres Zeichen ist für einen raschen Heilungsverlauf. Wir haben unser Werk prophylaktisch vorübergehend geschlossen. Ich betone aber, dass es sich dabei um eine reine Vorsichtsmaßnahme handelt. Die Öffentlichkeit muss sich deswegen nicht beunruhigen. Es kann nämlich durchaus sein, dass wir es hier nur mit einer saisonalen Unpässlichkeit zu tun haben, hervorgerufen durch unsachgemäße Ernährung und das für die Jahreszeit viel zu milde Wetter. Wir empfehlen alte Hausmittel wie Kampfer und Teersalbe …

Abschließend kann ich die Medien nur davor warnen, durch eine unsachgemäße Berichterstattung in der Bevölkerung hysterische Angstzustände zu erzeugen!

Meine Damen und Herren, Sie können sicher sein: Wir werden diesen Vorfall, auch wenn unser Verschulden an dessen Zustandekommen mehr als fraglich erscheint, mit Sicherheit nicht auf die leichte Schulter nehmen, sondern mit aller gebotenen Sorgfalt untersuchen und aufklären. Ich danke für die Aufmerksamkeit.«

Manipulation

»Journalismus ist, etwas zu veröffentlichen, von dem andere nicht wollen, dass es veröffentlicht wird. Alles andere ist Propaganda«, hat George Orwell gesagt.

Unter der Überschrift »Linksradikale verüben Brandanschlag auf Bahn« meldete die *Berliner Zeitung*: »Auf die Bahnstrecke zwischen Spandau und Ruhleben haben Unbekannte am Montag offenbar einen Anschlag verübt.« Logisch: Unbekannte, also Leute, die man nicht kennt, die aber »offenbar« einen Anschlag verübt haben – das müssen Linksradikale gewesen sein ... Die *Berliner Zeitung* ist ein Propaganda-Instrument.

Das Zusammenspiel von Politik und den sogenannten Qualitäts-Medien wurde besonders deutlich in der Behandlung von CETA und TTIP. Kritik am Zustandekommen dieser Freihandelsverträge wurde lautstark verschwiegen oder radikal umgedeutet, und ein Korrespondent der *Frankfurter Allgemeinen Zeitung* verstieg sich zu der Erkenntnis:

»Es ist nicht demokratisch, wenn einige Hunderttausend deutsche und österreichische Demonstranten an den Parlamenten vorbei vom Rest der EU verlangen, ihrer Linie zu folgen.« Demos sind also undemokratisch. Und als Wallonien sich weigerte, den Freihandelsvertrag zwischen der EU und Kanada zu unterzeichnen, da unterstellte die Tagesschau Wallonien ebenfalls undemokratisches Verhalten ...

Propaganda dient dazu, Empörung zu entfachen und Angst einzujagen. So konnte man lesen, dass die Chinesen alles tun, um deutsche Unternehmen zu übernehmen und Deutschland auszurauben. Liest man aber die deutschsprachige Internetausgabe des Zentralorgans der KP Chinas, *People's Daily*, dann erfährt man: In China sind nicht weniger als 8200 deutsche Unternehmen tätig, während in Deutschland nur 2000 chinesische Unternehmen aktiv sind.

MIN JUNG

Die Propagandaschlacht tobt global und allgegenwärtig. Alles, was wir glauben zu wissen, ist uns vermittelt worden, und es gibt kaum etwas, was deutsche Bürger wirklich überprüfen können.

Wer wissen will, was in Syrien wirklich geschieht oder wer wen im Jemen massakriert, ist aufgeschmissen – im Einflussbereich der USA, der EU und der NATO steht fest: Wenn westliche Kampfflugzeuge Bombenangriffe fliegen oder Drohnen und Raketen einsetzen, dann sind das chirurgische Präzisionsschläge, die kaum Opfer in der Zivilbevölkerung fordern, und jeder Angriff dient der Freiheit.

Die Russen hingegen, suggeriert uns die Propaganda des Westens, bombardieren vor allem und vermutlich mit Absicht Krankenhäuser und Kindergärten. Moskau verübt Kriegsverbrechen, und jeder russische Angriff dient der Unterdrückung. Washington jedoch leistet stets und überall humanistische Hilfe. Die Propaganda des Ostens behauptet selbstverständlich, der Sachverhalt sei genau umgekehrt. Beide Seiten versuchen, mit derselben Propaganda-Lüge ihre Glaubwürdigkeit zu stärken: Man muss Bomben werfen, um Frieden zu schaffen.

Leute, die den westlichen Medien vorwerfen, Propaganda zu treiben, werden umgehend als »Putinversteher« denunziert. Da stellt sich die Frage: Was für Idioten benutzen den Begriff »verstehen«, um etwas Negatives auszudrücken? Wer eine vernünftige Entscheidung treffen will, muss doch erst mal verstehen, oder? Zum Beispiel, dass die Menschen auf der Krim sich vor Faschisten fürchten, weil sie sich an Weihnachten 1941 erinnern, als die SS dort 14 000 Menschen massakrierte ...

Die Krim ist nun da, wo sie laut Volksentscheid sein will. Das finden deutsche Politiker ungehörig und verbieten der Krim das. Aber vielleicht gab's ja auf der Krim auch Begrüßungsgeld und Bananen. Und wenn es gegen Völkerrecht verstößt, dass ein Volk sich frei entscheidet, dann sollte man anstandshalber den Russen die DDR zurückgeben ...

Die Hintergründe des Konflikts um die Ukraine sind kaum noch sichtbar. Kapitalismus herrscht dort wie hier, und den Konkurrenzkampf innerhalb des globalen Kapitalismus zwischen Oligarchen einerseits und Heuschrecken andererseits verkauft die westliche Propaganda als Überlebenskampf der guten westlichen Demokratien gegen die finstere post-bolschewistische Diktatur. Frau Göring-Eckardt, die fromme Mutter Oberin der Grün-Kohl-Partei und seit langem Anwärterin auf einen Hirnschrittmacher, erklärte der Ukraine mit der dreisten Attitude einer strengen Domina: »Jetzt geht es um die Frage, ob man sich erpresserischer Hilfen aus Russland bedienen muss oder ob man sich konditionierter Hilfen aus der Europäischen Union bedienen kann.« Russlands »erpresserische Hilfe« ist für das betroffene Land gewiss kein Vergnügen. Aber was man von Brüssels Konditionen zu halten hat, also von den Bedingungen, unter denen Hilfe gewährt wird, das sollte sich Frau Göring-Eckardt mal von den Arbeitslosen, Kranken, Rentnern, den chancenlosen Jugendlichen und den Suizid-Opfern in Griechenland erzählen lassen ...

Entlarvend auch die Berichterstattung westlicher Medien über Sportveranstaltungen in Russland. Bei der Eröffnungsveranstaltung der Olympischen Winterspiele in Sotschi erweckten die beiden ZDF-Berichterstatter den Eindruck, sie säßen bei eisiger Kälte in einem finsteren Gulag – so sehr bemühten sie sich, das Land von Majakowsky, Bulgakow, Boris Pasternak und Wladimir Nabokov als abgewirtschaftete Kommunismus-Ruine darzustellen. Man fand es ganz und gar ungehörig, dass die Russen bei ihrer kulturellen Rückblende »ihre dunkle Zeit« ausgespart haben. »Wo war Stalin?« wurde gefragt. Ja, wo war er denn? Vermutlich war er da, wo auch die Opfer des British Empire bei der Eröffnungsfeier in London 2012 waren, und die ausgerotteten Indianer bei der Eröffnungsfeier in Salt Lake City 2002, und die Millionen Opfer der deutschen Nazis bei der Eröffnungsfeier in München 1972.

Im Lauf der Zeit nahm die antirussische Propaganda kontinuierlich an Schamlosigkeit zu:

Das ZDF zeigte in seiner »heute«-Sendung – nicht in der »heute-Show«, nein, in der »heute«-Sendung – Mitglieder des nationalistischen »Regiment Asow«, die für die ukrainische Regierung in der Stadt Mariupol kämpften. An ihrer Montur und ihren Helmen waren deutlich Hakenkreuze und SS-Runen zu sehen. Der Kommentar zu den Bildern lautete: »Freiwilligenbataillone aus nahezu jedem politischen Spektrum verstärken die Regierungsseite.« Offenbar sollten die Zuschauer es selbstverständlich finden, wenn in Mariupol die westliche Freiheit von paramilitärischen und der NS-Ideologie anhängenden Einheiten verteidigt wurde.

Die ARD wollte da nicht zurückstehen: Als Dutzende ukrainische Soldaten, die in der Ostukraine das Regime von Kiew absichern sollten, statt auf Demonstranten zu schießen mit ihren Panzern die Seite wechselten und mit russischer Flagge durch die Straßen von Kramatorsk fuhren, meinte Thomas Roth in den Tagesthemen: »Keine gute Entwicklung.«

Offenbar war der Nachrichten-Mann der Ansicht, Deserteure hätten gefälligst auf einer dem Westen genehmen Seite zu stehen …

Der Springer-Verlag startete eine Aktion wegen des Sowjetischen Ehrenmals am Brandenburger Tor in Berlin: »In einer Zeit, in der russische Panzer das demokratische Europa bedrohen, wollen wir keine Russen-Panzer am Brandenburger Tor.«
    Wen wundert's? Der Führer sah russische Panzer in Berlin auch eher kritisch.

Und Reinhard Müller, Redakteur bei der *Frankfurter Allgemeinen Zeitung*, ließ uns wissen, für Moskau seien Krieg und Annexion Mittel der Politik, anders als für den Westen, der auf »jede militärische Option lautstark verzichtet« habe. Offenbar ist mir da was entgangen: Vielleicht ist die NATO eine pazifistische Vereinigung, die in der Nähe russischer Grenzen nur die Friedensglocken läutet.
    Die verbale Aufrüstung vieler Medien gegenüber Russland blieb nicht ohne Auswirkung auf die Politiker, die ja darauf achten müssen, dass sie in der Presse gut wegkommen. Das Ergebnis: Nie tönte Deutschland seit 1945 so kriegerisch wie unter unseren führenden Flintenweibern. Die Kanzlerin weiß möglicherweise nicht, dass das »NA« in NATO für »Nordatlantik« steht. Oder sie glaubt, der Atlantik reiche bis Moskau …

Und der Verteidigungsministerin, der Ursel von der Truppenbetreuung, hat anscheinend jemand erzählt:»Hör mal, du, Deutschland hat seit über 140 Jahren keinen Krieg mehr gewonnen, da herrscht jetzt mal Handlungsbedarf!« Das löste bei Frau von der Leyen Feldherren-Allüren aus – sie bestellte einen Fotografen und posierte vor Gewitterwolken mit dem Glanz der Abendsonne auf dem Blondhaar, als spiele sie auf der Freilichtbühne von Worms Jung-Siegfried, den Drachentöter.

Gewiss, wir wussten schon vorher: Putin ist kein Sympathieträger, und um ihn für einen Demokraten zu halten, muss man schon Gerhard Schröder heißen. Putin ist ein autokratischer Sack mit einem schwer gestörten Verhältnis zur Meinungsfreiheit, der panisch und irrational auf Homosexuelle reagiert. Aber Putin ist kein intellektuell unterversorgter Lügendepp wie so manch amerikanischer Präsident, kein Diktator wie Saddam Hussein, auch kein durchgeknallter Ayatollah, und er lässt auch nicht tausende Menschen mit Drohnen umbringen. Mit Putin hätte die EU reden müssen, bevor sie ihren Beutefeldzug Richtung Ukraine startete und in Brüssel Entscheidungen fällte, die Russlands Wirtschaft und Grenzen betrafen. Das nicht zu tun, war ein haarsträubender diplomatischer Fehler.

Propaganda ist auch, was man den Menschen zum Thema Wahlbeeinflussung ins Hirn zu blasen versucht. Besonders die CIA-Experten waren immer sehr stolz darauf, die Wahlergebnisse in anderen Ländern, zum Beispiel in Chile, beeinflussen zu können. Nun aber reißt die CIA das Maul auf über die arglistigen Cyber-Russen, und von den kriminellen Abhörmethoden der NSA hört man in diesem Zusammenhang leider recht wenig …

Auch die deutschen Kreml-Experten verstehen sich auf Propaganda. Sie prophezeiten ausgerechnet via *Bild*-Zeitung, Putin plane einen hybriden Großangriff zur Bundestagswahl, sogar mit »Sexmobs«, um ein radikales Umdenken in der deutschen Bevölkerung zu erzwingen und die Parteichefin der Linken zur Kanzlerin zu machen … Beweise oder wenigstens Indizien konnten sie nicht präsentieren, das Wahlergebnis überführte die Herrschaften dann auch der Lüge, aber der Verfassungsschutz ließ durchblicken, die russischen Dienste seien »sehr geschickt darin, sich nicht erwischen zu lassen«.

Derlei »Beweisführung« wurde der Öffentlichkeit zuletzt bei den Hexenprozessen zugemutet. Die »Tagesschau« assistierte bei diesem Thema in gewohnter Präzision und verkündete: »Gestern war bekannt geworden, dass die CDU-Zentrale Ziel eines Hacker-Angriffs geworden ist. Hinter der Attacke werden russische Hacker mit staatlichem Hintergrund vermutet.« Vermutet. Vermuten heißt: nichts wissen, aber labern.

Ein Ex-Tagesschau-Frontman raunte: »Ich persönlich halte es nicht für ausgeschlossen, dass der russische Geheimdienst den Begriff »Lügenpresse« in Deutschland verbreitet hat.« Auf die Frage, ob er Belege dafür habe, antwortete er: »Nein. Keineswegs. Ich sage nicht, dass es so ist. Aber wir müssen darüber nachdenken!«

Ich bezweifle, dass dabei etwas Vernünftiges herauskommt ...
Für junge Rechtsradikale schließlich, die's mit dem Denken sowieso
nicht so haben, sind die Nachrichten am glaubwürdigsten, die sie in
Facebook lesen. Wahrscheinlich, weil sie nicht wissen, dass Facebook einem Juden gehört.

Reine Routine

Auch, wenn weder Polizei noch Öffentlichkeit etwas wissen über die
Täter oder die Hintergründe der Straftat, sei es ein Sexualmord oder
ein LKW-Attentat – nach dem Attentat passiert, was immer passiert:
Mit Panik in den Pupillen und bebender Stimme informiert eine Fern-
seh-Nachrichtensprecherin die Allgemeinheit über Vermutungen zu
einer Tatbeteiligung von Flüchtlingen. Das erste Fernseh-Interview
zum Tathergang gebührt einem bayerischen Minister. Der weiß am
besten, was die Flüchtlinge nun schon wieder verbrochen haben. Und
alle sind als Mittäter verdächtig. Alle. Und Deutschland braucht sofort Obergrenzen und sehr viel schärfere Sicherheitsgesetze.

Genau dieses Szenario spielte sich ab, als vor einigen Jahren ein
Verbrecher in Norwegen ein Massaker anrichtete. Eine Tagesthe-
men-Extra-Moderatorin fragte den Reporter am Telefon:
»Die Behörden vermuten einen islamistischen Anschlag, welche
Hinweise gibt es darauf?«
Das war dem Reporter ganz neu. »Nö«, sagte er, »es ist noch
nichts klar.«
»Also keine Behörde, keine Vermutung, keine Hinweise?«
»Nö, nix.«
Doch die Nachrichtendame ließ nicht locker – sie schlug vor:
»Dann lassen Sie uns ein bisschen spekulieren.«
In einer Nachrichtensendung spekulieren ...!?

Auf die Idee, dass es sich bei dem Terroristen von Oslo auch um einen weißen, blonden, blauäugigen, christlichen Faschisten handeln
könnte, kam sie bei ihren Spekulationen natürlich nicht. Und nie-

mand warf das dumme Weib aus dem Studio ... Es hat auch später niemand für die Unterstellungen und die Hetze um Entschuldigung gebeten ...

Gelegentlich hört man beschwichtigend die Einschränkung: »Aber nicht alle Muslime sind Terroristen.« Dann empfiehlt sich die Entgegnung: »Aber alle Terroristen sind Muslime.«

Dass Rachegefühle der Grund für islamistische Attentate sein könnten, wird im Westen kaum in Erwägung gezogen. Rache ist auch kein Thema in den Medien. Dabei ist es naheliegend: Rachegefühle, ausgelöst durch die ausdrücklich christlich begründeten Kreuzzüge US-amerikanischer Präsidenten, in denen von westlichen Truppen in Irak, Afghanistan, Libyen, Pakistan, Syrien und Jemen bislang etwa 1,3 Millionen Menschen ermordet wurden ... Im gleichen Zeitraum haben die islamistischen Terroristen einschließlich 9/11 weniger als 4 000 Menschen umgebracht, was etwa 4 000 Menschen zu viel sind.

Es ist allerdings vorstellbar: So mancher islamistische Attentäter säße lieber in einem sicheren Bunker im Himalaya und würde von dort aus – hätte er die technischen Möglichkeiten – mit einem Joystick Drohnen und Raketen auf Rammstein und andere militärische Terror-Bastionen des Westens abfeuern ...

Dummköpfe behaupten: »Dem Islam wohnt eine Gefahr inne, die andere Religionen so nicht haben.« Diese Behauptung ist ebenso wenig aussagekräftig wie der Satz: »Alle Atombomben zur Vernichtung von Menschen wurden von Christen abgeworfen.« Bisher konnte auch noch kein Wissenschaftler nachweisen, dass es einen Zusammenhang gibt zwischen dem Glauben an Allah und der Neigung zu Amokfahrten im Sattelschlepper auf Weihnachtsmärkten.

Der Tintenpisser

Die dämlichste Knalltüte im Land ist Franz Josef, Kolumnist bei der *Bild*. Die schrieb mal, er sei der meistgelesenste Kolumnist

Deutschlands. Das muss einen nicht wundern, denn *Bild* ist ja auch die bestgeschriebenste Zeitung mit der höchstverkauftesten Auflage. Franz Josef schreibt Briefe an Leute, die ihm wichtig erscheinen:

»Liebe türkische Schüler, wenn Deutschland zu Eurem Land werden soll, dann müsst Ihr fließend Deutsch sprechen. Oder Ihr übernehmt die Rolle der Indianer in Amerika. Straßenräuber, Drogenkranke, Geächtete. Ohne Deutsch kein Schulabschluss, ohne Deutsch keine Lehrstelle, ohne Deutsch ein Indianer. [...] Eine schöne Wohnung, ein Auto in der Garage, eine Topfpflanze auf dem Balkon, geachtet von den Nachbarn – all das kriegst Du, wenn Du Deutsch kannst. In unserer Sprache heißt das Glück.«

Aha – die Indianer überfallen also, völlig zugedröhnt, unschuldige Passanten auf der Straße, und das würden sie nicht tun, wenn sie nur rechtzeitig aufgehört hätten, indianisch zu sprechen und sich beizeiten an die Gepflogenheiten ihres Gastlandes angepasst hätten ...? Aber – waren nicht die Indianer zuerst da? Wären dann nicht die Bleichgesichter die Türken Amerikas? Also quasi die Indianer? Hatten denn die Indianer alle eine Topfpflanze auf dem Balkon? Hat das die Weißen an der Integration gehindert?

Da stellt sich die Frage: Welche Drogen muss man sich reinpfeifen, um in der *Bild*-Zeitung Kolumnen zu schreiben ...?

An einen in der Türkei wegen Verdachts auf Vergewaltigung einer Minderjährigen einsitzenden jungen Deutschen schrieb Franz Josef: »Du bist der erste Junge, der im Gefängnis sitzt, weil er die Frauen nicht versteht. Wenn sie Ja sagen, meinen sie Nein. Und wenn sie Nein sagen, meinen sie Ja. Das, mein Lieber, kannst Du mit siebzehn nicht wissen – das kannst Du erst wissen, wenn Du so alt bist wie ich.«

Aha, Franz Josef geht also vorzugsweise mit Frauen ins Bett, die vorher Nein gesagt haben. Oder mit Frauen, die zwar Ja gesagt haben, aber Nein meinten.

Das ist ein echter Frauen-Typ ...

An Alice Schwarzer schrieb der Zoten-Franz Josef: »Sie haben die Eiswelt zwischen Mann und Frau aufgetaut. Wir sehen uns inzwischen mit unseren Geschlechtsmerkmalen an …«

Das ist stark: Franz Josef denkt und schreibt also nicht nur mit seinem primären Geschlechtsmerkmal, er glotzt damit ausgerechnet auch noch Alice Schwarzer hinterher …

In seinem Brief an die »Liebe Anne Will« schließlich bekannte Franz Josef: »Hunderte, Tausende Male stellte ich mir ein Rendezvous mit Ihnen vor … Auf der Ecke meines Sofas sitzend sah ich gerne, wie sich Ihr Oberkörper zu dem einen oder anderen Gesprächspartner neigte … Ich gestehe, ich guckte mehr auf Ihren Busen als auf Ihre Worte …« Na ja, auf Worte gucken kann man ja auch nicht, aber Deutsch kann er eben auch nicht, der Herr Kolumnist … Man sollte ihm den Schwanz abschneiden, denn Tinte pissen kann er auch durch einen Katheter …

Schließlich nimmt sich Franz Josef auch noch die Mütter vor. »Liebe deutsche Mütter, laut Familienbericht der Bundesregierung seid Ihr faul. Zwei Stunden und achtzehn Minuten investiert Ihr in Hausarbeit – danach Café Latte trinken, Schuhe kaufen, Unterhautfettgewebe wegtrainieren, in einem Body-Piercing-Katalog blättern, die Beine übereinanderschlagen, auf Single-Frau tun, einen Zwanzigjährigen verführen … Ich bin glücklich, dass meine Mutter eine Trümmerfrau war. Sie war 24 Stunden um mich, sie hatte keine Freizeit. Meine Mutter hatte keine rot lackierten Fingernägel. Meine Mutter hatte keinen Sex. Meine Mutter war eine Löwin.«

Frage: Wie konnte sie dann solch ein Erdferkel werfen? Offenbar unbefleckte Empfängnis! Der Heilige Geist hat Franz Josefs Mutter heimgesucht. Egal – wenn er verspricht, auf seine Auferstehung zu verzichten, erkläre ich mich bereit, ihn persönlich ans Kreuz zu nageln.

Ich glotz TV

Solange ich noch nicht tot bin, wähle ich das, was ich im Fernsehen sehe, sorgfältig aus. Und deswegen läuft bei mir zur Erholung gelegentlich auch Teleshopping. Tauchsiedern beim Entkalken zugucken – das verstehe ich unter »chillen«.

Die Gebrauchsanweisung fürs Fernsehmachen lautet: Erfolg haben ist gleich Quote machen ist gleich Müll produzieren. Darauf gründet sich die Fernseh-Basisdemokratie. Die zeitgenössischen Programme der Privat-Sender sind postmoderner Kulturschrott. Postmodern – das kann nix und das will nix, außer nach irgendetwas anderem stattfinden, und ich werde das Gefühl nicht los, da haben Verantwortliche das Sagen, die sind so blöde, dass sie sich nicht mal richtig rum aufs Klo setzen können.

Die Unterhaltungsindustrie kann sich glücklich schätzen, dass unser Land nicht von kunstsinnigen Fürsten oder gar von der Familie Medici regiert wird – der ganze TV-Verein, der sich so einzigartig toll findet, wäre wegen permanenter Vernachlässigung intellektueller Mindeststandards und Verhöhnung aller ästhetischen Maßstäbe in tiefen feuchten Verliesen angekettet. Und man würde den Aufsichtsräten den Prozess machen wegen Verschwörung, streben sie doch mit aller Macht an, dass wir – das Volk – uns verstummt in der Tiefebene der Sprachlosigkeit versammeln. Und diese Tiefebene heißt kurz und bündig »Markt.« Aber dieselben Idioten, die so lautstark alles Schwierige, Leise, Aufklärende wegen der Einschaltquoten ausblenden, die fordern beim nächsten Schulhofmassaker ganz betroffen und eindringlich eine Woche gewaltfreies Fernsehen.

Ist meine Anspruchslosigkeit befriedigt, wechsle ich bei nur geringem Niveauverlust zu den Öffentlich-Rechtlichen und erfreue mich an volkstümlichen Musikanten. Da erscheinen singende Bratwürste, die aussehen, als seien sie aus einer thüringischen Irrenanstalt ausgebrochen, jodelnde Tütensuppen, ganze Schweinehälften in Lederhosen und Holzfällerhemden, trompetende Saumägen, das Leberknödelgesicht aus der Dauerwelle herausgemeißelt, dazu ein prächtiges Eisbein, schnaderhüpferlnd, bis ich, auf meinem Sofa sitzend, rhythmisch mitklatsche, etwas unpräzise, immer auf die Eins ...

Oder es kommen Köche – tausende von Köchen – beilagenabhängige Soßenjunkies und Schlumpfbrater, die weiße Mäuse filetieren, mit Tilsiter überbacken und in ein Ingwerschaumsüppchen zu den pochierten Eiern legen. Und als Hauptgang servieren sie eine traditionelle Zubereitung von Hot Dogs, in denen tatsächlich das drin ist, was der Name verspricht: der beste Freund des Menschen, ein Tafelspitz ...

Ein Karlsruher Theologe hat herausgefunden, dass die Fernsehköche die neue Priesterkaste sind. Der Herd ist ihr Altar, ihre Predigt gilt der schwarzen Trüffel, und die Bibel ist ein buntes Kochbuch. Das ist naheliegend: Wem fällt bei der Verwandlung von ödem Treibhausgemüse in ein Drei-Sterne-Gericht nicht sofort die Transsubstantiation des Leibes Christi ein? Fernseh-Kochsendungen sind eine Art Gottesdienst.

Als geistige Nahrung führe ich mir gerne auch mal eine Quizsendung zu, am liebsten Promi-Teamwettbewerbe, »Nonnen gegen Nymphomaninnen« und so was – oder Jauch, da wird das abgefragte Wissen schon für Kultur gehalten. Es ist ein großer Spaß, wenn eine naturtrübe Dame der Meinung ist, Goethes Satz »Getretener Quark wird breit, nicht stark« stamme von Alfons Schuhbeck, und ein umnachteter Herr behauptet bei der 20 000 Euro-Frage, Golgatha sei eine Zahnpasta.

Auch Rosamunde Pilcher beglückt mich hin und wieder: Es ist immer so befriedigend zu beobachten, wie eine Frau in der Hauptrolle ihre Intuitionen positiv gestalten kann, wenn sie nur ihre mentale Stärke einsetzt, um ihre großen Emotionen gefühlsmäßig in den Griff zu kriegen.

Die »Tatort«-Krimis allerdings mag ich nicht mehr sehen. Immer diese zynischen Dialoge in der ungemütlichen Pathologie: Da liegt stets dieselbe übel zugerichtete Leiche im Kühlfach, das ewig gleiche Kripopersonal ist alkoholabhängig, hat schwere psychologische Macken oder beides, jeden, der ihm begegnet, fragt der Kommissar »wo waren Sie letzte Woche zwischen fünfzehn und sechzehn Uhr?« und die meisten fragen zurück: »Warum wollen Sie das wissen?«, oder: »Halten Sie mich etwa für einen Mörder?«, und der Kommissar antwortet: »Die Fragen stellen wir!« Ungefähr fünfzehn Sätze pro Tatort werden eingeleitet mit der Floskel »Hören Sie …«, und ganz am Schluss erfahre ich, was ich seit Jahren geahnt habe: Der Mörder ist ein deutscher Schauspieler, den ich schon immer im Verdacht hatte, ein ziemlich mieser Typ zu sein … Wie oft habe ich mir schon gewünscht, Götz George hätte damals den Haarmann nicht nur im Film gespielt, sondern in den Fernsehanstalten wirklich ausgelebt …

Trotz aller Macken: Der Kripokommissar steht seit Jahren in höchstem Ansehen: Der Alte wird's schon richten. Er deckt unsere Sehnsucht nach dem starken Mann an der Spitze des Staates, der die Dinge im Griff hat. Dass wir mit einem starken Mann an der Spitze nur schlechte Erfahrungen gemacht haben, wird gern vergessen. Das ist die eine Seite.

Die andere Seite bietet folgende Indizienlage: Kaum eine Figur hat in den vergangenen Jahren im deutschen Fernsehen eine vergleichbare Konjunktur erlebt wie die Kommissarin, die Chefin einer Mordkommission. Allein bei der Sendung »Tatort« ermittelt zurzeit ein halbes Dutzend Frauen. Das ist ein Drittel aller Tatort-Protagonisten, und dazu kommen noch knapp zwei Dutzend weitere Damen, die in diversen Serien der Privatsender allein oder im Team Verbrecher jagen. Zur analytischen Detektivin gehört, notorisch gegen die nächstliegende Lösung zu sein und sie zugunsten einer komplizierten zu verwerfen – damit nervt sie ihre Kollegen. Sie grübelt eine Nacht lang, stützt ihre Gedankenarbeit auf den Konsum starker Alkoholika, redet mit ihrem Lebensgefährten kurz angebunden bis gereizt, verbringt keine unnütze Zeit mit Körperpflege, knallt morgens im Büro die

Handtasche auf den Schreibtisch und bellt: »Wir müssen noch mal ganz von vorn anfangen.«

In der Realität wird nur ein einziges Mordkommissariat der deutschen Kripo von einer Frau geleitet. Und nur acht Prozent aller Stellen der deutschen Kriminalpolizei sind überhaupt von Frauen besetzt. In keinem anderen europäischen Land sind so wenige Polizistinnen in gehobener Position tätig, und in keinem anderen Land erscheinen so viele Polizistinnen auf dem Bildschirm. Diesen Widerspruch aufzuklären, das wäre mal eine Ermittlung wert ....

Die monarchistischen Glanzlichter im Fernsehen setzt ein leitender Doppelname vom Norddeutschen Rundfunk, von dem man munkelt, er habe schon mal der englischen Queen beigewohnt. Seinetwegen sind Fürstenhochzeiten, Glanz und Gloria europäischer Königshäuser, Pomp and Circumstance für mich die kulturell wertvollsten Sendungen. Ich liebe vor allem die demütige und unterwürfige Sprache der Berichterstattung. Das ist dieser leise, immer etwas verschwörerisch klingende Ton, um die feierliche Zeremonie nicht zu stören: »Während das Paar die Marmorstufen hinabsteigt, beachten Sie bitte, meine sehr verehrten Damen und Herren, liebe Untertanen, das Brautkleid der Prinzessin: Es wurde gefertigt aus weißem Fliegenleder mit Mopsfellbesatz. Die Paradeuniform seiner Hoheit wurde aus einem Rokoko-Gobelin handgesägt und mit Blattgold ausgefüttert, und das goldene Familien-Zepter der Romanows aus echtem Elfenbein diente schon Zarin Katharina der Großen in einsamen Stunden als Masturbationshilfe ...«

Leid tun mir manchmal die jungen Leute. Immer wieder höre ich, wie sie fragen: »Warum kann das Leben eigentlich nicht so sein wie im Fernsehen?« Und erst sehr viel später merken sie, dass es ganz genauso ist ... Aber das schlimmste am Fernsehen sind immer noch die Zuschauer, und kein Programm kann so mies sein wie derjenige, der sich das dann auch noch ansieht ...

Neujahrs-Quatsch (1999)

Dass deutsche Bundeskanzler mit Vorliebe in ihrer Fernseh-Neu-jahrsansprache Sätze von diamantener Klarheit absondern, ist bekannt. Ihre Standortbeschreibungen liefern dem Volk stets präzise Orientierungshilfen:

1.) Wir stehen an der Schwelle des neuen Jahres.
2.) Wir stehen vor großen Herausforderungen.
3.) Wir stehen an einer Weggabelung.

Wo genau wir nun stehen – ob an der Schwelle der Herausforderung oder an der Weggabelung der Schwelle, ob an der Herausgabelung einer Wegforderung oder am Gabelweg einer Schwellung, das steht allerdings in den Sternen.

Der Bundeskanzler ist, wie wir alle, ein großer Freund von Innovationsflexibilität, Kompetenzmobilität, von globalen Visionen, Hightech und Internet. Ich habe mir erlaubt, die wichtigsten Aussagen seiner Neujahrsansprache einem Übersetzungsdienst im Internet anzuvertrauen. Der hat diese Ansprache zunächst ins Englische übersetzt, und dann habe ich ihn veranlasst, die Rede vom Englischen wieder ins Deutsche zurückzuübersetzen. Wenn man das Ergebnis liest, versteht man plötzlich: Was der Mann sagt, ist die Wahrheit, die reine Wahrheit und nichts als die Wahrheit:

»Liebe Mitbürger und Mitbürger, möchte ich mich heute zuallererst zu Ihnen, zu dem junge Menschen in unserem Land gedreht, obgleich Sie nicht am Tag des neuen Jahres sicher notwendigerweise der Politik denken.

Ich möchte zu ihnen, zu den jungen Frauen und zu den Männern in Deutschland sagen: Sie werden dringend verwendet. Nur mit Ihnen zusammen können wir unser Land in eine Zukunft führen, dadurch, dass es ziemlich für Menschen und ziemlich auch für das Klima geschieht. Folglich schlage ich eine Vereinbarung vor: Wir tun alles für die Tatsache, dass Ausbildung und Anordnung zu Ihnen geöffnet sein und Ihnen Ihren Arbeitsplatz nehmen können: in der Wirtschaft, in der Wissenschaft, im Arbeitsbereich. Und aber versprechen Sie, liebe junge Leute, Ihre Fähigkeiten, Ihre Kreativität und Ihr Unternehmungslust zu benutze.

Alle wir sollten Brücken aufbauen, über denen die jüngeren im Berufsleben in – ankommen, und für Brücken, über denen die älteren in eine sichere Lebensdauer einsteigen können. Außen würden wir ohne ihre Erfahrungen und ihre Schnelligkeit tun müssen zum Durchführen. Solch ein Pakt benötige mich ich zwischen Jungen und Alt in unserer Gesellschaft.

Es ist zutreffend: Die noch viel zur hohen Arbeitslosigkeit gibt uns Grund zum Interesse. Aber viel mehr Gründe haben uns zum Hoffen und zum Optimismus. Die Training Platzabgleichung verbessert, für die wir hinter Jahr auf einem Satz an den Auslandsanlagen zählen können.

Und nicht wenige Repräsentanten der Arbeitgeber, der Angestellten und der Regierung nahmen Diskussionen unter meiner Zeile über einem Bündnis für Arbeit auf. Ich bin überzeugt: Wir kommen dort zusammen zur Messe und zu den weitreichenden Lösungen.

Die ersten Maße der neuen Bundesregierung treten bereits morgen in Kraft, mit dem die breite Mehrheit der funktionierenden Menschen in Deutschland entlastet werden.

Wenn Ihre Familie zusammen mit einem Durchschnittseinkommen erhalten muss, werden Sie vom Morgen wenige Kontrollen beginnend erhalten zu zahlen und mehr Kindnutzen. Und wenn Sie ein Fertigkeitunternehmen zum Beispiel führen, dann Sie glaubt bereits bald den Entladungen mit Arbeitskosten und Besteuerungen von Unternehmen.

In den Monaten, die bevor wir Europa auf uns Blicke aufgestellt werden […].

In diesem Jahr werden die Bundesrepublik und das grundlegende Gesetz fünfzig Jahre alt. Und wir können vollen Stolz heute sagen: Wir erstellten ein Modell, das zufriedenstellend bearbeitete, das wir eine lebendige Demokratie erstellen lassen, die auch folglich so beständig seien Sie, weil in die, das der Wohlstand kompiliert, um in der Gesellschaft gutzuschreiben teilend und zu sagen, ich weiß: Wenn wir zusammen ihn anpacken, erstellen wir ihn.«

Danke, das reicht.

Vor dem großen Auftritt

Was passiert eigentlich bei einem Politiker, sagen wir mal bei Herrn Bosbach, zu Hause, wenn er in Frau Maischbergers Talkshow eingeladen ist und demnächst losmuss?

Frau Bosbach fragt: »Na Liebling, weißt du schon, was du anziehen wirst? Soll ich dir was rauslegen?«

Herr Bosbach, genervt von der Anwesenheit dieser Frau, die schon seit Jahren mit ihm in einer Wohnung lebt und ihn bevormundet, muffelt: »Was werde ich schon anziehen ... den dunkelblauen natürlich.«

Frau Bosbach ist konsterniert. »Den dunkelblauen Anzug? Nein, bitte nicht!«

»Wieso?« fragt Herr Bosbach, »was hast du gegen meinen dunkelblauen Anzug? Der ist doch tadellos.«

Darauf Frau Bosbach, etwas spitz: »Ich habe nichts gegen deinen dunkelblauen Anzug. Aber du hattest ihn in den vergangenen elf Sendungen auch schon an!«

Darauf Herr Bosbach: »Na und? Das merkt doch niemand.«

Frau Bosbach ist störrisch: »Das kannst du nicht machen, Liebling, die Zuschauer denken doch, das ist eine Wiederholung. Wo wirst du denn sitzen?«

»Links neben Maischberger.«

»Siehst du, dann geht das nicht mit dem dunkelblauen Anzug. Die mit den dunkelblauen Anzügen sitzen immer rechts neben Maischberger: Die Konservativen, du weißt schon. Links neben Maischberger ist es eher hellgrau. Oder beige. Die Jüngeren, Modernen.«

»Und ich.«

»Und du. Heute ziehst du mal den hellgrauen Zweireiher an, Liebling, der nimmt ein bisschen was von deinem Bauch weg und hebt sich gut vom Hintergrund ab. Und tu mir den Gefallen, benutz mal bitte den Nasenhaar-Rasierer, den ich dir zur letzten Wahl geschenkt habe, sonst siehst du aus wie dieser Babyrobbenschützer, mit dem du im November eingeladen warst.«

»Der Nasenhaar-Rasierer taugt nichts. Alles, was ich mir in den Nasenlöchern abschneide, wächst mir aus den Ohren wieder raus.«

»Sei nicht bockig, Liebling. Tu, was ich dir sage. Hast du dir schon überlegt, was du sagen willst? Du musst mindestens zehn Minuten sprechen.«

»Ich weiß, aber ja nicht ununterbrochen.«

Sie seufzt: »Aber Liebling, du bist doch bei Maischberger, wer sollte dich denn da unterbrechen?«

Bosbach antwortet nicht. Zieht sich die dunkelblauen Socken an. Dann: »Wenn ich Pech habe, Jutta Ditfurth.«

Frau Bosbach lässt nicht locker: »Dann musst du dich wehren. Lass dir nicht den Schneid abkaufen. Hast du deine Satzanfänge parat?«

»Hm.«

»Schön. Einmal zur Übung. Also?«

Herr Bosbach zählt seine Satzanfänge auf: »Der Bürger kann es nicht mehr hören; das verschlägt dem Bürger die Sprache; dafür fehlt dem Bürger jedes Verständnis; das wird wieder auf dem Rücken des Bürgers ausgetragen; das beschert dem Bürger das Gefühl; mal sehen, wie lange sich der Bürger das noch bieten lässt.«

Frau Bosbach ist zufrieden: »Na also. Und wenn du damit durch bist, erzählst du die Geschichte von der Rückkehr zu den Sachthemen.«

Das gefällt Herrn Bosbach ganz und gar nicht: »Das hab' ich doch erst vor drei Wochen erzählt. Kurz bevor ich so empört war und das Studio verlassen habe. Kein Mensch weiß noch, was ich vorher gesagt habe …«

Für dieses Argument hat Frau Bosbach nur eine abfällige Geste übrig: »Das stimmt wohl – aber da hattest du den dunkelblauen Anzug an. Und so was merken sich die Leute …«

Unendliches Blablabla

In Belgien wurde ein Mann tot in seiner Wohnung aufgefunden. Er saß seit elf Monaten tot vor dem laufenden Fernseher. Das ist eine schockierende Meldung, denn wer hätte gedacht, dass ein Fernseher elf Monate ohne Pause laufen kann?

Ich halte es für denkbar, dass die meisten Talkshows ausschließlich für potentielle Leichen produziert werden, und es würde mich nicht überraschen, wenn vor einer Sendung der Hinweis erschiene: Die nun folgende Talkshow ist für Lebende nicht geeignet.

Möglicherweise hat sich der arme Belgier totgelacht, als er sich eins dieser Sommerinterviews im deutschen Fernsehen anschaute. Da stellen sich selbst bei größter Hitze Politiker den Fragen von Thomas Walde und Bettina Schausten. Ich findet es immer wieder erstaunlich, dass überhaupt jemand Fragen an die Politiker hat, mir würde keine einzige einfallen. Das letzte Mal allerdings hatte ich den Eindruck, die Fragen gingen ein bisschen zu weit. Da fragte nämlich Herr Walde: »Frau Merkel, woran liegt es eigentlich, dass Ihnen beim Anblick ihrer Kollegen Seehofer, Scholz und Schäuble nicht ständig übel wird und sie sich selbst auf die Schuhe kotzen?« Darauf Frau Merkel: »Wie kommen Sie denn darauf?« Darauf Herr Walde« »Ich dachte nur ...« Darauf Frau Merkel: »Na ja, ich nehme immer rechtzeitig ein paar Nervogastrol.« Darauf Frau Schausten: »Das muss man wohl, wenn man den ganzen Sommer über an irgendwelchen Frittenbuden oder Eisdielen rumhängt.« Darauf Frau Merkel: »Ich muss schon sehr bitten.« Darauf Frau Schausten: »Aber Frau Bundeskanzlerin, woran liegt es dann, dass Sie immer fetter werden?« Und das war der Moment, in dem Frau Merkel die Augen verdrehte und vom Stuhl fiel. Das war seit Jahren das erste Mal, dass ich über ein Fernsehprogramm lachen musste, und das wäre fast mein Ende gewesen.

Wahrscheinlicher ist allerdings, dass ich mich eines Tages über das Fernsehen totärgere. Ich ärgere mich über diese gnadenlose Geistes-Schlichtheit, die mir da aufgetischt wird. Man ist nicht daran interessiert, das Richtige herauszufinden, man will nur recht behalten.

Kürzlich lautete das Thema: »Wie sozial ist die globale Wirtschaft?« Genauso könnte man fragen: Wie schmackhaft ist Hühnerkacke? Ich ärgere mich über mich selbst, weil ich mir diese Sendung ansehe – ich hatte mir doch geschworen, so was nur noch gegen Bezahlung zu tun, und ich ärgere mich über die Oberflächlichkeit alle Beteiligten: Niemand ist nachdenklich, verblüfft oder sogar verzweifelt; da sitzt auch niemand, der mal nicht mehr weiterweiß. Ich ärgere mich über die Gäste und eine Moderation, die zulässt, dass auf Fragen nur Antworten kommen, die nicht verlangt sind. Ein Glück, dass niemand in der Runde auf die Idee kommt, das Moderationspersonal um Rat oder um ihre Meinung zu fragen, denn wen interessiert schon die Meinung dieser Leute? Die Zuschauer, allein gelassen mit dem personifizierten Mittelmaß, trösten sich mit einem Satz des Philosophen Kierkegaard: »Die Menschen scheinen die Sprache nicht empfangen zu haben, um die Gedanken zu verbergen, sondern um zu verbergen, dass sie keine Gedanken haben.«

Das gilt vor allem für den Sonntagabend. Da tritt immer die gleiche Talkshow-Quasselelite auf: Professionelle Nebelwerfer, neben

Schauspielern, Sportlern oder Sängern, eingerahmt von den Milchdrüsen einer schrillen Blondine und den Speckwülsten eines ordinären Fußball-Managers. Schafsäugige Moderationsbeamte nicken Floskeln, Phrasen und Klischees demütig ab. Die Aufgabe für alle Beteiligten lautet, einen verbalen Rohrbruch nach dem anderen zu produzieren. Und das gelingt: Die Diskussion verläuft auf dem denkbar niedrigsten Plafond. Alle Gäste geben dem Publikum das Rätsel auf: Aus welcher Position lüge ich wohl heute? Und statt kluger Gedanken produziert man Expertengelaber.

Besonders beliebt ist das Thema Afghanistan. Zuerst war nur jeder, der ein Buch über Afghanistan gelesen hatte, ein Afghanistan-Experte.

Mittlerweile ist auch jeder, der an der Aldi-Kasse mal einige Sätze mit einem Flüchtling, aus welchem Land auch immer, radebrechen durfte, Afghanistan-Experte. Und wenn jemand alle Berichte über die letzten Attentate im Orient gesehen hat, dann ist er ein exzellenter Experte und darf in einer Talkshow nicht nur als Afghanistan-Experte, sondern sogar als echter Taliban auftreten.

Die Moderatorin sitzt da wie eine überforderte Kindergärtnerin und macht ein Gesicht wie eine Pastorin, die überraschend das Licht im Arbeitszimmer ihres Gatten einschaltet und feststellt, es handelt sich um ein Sadomaso-Studio. Die großen Diskurse, die notwendig wären, für die Zukunft unserer Gesellschaft, werden nicht geführt. Die Aufklärung in Deutschland hält die Schnauze. Lessing würde von allen Talkshow-Produzenten als Quotenkiller abgewiesen, und kritische Geister wie die Revolutionäre Forster oder Büchner kämen heute höchstens bis zur Pförtnerloge.

Ohne Wetter geht gar nix

Das wahnsinnigste Event im Fernsehen ist mehrmals täglich »Das Wetter«: Meteorologie ist von Haus aus keine anerkannte Wissenschaft, die Wettervorhersage ist eher in der Nähe von Horoskopen angesiedelt, ein Kasperltheater aus der Grauzone zwischen Kaffeesatz und Kristallkugel, und seit Kräuterbonbons, Haustüren und Finanzbetrüger das Wetter im Fernsehen präsentieren und sich auch eine Verfügungsgewalt darüber anmaßen, hat das Hunde- und Sauwetter erheblich zugenommen.

Um einigermaßen damit fertig zu werden, hampeln sturmerprobte Meteorologen vor einer vielfarbigen Landkarte herum und treiben mit völlig sinnentleerter Gestik schottische Tiefdruckgebiete in die eine und rechtsdrehende Nebelfelder in die andere Richtung, dabei machen sie gymnastische Übungen, als hätten sie den Kahlen Asten im Hintern, sie lassen weiße Pfeile aus dem Saarland nach Russland driften, es können aber auch ihre eigenen Winde sein, wir sehen viele kleine Sonnen hinter Wolken mit daran gehängten Strichen, wie aus einem Malbuch für Dreijährige, gelegentlich eine gelbe Zickzacklinie, offenbar eine defekte Hochspannung in der Nähe von Kassel, dann ein angebliches Satellitenbild mit einer Hochdruck-Warmwasserfront oberhalb von Skandinavien, aufschlussreich wie übergekochter Grießbrei, und zum Abschluss rät mir Donald, ein Kiemenatmer mit Schluckbeschwerden aus dem Morgenmagazin, mit umwölkter Mine, dass ich mich auf Grund einer düsteren Gewitterfront über den Azoren bei kühler Witterung und leichtem Schneefall unterhalb von zwanzig Metern »warm anziehen« soll – und da wird mir klar: Mein Gott, ich bin achtzig Jahre alt, jetzt merke ich schon nicht mal mehr, wann ich frieren muss …

Andererseits genieße ich natürlich immer wieder das Fachvokabular von Claudia, meiner Lieblings-Meteorologin: »Das sind die Tiefsttemperaturen fünf cm über Boden im Osten Deutschlands, hier oben Rügen zu sehen, Kap Arkona im Norden Deutschlands, minus zwei Grad, das ist jetzt nicht so außergewöhnlich, und man sieht schon hier minus fünfzehn Grad in der Lausitz, und dann gab es auch noch ein paar Zwanziger, minus 22 Grad in Oschatz, minus 23 Grad in Halle-Kröllwitz, und immer noch minus zwanzig Grad heute früh in Harzgerode, auch keine schlechte Leistung.«

Es ist, denke ich, erfreulich, dass in dieser Wetterberichterstattung auch mal Orte Erwähnung finden, von denen man noch nie zuvor etwas gehört hat. Aber wenn zehn Meteorologen im Schichtdienst täglich bis zu achtzehn Wetterberichte erstellen, darf man schon eine gewisse Präzision erwarten: »Unten ist immer noch die kalte Ostluft, obenrum aber zwischen 900 und 1 500 Meter ist eine Schicht, wo die Temperaturen über null Grad sind, und entsprechend verbreitet Glatteisregen bis rauf zum Teil an die Eifel, über die Mosel hinweg, östlich des Rheins, da ist meistens der Main die Grenze, weiter Richtung Süden aber dadurch verbreitet Glatteisregen von extremer Machart, und der Rest, der Norden Deutschlands, Nebelhochnebel, vor allem im Osten, örtlich etwas Industrieschneefall, in den Ballungsgebieten, sonst aber mehr Sonne als Wolken.« Industrieschneefall in Ballungsgebieten? Oder meint er doch eher Ballungsschneefall in Industriegebieten? Ich weiß nicht, ich werde beim ZDF anrufen und mich zum Wetterchef durchstellen lassen.

Das Fernseh-Wetter wurde von Jörg Kachelmann erfunden und jahrelang von ihm persönlich veranlasst. Kachelmann ist nach wie vor zuständig für das Reisewetter, das Biowetter, das Businesswetter, und ich bedaure, dass er bislang trotz der Existenz seines eigenen Wetterkanals immer noch kein extra-mildes Seniorenwetter auf den Markt gebracht hat. Trotzdem – ich versäume keinen seiner Fernsehauftritte: »Der Süden bleibt heute Nachmittag von diesem Chaospotential noch betroffen, der Wind weht dazu im Norden vorübergehend aus westlichen Richtungen, sonst aber meistens aus östlichen Richtungen. Übermorgen dann wieder überall das Gröbste durch, bitterkalt vor allem die Nächte, aber auch tagsüber.« Na gut, wenn die Nächte auch tagsüber bitterkalt sind, kann man nix machen. Dann trete ich jetzt mal vor die Tür und schaue nach, wie das Wetter ist.

14 Deutsche Leitkultur

Lob der Wurzel

Politiker nehmen sich den Begriff »Kultur« gern als Wahlkampfmunition. Dabei sind diese anmaßenden Bannerträger der deutschen Kultur oft gar nicht in der Lage, einen Kulturbegriff zu definieren – das kann man ihren Reden entnehmen, aus ihrem Verhalten schließen, und man sieht es ihnen auch an. Allzu gern schwafeln sie von der prägenden Kraft unserer Kultur und von den christlich-jüdischen Wurzeln und Werten – da stimmt dann schon die Reihenfolge nicht. Unsere Kultur des Scheiterhaufens stellen sie nicht den Praktiken der Steinigung gegenüber, Martin Luthers und Johann Sebastian Bachs Judenhass vergleichen sie nicht mit der Israelfeindlichkeit der persischen Ayatollahs, und fast immer klammern sie das Zeitalter der Vernunft aus: Sie verschweigen, dass die europäische Kultur in erster Linie der Wiedergeburt der heidnischen Antike, also der Renaissance, und der Aufklärung zu verdanken ist – Voltaire, Diderot, Kant, Lessing, Locke, Hume usw. …

Es ist absurd: Auch wenn das politische Führungspersonal keinerlei Definitionshoheit besitzt, nimmt es doch Hegel beim Wort und definiert das Weltgeschehen dialektisch über das Gegenteil: Der einfachste Weg, jemandem zu erklären, was Freiheit ist, ist, ihn einzusperren. Und wenn man jemandem verdeutlichen will, was Unterhaltung ist, muss man ihn nur ans Fernsehen fesseln.

Das politische Personal ist zum größten Teil völlig unbeleckt von den drei Fakultäten der Philosophie: Das Gute – die Ethik – wird dem Profit untergeordnet. Das Wahre – die Erkenntnistheorie – ist eine ständige Bedrohung. Das Schöne – die Ästhetik – dazu fällt mir nichts ein. Oder Moment, doch: Das Mirakel deutscher Regierungsmitglieder, die schöner sind als alle Hydranten und Abstandspoller zwischen Lissabon und dem Kaukasus, lässt sich nur beschreiben mit Hilfe der Ästhetik Hegels: »Das Schöne ist selbst die Idee, und zwar als unmittelbar existierende. Diese unmittelbare Existenz der Idee ist das Lebendige überhaupt. Das Lebendige also ist das Schöne.«

Immanuel Kant hinterließ uns drei kleine, aber menschheitsentscheidende Fragen: Was kann ich wissen? Was soll ich tun? Was darf ich hoffen? Die Antwort der deutschen Bundeskanzlerin auf diese drei Fragen lautet: »Die abgerundete Beurteilung meiner Persönlichkeit müssen wir wohl in die Historie verschieben. Ich bin eine Pastorentochter. Ich handle stets in gutem Glauben. Wenn ich einmal traurig bin, koche ich – Rouladen, Kartoffelsuppe, gefüllte Paprikaschoten, Entenbraten, Rotkohl.«

Franz Schönhuber, einst eine CSU-Säule im Bayerischen Rundfunk, dann ein umtriebiger Nazi-Sekten-Führer, berichtete in seinen Memoiren, wie er im Zweiten Weltkrieg als SS-Mann zu den an der Wolga ansässigen Russland-Deutschen kam und dass es ihn begeisterte, wie eisern sie ihre Sitten und Gebräuche mit deutschen Rezepten, liebevoll gestrichenen Kirchlein und gepflegten Vorgärten hinter tadellosen Jägerzäunen bewahrten und wie sie ihre Kultur kategorisch gegen jede Integration abschirmten.

(Etwas weiter südlich, im afrikanischen Namibia, fördert die Bundesrepublik heute deutsche Sprachkurse und Kulturveranstaltungen, damit afrikanische Namibier zivilisiert kommunizieren können, aber sie fördert keinen einzigen Kurs, damit deutschstämmige Namibier eine der afrikanischen Sprachen Namibias lernen und sich in die afrikanische Mehrheit integrieren können …)

Die Bundeskanzlerin hat zu diesem Thema schon vor Jahren festgestellt: »Multikulti ist gescheitert, absolut gescheitert.« Was meinte sie damit? Wer erlaubte der deutschen Bundeskanzlerin, derart unkontrolliert in der Gegend herumzuschnattern? Die USA gründen sich auf Multikulti, und die deutsche Fußball-Nationalmannschaft wäre ohne Multikulti nur die Hälfte wert …

Ich bin sicher: Als Friedrich Schiller notierte »Sire, geben Sie Gedankenfreiheit«, ging er davon aus, dass es Gedanken gibt, für die es sich lohnt, Meinungsfreiheit zu fordern. An Angela Merkel dachte er wahrscheinlich nicht. Ich vermute: Kultur ist das, was Archäologen in 3 000 Jahren bei Ausgrabungen von der Kanzlerin finden werden – einen verschimmelten Hosenanzug, Tütensuppen, Joghurtbecher und vielleicht sogar eine Plastik-Knoblauchpresse.

Elite

Aus dem neuen Bildungsbericht der OECD geht hervor: Die Deutschen haben keine Ahnung. Jeder neunte Schüler antwortet auf die Frage, welche Farbe Enten hätten: »Gelb oder so. Keine Ahnung.« Jugendliche Bundesbürger, die über einen längeren Zeitraum ohne Ahnung sind, sollten beizeiten Ahnungslosengeld erhalten. Damit könnte man den Innovationsdiskurs anregen und ein Innovationsklima und ein Innovationsmilieu schaffen, in dem Innovationskompetenz und Innovationsfähigkeiten gedeihen, in dem Innovationsmobilität, Innovationswettbewerb, Innovationsforschung und Innovationsoffensiven einen Innovationsschub bewirken, in dem Innovationsblockaden und Innovationskonflikte gelöst werden, bevor es zu einem Innovationsstau und weiterer allgemeiner Ahnungslosigkeit kommt. Im Mainstream des innovativen Zeitgeistes soll es nicht mehr darum gehen, etwas bessere Universitäten für alle zu schaffen, sondern Arme und Reiche sollen, unabhängig von ihrer Ahnungslosigkeit, das Recht erhalten, an Eliteuniversitäten zu studieren, genauso, wie ja auch Millionär und Obdachloser das gleiche Recht haben, sich ihr Mittagessen aus städtischen Abfallkörben zusammenzuklauben. Fest steht schon heute: Die Elite-Uni realisiert den neoliberalen Traum vom höher qualifizierten Ahnungslosen. Die künftigen deutschen Elite-Unis sollen deshalb nach ihren ahnungslosesten Vätern und Müttern benannt werden:

In Würselen wird das Martin-Schulz-Power-College of unbelievable disasters praxisorientierte Kurse für die Herstellung von Wahlschlappen anbieten.

Die Horst-Seehofer-Universität in Ingolstadt wird die Verquarkung bayerischer Synapsen erforschen und die Ursachen provinzieller Engstirnigkeit untersuchen.

Angehende Wahrsager, Schwarzkünstler und Sterndeuter können sich an der Wolfgang-Schäuble-Hochschule für Nullsummenakkumulation einschreiben.

An der Von-der-Leyen-Highschool lehrt die Namensgeberin selbst, wie weit man es bringen kann, wenn man nix auf der Naht hat und die Kompetenz gegen Minus tendiert.

An der Andrea-Nahles-University for irrelevante Evolutionsbremsen soll erforscht werden, ob genmanipulierte Türstopper auch als Dinkelfrikadellen verkauft werden dürfen.

Am Gauck-Institut für Inkompetenz und desaströse rhetorische Höchstleistungen kann man lernen, einen Mangel an Intelligenz durch Überheblichkeit auszugleichen.

Am Wachtelkönig-Jürgen-Trittin-Observatorium werden die Studierenden herausfinden, wie man durch schlichtes Sich-Aufplustern so viel Wind erzeugen kann, dass damit der Strombedarf aller Grünen-Wähler in der Lausitz gedeckt wird.

Jens Spahn wird unter dem Motto »Come in and find out« Präsident einer Elite-Sonderschule, in der angehende Sozialminister selbstbewusstes Kriechen im Arsch der Pharma-Industrie üben können.

Die Olaf-Scholz-School of Modern Debakels wird Messgeräte für nicht nachweisbare Leistungen im politischen Hohlraum entwickeln.

Weil sich die SPD keine weiteren misslungenen humangenetischen Experimente leisten kann, werden am Heiko-Maas-Institute for funny experiences Sozialdemokraten aus der Retorte entwickelt, weil auf natürlichem Wege keine mehr zu gewinnen sind.

An der Würzburger Karl-Theodor-Maria-Nikolaus-Johann-Jacob-Philipp-Franz-Joseph-Sylvester-Freiherr von und zu Guttenberg-

Exzellenz-Highschool schließlich gibt der Gauner selbst Kurse in Copy and Paste.

Ich wünsche mir, dass zahlreiche junge deutsche Familien sich entschließen, eine ihrer Töchter »Elite« zu nennen. Dann hätten wir sehr bald viele Eliten und jede Menge Mädchen mit einem reizenden Vornamen. Elite Müller-Plumpsklo – das klingt doch nach was.

Der Festredner (1974)

Liebwerte Damen, hochmögende Herren – wenn wir honoris causa einen lorbeerumkränzten Mann feiern: den Schriftsteller, Rhetor, den Magier im Flanell der Eloquentia Senilis, den Homo politicus multaBlaBlaque, den Stettiner, der als Demosthenes von Hamburg in allen Marmorsälen der Republik flusenbemügelt – Quatsch, musenbeflügelt – die Ars Declamandi zelebriert wie einen stupenden Tanz ohne Seil, oder, in weniger glücklichen Momenten, wie ein stupides Seil ohne Tanz, wenn wir dieses geistigen Cheerleaders Laudatio magna cum laude anstimmen, dann kommen wir nicht umhin festzustellen, dass dieser kryptische, aber auch luzide Mann, und da denken wir insbesondere an Publius Ovidius Naso, Vergil und die horazischen Oden, nicht nur ein staunenswertes Phänomenon der elementaren Pose, sondern auch per se ein posierendes Element verkörpert, eine Epiphanie in concreto auf dem Felde der Comédie Humaine, wie sie nur ein profundes Studium Generale sine ira zum Leuchten bringt, was ihn aber uns Inferioribus, horribile dictu, so entrückt, dass sich die Laudierung des gerade noch Lebenden unversehens verwandelt in einen Epitaph auf einen Unsterblichen, einen adorablen Archetypus, auf dessen Apotheose sich die Philister von links und rechts, von oben und unten, jederzeit verständigen können, zumal, wenn sie endlich begreifen, dass hier ein vom Geist der Suade geprägter, skalpellinistisch operierender Bramarbas, gleichwertig einem Michael Kohlhas (und jedem Fernsehmoderator das Wasser zu reichen keinesfalls überfordert), konsonantenmalmend zu Felde zieht, ein börnescher Meister von lessingscher Sozialkompetenz oder umgekehrt, dem es gelingt, auch sub Spezie Aeternitatis seine romantischen Leidenschaften mit einem Höchstmaß an Parteilichkeit zu vereinen, was ihm einen Ehrenplatz im Pantheon der rednerischen Protagonisten sichert, obgleich seine Vita als anachronistisches Mirakel inmitten des gesellschaftlichen Debakels der humanistischen Bildung in Erscheinung tritt, weil die Paideia als kompensatorische Obligo im Spannungsfeld zwischen Großkapital und Pauperismus in der Concordia omnium als Vision längst obsolet geworden ist, so dass er, als Homo absolutus, gleichwohl auch ein ambulantes Synsemantikon darstellt, das ich in epigrammatischer Knappheit als den derzeit irrelevantesten Homme d'Esprit der deutschen Nation zu etikettieren mich herausgefordert sehe, und dessen Namen zu evozieren ich mich mit Vergnügen auf diese Rostra begeben habe ... Scheiße, jetzt habe ich den Namen vergessen.

Der Lehrer

Erinnerungswürdig ist vor allem der Lehrer Walter Kempowski aus Rostock, obwohl an ihm nichts Entdeckenswertes zu bemerken war oder Bemerkenswertes zu entdecken, je nachdem, wie man ihn betrachtete. Begehrte er für einen seiner vielen Sätze besondere Aufmerksamkeit, begann er ihn bescheiden mit »Vielleicht ist es erwähnenswert.« Woraus folgte, dass »es« vielleicht auch nicht erwähnenswert war, aber Lehrer Kempowski hielt auf Grund seiner Mitteilsamkeit eben alles für erwähnenswert.

Vielleicht ist es erwähnenswert, dass Lehrer Kempowski im Rufe großer Genauigkeit stand, vor allem auch in Geldangelegenheiten, und dass sein Gehirn pedantisch alles speicherte, was sich in seinem Gesichtsfeld ereignete, auch nachts. Kein noch so dezenter Mäuserülpser, der ihm entging und bei Bedarf nicht als Säule der präzisen Beschreibung einer geplünderten Speisekammer Erwähnung fand.

Ob an- oder ausgezogen, Lehrer Kempowski wirkte immer so, als wolle er unter allen Umständen vermeiden, sich selbst als Spiegelung in einer Pfütze wiederzuerkennen und dann womöglich begrüßen zu müssen. Er war von zierlicher Gestalt, und er machte zierliche Gesten mit seinen feinen Händen. Er balancierte einen dünnen Schnurrbart, vielleicht war es aber auch nur ein Nasenschatten, und er fixierte uns durch eine leichte Brille, vielleicht waren es aber auch dicke Augenringe. Wo er hinguckte, da guckte er hin, da konnte er nicht noch woanders hingucken. Insofern war er auch nicht behinderter als andere Lehrer. Wen er zeichnete, den zeichnete er aus, und was er schrieb, das schrieb er nieder. Aber ganz ohne Phantasie war er nicht: Von Schulkindern umringt fühlte er sich nicht etwa bedrängt oder unangenehm belästigt, sondern umtraubt. Lehrer Kempowski, dieser intelligente Mensch mit Herz, unterrichtete Kunst in einer niedersächsischen Dorfschule, genauer in Rotenburg am Flüsschen Wümme.

Ich sehe den Lehrer Kempowski noch vor mir: Er steht vor der Klasse und sagt: »Heute malen wir einen Furz. Wer malt einen schönen saftigen Furz an die Tafel?«

Die Kinder sind begeistert, aber ratlos.

»Wie malt man denn ein' Furz?« ruft der Sohn von Dit und Dat.

»Dat schullst du di mal dörch den Kopp gahn laten«, antwortet Lehrer Kempowski, der es immer mal wieder für notwendig hält, seine Verbundenheit mit den eingeborenen Menschen durch den Gebrauch des Plattdeutschen unter Beweis zu stellen.

»Bi Licht bekeken is de gar nich dar«, murmelt der Sohn von Dit und Dat, und es bleibt unklar, ob er den Furz meint oder den Lehrer Kempowski. Der wühlt in der Pappschachtel und nimmt ein Stück braune Kreide heraus. Dreht sich dann zur Tafel, zeichnet einen krakeligen Kreis und füllt ihn braun aus.

»Dat is doch ein Kartüffel« meint einer der Jungen aus dem Waisenhaus, der es wissen muss, weil er schon mal beim Ernteeinsatz helfen durfte.

»Dann komm du her und zeig uns, wie so ein Furz wirklich aussieht«, antwortet Lehrer Kempowski, und der kurzgeschorene Bursche mit den schmutzigen Fingernägeln schlurft grinsend zur Tafel und malt mit rot und gelb und braun ein längliches Gebilde, aerodynamisch wie aus dem Windkanal.

»Eine Rakete«, kräht ein Knirps in gewürfelter Jacke mit Hornknöpfen dran, aber der Sohn von Dit und Dat widerspricht: »Eine Mohrrübe, sieht doch jeder.«

Der Waisenjunge schlurft grinsend an seinen Platz zurück.

»Lass mal ein' fahren«, flüstert ihm sein Banknachbar zu, wie er sich setzt.

Lehrer Kempowski greift wieder selbst zur Kreide. Grün nimmt er in die Hand und weiß. Die Kinder johlen und jubeln. »So sehn die von mien Vadder aus«, schreit einer, »das ist doch eine Bierflasche«, ein anderer.

»Dummtüch« sagt Lehrer Kempowski, und ein robuster Kerl mit fuchsroten Haaren erkennt das Ding ganz präzise: »Eine Gurke!«

»Ihr seht, es ist sehr schwierig, Dinge zu malen, die man nicht sehen kann«, sagt Lehrer Kempowski und erklärt so den Sinn dieser Unterrichtseinheit.

»Ich mache euch einen anderen Vorschlag«, fügt er hinzu und malt noch einen krakeligen Kreis, diesmal aber in knallrot. »Eine Tomate«, ist das einstimmige Urteil der Klasse.

Dann klingelt es zur Pause, und die Jungen stürmen lärmend auf den Hof.

Lehrer Kempowski steht sinnend vor der Tafel und kratzt sich oberhalb des Nabels. Rektor Simmler kommt herein, betrachtet mit schief gelegtem Kopf die Gemälde auf der Tafel und blickt dann Lehrer Kempowski fragend an. Der zuckt die schmalen Schultern: »Früchte des Feldes. Vielleicht ist es erwähnenswert – Kunst beginnt und endet auf dem Acker. Vorübungen zum Stilleben.«

»So, so«, antwortet Rektor Simmler matt, »aber sagen Sie mal, Herr Kollege, sind Sie sicher, dass es sich nicht um Fürze handelt?«

Der Floskel – Bausatz

»Am Umdenken führt kein Weg vorbei …«, befand der regierende Pointenkellner in einer seiner hochgelobten Neujahrsansprachen.

»Keine Angst – von der Sprache her will ich nicht ins Nichtssagen abgleiten«, sagte ein wegen seiner Geschwätzigkeit oft belächelter Wirtschaftsminister.

Und den bayerischen Ministerpräsidenten müsste man wegen Erfindung der »gleichgeschlechtlichen Verfolgung« zum Germanistikprofessor ernennen.

Um entschlossen, tatkräftig und intelligent zu klingen, aber möglichst nicht verstanden zu werden, was ihre Beweggründe und Hintergedanken betrifft, benutzen Politiker eine Art Ikea-Sprache, einen vorgefertigten Floskel-Bausatz.

Wenn sie beispielsweise »Reformen« ankündigen, bedeutet das höhere Ausgaben und schlechtere Lebensbedingungen.

Den »Steuerstaat« prangern sie an, wenn sie Spitzenverdiener und Vermögende vor einer angemessenen Beteiligung an der Finanzierung des Gemeinwohls schützen wollen. Arbeitnehmer ist eine altertümliche Bezeichnung für Lohnnebenkosten.

Mit dem sogenannten Kostenfaktor meinen sie Kinder, die ihnen zu teuer sind, oder Rentner, die sie auch gern eine »Altlast« nennen.

»Bürokratieabbau« heißt übersetzt Abbau des Kündigungsschutzes, »Eigeninitiative« kommt ins Spiel, wenn die Kosten der Daseinsvorsorge stärker auf die Bürger abgewälzt werden sollen …

Das Orwellsche Neusprech füllt immer mehr Begriffe mit neuem Inhalt. Dieses Neusprech wird flankiert vom modernen Wichtigsprech, vorangetrieben durch die Hauptwortwerdung: Man spricht zum Beispiel von der »Indieweltsetzung« von künftigen Steuerzahlern und der »Zielführung ihrer nachhaltigen Großwerdung.«

Auf dem Gebiet der Sprachpflege sind die Politiker also ganz vorne. Sprachliche Perlen vors Volk zu werfen, ist ihnen ein Herzensanliegen, und wenn Politiker ankündigen, »Klartext« reden zu wollen, müssen sich die Zuhörer auf erstklassiges Wischiwaschi einstellen – also eine Aneinanderreihung von Aussagen, die ein Maximum an Interpretationsmöglichkeiten garantieren. Wer da auch mal zu Wort kommen und sogar gehört werden will, muss wissen: Es geht grundsätzlich immer nur um die alles entscheidende Nachhaltigkeitsstrategie für einen nachhaltigen Geschäftserfolg. Im Wichtigsprech sagt man nicht einfach etwas, sondern man stellt etwas in den Raum und setzt damit ein Zeichen. Es sei denn, man legt keinen Wert darauf, individuelle gedankliche Ressourcen irgendwie sozialverträglich zu generieren. Das stelle ich jetzt mal so in den Raum …

Die deutsche Sprache ist seit Luther die deutscheste Sprache von ganz Deutschland. Vorher war die Amtssprache Latein. Das ging dann nicht mehr, weil immer mehr steile Thesen unübersetzbar waren, zum Beispiel der Satz: »Diese These darf nicht unhinterfragt bleiben.« »Unhinterfragt« – das ist ein guter Kandidat für das hässlichste deutsche Wort. Rege ich mich darüber auf, sagt man mir: »Nun überdramatisieren Sie das mal nicht.« Aber mit Unterdramatisieren habe ich es auch versucht – das bringt nichts.

Zum Glück waltet immer noch der Deutsche Sprachrat, zuständig für die Förderung der Sprachsensibilität, mit Glück und Geschick seines verantwortungsvollen Amtes. Mit großem Einsatz suchte er vor einiger Zeit das Superwort, das »liebste, schönste, kostbarste deutsche Wort« der deutschen Sprache. Lange konnte er sich nicht entscheiden zwischen Aldi und Silikontitte, aber schließlich siegte Habseligkeiten – ein Wort, das es nur im Plural gibt …

»Unsere Habseligkeiten vermitteln zwar keine Geborgenheit, dafür lieben wir aber jeden Augenblick unsere Rhabarbermarmelade.« Das ist eindeutig der schönste deutsche Satz. Er enthält die vom Deutschen Sprachrat gekürten fünf schönsten deutschen Wörter – und das auch noch in der richtigen Reihenfolge: Habseligkeiten, Geborgenheit, lieben, Augenblick, Rhabarber-Marmelade.

Ich persönlich hätte mich eher für Reichtum, Blutgrätsche, Besäufnis, Liegestuhl und Kaviartoast entschieden, und zu meinem erweiterten Favoritenkreis gehörten Darmzyste, Eiterbeule und Regierungskrise.

Trotz vieler schöner kleiner Erfolge bei der Bewahrung unserer Sprachkultur weben gedankenlose Mitbürger weiterhin am Leichenhemd unserer geliebten Sprache, und so ist es kaum verwunderlich, wenn national gesonnene Politiker ein Sprachschutzgesetz fordern: Deutsch müsse als Nationalsprache im Grundgesetz verankert werden. Der Bundestagspräsident selbst prangerte die sprachlich-moralische Verluderung an, und Berlins Innensenator empörte sich: »Die deutsche Sprache wird von einer Flut englischer Worte zernagt.«

Wenn der englische Nagezahn tatsächlich alles überflutet, muss man sich nicht wundern, wenn nationalbewusste politische Kräfte ein Verbot aller Fremdwörter anstreben. Und nach deren Machtergreifung kann man dann vielleicht in der Zeitung lesen:

»Wenn Karl-Heinz in seinem selbstbeweglichen Fahrzeug unterwegs ist, wird er von einem Luftsack geschützt. Er verabredet sich in seiner Freizeit zum Gummiseilstürzen oder zum Strandflugball, und manchmal geht er auch in eine Tauglichkeitswerkstatt zum Körperbauen. Sein Berufsziel ist nämlich, als Körperwache bei einem Stern zu arbeiten. Früher war er mal Platten-Reiter und hat immer die Obersten-Zehn aufgelegt. Heute geht er lieber ins Welt-Weit-Gewebe, denn er hat immer die neueste weiche Ware. Manchmal besucht er auch eine Schänke und sieht sich Ausziehtänze an, oder er leistet er sich ein Rufmädel für einen Eine-Nacht-Ständer.«

Gut möglich, dass dann angezeigt und bestraft wird, wer nicht deutsch-pur spricht. Dann dürfen Frauen, die noch Make-up statt Machaufwärts benutzen, geschlagen werden, und Männer, die Cheerleaders attraktiver finden als Jubelführerinnen, werden kastriert …

Lassen Sie uns abschließend hinabsteigen in die Abgründe der deutschen Sprache, wo der Zahn der Zeit nagt, wo die Zukunft auf des Messers Schneide steht, wo sich das Personalkarussell dreht, während die Karten neu gemischt werden und die Wellen der Empörung hochschlagen. Sie haben ja gemerkt, dieser Text ist mit heißer Nadel genäht, es steht auf tönernen Füßen und ist von A bis Z auf Sand gebaut. Trotzdem will ich Wasser auf Ihre Mühlen gießen, alles in einen Topf werfen, das Heft in die Hand und die Prominenz unter die Lupe nehmen. Wir müssen den Menschen auf Augenhöhe ins Gewissen reden, weil sie von Angst geprägt sind, dass wir die Katze aus dem Sack lassen. Damit Sie die Flinte ins Korn werfen, werde ich Ihnen reinen Wein einschenken. Aber ich möchte Ihnen nicht nur den Spiegel vorhalten, sondern auch Daumenschrauben anlegen, bis Ihnen das Lachen im Halse stecken bleibt. Zum Abschluss werde ich Ihnen dann die Schuld in die Schuhe schieben, Steine in den Weg legen, die Pistole auf die Brust setzen und dem Ganzen ein Ende bereiten. Denn am Denken führt kein Umweg vorbei.

Kommunikationsdesign

Jean Paul, ein deutscher Dichter und Biertrinker, hat mal gesagt: »Das Deutsche ist die Orgel unter den Sprachen.« Da hat er recht. Und wenn ich mich nun frage: »Wie geht's?«, tauche ich ab in die Tiefe meiner Benutzeroberfläche und antworte mir: »Echt mega. Wir ab in den Genießermorgen mit Vollwertfrühstück. Freu mich schon auf den Kurlaub mit unseren Kids – ich habe einen umweltfreundlichen Einspritzmotor plus Multikontursitz für Langstreckenfahrer, und alles mit der meisten Scheckkarte bezahlt. Oder vom Sparlehn. Dann den ganzen Tag Apfelgenuss mit Frischeschuss. Die Sofortdiät im Trinkimbiss. Aus der unkaputtbaren Flasche mit dem Vollkornvorsprung. Oder aus der Strukturpflegekapsel mit Dreiplussystem. Oder als vollendet veredelter Spitzenkaffee, zubereitet in meinem Zehn-Tassen-Tiefbrüher. Allerdings, wenn ich's eilig habe, eher aus dem Haarpflegenachfüllservice. Und immer einen extralangen Fruchtkaustreifen dabei, aber nie ohne Salatkrönung. Schönes Stück Langzeitbrot mit Superkruste dazu. Das ist wirklich eine Schmeckmahlzeit für jeden Hund. Und immer dabei: mein Sprungkraftbalsam, mit Black&Decker-Twistvorsprung. Ich brauche das für meine biodynamische Beinkosmetik. Weil ich sonst nicht mit der Globalisierung Schritt halten kann. Für weitere Infos können Sie meine Infoline mit dem optimalen Rundumservice anrufen. Beruflich habe ich's ja schön schokoschmackig in meinem Modellprojekt für Lärmschutzwände. Die psychosozialen Langzeitschäden und posttraumatischen Belastungsstörungen wären sonst auch gar nicht aufzufangen. Auch nicht im Vorfeld. Im Vorfeld, sagt man so, wenn man nicht genau weiß, wo. Jedenfalls habe ich da die Entspannungskompetenz, und ich kümmere mich als ordnungspolitischer Eckpfeiler um eine flächendeckende Altlastenentsorgung. Ich sage immer, das Miteinander ist wichtig, es muss nur rieselfreudig sein und dem kollektiven Einzelinteresse dienen.

Eine Gattin habe ich nicht. Ich habe eine Powerfrau. Die habe ich mir aus einer Frauenwohnungsbaugenossinnenschaft besorgt. Die kümmert sich um den Einsparhaushalt und das Babyfleece mit dem Nässeschutz. Sie ist nämlich eine echte Schmutzbremse. Und sie hat eine Wegfahrsperre. Das hat mir die Gleichstellungsstelle empfohlen, damit kein Anfangsverdacht aufkommt. Aber ein Restrisiko gibt es ja immer. Man muss eben Entsenderichtlinien erlassen. Das ist jetzt Minimalkonsens und liegt am sozialen Dialog. Der ist seifenblasensanft und sogar nachfüllig. Leider sind aber mein Zweiphasenreiniger und der Weichspüler in der Planungsreserve verschwunden. Oder in der Biomasse. Da bin ich kochgradig sauer. Entschuldigen Sie, aber wenn ich so auf meine Check-Time-Uhr mit Chic-Design schaue, kriege ich allmählich Raumnot. Und ich will unbedingt noch die Stauprognose hören. Damit wir vorankommen und uns den Zukunftsrealitäten stellen.«

Deutsch-Pop

In der DDR gab es die drollige Verordnung »sechzig-vierzig«. Damit sollte im DDR-Radio das sozialistische Liedschaffen prozentual hochgehalten und die imperialistischen Einflüsse sollten eingedämmt werden. Viele Musikfans mögen gehofft haben, dass es nach den zermürbenden Jahren mit »Karat«, »Stern Meißen« und den »Puhdys« bald mal gut ist mit staatstragenden Schlagern und der Begehung von mehreren Brücken, aber nein: Das geht immer weiter mit der Asche und dem hellen Schein auf dem sozialistischen Gang.

Heute geht's der gesamtdeutschen Phonoindustrie zwar nicht schlecht, nur ihrer Meinung nach nicht gut genug. Da müsste sich mit staatlicher Hilfe doch finanziell noch was rausholen lassen. Und deswegen haben die deutschsprachigen Künstler auf der Messe »Popkomm« in Berlin einen Aufruf verbreitet: »Wir fordern mehr Musik von hier«: Jeder Radiosender solle fünfzig Prozent seiner Zeit für Musik aus deutschen Landen reservieren. Unterzeichnet haben fast alle großen deutschen Talente, etwa 600 Künstler aus der Szene, die sich bitter beklagen, ihre Werke, also die Tondokumente ihrer musikalischen und sprachlichen Beschränktheit, würden im Radio quantitativ nicht genug gewürdigt, ja sie würden geradezu diskriminiert.

Den Sender, wo solches geschieht, wüsste ich gern – ich würde ihn sofort einschalten. Auch würde ich gern einen Blick in die Platten- und CD-Regale dieser Deutsch-Quoten-Bittsteller werfen, ob sie wohl selbst die Deutsch-Quote einhalten. Vielleicht stellt man dabei fest, dass sie, die sich so prätentiös als Künstler bezeichnen, in Wirklichkeit provinzielle Ständelobbyisten sind, die sich aufführen, als seien sie verbeamtet oder im öffentlichen Dienst fest angestellt.

DAS INSTRUMENT IST ZU LEISE? ERST AUSPACKEN!

Die Damen und Herren Künstler beanspruchen, im Rundfunk gespielt zu werden, weil sie Deutsche sind, und nicht, weil ihr Produkt gut und hörenswert ist – und das ist ihnen kein bisschen peinlich.

Unterstützung erhielten sie von einem dicklichen Sachsen-Nazi. Der macht sich stark für die Durchsetzung einer gesetzlich vorgeschriebenen Mindestbeschallung mit doitschem Singsang in ganz Deutschland, und zwar in den Grenzen von 1943. Aber auch demokratische Bundestagsabgeordnete haben sich mit dem Problem beschäftigt.

Auf gut Deutsch veranstaltete man ein Hearing, auf dem war dann viel die Rede von »Songwritern«, von »Top Ten« und »Charts« und »German Sounds«, dafür etwas weniger zum Beispiel von »Neukommern«. Man konnte den Eindruck gewinnen, die Volksvertreter wollten dem deutschen Singepersonal ähnlich hilfreich unter die Arme greifen wie Brüssel den Milchbauern. Das machte Hoffnung für andere bedeutende deutschen Kulturgüter: Schön wäre eine fünfzig-Prozent-Quote für deutschen Bordeaux ...

Um den musikalischen Mittelstand in Deutschland gegen die Übermacht internationaler Konzerne zu schützen, wären aber noch andere Quoten nötig: Zehn Prozent aller Titel sollten türkisch sein, fünf Prozent polnisch, russisch auch fünf Prozent, arabisch zwei Prozent, schwäbisch 0,5 Prozent, und in den christlichen Gottesdienstübertragungen sollten immer auch einige islamistische Gesänge zu hören sein. Also – wir brauchen dringend eine internationale Schrottquote. Und wer sich das akustische Kleingartengemüse nicht anhören mag, dem werden die Ohren abgeschnitten.

Mein Sohn hat übrigens einen fabelhaften deutschen Schlagertext geschrieben. Das macht mich wirklich stolz, und ich hoffe sehr, dafür findet sich bald ein kongenialer Komponist. Das Lied soll heißen »Dein Schild«:

Einleitung: Doofe Leute sollen Schilder tragen müssen, auf denen steht: »Ich bin doof!«

Da weiß man dann gleich: Mit so jemandem lohnt es nicht zu reden ...

Die Strophen:

Wir sind vor kurzem umgezogen. Das Haus war voller Kartons, und der Umzugslaster stand in der Einfahrt. Kommt mein Nachbar rüber und fragt: »Hey, du ziehst um?«

Nein, mein Freund, wir packen nur mal unsere Klamotten ein, um zu sehen, wie viele Kartons wir brauchen.

Refrain: Hier ist dein Schild.

Vor ein paar Monaten war ich angeln. Nach einigen Stunden legte ich mein Boot wieder am Steg an und hob meinen Fang an Land. Da kommt so ein Idiot und fragt: »Hey, hast du all die Fische gefangen?«

Nein, mein Freund, Ich hab' sie überredet aufzugeben.

Refrain: Hier ist dein Schild.

Als ich neulich mit dem Sattelschlepper unterwegs war, verschätzte ich mich bei der Höhe einer Brücke. Der LKW verkeilte sich, und ich konnte ihn nicht wieder loskriegen. Kommt ein Polizist des Wegs und stellt fest, »Also ... Ihr LKW hat sich verkeilt?«

Nein, mein Freund, ich liefere eine Brücke.

Refrain: Hier ist dein Schild.

Als ich das letzte Mal einen Platten hatte, fuhr ich zu einer Tankstelle. Der Tankwart kommt raus, wirft einen Blick auf meine Karre und fragt: »Ach du Scheiße, Reifen platt?«

Nein, mein Freund, Ich fuhr so rum, und ganz plötzlich haben sich die anderen drei von ganz allein aufgepumpt.

Refrain: Hier ist dein Schild.

Der gesamtdeutsche Barde (2002)

Wir alle wissen, wie unkomfortabel das DDR-Leben für diesen singenden Dichter war, wie schwer er es ertragen hat, dass er immer unter dem Schutz der Westmedien stand und dass dieser goldene Westen ihm Plattenverträge und gefüllte Westkonten aufdrängte.

Andere überzeugte Opponenten mussten so was nicht aushalten ...

Trotzdem hat er ganz allein den Kommunismus gestürzt, die Mauer umgekippt und das Ehepaar Honecker vom Thron gefegt. Kein Wunder, dass man sich nun von ihm erzählt, er habe kurz vor dem Erreichen der Demenzgrenze den Satz gesagt: Ich hätte gerne einen Klon, dann wäre ich stolz, zwei gesamtdeutsche Barden zu sein.

Anlässlich seines Geburtstages ließ er sich in einer Wochenzeitung als Deutschlands bedeutendster Renegat feiern und uns wissen: »Leute, die sich heute noch Kommunisten nennen, sind in der Regel solche, die niemals Kommunisten waren. Das sind die falschen Witwen, die nie mit Lust im Blut, nie mit Orgasmen mit dem Kommunismus im Bett gelegen haben.«

Demnach sind also Leute, die sich heute noch Kommunisten nennen, in der Regel falsche Witwen. Nur in der Regel? Sonst nicht? Und wieso falsche Witwen? Sind diejenigen, die sich heute nicht mehr Kommunisten nennen, richtige Witwen? Und die lagen mit Lust mit dem Kommunismus im Blut? Wegen ihrer Regel? Und die falschen Witwen haben seit der Oktoberrevolution nie mit einem Orgasmus im Bett gelegen? Warum? Ist bei ihnen die Regel ausgeblieben, weil sie keine Kommunisten waren? Also, ich weiß nicht – dieser Dichter und Sänger hat mich völlig durcheinandergebracht mit seinem Formulierungsorgasmus ...

In einer Monatszeitschrift erfahren wir mehr aus des Barden Intimbereich: »Wenn ich ein Lied spiele vor einem Mädchen, das ich verführen möchte, dann will ich natürlich, dass sie sich in mich verliebt und sagt, wer so schön Gitarre spielt, der kann auf mir vielleicht auch so eine Melodie hervorbringen ...« Aber

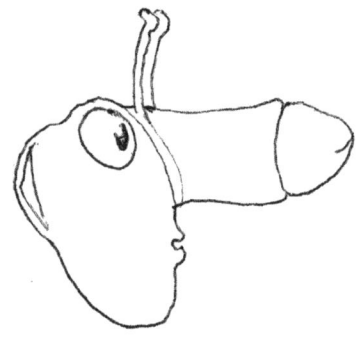

das ist noch nicht alles. Einige Absätze später stellt er dem überraschten Gesprächspartner die Frage: »Wenn ich in ein Zimmer reinkomme, wo Sie gerade mit einer Frau im Bett liegen und diese Sache machen, über die wir jetzt nicht reden wollen, wissen Sie, was ich dann mache?«

Eigentlich ist mir das egal, aber den Dichter drängt es, alles auszuplaudern: »Ich mache die Tür zu und gehe auf Zehenspitzen weg. Selbst wenn Sie mit meiner Frau dort liegen, würde ich das so machen.«

Das nenne ich großzügig, aber ich will gar nicht mit seiner Frau ins Bett, wirklich nicht. Doch der Barde bleibt hart am Thema und raunzt mich an: »Ich will nicht zusehen, wie Sie Ihr Zentralorgan in diese Frau reinstecken!« Ja, das ist ein diskreter Mann, dieser Barde. Übrigens der einzige, der auf seinem Zentralorgan Gitarre spielen kann.

Auf Gutdeutsch

Immer wieder kann man hören: Die »Political Correctness«, die sprachliche Korrektheit, muss weg. Dazu ist anzumerken: Sprache ist ein Indikator dafür, welchen Wert Minderheiten in einer Gesellschaft haben. Man kann sie mit Sprache diffamieren, und man kann sie mit der Sprache beschützen. Wer meint, in Zeiten von brennenden Flüchtlingsunterkünften müsse es doch wohl erlaubt sein, Probleme der Integration knallhart »auf Gutdeutsch« zu benennen, es müsse ja wohl erlaubt sein zu sagen, Muslime seien nun mal krimineller, Schwarze gefährlicher und Homosexuelle sehr viel ekliger als »normale« Leute, ist dumm wie eine Dresdner Bordsteinkante, und wer dann noch sagt, Political Correctness, also Sprach-Tabus, sei so was wie Freiheitsberaubung, ist die Fehlpressung eines Homo Sapiens. Wir haben in unserem Land eine Menge Probleme, aber bestimmt nicht das Problem, sich jederzeit widerwärtig und primitiv äußern zu dürfen …

Wir gendern. Heute: Die Menschin

Den anwesenden Damen möchte ich, bevor sie mich schelten, in Erinnerung rufen, dass es deutsche Substantive gibt, die man beim besten Willen nicht verweiblichen kann: der Gast, der Mensch, der Nackedei, der Hanswurst, der Dummkopf, der Fresssack, der Sündenbock, der Lehrling, der Wanderer, der Flüchtling, der Depp und natürlich das Arschloch. Zum Ausgleich sei darauf hingewiesen, dass es feminine Wörter gibt, die sich auch auf männliche Personen – oder PersonInnen? – beziehen: die Person, die Lehrkraft, die Geisel, die Majestät, die Waise ... Und was ist mit dem Weib? »Das« Weib! Sprachlich ist das korrekt, aber auch politisch?

Daniela Dahn hat die Angelegenheit auf den Punkt gebracht: »Wegen ungünstiger Witterung ist die westdeutsche Frauen-Emanzipation in die Grammatik verlegt worden. Der Gleichstellungsgedanke ist in Westdeutschland seit Ende der Siebzigerjahre zu einer weitgehend linguistischen Angelegenheit geworden. Wer mit der Sprache gendert, hat Problembewusstsein gezeigt und scheint damit der Pflicht enthoben, sich auch noch für praktische Verbesserungen einzusetzen. In einer Gesellschaft, die immer noch sexistisch ist. Ein Zusammenhang von Jahrzehnten der sprachverschandelnden Lippenbekenntnisse und echtem Bewusstseinswandel ist nicht nachweisbar. Mir geht es eher um die soziale Realität. Deshalb war es mir lieber, eine DDR-Frau sagte: ›Ich bin Traktorist‹, als dass sie, gleich nach der Wende, bedauerte: ›Ich war Traktoristin.‹«
Sehr einleuchtend, mein Engel.

Bei den Buchmachern (2002/2004/2010)

Tausende von Jahren hat die Menschheit gebraucht, um das Buch zu erfinden. Deswegen gibt es auch immer noch einige Leute, die dem Buch mit Hochachtung begegnen. Ein Buch ist ein altmodischer Datenträger auf Zellulose-Basis, auf dem die Information in

Form von graphischen Elementen im Ikositetral-System kodiert ist, mit Inline-Graphik und Fixformatierung. Der Vorteil eines Buches ist: Man benötigt keinen Telefonanschluss und keine Akkus. Und verglichen mit einem Notebook ist ein Buch lachhaft billig.

Deswegen passen sich die Hersteller von Büchern den Marktgegebenheiten an: Suhrkamp geht immer mehr von Leinen auf Pappe und wird gleichzeitig teurer. Bald geniert man sich, so was ins Regal zu stellen. Diogenes: Hardcover geklebt. Werfen Sie einen Band von Donna Leon nach Ihrem Hund, und Commissario Brunetti löst sich in seine Bestandteile auf. Die bei Fischer erschienene Kassette von Bert Brecht zerbröselt schon, wenn Sie nur einen Blick drauf werfen. Bei anderen Verlagen gibt es Bücher – wenn Sie die mal aufgeschlagen liegen lassen, müssen Sie die Seiten hinterher mit Büroklammern aneinanderheften. Und die schlechtesten Bücher macht Rowohlt – die krümeln schon im Lektorat.

Bei einem ersten Buchmesse-Rundgang kann man den Eindruck gewinnen: Dies ist die agilste Verteilerstelle für Informationsüberflutung – überspannt, übersäuert, übel. Und natürlich fällt einem auch Arthur Schopenhauer ein: »Der wahre Nationalcharakter der Deutschen ist Schwerfälligkeit: Sie leuchtet hervor aus ihrem Gang, ihrem Tun und Treiben, ihrer Sprache, ihrem Reden, Erzählen, Verstehen und Denken, ganz besonders aber aus ihrem Stil im Schreiben …« Schaut man aber genauer hin, ändert sich dieser Eindruck.

Meine erste Empfehlung gilt einem Buch von Wilhelmine Trübe-Hasskopf. Es heißt *Textverluste*. Gegen den derzeitigen Rollback der literaturwissenschaftlichen Diskussion zurück zur Rephilologisierung und Sinnsicherheit setzt ihre Streitschrift auf Dezentrierung von Texten und Modalisierung von Sinn. Wilhelmine Trübe-Hasskopf – wie sagte doch mein Onkel Herbert immer, der alte Macho? »Tja, die Frauen: Wenn man sie auch verachtet, darf man sie doch nicht unterschätzen …« Ich denke, wer Trübe-Hasskopf nicht kauft, muss verrückt sein, denn solche Bücher sind auf jeden Fall wertvoller als Fernsehen. Wer Trübe-Hasskopf liest, kann auf den Bergdoktor locker verzichten.

Eine Entscheidungshilfe liefert uns Sieghart Gürtel-Sonnenmist: *Sinn, Unsinn, Sein* ist der Titel seiner philosophischen Studien über Psychoanalyse, Dekonstruktion und Genealogie, die auf dem Wege einer philosophischen Transformation der Philosophie in ein hoffnungslos immanenzverstricktes Denkdickicht führen. Dieses Buch ist sehr witzig geschrieben, die Lektüre wird Ihnen Spaß machen, denn Sie werden merken: Solche Texte sind ein Bollwerk gegen die allgemeine Gleichgültigkeit, gewissermaßen eine knallharte Antwort der deutschen Intelligenz auf »Verbotene Liebe«, und wenn Sie zufällig mal einen Kultusminister treffen, sagen Sie nur das Stichwort »Denkdickicht« – er weiß dann sofort Bescheid.

Was ich bedaure: Man findet nur wenig Autobiographisches in diesem Jahr – dem Deutschen ist die Autobiographie traditionell ja sowieso eher fremd. Bekenntnisse oder gar Beichten, etwa eines Augustinus oder Petrarca, sind nicht unsere Stärke. Na gut, Goethes *Dichtung und Wahrheit* ist nicht wirklich schlecht, aber Geheimnisse oder gar intimen Schweinkram sucht man darin vergebens …

In der jüngsten Vergangenheit ist immerhin ein klein wenig Bewegung in die deutsche autobiographische Szene gekommen, und das haben namhafte Promis bewirkt, vornehmlich aus dem Hoppelpoppelmilieu, Dieter Bohlen zum Beispiel, der mittlerweile zum deutschen Weltkulturerbe zählt. Und für großes Aufsehen sorgen auf der diesjährigen Buchmesse die sogenannten Pop-Literaten. Ja, der Dandy ist wieder da! Im Vergleich zu ihm war Petronius, Arbiter Elegantiae, ein Labskaus aus dem Blechnapf und Beau Brummel ungenießbar wie eine Rindfleischkonserve aus EU-Beständen.

Wer mitreden will, muss etwas gelesen haben von Kevin von Doppel-Name. Kevins Design ist Ästhetik pur. Vielleicht ist er ein Arschloch, dann aber ein faszinierend ästhetisches Arschloch. Kevin ist Kult, und Kevin ist ein großer Fan professioneller Begriffswichserei. Früher hat man uns ja eingetrichtert: Wichsen macht blöde. Das stimmt so schon lange nicht mehr – heute haben wir die Wahl zwischen Wichsen und Verblöden. Schreiben ist für Kevin autoerotische Triebabfuhr. Also eher ein formales Problem. Natürlich hat Kevin Schwierigkeiten, den Alltag zu überleben. Ständig ist er auf der Flucht vor dem Dummen und Hässlichen (entschuldigen Sie bitte den Pleonasmus). »Persönlichkeit ist eine Schnittstelle in der Selbstinszenierung«, sagt er, und: »Stil ist der einzige Inhalt, der mich interessiert.«

Seine Boxershorts aus violettem Wildleder mit eingearbeitetem Samtzwickel werden in Milano maßgeschneidert. Kevin organisiert sein Outfit mit Hilfe von Prada und Comme des Garcons. Aber er kauft alles online. Der Anblick leprösen Elends in den versifften Einkaufszonen könnte seine geistige Balance ruinieren, und solange in Straßenbahnen und Bussen keine V.I.P.-Lounge eingerichtet ist, meidet er öffentliche Verkehrsmittel. Sein einziger Ehrgeiz ist es, seine Stilisierung zum Schnösel zu perfektionieren.

Kevin hat sich einen gebrauchten Ford Pick-up aus Bosnien-Herzegowina schicken lassen, in Mattoliv. Nun dreht er mit der Kiste vor dem Café Extrablatt in München auf dem Bürgersteig Pirouetten, um sich selbst zu beeindrucken, falls er da drinsitzt und seinen Daiquiri trinkt. Aber kubanische Cohibas kommen ihm nicht an die Lippen. Die raucht ja inzwischen jeder SPD-Kassenwart. Kevin lässt seine Zigarren beim letzten Zigarrendreher in der Rhön drehen und sie sich einzeln von Fleurop anliefern.

Kevin von Doppel-Name entstammt einem nicht erwähnenswerten Elternhaus.

Gelb-Klinker prägten seine Kindheit. Dem Feuilleton gab er an, zu Recht die kulturelle Hegemonie zu beanspruchen, denn er sei ein Rebell aus dem Geiste der Verachtung ohne Anliegen jenseits aller Bescheidenheit, ihn befalle ein monströser Ekel angesichts linker Weltverbesserer, die mit dem Champagnerglas in der Hand über die Arbeitslosigkeit diskutieren und mit ihren ungepflegten Fußnägeln Löcher in Armani-Socken bohren, und seine zentrale Botschaft an das Publikum laute: »Ich scheiße auf euch, aus beträchtlicher Höhe.«

Ein paar Schritte weiter, neben diesem schöngeistigen Angebot, befinden sich die Sachbücher. Unter den Neu-Erscheinungen konnten einige Titel mein Interesse wecken: *Von der Entwicklung des Kartoffelanbaus unter Otto I bis zu den Konflikten der Anti-AKW-Bewegung vor 1914*, dann *Syntax und Semantik der Babysprache und der Gebrauch des Futur II in den protohominidischen Epen*, ferner *Das Internet im Spiegel der Gedichte von Friedrich Gottlieb Klopstock* und schließlich *Die Fruchtbarkeitstänze der Amazonen und ihre esoterischen Gewaltphantasien als chauvinistische Triebabfuhr.*

Zwischendurch geht mir durch den Kopf: Es werden so viele Wälder abgeholzt für Bücher – mit denen könnte man so lange Feuer machen, bis die Wälder wieder da sind. Ich gestehe, ich bin dafür, bedrucktes Papier zu verbrennen, auch wenn Heinrich Heine sich eindeutig gegen Bücher-Verbrennungen ausgesprochen hat – der konnte damals ja nicht ahnen, wie klein der Unterschied zwischen Druck und Dreck ist. Es braucht nur ein wenig Mut zu sagen: Jawohl, das verbrennen wir! Die entscheidende Frage ist aber: Wer soll's machen? Wen machen wir zum Bestimmer? Wem darf man vertrauen, dass er Scheiße von Schokolade unterscheiden kann? Das ist ja eine Frage der Erleuchtung! Wer ist unsere Lichtgestalt? Ich denke, es bietet sich an, vor allem Literaturnobelpreisträger zu verbrennen: Von denen haben die Leute ohnehin nur das gelesen, was über sie geschrieben wurde. So entsteht Ruhm …

Zwei Jahre später: Leseratte traf Bücherwurm, und die Zeit wog fünfzehn Kilo: Die Frankfurter Buchmesse ist überstanden. Die Wahl der arabischen Welt als Schwerpunkt der Buchmesse war ein Riesenerfolg, vor allem für die Araber: Endlich konnten sie mal ihre antisemitischen Schriften einem größeren Publikum präsentieren, und außerdem wurden Gräben zugeschüttet, Mauern überwunden, Brücken eingerissen. Es kam zu kolossalen Begegnungen zwischen uns und denen. Besonders in den Messehallen, zu denen Frauen keinen Zutritt hatten, wurde diskutiert, geschmökert, geraucht und gebetet. Zahlreiche Imams, Muftis, Emire und Scheichs waren angereist, um sich über Neuerscheinungen zu informieren, die sie demnächst in ihren Heimatländern verbieten lassen können, und es wurde auch ein Video gezeigt mit einer Grußbotschaft aus Afghanistan, in der ein sympathisch vermummter Hassprediger mit Fußsack und Rübenwindel erklärte, dass Menschen, die in etwas anderem als dem Koran blätterten, mit einer Kopfamputation zu rechnen hätten.

Der absolute Hit dieser Buchmesse war ein Buch mit arabischen Witzen, gesammelt von dem arabischen Philologen Dr. Abdelhamid Hussein. Zwar sind arabische Witz nicht besonders witzig, aber sie erinnern uns lebhaft an unsere Blondinen- und Ostfriesenwitze, woraus wir schließen, dass die alte Handelsroute zwischen Aurich und Alexandria immer noch funktioniert. Hier zwei absolute Kracher aus dem arabischen Humorbazar:

1) Ein Ägypter fragt seinen arbeitslosen Freund: »Wovon lebst du?« Und der antwortet: »Ich lebe vom Schreiben.« – »Aha, und was schreibst du?« – »Ich schreibe meinem Bruder in Dubai, er soll Geld schicken.«

2) Ein deutscher Minister hat einen arabischen Kollegen zu einem Privatbesuch auf sein Schloss eingeladen. Das Schloss ist prachtvoll und riesengroß. Davor gibt es einen großen Garten mit vielen Blumen und einem Brunnen in der Mitte. Der arabische Minister ist beeindruckt und fragt: »Wie kannst du dir so ein tolles Schloss leisten?« Der deutsche Minister macht das Fenster auf: »Siehst du diese Brücke da drüben?« – »Ja!« antwortet der Araber. – »Diese Brücke hat hundert Millionen Euro gekostet, aber gebaut haben wir sie mit achtzig Millionen.«
Der arabische Minister schmunzelt verstehend. Nach zwei Jahren kommt es zum Gegenbesuch. Der deutsche Minister ist überrascht, dass das Schloss des Arabers noch viel prachtvoller und größer ist als seines. Er fragt: »Wie konntest du dir so ein Meisterwerk bauen?« Der arabische Minister öffnet das Fenster und fragt: »Siehst du die Brücke dort?« – »Aber da ist doch gar keine Brücke«, antwortet der Deutsche. Da lächelt der Araber: »Sie hat ja auch nur hundert Millionen gekostet.«

Ja, im politischen Witz ist eine erstaunliche Nähe zwischen Kairo und Wilhelmshaven festzustellen ...

Den Kontrapunkt zu arabischem Flachsinn und muselmanischer Humoroffensive setzte der Tiefsinn unserer Politiker. Sie veröffentlichten unter dem Titel *Suchet der Stadt Bestes* ein 119 Seiten dünnes Buch mit ihren Lieblings-Bibel-Stellen.

Der SPD-Generalsekretär Müntefering fand die direkte Ableitung von Hartz IV aus dem göttlichen Herrschaftsauftrag und eine klare Absage an die Sozialromantik ostdeutscher Montagsdemonstranten in einem Jakobusbrief: »Ihr seht, dass der Mensch auf Grund seiner Werke gerecht wird, nicht durch den Glauben allein.«

Die führenden Kampfgockel von der CSU, Stoiber und Seehofer, haben sich unabhängig voneinander jene Bibelstelle ausgewählt, die schon seit langem ihr Verhältnis prägt – Matthäus 7, Vers 12: »Alles, was ihr von anderen erwartet, das tut auch ihnen!« Jawoll, und zwar mit voller Wucht.

Angela Merkel präsentiert, nur mäßig originell, den 1. Korintherbrief: »Nun aber bleiben Glaube, Hoffnung, Liebe, diese drei, aber die Liebe ist die größte unter ihnen.«

Stimmt schon, Angela, wenn die Macht allmählich schwindet, kannst du immer noch Kontaktanzeigen in der Bildzeitung aufgeben ... Guido Westerwelle, der Spitzendenker der entbehrlichsten aller Parteien, hat sich fürs Alte Testament entschieden: »Da sprach der Herr zu Mose: Geh, steig hinunter, denn dein Volk, das du aus Ägypten herausgeführt hast, läuft ins Verderben.«

WELTWEIT SIND ZWANZIG MILLIONEN MENSCHEN IN SEKTEN

Das ist genau die Richtung, in die auch die FDP läuft.

Passend zu diesen überflüssigen Büchern hat in der Ruhrmetropole Essen ein Unbekannter in einem Chatroom verbreitet, eine bei der

Geburt ihres Kindes gestorbene Türkin sei von den Toten auferstanden, um ihren von Allah auserwählten Sohn zu stillen und die Menschheit zurück auf den richtigen Weg zu bringen. Hunderte Muslime nahmen die Botschaft ernst und pilgerten zur Frauenklinik. Die Polizei musste die Station abschirmen. Klinik und Friedhofsverwaltung konnten nur mühsam nachweisen, dass es keine paranormalen Erscheinungen gegeben habe. Bei so viel Nähe von Witz und Frömmigkeit kann man als multireligiös verwirrtes Globalisierungsopfer nur sagen: Schalom, Friede sei mit Euch.

Sechs Jahre später: Ich habe mal ein wahnsinniges Buch gelesen, und das fing so an: »Da man von mir, was zu schreiben ich mich jetzt veranlasst fühle, nicht erwartet, muss ich wohl mitteilen, warum ich mich einmische in ein Geschehen, das auch ohne meine Einmischung schon öffentlich genug geworden zu sein scheint.« Das nennt man einen verkorksten Romananfang. So was kann passieren. Leider geht der Text dann immer so weiter: »Obwohl ich nirgends dazugehöre, kriege ich, weil ich, wenn ich erschöpft bin, Zeitungen durchblättere, doch mit, wer gerade mit wem und wer gegen wen ist.«

Obwohl ich, kriege ich, weil ich, wenn ich – der egozentrierte Verfasser notiert auch: »Mir ist sonst immer alles zu schnell peinlich. Und jetzt gar nicht« – also, das glaube ich ihm sofort. Der Verfasser dieses Werkes ist der Bodenseeromancier Martin Walser, von

dem auch der schöne Satz stammt: »Wer berühmt ist, kann jeden Dreck publizieren!«

In seinem neuen Werk geht es um die Ermordung eines jüdischen Literaturkritikers, und prompt bildete sich eine Epigonenschlange:

Der berühmte Dichter Ratz Luthenow veröffentlicht eine Novelle, in der ein muslimischer Literaturkritiker durch den Wolf gedreht wird und als Füllung in einem Schweinerollbraten endet.

Der Dichter Herbert A.B.C.D.E. Böhme hat einen Roman geschrieben, in dem ein katholischer Literaturkritiker sich bei einem Kardinal mit Aids ansteckt, dann ein ganzes Nonnenkloster infiziert und schließlich an einer Überdosis Viagra auf einem Kindergartenklo stirbt.

Der esoterische Poet Tim Uwe Hölze-Stäblein erzählt in einer Reihe von Kurzgeschichten, wie ein protestantisch-pietistischer Literaturkritiker zur Sommerszeit mit Quarzsand und geschredderten Verlagsankündigungen gefüllte Kuhhörner vergräbt und dabei aufgrund einer ungünstigen Mondphase von einer Bande fetter Ochsenfrösche bis zu seiner völligen Skelettierung abgeschleckt wird.

Ähnlich ergeht es einem homosexuellen, hinduistischen Literaturkritiker in einem Tempel von Balbal Tagore im Südwesten Indiens – der wird von einer Horde hormonell gestörter Äffinnen zu Tode geliebt. Diese unglaubliche Geschichte ist nachzulesen in *Tierische Begierde* von Annerose Bauerfeind-Teigrest.

Darüber hinaus gibt es eine Filmdokumentation des Schriftstellerkollektivs »Offene Wunden«, das sich im Garten einen nackten buddhistischen Literaturkritiker in einem Bambus-Gitterkäfig hielt, und zwar mitten im härtesten Winter ohne jede Nahrungszufuhr und auch ohne Glühwein, nur um zu beobachten, wann der wohl Anzeichen von Langeweile erkennen ließe. »Zeit ohne Ende« ist der Titel, Regie führte Urs Zrwc.

Und selbstverständlich gibt es auf der Buchmesse auch die Rote Liste schützenswerter Literaturkritiker, ferner ein Handbuch für Ihre Hobbythek: *Literaturkritiker ermorden, aber mit Stil,* und selbstverständlich auch ein Kritiker-Kochbuch, also eins, wo drinsteht, wie Sie diese Leute, nachdem Sie sie ausgezogen, gesäubert, enthäutet und ausgeweidet haben, einigermaßen geschmackvoll zubereiten können: *Lafers Leckere Literaten.*

Kurzromane

Um den Ansprüchen einer modernen Leserschaft entgegenzukommen, die immer mehr Lesestoff in immer kürzerer Zeit wegarbeiten will, werfen wir einen Blick auf die zum Fast-Food passenden Fast-Books für die all-inclusive Fast-Informations.

Eine Reihe für den literarischen Quickie zwischendurch startet mit Klassikern der Weltliteratur in Kurzfassung. Die Menschen können dann ihren Lesestoff von Homer (*Odyssee* und *Ilias* in einem Band) bis Viktor Klemperer (*Tagebücher 1933–1945*) bequem in das Seitenfach Ihrer Laptoptasche stecken. Niemand soll mehr gezwungen sein, 1014 Seiten *Ulysses* oder 871 Seiten *Zauberberg* lesen zu müssen, in diesen supermodernen Editionen erfährt man alles Wichtige auf 24 Seiten, die kann man locker während eines Business-Fluges von Augsburg nach München lesen, da passt sich die Reiseflughöhe perfekt dem literarischen Niveau an.

Großer Beliebtheit, auch als Mitbringsel, erfreuen sich zur Zeit Sammelbände mit Kurzromanen. Als Kostprobe hier eine Gesamtausgabe:

No Skalp Today

Aufgrund mangelnder Beschilderung verlor eine Kompanie Apachen unter ihrem Häuptling »Feuchtes Sackgesicht, das einen Helm aufhat« im Jahre 1849 auf dem Kriegspfad die Orientierung. Schwer enttäuscht traten die Rothäute den Heimweg an, und alle waren froh, als sie wieder zu Hause waren.

Trost ohne Gnade

Der fromme Kirchendiener Baldur Tebartz-Trübsinn hatte gehört, dass in Rom die Stelle eines päpstlichen Kammerdieners vakant war, er bewarb sich und wurde eingeladen zu einer Schulung. Er reiste nach Rom und machte dort einen Kursus, in dem ihm beigebracht wurde, was man als päpstlicher Kammerdiener können und wissen muss: Tütenmützen aufbürsten und bügeln, Krummstab polieren, Hostien backen, Weihrauch ankokeln, Beschau des Heiligen

Stuhls, Weihwasser immer gerührt und niemals geschüttelt servieren, kleine Jungs anbaggern und so weiter.

Die Tatsache, dass Baldur Tebartz-Trübsinn beschnitten war, nahm die geistliche Prüfungskommission mit Interesse zur Kenntnis, aber dass er den Job dann nicht bekam, das lag daran, dass er noch nie eine Marienerscheinung hatte.

Tuten und Blasen

1772 schenkte der Osmanenherrscher Ali Akbar dem preußischen König Friedrich dem Blasierten ein Janitscharen-Orchester, das einen großartigen Solo-Trompeter hatte. Als der während eines Promenadenkonzertes in Groß-Köthen starb, bewarben sich mehrere Trompeter um die Nachfolge, und alle spielten dem Oberhofkapellmeister sowie Friedrich dem Blasierten vor.

Und da kam als Erster der Mann mit dem silbernen Koffer, und er entnahm ihm die silberne Trompete, und alles an ihm war silbern – die Silberhaarperücke genauso wie der Silberblick. Silbern der Anzug, die Gürtelschnalle und die Schuhe. Er blies einen silbernen Strahl aus seiner fein ziselierten Silbertrompete, und alle waren tief beeindruckt, denn diese Musik würde sich bestens versilbern lassen ...

Danach kam der Mann mit dem goldenen Koffer, dem er die güldene Trompete entnahm. Und der Mann war ganz und gar golden, Goldstaub lag auf seiner Lockenpracht, die Goldzähne blitzten, und goldig auch seine Sandaletten. Und als er spielte, wussten alle: Diese goldene Trompete ist Goldes wert, damit lässt sich jedes Konzert vergolden ...

Und dann kam noch ein Musikus mit einem schäbigen Pappkoffer, darin hatte er ein zerbeultes Horn aus Blech, und er selbst sah auch so aus: nur wenige, dafür etwas längere fettige Haare, Second-Hand-Schuhe, beige Breitcordhose, Kapuzenpulli und abgekaute

Fingernägel. Und der blies eine solche Scheiße aus seiner Tröte, dass es den ganzen Hof gegraust hat. Den haben sie dann auch nicht genommen …

Flucht ohne Ziel

Ein junger namenloser Matrose befindet sich seit Stunden hoch oben im Ausguck an der Mastspitze, um Land zu erspähen. Land ist aber leider nicht in Sicht.

Er klettert den Mast wieder hinunter, bis er auf der Wasseroberfläche steht. Das merkt er daran, dass ihm das Wasser in die Schuhe läuft. Sein Schiff aber ist unter ihm verschwunden. Der junge Matrose klammert sich an den Mast und klettert den Mast wieder hinauf, immer in der Hoffnung, dass dieser hoch genug ist …

Komm wieder, Mietze

Die fette Katze Lilly hat sich am frühen Vormittag vor einem zähnefletschenden Rottweiler auf eine Linde gerettet. Sie klammerte sich an einen Ast in der Baumkrone. Ihr Frauchen, die alte Bäuerin Veronika, ruft verzweifelt ihren Namen und versucht, sie mit einem Napf voll Whiskas mit Schnurrgarantie von der Linde herunterzulocken. Vergeblich. Am späten Nachmittag ist Veronika heiser und ruft die Polizei. Die erklärt sich für nicht zuständig, alarmiert aber die Feuerwehr. Die Feuerwehr fährt vor mit einem Rüstlöschfahrzeug. Lilly wird über eine Leiter geborgen. Veronika weint vor Dankbarkeit, und die Feuerwehrmänner müssen auf ihr Geheiß in der Sofaecke Platz nehmen und einen selbstgebrannten Schnaps trinken. Dann sitzen sie wieder auf und fahren rückwärts vom Hof. Das ist das Ende der Katze.

Peinliche Begegnung

Nach einer Flugreise stehen die Passagiere am Laufband, um ihre Koffer entgegenzunehmen. Die ersten Gepäckstücke rollen an. Dann kommt ein Koffer, den das Flughafenpersonal offenbar schlecht behandelt hat: Der Koffer ist aufgeplatzt. Als sei sie neugierig, quillt Unterwäsche heraus. An der Spitze eine Schießer-Unterhose mit den unübersehbaren Spuren einer Magen-Darm-Unpässlichkeit. Gelächter ist zu hören, aber alle Passagiere lassen den Koffer an sich vorbeirollen, als kennten sie ihn nicht. Der Koffer dreht seine Runden auf dem Laufband, immer wieder, und allmählich fangen die Reisenden an, sich gegenseitig der Feigheit zu bezichtigen, sie werfen sich mangelnde Hygiene vor, es kommt zu zahlreichen Konflikten … Das ist wirklich eine spannende Geschichte.

<u>Lauf, Angie, lauf!</u>

ist der Titel einer spannenden Roadrunner-Geschichte: Wir werden Zeuge, wie die deutsche Bundeskanzlerin auf allen vieren durch die saudische Wüste kriecht, wie schiitische Nomaden sie für ein Schaf halten und ein Opferfest vorbereiten …

Ab jetzt bin ich keine Äffin mehr ist der feministische Bestseller der Saison und das Opus Magnum der litauischen Autorin Austeja Putinaité. Sie erzählt in einem großen Spannungsbogen die Lebensplanung einer überragenden Karrierefrau, und dieses Werk befriedigt alle Bedürfnisse von Leserinnen und Lesern, die sich gerne zwischen Öko-Psychosen, Bio-Agitation, Bauernschwank mit mythologischen Nebenaspekten und einer Mixtur aus Burn Out, Helfersyndrom und Gefühlskälte verirren. Hier eine Leseprobe: »Die kurzbeinige Chefredakteurin mit dem sympathischen Bauchansatz, deren mausgrauer Haarkranz einen liebenswerten Ansatz von Silber aufblitzen lässt, sitzt gerne bei Zarskaya-Wodka aus Sankt Petersburg mit Kaviar vom Kaspischen Meer und dünn geschnittenem dunklen Brot an der Bar, sie plaudert charmant über ihre Oldtimersammlung, die letzte Großwild-Safari und die alljährlichen Empfänge am saudischen Königshof. Die 58-Jährige mit den scharf gezeichneten Gesichtszügen, dem energischen Kinn und den brillant konturierten Milchdrüsen schätzt die kostbaren Dinge des Lebens wie edle Pferde, Bären-Geschnetzeltes und gereiften Käse, sie gilt auch als Liebhaberin apollinischer Jünglinge, aber es müssen promovierte – Scheiße, es gibt kein männliches Wort für Blondine …«

Deutsche Betroffenheitsprosa, also Behindertenliteratur, Seniorenliteratur, Arbeitslosenliteratur und Beamtenliteratur, nimmt in diesem Jahr erstaunlich wenig Raum ein. Damit werden wir uns dann in unserer nächsten Ausgabe beschäftigen.

Hinweise an den Dichter

Schreiben verlangt die Entschlossenheit eines gestandenen Frühstücksalkoholikers.

Aber das wissen Sie ja wohl. Außerdem ein Mindestmaß an analytischen Fähigkeiten, die Beherrschung der Grundregeln der Grammatik, die Erfindung ungewöhnlicher Metaphern, Kenntnis und Verwendung beeindruckender Fremdwörter, das Talent, einigermaßen interessant formulieren zu können, ein bisschen Phantasie und einen intelligenten Gesichtsausdruck. All das will ich Ihnen nicht absprechen, und ich verstehe gut, dass Sie Lust haben, ein Buch zu schreiben, in dem Sie Ihre Erlebnisse, Erfahrungen und Überlegungen im Hinblick auf reich und kontinuierlich fließende Tantiemen unter die Leute bringen.

Aber ich muss Sie fragen: Lesen Sie keine Zeitung? Sehen Sie nicht fern? Hören Sie kein Radio? Haben Sie kein Internet? Kein Smartphone, keine Podcasts, können Sie etwa nicht googeln? Kennen Sie denn jemanden, der noch ein Buch besitzt und es sogar liest? Ein richtiges Buch, mit Einband und Seiten aus Papier? Als erwachsener, intelligenter und kritischer Mensch sollten Sie doch wissen, dass Sie mit Ihrem Buch viel zu spät kommen: Bevor Sie eine haarsträubende Geschichte zu Papier gebracht haben, steht sie schon als Meldung in der Zeitung. Wo Sie staatliches Versagen, Ungerechtigkeit und Willkür anprangern, sind die Verursacher oder Täter längst freigesprochen. Was Sie als öffentliche Dummheit lächerlich machen, ist doch in der Bildungspolitik längst institutionalisiert, und wo Sie Naziumtriebe wittern, ist schon lange für Legalisierung gesorgt. Schließlich – der Stoff, den Sie für erlesenen Nonsens halten, ist in Wirklichkeit Bestandteil jeder Regierungserklärung.

Gut – nehmen wir an, das alles ist Ihnen egal. Sie wollen nur, dass Ihr Buch die Bestsellerlisten erreicht. Dann rate ich Ihnen: Sie müssen in Eigeninitiative dafür sorgen, dass Ihre Ressourcen nachhaltig generiert werden. Ihr Narrativ muss unhinterfragt bestehen können. Sie müssen die gängigen populistischen Standards an die marktkonformen Erfordernisse anpassen. Sie müssen alle gesellschaftlichen Aspekte der Zivilgesellschaft in die Debatte werfen, sollten aber niemals vergessen: Gerade im Buchgeschäft ist das Pokern um grünes Licht ein rotes Tuch auf Augenhöhe.

Und schließlich auch noch dieser Hinweis: Ein Buch zu schreiben, ist sehr viel teurer, als kein Buch zu schreiben. Rechnen Sie mal alle Ihre Arbeitsstunden zusammen – Sie werden schwerlich den deutschen Mindestlohn erreichen. Und sollte Ihr Werk eines Tages tatsächlich gestapelt in einer Großbuchhandlung ausliegen, wird die traurige Erkenntnis sie würgen: Ein Buch, mit Herzblut geschrieben, ist preiswerter als ein Hotelfrühstück …

Rechtschreibung

Das Schlimmste, was sich die Menschheit im Lauf ihrer Existenz angetan hat, war, Lesen und Schreiben zu lernen. Eine Menschheit ohne Alphabet hätte gewiss weniger Probleme. Um das auf keinen Fall zuzulassen, haben wir nun eine Rechtschreibreform veranstaltet: »Seeelefant« soll ich mit drei »e« schreiben und den Aal, der in dem flandrischen Küstenfluss Aa mit 2 »a« lebt, diesen »Aaaal«, sogar mit vier »a«. Ich gucke Musikantenstadl und soll das Wort Rhythmus ab sofort richtig schreiben können, nämlich »Rüttmuhs«.

Vorreiter für neue kulturelle Entwicklungen sind naturgemäß die Presseorgane, und da allen voran die *Hamburger Morgenpost*. Dass es sich bei der *Morgenpost* um ein Anzeigenblatt des Prostituiertenhandwerks mit zwischengeschalteter journalistischer Grauzone handelt, das kommt jetzt noch viel besser raus. Stundenlang kann ich zum Beispiel über den Rätselseiten verweilen und kriege doch nicht alles raus, was mir die Rechtschreibreform nun vorschreibt: Das hier, was bedeutet das: Moskau 18 j. Kf 34, 1. 70, BH 30, lg. Haar, heiß, f. alles, frz. nat. griech. Sekt, Mo-So? Was heißt das? Mo-So ist klar, das bedeutet von morgens bis so gegen Abend, logo, aber das andere … Was ist frz.? Was bedeutet griech.? Und wieso Moskau? Rätselhaft finde ich auch: Pfläumchen sucht Bäumchen 10–17 – das muss was mit Öko zu tun haben, aber warum diese Altersangabe? Oder geht es um Temperaturen? – Früchtchen, bld., schlk., griech. – schon wieder – frz., Reizw. vollb. eng. feucht … Ein Ausflug in den Regenwald? Ich sag mal so: Die *Morgenpost* ist ein Quell der Lust. Immerhin das.

Deutsche Dichter hingegen legten nach energischem Abwarten ein äußerst schwungvolles Veto gegen die Rechtschreibreform ein, dem ich mich in entschiedener Zurückhaltung anschließe, denn wir sollten uns lieber um eine Reform der Inhalte kümmern. Ich bin zum Beispiel dafür, das gute alte deutsche Wort »Fräulein« wieder in seine Rechte einzusetzen – die Franzosen lassen sich schließlich ihre »Mademoiselle« und die Engländer ihre »Miss« auch nicht nehmen, und die vierzehnjährige Azubi im Wurstwarenhandel, Sabine, mit »Frau Wurstfachverkäuferin Höckermann« anreden zu müssen, das bringt mich der Lösung der Frauenfrage auch keinen Schritt näher, zumal sie sich selbst vorstellt als Fachwurstverkäuferin Sabine. Ich darf sie jedenfalls offiziell mit ›Fräulein Bine‹ ansprechen.

Im Übrigen bin ich dafür, wenn schon Reformen, dann sollte man die deutschen Kommaregeln bedingungslos freigeben, das heißt, jeder kann seine Kommata nach ästhetischen Gesichtspunkten dort verteilen, wo es ihm passt. Die Lektüre wird einfach spannender. Bitte, vergleichen Sie:

Kürzlich ging Pfarrer Assmann, auf dem Kopf seine Filzmütze, an den Füßen die Gummistiefel, in der Hose seines Vaters, Knochen für den Hund in der Tüte in seiner Hand, die Augen seiner Frau im Rücken, ein Messer unter dem Arm zum Fleischschneiden, sein Gebiss frisch gereinigt, ins Bordell.

Setze ich die Kommata in diesem schlichten Satz an andere Stellen, wird er wesentlich witziger, und die deutsche Sprache zeigt sich in ihrer ganzen ausdrucksstarken Vielfalt:

Kürzlich ging Pfarrer Assmann auf dem Kopf, seine Filzmütze an den Füßen, die Gummistiefel in der Hose, seines Vaters Knochen für den Hund in der Tüte, in seiner Hand die Augen seiner Frau, im Rücken ein Messer, unter dem Arm zum Fleischschneiden sein Gebiss, frisch gereinigt ins Bordell …

Allerdings befürchte ich, die Facebook-Twitter-Instagram-Generation wird den Unterschied zwischen den beiden Schilderungen gar nicht bemerken …

15 Essen und Trinken

Weidmannsheil

Halali mit Hörnerklang. Es schallt und knallt. Die Ausbeute der Jagdzeit – Wildgerichte an Rotkraut mit und ohne Preiselbeeren an Kartoffelknödeln – zieren die Speisekarten vieler Ausflugsgaststätten, und so mancher Weidgenosse hat auch schon ein respektables Jägerschnitzel abgegeben.

Es sind immer Festtage, wenn St. Hubertus seine Erschießungskommandos in den Wald schickt. Dann geben Millionen Mümmelmänner die Möhren ab, und Pilzsammler sind gut beraten, sich in grelles Orange zu kleiden: Der deutsche Weidmann schießt nicht auf Apfelsinen, es sei denn, es bietet sich kein anderes Ziel.

Die Jagd – das ist die Zeit des gesteigerten Heimatgefühls: der deutsche Rhein, die deutschen Hügel und Täler, die deutsche Mutter, der deutsche Dackel. Der deutsche Wald – und darin: der deutsche Förster. Nein, falsch: der deutsche Oberförster. Ein breitbrüstiger Weidmann von altem Schrot und Doppelkorn, mit Kniebundhosen aus Iltishaut unterwärts und gewalkter Wolle oberwärts und dem Gamsbart zwischen den Zähnen.  Eigentlich möchte er, wie jeder deutsche Oberförster, lieber ein Rothirsch sein – ein majestätischer Rothirsch mit einem prächtigen Geweih, am besten mitten auf der Stirn, der, angenagelt an der Kaminseite eines deutschen Landgasthauses, umgeben von einem großen Rudel von Alttieren, seinen Brunftschrei ertönen lässt.

Der Oberförster lebt, wie alle Waldmenschen, naturbelassen. Pirschmäßig hüllt er sich in echten Fichtelnadelduft und liegt nächtens bis kurz vor Sonnenaufgang im Schweiße seines Original-Jagdfiebers. Oh schönes Büchsenlicht! Oh lichtes Grün! Die Blattzeit ist vorbei, die Ricken haben's inne. Nur einige Damhirsche sind noch in der Feiste, um sich den nötigen Speck auf die Brunftkugeln zu schaffen. Herauf zieht die Rauschzeit, in der die Keiler an die Bachen ranrauschen. Die Rollzeit, die die Füchse erfreut, und die Ranzzeit zum Vergnügen der Rammler. Nur die Kümmerer sind's, die dem Oberförster Sorgen bereiten, die schwach veranlagten Stücke. Holdrio, wenn sie getroffen im Wundbett liegen!

Horch, von ferne hört man Hämmern: Ein Hochsitz wird gebaut. Will man den alten Schadhirsch auf die Decke legen, ins feuchte Moos, weil er mal wieder hinterrücks geforkelt hat? Dann Weidmannsdank! Plötzlich knacken die Äste. Des Jägers Adrenalinspiegel steigt. Doch wieder kein Bock! Diesmal sind es drei Jungfüchse, die auf der frisch gemähten Wiese am Rande eines Rapsfeldes entlangschnüren. Er legt die Büchse an, nimmt den kräftigsten ins Visier. Sein Puls beschleunigt sich: Schussfieber. Jetzt wird er ihn gleich töten, schießt es dem Jäger ehrfurchtsvoll durch den Kopf. Jetzt ist der Fuchs auf 150 Meter heran – er drückt ab. Das Tier zuckt zusammen, überschlägt sich, liegt in der Ackerfurche. Weidmannsheil, ein glatter Lungentreffer, ein großer Jagderfolg! Achtung vor dem Geschöpf – auch das gehört für den Oberförster zur Jagd.

Von ferne hört er Gewiff und Gewaff der anstürmenden Meute. Ein kapitaler Bock ist's, der da durchs Unterholz streicht. Er legt an, der Zwilling knallt, Blattschuss ins Gekröse. Der Bock geht in die Knie – schon springt ihm ein bayerischer Gebirgsschweißhund an die Drossel, ein anderer an den Träger, wieder ein anderer sitzt auf seinem Aalstrich, weitere verbeißen sich in seinen Läufen. Er wird verbellt. Der

Jagdherr fängt ihn mit dem Nicker ab. Dann der Jubel: Es war kein Bock, es war der Präsident des Deutschen Bauernverbandes, der da nun liegt mit glasigem Blick.

Trotzdem: Die Brüche aus deutschem Edelholz werden ihm zuteil – einer in den Äser als letzter Bissen, einer in den Einschuss als letzte Ehre, einer auf die Brunftkugeln als letzter Gruß. Dann wird er zur Strecke gelegt und herzlich verblasen, und man darf gespannt sein, wann es dem deutschen Oberförster wohl vergönnt sein wird, den ersten bewaffneten Vegetarier mit einem Volltreffer vom Hochsitz zu putzen und ihn, gespickt und eingerahmt von Rosenkohl und Kartoffelkroketten, an einen Veganer zu verfüttern.

Der Connaisseur

Herr, es ist Zeit. Der Sommer war sehr groß.
Leg deinen Schatten auf die Sonnenuhren.
Und auf den Fluren lass die Winde los.
Befiehl den letzten Früchten voll zu sein …
Und jage die letzte Süße in den schweren Wein … Pfui Teufel, Rilke.

Der Wein wird immer schwerer und süßer, und die Zeitläufte geraten immer leichter und saurer. Ich würde gern mal einen süßen Zeitlauf erleben …
Purpurnes Rubingranat – bräunliche Randaufhellung – in der Nase feine Süße vom Eichenholz – schlotzige Schoko-Prise, am Gaumen anschmiegsam – samtweich wie erlesene Teppichreste. Normalerweise trinke ich nur Mise en Bouteille, aber der Appella-

tion Contrôlée ist dieses Jahr auch nicht schlecht: Beim Aufstoßen tanzende Inspiration, zartbitter wie seltener Nacktschneckenkot. Auberginig irgendwie. Und ein Rot – nur der Tower sah solch ein dunkles Rot, als das Blut aus Maria Stuarts Rumpf sprudelte. Gurkig auch ein bisschen, dahinter schimmert Treibhausgemüse mit dem Duft freilaufender Kohlrabi. Ich schmecke die Losung in den Reben kopulierender Blattläuse, das dezente Hüsteln eines erkälteten Maulwurfs und sogar ein bisschen Lodenjoppe. Schwitzwasser aus unrasierten Achselhöhlen und Erdnüsse im Abklang. Ja, das ist der Hammer: im Abklang Peanuts. Ich hörte, der deutsche Winzerverband sucht einen gewieften Etikettenschwindler. Da sollte ich mich bewerben.

Echter Biergenuss

Der Fortschritt lässt sich nicht aufhalten: Gen ist geil! Und Gen macht Spaß – man kann zum Beispiel mit den Kindern Detektiv spielen: »Auf welchen Tüten, Kartons, Flaschen, Dosen und Bechern findest du den Hinweis auf gentechnisch veränderte Inhaltsstoffe? Und denk dran: Nur, wo Gentechnik draufsteht, darf auch Gentechnik drin sein. Guck mal, auf diesen Kraftfuttersäcken für Rind, Schwein, Huhn und Pute steht ›gentechnisch verändert‹ drauf, darin ist also entsprechendes Soja enthalten. Aber die daraus entstehenden Steaks, Schnitzel, Milch oder Eier, die sind deklarierungsfrei. Ist doch interessant, oder?«

Kürzlich hat es mich mal nach Schwäbisch-Hall verschlagen. Und da fand gerade eine Anti-Gentechnologie-Demonstration statt. Es gab jede Menge Transparente, zum Beispiel »Kein Contergan auf unserem Acker«, und auf meinem Lieblingstransparent stand: »Für das Leben – gegen Gene.« Das hat mich überzeugt, und ich beschloss: Ein eigener Praxistest muss her, ein beinharter Gen-Test.

Recherchen ergaben: In Schweden, einem Land ohne die Segnungen des deutschen Reinheitsgebots, gibt es ein Gen-Bier namens

»Kenth« – dem mischt die kleine Familienbrauerei »Österlenbryg-garna« zehn Prozent GMO-Mais bei, dem das Gen der Bakterie Bacillus Thuringiensis eingebaut worden ist. Das klang äußerst vertrauenerweckend, und ich ließ mir einen Kasten Kenth kommen. Dies ist das Protokoll meines wissenschaftlichen Versuches:

Zu allem entschlossen, haue ich die erste Flasche weg. Kenth schäumt wie ganz normales Bier und schmeckt nordisch herb.

Zweite Flasche: Ich gucke mir das Etikett an: »ALK 5,0 VOL Prozent«. Kann man trinken.

Dritte Flasche: Ich stelle Vermutungen an, ob dieses Bier das Erbgut beeinflusst. Egal – ich führe diesen Bier-Versuch auch im Dienste künftiger Generationen durch.

Vierte Flasche: Ich stelle mir die Frage, ob man mit Genmanipulation aus einem Elefanten auch eine Mücke machen kann.

Fünfte Flasche: Ich möchte ein Lied schreiben, in dem Österbryggenlala im Refrain vorkommt. Ich erfinde eine Melodie und werde vom Kellner zur Ruhe ermahnt.

Sechste Flasche: Ich beschließe, Bob Dylan in mein Projekt einzubinden. Ich rufe ihn ein paar Mal an, erreiche aber immer nur die Telefonseelsorge.

Siebente Flasche: Ich beginne, die Welt neu zu ordnen. Löse alle Konflikte in Osteuropa und im Morgenland und befehle der Nato, den Vatikan zu bombardieren.

Achte Flasche: Ich stelle fest, dass die Frauen um mich herum rapide immer schöner werden. Offenbar ist die Gentechnik schon viel weiter, als ich gedacht habe.

Neunte Flasche: Ich beschließe, einen Schnaps zu trinken, damit ich wieder nüchtern werde. Blackout.

Überwürzt

Feinschmecker Siebeck (Mitte siebzig) sitzt in der Gaststube des Schwarzen Ochsen unter einem ausgestopften Wildschweinkopf, einem Habicht mit traurigen Glasaugen, Hirschgeweihen an ausgebleichter Hirnschale und anderen Resten von Waldbewohnern. Siebeck ernährt sich davon, als unermüdlicher und kenntnisreicher Förderer der Esskultur zu wirken. Wo immer Lebensmittel gedemütigt werden, ist er zur Stelle. Er benotet, was andere Leute gekocht haben. Siebeck schreibt Bücher und Zeitungsartikel übers Kochen. Er weiß alles übers Kochen. Er kocht auch selbst. Er kann das.

Seine Welt ist schweres emailliertes Gusseisen. Kupfertöpfe. Stielkasserollen. Gute Butter. Knusprig-krosses Fleisch kann Siebeck nicht begeistern: »Die hohe Kunst des Kochens besteht darin, Knusprigkeit möglichst zu vermeiden«, sagt Siebeck immer, »denn diese ist letzten Endes nichts anderes als die Folge falscher Behandlung: Das Fleisch ist verbrannt. Bis sich das in deutschen Gasthaus- und Privatküchen herumgesprochen haben wird, vergeht wahrscheinlich noch viel Zeit. Grillen hat mit Feinschmeckerei gar nichts zu tun, und Dünsten ist besser als Braten. Die beste Methode ist, Fleisch zu kochen.«

Im Fenster des Schwarzen Ochsen (seit 280 Jahren im Familienbesitz) hängt seit mehreren Generationen ein Schild: »Deutsche und internationale Küche«. Siebeck hat sich ein Gulasch bestellt. Zu Gulasch hat er ein besonderes Verhältnis, schon seit über fünfzig Jahren. Hier, im Schwarzen Ochsen, hat Siebeck mal Koch gelernt. Beim alten Puhlmann, dem Mehlschwitzen-Fürst. Notstandsküche, Konfektionsfraß, Hülsenfrüchte. Alles auf Sparsamkeit ausgerichtet. Alles, was der alte Puhlmann seinen wenigen Gästen vorsetzte, schmeckte abscheulich, als sei das Essen vor Wochen gekocht und seitdem in einem muffigen Pappkarton aufbewahrt worden. Siebeck hatte sich deswegen zur Arbeit immer ein mit Halbfett bestrichenes und leicht gesalzenes Brot von zu Hause mitgebracht.

Der alte Puhlmann hatte eine herabhängende Wampe, die aussah wie ein nasser Sack Vogelfutter. Der abgeschabte Enddreißiger hinter dem Tresen ist offenbar sein Sohn. Puhlmann junior spült Gläser. Damals hatten sie hier noch nicht mal eine Spülmaschine. War ja noch nicht erfunden. Siebeck musste viel Geschirr abwaschen.

Der alte Puhlmann animierte ihn dazu mit dem täglich wiederkehrenden Hinweis: »Der brave Lehrling nimmt die Teller aus dem Spülbecken, bevor er reinpinkelt.« Heute stinken Teller und Tassen aus der Spülmaschine nach Chlor.

Gulasch, ein Wort ungarischer Abstammung. In Würfel geschnittenes Gulaschfleisch, sehniges Rind, angebraten und geschmort, dann in die Mehlpampe getaucht. »Als Sonntagsessen ein Fest wie die Schlacht im Teutoburger Wald«, sagte der alte Puhlmann immer. Das Fleisch leistete dem Gebiss mehr Widerstand als jedes Elektrokabel. Heute würde Siebeck so was als misslungenes Hundefutter bezeichnen. Damals wusste Siebeck weder etwas von Schweinegulasch mit Kümmel, Rosenpaprika, Gänseschmalz oder Backpflaumen noch von Kalbsgulasch, angereichert mit Schalotten, Knoblauch und frischem Thymian. Er ahnte nur: Da kommt noch was. Da gibt es irgendwo auf dieser Welt magische Zutaten. Eines Tages würde er Gemüse im eigenen Blut garen. Beim Kartoffelschälen erträumte er sich einen Gaumenkitzler und die Macht, ein neues Gericht zu erfinden. Eine Création individuelle. Und während Siebeck sich seinen Tagträumen hingab, hatte sich der alte Puhlmann stets über einen Küchenschemel gestülpt und eine charakterlose Rübensuppe mit Genuss und einem Löffel in sich hineingeschaufelt. »Suppe mit der Gabel essen macht starke Arme«, stellte er dazu fest, und dann pflegte er sich in ein kleines Büro hinter der Küche zurückzuziehen, um auszuruhen.

Puhlmann junior wischt mit einem labberigen Handtuch die Gläser ab und glotzt zu ihm rüber. Siebeck glotzt zurück, Puhlmann junior guckt wieder weg. »Wenn man schmutziges Geschirr in schmutzigem Spülwasser spült und anschließend mit schmutzigen Handtüchern trocknet, wird es trotzdem irgendwann sauber! Ein Satz von Werner Heisenberg«, sagt Siebeck. »Wer?« antwortet Puhlmann junior, »Bei mir isch alles sauber. Zum Gulasch pascht am beschte Müller-Thurgau. Wellet Sie?«

»Lieber ein Bier«, sagt Siebeck, »es kann auch ein einheimisches sein.«

Gulasch. Das Gulasch war beliebt bei den Stammgästen im Schwarzen Ochsen. Der alte Puhlmann und er kochten immer große Portionen, für vier Wochen im Voraus. Sie besaßen einen Zehn-Liter-Topf aus Edelstahl, den hatte damals auch nicht jeder, und eine intakte Kühlkammer: sechs Grad Dauertemperatur. Das Gesundheitsamt verlangte, der Topf muss abgedeckt sein, aber der alte Puhlmann sagte: »Bloß nicht, dann schimmelt's.«

Wenn ein Gast Gulasch bestellte, musste Siebeck in die Kühlkammer und eine Kelle voll abfüllen, ein halbes Glas abgestandenen Trollinger dazugeben, umrühren und aufwärmen. Die Leute aßen das. Und dann schickte der alte Puhlmann seinen Lehrling in die Gaststube, wo er sich mit vor den Händen gefaltetem Bauch (oh, oh, das lassen wir so stehen) an den Tisch stellen und fragen musste: »Waren die Herrschaften zufrieden?«

Die Herrschaften nickten, und Siebeck fühlte sich kotzübel. Puhlmann junior bringt das Bier. »Gulasch isch glei fertig«, sagt er.

Nein, Siebecks trüffelige Stopflebergemeinde würde sich niemals in die Kühlkammer des Schwarzen Ochsen hineinversetzen und sich vorstellen können, wie Siebeck in dieser Hinrichtungsstätte des guten Geschmacks die Miracula der Grande Cuisine erkundet hatte und sich mit Fingerspitzengefühl und der explodierenden Phantasie des jungen Kreativen vom Zwang aller Rezepte emanzipiert hatte: In einem hitzigen Moment am großen stählernen Gulaschtopf gelang dem jungen Siebeck seine erste selbsthändige Saucenverfeinerung. Ein pubertärer Dummejungenstreich, gewiss, aber auch ein befruchtender Impuls für die ironische Leichtigkeit beim Schreiben über Genuss und Abscheu, die seiner Küchenprosa später so förderlich sein sollte. Da war ein wenig Nachsicht mit sich selbst gefordert und barmherzige Milde gegenüber dem Lehrling, der seinen Lustgewinn sorgfältig mit der Schöpfkelle im Gulasch verrührt hatte.

Der alte Puhlmann hatte ihn damals beobachtet. Er lehnte im Türrahmen der Kältekammer und grunzte: »Dich sollte man doch in einen Bottich mit ranziger Butter stecken. Rühr das anständig durch, ist ja zu schade zum Wegschmeißen.« Nichts schätzt Siebeck seitdem mehr als professionelle Gelassenheit am Herd.

Eine junge Frau, Lippen wie Fahrradschläuche, in fleckiger Schürze und mit weißer Kopfbedeckung, schlachtreif, bringt das Gulasch. Typisch Mikrowelle, außen zu heiß, innen zu kalt. So was sieht Siebeck, da muss er gar nicht erst kosten.

»An Guatn«, wünscht sie mürrisch. »Haben Sie das aufgewärmt?« fragt Siebeck. »Das Mädle kocht akkurat«, sagt Puhlmann junior mit deutlichem Schluss-t. Sie watschelt wortlos wieder in die Küche. Siebeck wäre ihr gerne gefolgt, hätte gerne nachgeschaut, ob noch alles so war wie früher.

Das Gulasch heute ist etwas sandig und enthält einige Gräten, vollends ruiniert wird es durch eine Überdosis marokkanischen Tütenweins, der wahrscheinlich zum Trinken nicht freigegeben worden ist. Siebeck hat das Gefühl, sein Vollbart ist ihm nach Innen gewachsen, und er kaut jetzt auf seinen Koteletten herum. Wahrhafte Befriedigung hatte es ihm damals verschafft, als er an den einzig besetzten Tisch in der Gaststube trat, Hände und Bauch in vorschriftsmäßiger Haltung, und fragte: »Waren die Herrschaften zufrieden?« Und Elena Delicata, die hinreißende Gattin des Realschullehrers, hatte ihm einen Peperoni-Augenaufschlag geschenkt und gesagt: »So ein gutes Gulasch habe ich schon lange nicht mehr gegessen. Haben Sie das Rezept erfunden? Irgendwie war das besonders gut, nicht wahr, Schatz?« Der Realschullehrer sagte: »Ja, Liebling, nicht schlecht, scheint was gelernt zu haben, der Junge.« Und Elena legte ihre Hand leicht auf Siebecks Unterarm und sagte: »Ganz großartig. Sie sind sehr begabt zum Kochen. Wissen Sie, ich koche auch sehr gut, aber so ein Gulasch, das könnte ich nicht.«

Ja, das glaube ich, dachte Siebeck und sagte: »Danke schön, vielen Dank«, und dann formulierte er den Satz seines Lebens und servierte ihn wie Sülze in Aspik: »Überwürzte Dekadenz ist mir lieber als der fade Eintopf der Puritaner.«

Dem Realschullehrer fiel eine Kartoffel von der Gabel, und Elena starrte ihn mit offenem Mund an, sodass er darin mehrere Amalgam-Füllungen bemerken konnte, die zweifellos ihr Geschmacksempfinden beeinträchtigten.

Puhlmann junior kommt an den Tisch, das Gästebuch unter dem Arm. »Fertig?« fragt er.

»Ja, danke«, antwortet Siebeck höflich, »war ein bisschen viel. Außerdem: Ihre Köchin hat sich da hineingeschnäuzt. Hat sie Schnupfen?« »Keine Ahnung«, sagt Puhlmann junior, »gutes Personal zu finde isch nit leicht heutzutage.« Siebeck nickt mitfühlend.

Puhlmann junior bittet Siebeck, sich ins Gästebuch einzutragen. »Sie sind doch der aus dem Firnsäh«, sagt er, »der wo immer so biomäßig kocht mit dene Schauspieler, i kenn doch Ihr Bild, also auch in der Zeitung, das wär arg nett, wenn Sie da was Luschtiges, ist ja auch eine schöne Erinnerung, Sie mache doch auch so eine Talkschau, spät, oder?

I komm ja nit so zum Firnsäh, aber meine andere Gäscht erzähle das immer, und i mein, i lass Ihne das jetzt mal da, das Gäschtebuch, und wenn Ihne dann was Luschtiges einfällt, dann … und i guck mal, ob i irgendwo ein Kugelschreiber find, i komm glei wieder.«

Siebeck wird eine Nuance bleicher. So musste sich Milch fühlen, wenn eine stümperhafte Hausfrau sie hat anbrennen lassen. Ihn, den Gourmet-Papst, mit einer unappetitlichen Fernseh-Kaltmamsell zu verwechseln, die gekörnte Brühe im Repertoire hat, das war degoutant. Siebeck unterdrückt den Impuls, seinen Nobelfüller zu zücken, und nimmt stattdessen einen Stapel dieser korpulenten Plastik-Speisekarten, die vorzugsweise in Restaurants zu finden sind, die mehrere Tiefkühltruhen besitzen und wo auf den Tischen Salz und Pfefferstreuer, womöglich sogar Senfspender und Maggiflasche stehen, wie um zu signalisieren: «He du, wir können sowieso nicht kochen, würz dir den Anspruch auf deine überhöhte Rechnung gefälligst selbst zurecht.« Er schlägt rasch eine Speisekarte nach der anderen auf und drückt in jede einen saftigen Klacks aus dem Senfspender. Dann klappt er die Speisekarte wieder zu, streicht sie sorgfältig glatt und setzt zum Abschluss einen zierlichen Senfhaufen ins offen daliegende Gästebuch.

Als Puhlmann junior wieder die Gaststube betritt, mit einem lausigen Reklamekugelschreiber in der Hand, sieht er durchs Fenster, wie eine Limousine seinen Parkplatz verlässt. Das Kennzeichen erkennt er nicht. Dann sieht er den Eintrag im Gästebuch. Eine Röte arrabiata steigt ihm vom Hals her über die Ohren ins Gesicht, und weit ins Land gellt sein Schrei: Aaarschloch!

Gäste vergraulen (1984)

Zwei Unannehmlichkeiten begleiten das Leben der durchs Land reisenden Gesichts- und Stimmenvermieter: Entweder der Künstler oder die Künstlerin wird erkannt und sofort mit dem Gästebuch konfrontiert, oder nicht: Das ist dann ein Grund, tief beleidigt zu sein.

Das Gästebuch ist Beweis der tiefen Verbundenheit zwischen Gastgebern und den Großen der Kultur, es ist die nostalgische Renommierschwarte der Gastronomie.

Nehmen wir mal an, die Theatertournee führt den Künstler oder die Künstlerin durch etwa siebzig Städte. Das macht siebzig Gästebücher in Hotels, siebzig in Restaurants und siebzig in den Theatern. 210 Gästebücher, und jeder Gästebuchhalter erwartet einen originellen Eintrag ... Nicht immer gelingt so eine Qualitätsformulierung wie in jener miesen Bayreuther Frittenbude, nicht weit von Wagners Villa Wahnfried: »Hier, wo mein Hunger Frieden fand, Hungfried seist Du genannt.«

So ein Kalauer macht glücklich und stolz.

Meistens lässt einen die Phantasie im Stich. Doch dann, eines Tages in einem gutbürgerlichen Restaurant, der alles erlösende Geistesblitz:

»Für einen Eintrag ins Gästebuch berechne ich ein Sauerampfer-Süppchen, Roastbeef mit Bratkartoffeln, eine Birne Hélène, zwei Pils, einen doppelten Espresso und einen doppelten Cognac (DM 57,75).« Unterschrift darunter, fertig.

Der Kellner trägt das geschlossene Gästebuch dankbar davon. Der Wirt tritt wenig später an den Tisch und bewahrt die Contenance. »Ich darf Sie einladen, wie gewünscht«, sagt er. Aber er wird sich in Zukunft gewiss zwei Mal überlegen, ob er einen Gast zu einem Eintrag im Gästebuch nötigt ...

Tod in Melasse (1979)

Ich bin ein Herr in einem halblangen dunkelgrünen Überzieher mit abgeschwitztem Strickkragen. Aus meinen Zügen ist mein Alter nur schwer zu erkennen; Betrachter können zwischen fünfundfünfzig und dem Ende der Sechziger schwanken. Ich besitze einen gelblichen Teint, geräumige Nüstern, feuchte Lippen, meine Augen aber sind glühend schwarz und verraten nichts Gutes. Mein silbernes Haar ist seitwärts glatt gescheitelt. Verschiedene Ärzte haben mir, in ernsten und offenen Gesprächen unter Männern, nicht mehr viele Monate gegeben ... Ich soll etwas erzählen? Ach, ich weiß nichts.

Still! Ich will in meine Seele schauen. Gut, also ich werde etwas erzählen.

An einem warmen, stillen Abend beschloss ich, meinen Opel im nahen Parkhaus unterzustellen, um ihn nicht den vom Wetterbericht vorhergesagten schweren Hagelschauern auszusetzen. Ich steuerte das Gefährt also in die schluchtige Einfahrt des Parkhauses, öffnete das Seitenfenster, betätigte mit lang ausgefahrenem linken Arm den für die Ausstellung des Parkscheines vorgesehenen Knopf, zog den Parkschein aus seinem Schlitz, steckte ihn mir, da ich den linken Arm für das Schließen des Fensters und den rechten für das Bedienen des Lenkrades benötigte, zwischen meine Lippen, schloss das Fenster, die schwarz-gelbe Schranke war mittlerweile hochgeschnellt, nachzitternd, dann passierte ich die kurvenreiche Abfahrt bis in das zweite Untergeschoss, wo ich einen Parkplatz fand, der den Ansprüchen meines Opel genügte. Ich rangierte ihn in eine komfortable Lage, stieg aus und verschloss sorgsam seine Tür. Griff dann in die linke Seitentasche meines dunkelgrünen Überziehers, entnahm ihr mein goldenes Feuerzeug mit dem Monogramm meines Vaters und zündete den Parkschein an.

Seitdem erwäge ich, das Rauchen einzustellen …

Ihr verlangt nach mehr, ihr Unersättlichen? Nun, wohlan:

Ich entsinne mich einer schicksalhaften Begebenheit aus der Chronik meiner Familie.

Nicht weit von hier, in Fennebützen, einem kotigen Dorf an der Schlucke, lebte nach dem letzten Weltkrieg mein Onkel Max mit seiner Gattin Roswitha und drei rachitischen Knaben im Grundschulalter. Onkel Max hatte einen langen, dürren Hals, und sein bleiches, stets glatt rasiertes Gesicht wirkte immer kränklich. Zwischen den ausgehöhlten Wangen trat eine vorn sich knollenartig verdickende Nase hervor, die in unnatürlicher Röte glühte und zum Überfluss von kleinen Auswüchsen besetzt war. Diese Nase sah aus wie angesetzt, wie eine Faschingsnase, wie ein melancholischer Spaß …

Roswitha hingegen, sein Weib, hatte einen verbitterten Mund mit gesenkten Winkeln, und wenn sie aufschaute, zog sie ihre Augenbrauen hoch an den Rand des Kopftuches, dass man so recht zu sehen vermochte, wie entzündet und jämmerlich umrändert ihre Augen waren, kurzum, es war ein Gesicht, dem man die lebhafteste Sympathie auf Dauer nicht versagen konnte.

Es waren arme Leute, die sich nur mit Mühe das Notwendigste zum Lebensunterhalt zu beschaffen vermochten. Sie schlichen des Nachts auf die Zuckerrübenfelder und entwendeten so viele dieser süßen Rüben, wie sie nur davonschleppen konnten, ohne je von den in dieser Gegend traditionell überaus schlafmützigen Gendarmen ertappt zu werden.

In der Waschküche ihrer Kate wurden die Rüben dann von Hand gewaschen, geschält und geschnetzelt. Anschließend kochte Roswitha die Schnitzel während vieler Stunden in ihrem Waschkessel, bis schließlich die Maische entstand – ein Rübenbrei, der so lange unter ständigem Rühren geköchelt wurde, bis er eingedickt war, mehr zäh als flüssig, von schwarzbrauner Farbe, süßlich duftend, mit einer bitteren Note darin. Ein Mensch, der nicht wüsste, dass diese teerartige Masse essbar ist, würde sie wohl für Wagenschmiere halten oder auch als Klebstoff verwenden. Roswitha pflegte zu scherzen, ihre Männer hätten wohl Zuckerrübensaft im Blut, so sehr liebten sie diesen nur am Sonntag aufgetischten Brotaufstrich.

Es war einen Tag vor dem Heiligen Abend jenes Hungerjahres, dass mein Onkel Max, der nach Auskunft des Nachbarn Pockendorf mehrere Gläschen eines selbst gebrannten, aber sehr bekömmlichen Wacholders getrunken hatte, einen Moment abpasste, da seine Gattin nicht den Kessel bewachte und er unbemerkt in die Waschküche schlüpfen konnte.

Wie das Unfassliche geschah – wer unter uns möchte sich unterfangen, eine Antwort auf diese Frage mit Bestimmtheit und auf seine Verantwortung hin zu vertreten?

Das ist ganz ungewiss. Jedenfalls hing der Unglückliche, als man ihn fand, wie eines jener eidgenössischen Offiziersmesser zusammengeklappt über dem Kesselrand, kopfüber bis zur Brust versunken im köchelnden Rübensaft.

Roswitha und die drei Jungen zogen ihren durchgegarten Gatten und Vater aus dem dampfenden Kessel, und er lag da, jäh verstummt, als ein schwarzer Haufen inmitten seiner Familie. Ach, die Wahrheit zu sagen – es war ohne Übertreibung elend mit ihm bestellt. Mit großer Mühe hängten sie den toten Max über die Wäscheleine, stellten eine emaillierte Schüssel unter ihn und ließen ihn abtropfen, um nichts einzubüßen von dem kostbaren, schwarzen Goldsaft, bis man ihn von hinnen fuhr, hinaus zum Friedhof.

Schlaft jetzt, Kinder. Mich übermannt die Erinnerung …

Agrar-Industrie

Unser Landwirtschaftsministerium ist traditionell mit Hinterwäldlern aus der Rustikalfolklore besetzt, Leuten also, die beim Gang zum Rednerpult den Eindruck erwecken, sie hätten Gülle in den Gummistiefeln und Teile des selbst angelegten Misthaufens in den Hosentaschen. Dieses Erscheinungsbild soll Vertrauen in unsere Landwirtschaft schaffen. Wer aber an das Gute in unseren Lebensmitteln glaubt, der kann sich auch gleich Bartstoppeln in den Pfefferstreuer füllen.

Die Ministerin für Ernährung und Landwirtschaft, aus naturnahem Intensivanbau stammend, unbehandelt und biologisch abbaubar, eine propere Verkörperung deutscher Hausmannskost, erklärte: »Bei Bio ist noch viel Luft nach oben.«

Das stimmt. Nicht zuletzt deswegen bin ich dafür, alles, was nicht »Bio« ist, zu kennzeichnen. Es wäre doch logisch und menschenfreundlich, wenn auf den Produkten stünde:

Dieser Salat ist schadstoffbelastet und verursacht Durchfall.

Diese Möhren enthalten Pestizide und können Krebs verursachen.

Diese Äpfel sind gespritzt und Übelkeit erregend.

Diese Trauben enthalten Nitrat und machen impotent.

Ich denke, alles, was nicht abschreckend gekennzeichnet ist, müsste »Bio« sein.

Und solange das nicht der Fall ist, gehört auf alle Lebensmittel der in Großbuchstaben geschriebene Hinweis: »Deutschlands einzige freilaufende Biotonne, die Ministerin für Ernährung, Landwirtschaft und Glyphosat, legt Wert auf die Feststellung, dass vegetarisches Sauerfleisch genauso laktosefrei ist wie Tofu-Leberkäse.«

Ich würde es begrüßen, wenn die Dame sich vom Acker macht und sich einen Job als Hühnermastbetriebsreinigungskraft auf 400-Euro-Basis sucht.

Und den Bauern, dieser Schweinebande, muss man sagen:

Seit Jahrzehnten habt ihr um eurer Profite willen eine Gesundheitsgefährdung der Bevölkerung billigend in Kauf genommen. Da könnt ihr euch auch nicht auf Unkenntnis rausreden – schließlich habt ihr ja wohl alle euren Beruf gelernt, und ein großer Teil von euch hat sogar ein Diplom in der Tasche. Ihr seid nicht die lieben, dummen Bauern, die von einer heimtückischen Industrie, vom Wetter oder den Verbrauchern über den Tisch gezogen werden, während ihr im Fernsehen nach einer opferbereiten Ehefrau sucht. Der Bauer ist nach dem Auto der größte Umweltverbrecher im Land, darüber täuschen auch keine Traktoren-Demos hinweg, im Gegenteil, man muss sich fragen: Wieso können Bauern eigentlich nicht zu Fuß demonstrieren, wie andere Leute auch? Man sollte euch doch alle kopfüber in eure Komposthaufen stecken ...

Das oberste Ziel aller Marktteilnehmer ist die Gewinnmaximierung. Es gilt, aus Dreck Lebensmittel und aus Lebensmitteln Geld zu machen: Deswegen kommen tote Tiere ins nährstoffreiche Tiermehl, und zwar nicht nur die platt Gefahrenen, sondern auch die beim Tierarzt Eingeschläferten und ebenso die der pharmazeutischen Forschung zum Opfer gefallenen Laborratten und Affen. Der Verkauf von Abfall und Altlasten entspricht der kapitalistischen Geschäftsordnung, und es gehörte schon immer zu den landwirtschaftlichen Grundüberzeugungen: Abfälle zu verfüttern ist gut fürs Konto, Abfälle umweltverträglich zu entsorgen bringt an den Bettelstab.

Der Schutz der Verbraucher gilt also als überflüssiger Kostenfaktor. Und so lässt sich der Schweineschnitzelfresser mit minderwertigem Pressfleisch abfertigen, das nur durch eine industriegefertigte  Panade zusammengehalten wird. Hauptsache, es hängt über den Tellerrand. Analogkäse? Auf Pizza gar nicht so schlecht. Es ist zu vermuten, dass auch im Tofu Tiermehlbeimengungen enthalten sind, und man weiß mittlerweile: Nuss-Schokolade besteht hauptsächlich aus pürierten Singvögeln und fein gehackten Maikäfern.

Für die Verbraucher gilt als Faustregel: Wenn kiloschwere Ananas aus Kolumbien oder Mangos aus Venezuela billiger sind als Kirschen aus dem Alten Land, wenn ein Rind, das auf gerodeter Regenwald-Fläche gemästet wird, billiger ist als ein eingeborenes deutsches Kalb, wenn nur das im Massenstall gezüchtete Turbo-Schwein noch einträglich abzusetzen ist, wenn nicht mehr herauszuschmecken ist, ob das Fleisch vergammelt ist, weil sein Geschmack durch Gewürze zugedeckt ist, und wenn Fleischkonsum und Körpergewicht steigen, während die Preise fallen: Dann hilft nur noch Sauce. Viel Sauce mit ganz viel Sahne.

Der Dichter Ludwig Börne brachte das Thema Ernährung vor rund 200 Jahren auf den Punkt: »Auf jeder Tafel findet der Mensch alles, was er braucht, um einst von den Würmern schmackhaft gefunden zu werden.«

Bio-Hausmannskost

Der Durchschnitts-Deutsche isst in seinem Leben 1 094 Tiere, verteilt auf vier Rinder, vier Schafe, zwölf Gänse, 37 Enten, 46 Schweine, 46 Puten und 945 Hühner. Wie das Statistische Bundesamt mitteilte, sind 58 Prozent der deutschen Männer und 53 Prozent der deutschen Frauen zu fett. Das sind insgesamt deutlich über 110 Prozent.

Mit einem jährlichen Fleischverzehr von rund sechzig Kilogramm essen wir Deutschen doppelt so viel Fleisch wie die Menschen in Entwicklungs- und Schwellenländern.

Als Ergebnis dieser Ernährung ist festzustellen: Jeder Deutsche ist sein eigenes Abfallentsorgungssystem, in das man alles ohne Mülltrennung reinstopfen kann, und viele Familien sind so giftig, dass kein Amtstierarzt erlauben würde, diese Leute an ihre eigenen Haustiere zu verfüttern.

Beim Blick über den Tellerrand des Augenblicks ist schon seit Jahren zu bemerken, dass man überall feixende Moslems sehen kann –

deren Prophet hat schon vor 1 500 Jahren auf die unreine Natur des grunzenden Borstenviehs hingewiesen. Und auch die Hindus grinsen sich eins: Die wussten schon immer, dass Rindviecher ungenießbar sind. Allerdings: Moslems und Hindus entgeht auch so manche Köstlichkeit, beispielsweise der Genuss des legendären deutschen Fleischsalats:

Dieser unvergleichliche Schmierkram aus Mayonnaise, Fett- und Bindegewebe, Zwischenzehenhaut, Knorpeln und Schwarte, in dem gelegentlich auch ein kleines Heftpflaster von des Metzgers fleißiger Hand an einem Gürkchen klebt, dieser stete Quell von Sodbrennen und saurem Aufstoßen, der deutsche Feinkostklassiker, der immer so aussieht, als hätte ihn der Präsident des Fleischerhandwerks persönlich vorgekaut, ist in des Wortes wahrer Bedeutung »Fleischeslust«.

Deutschlands beliebtestes Grundnahrungsmittel heißt aber nicht Fleisch, sondern hat den türkischen Namen Joghurt. Joghurt ist allgegenwärtig – im Shampoo, im Deo und im Katzenfutter –, sogar Brillenputztücher haben die reinigende Kraft des Joghurt. Besonders wichtig sind Joghurtprodukte für Frauen, vor allem zur Abendbrotzeit. Dann leiden die meisten Frauen im Fernsehen unter massiven Verdauungsproblemen: Die einen sind total verstopft, da geht nichts mehr, andere Frauen tropfen ständig vor sich hin, weil sie nicht ganz dicht sind, und die übrigen haben schreckliche Falten und Runzeln, sogar an Stellen, wo man es nie vermutet hätte. In all diesen Fällen hilft Joghurt. Mit Joghurt lassen sich alle Fugen abdichten.

Beim Joghurt-Einkauf muss man allerdings eine Entscheidung des Europäischen Gerichtshofes beachten: Joghurt, Milch, Käse oder Butter dürfen nur noch aus »normaler Eutersekretion« eines Tieres gewonnen werden. Der Kunde soll in Zukunft statt Milch »Flüssigkeit aus Kuheutersekreten« kaufen. Und er soll im Laden auch keinesfalls ein Stück Butter verlangen: Butter heißt jetzt »Streichzartes Eutersekretfett«, und wer Joghurt haben will, muss «Fermentiertes

Eutersekretprodukt mit lebenden Kulturen« aus dem Regal nehmen. Was man aber bestellen muss, wenn man eine Latte Macchiato wünscht, ist noch nicht entschieden ...

Begriffe wie »vegane Pommersche Landleberwurst« oder »Soja-Eisbein« dürfen übrigens auch nicht mehr verwendet werden, es sei denn, der Hersteller schreibt in Großbuchstaben drauf »eutersekret-frei«. Die Kundschaft muss also aufpassen, beim Einkaufen. Und besondere Aufmerksamkeit ist bei Sonderangeboten angebracht:

»Die günstige 300-Gramm-Packung – jetzt 50 Gramm leichter« – da stimmt was nicht! Vorsicht ist auch geboten bei »Semmelknödeln mit AfD-Sammelbildchen« oder Zwieback »Mit Quittengelee zum Aufbügeln«. Aber absolut unbedenklich ist die Packung Walnüsse mit dem Warnhinweis: »Kann Spuren von Hämorrhoiden enthalten.«

Die deutsche Kundschaft, insbesondere die Genießer von der Fettabsaugergesellschaft, demonstrieren seit dem GAU in Tschernobyl immer mal kurzfristig eine Art Ernährungsbewusstsein. Das ist erfreulich. Doch nach kurzer Zeit kommen dann wieder echte Leckereien auf den Tisch: hormonbehandeltes Kalbfleisch, genmanipulierte Pflanzen und Früchte, wahlweise Nikotin- Dioxin- oder Antibiotika-hühner, Nudeln mit Flüssig-Ei und unsere delikate Kalbsleberwurst, für deren Zusammensetzung sich nicht nur die NASA, sondern auch die Hersteller französischer Brustimplantate interessieren.

Dabei fällt mir ein: Vor zwanzig Jahren hat ein Freund von mir einen Ertrinkenden aus der Elbe gezogen. Er rettete dem Mann also das Leben. Der war dafür sehr dankbar und sagte zu meinem Freund: »Ich bin ziemlich vermögend. Wenn Sie einen Wunsch haben, sagen Sie ihn mir. Ich werde Ihnen jeden Wunsch erfüllen.« Mein Freund antwortete: »Ach was, da nich für, war doch selbstverständlich.« Und der Mann sagte: »Na gut, dann nicht. Aber hören Sie mir einen Moment zu – ich besitze eine Großschlachterei. Ich will Ihnen wenigstens einen guten Rat geben: Essen Sie niemals Leberwurst ...«

Als Alternative bieten sich schwermetallverseuchte Fische an, gerne auch aus japanischen Gewässern: Wenn man sich ein japanisches Thunfischsteak ans Ohr hält, kann man Radio Tokio hören. Aber aktive Sterbehilfe ist nach wie vor verboten.

Ich persönlich ernähre mich wie jeder andere Ochse auch. Ausschließlich Gras und Heu, Luzerne und so was, hin und wieder ein paar Sprossen, also ernährungstechnisch vorbildlich. Wir dürfen in der Genossin Rindvieh oder dem Kamerad Schwein nicht nur die Mahlzeit, wir müssen in ihnen auch den Mitmenschen sehen. Wir sollten unser Grünzeug grundsätzlich mit ihnen teilen. Man muss beim Gemüse nur strikt darauf achten, dass es vegetarisch ist. Das Wissenschaftsmagazin »Apotheken-Umschau« berichtete, Kinder, die einen höheren Intelligenzquotienten haben, würden später öfter Vegetarier als Kinder, die so blöde sind, dass sie bei Milchschnitte die Verpackung mitessen. Also: Vegetarier sind eindeutig klüger! Deshalb galt ja auch Adolf Hitler bis ins hohe Lebensalter als einer der klügsten Köpfe seiner Zeit. Und viel dümmer als der bin ich auch nicht … Ich esse zum Beispiel nichts, was in der Nähe von Atomkraftwerken gewachsen ist: Es sind schon erste Fälle von Gemüsewahnsinn aufgetreten. Und kürzlich hatte ich einen Rosenkohl mit 5 cm langen, giftigen Dornen auf dem Teller …

Ich habe mir angewöhnt, sooft es geht, meine Einkäufe mit Falschgeld zu bezahlen. Angeregt dazu hat mich ein junger Mann, der versuchte, seinen Cheeseburger bei McDonalds mit einem gefälschten Fünfzig-Euro-Schein zu bezahlen. Er wurde leider verhaftet, aber nun steht die Frage im Raum: Repräsentiert nicht die Ware Cheeseburger den Gebrauchswert und das Geld den äquivalenten Tauschwert? Ist dann nicht der wertlose Fuffziger die angemessene Bezahlung für die wertlose Käsefrikadelle? Wenn jemand seine falsche Ernährung mit gefälschtem Geld bezahlt – wo liegt das Problem?

Pizzeria Serenissima

Mein Rassismus hört beim Essen schlagartig auf.

Mein Lieblingsausländer war früher Eisenflechter in Prosecco oder

Tsatsiki oder wo, heute beschäftigt er in seinem Restaurant zwei Köche, Inder, glaube ich, Inder in der Küche, aus Ghana kommen die, also echte Makaken, total saubere Leute, picobello. Sie, die backen ein Smörrebröd vom feinsten, ganz kross und mit ordentlich Curry dran. Sieht aus wie Hundescheiße, schmeckt wie Hundescheiße – ist Hundescheiße. Nein, das war natürlich Spaß, es ist Chili con Carne, nicht con Cane ... Kleiner Scherz für Leute mit großem Latinum.

Bei meinem Lieblingsausländer bleibt kein Menüwunsch unerfüllt: Getrocknete Ravioli aus dem eigenen Kräuterbeet, Kebab im Mangojus, Paella in Fladenbrot, schönen Schlag Crème Fraiche drüber, dazu Souvlaki vom Fass, oder gedünstete Singvögel an Taliban im Himbeerfett und Igel aus dem Wok, dazu einen leichten Risotto aus dem Barrique, das weiß der Kellner schon, der ist ein echter Scampi von den Tamilen, und dann der Döner al Pesto in der Folie – mucho gusto!

Und jeden Abend wird zwischen den Tischen Moussaka getanzt oder Cevapcici, manche sagen auch Tai Chi dazu oder Feng Shui, das weiß ich nicht so genau, also da fühlt man sich wie früher in Dubrovnik, wenn die Eingeborenen auf ihren Sushis spielten, einmalig, so unheimlich klagende Melodien, wegen der Armut im Land. Kuskus esse ich auch gern: Geröstete Hammelhoden! Sensationell nussig! Jedenfalls wesentlich nussiger als bei jedem Chinesen. Und wenn der Lieblingsausländer Chinesisch kocht, schlägst du lang hin. Langhin ist ja auch ein schöner Name für ein Chinarestaurant: Da bevorzuge ich Schwanenküken im Bierteig mit gefilte Fisch, Wahnsinn ...
Wer Ohren hat zu sehen, wird schon schmecken, was er riecht ...

Der zweite Schwanz

Ich, Ilsebill, salze nach. Bevor gezeugt wird, gibt es Butt mit Schalotten und Lauch, weil Ende Mai. Ich habe es nicht eilig, von ihm geschwängert zu werden. Er ist im Moment auch nicht in der Lage, sein Gefühl stößig in mein Gefühl zu drängen: Er hat sich eine Gräte in die Keilbeinhöhle gerammt und versucht, sie durch verstärkte Aktivierung seiner Gaumenmuskulatur wieder hervorzuzutzeln. Wenn ihm jetzt seine Kaschubenaugen herausfliegen, an der Zimmerdecke zerplatzen und von dort in die Schüssel tropfen, ist das eine Bereicherung für jede Fischsuppe und glückverheißender als jedes weiße Dorschauge.

Günter war von Anfang an da. Jederzeit. Gegen Ende des Jungpliozän erinnere ich unser Kennenlernen: Rund zwei Millionen Jahre vor der Handwaschung des Pilatus, als Firle und Fanz in Ideologien geschieden wurden. Da, wo der Jenissei in die Karasee fließt, in den Sümpfen rund um jene Bucht war's, wo wir uns von morgens bis abends umarmten und umbeinten und wo ich neun affenähnliche Erdferkel warf, die er am liebsten roh in grüner Sauce mit Sauerampfer, Dill und Kapern aß. Dabei stieß er paläosibirische Grunzlaute aus. Nicht mal  Mama konnte er sagen. Damals hieß Günter Auhauahauaha. Auch ich hieß anders: Auweia. Aber Günter will nicht Auhauahauaha gewesen sein.

Ich hatte den Butt mit dem in Ringe geschnittenen Lauch in Butter gedünstet und in klein gehackte Schalotten gebettet. Doch als Günter mit der Gräte, die ihm mittlerweile fast in der Zirbeldrüse steckt, krächzt, das könne heute klappen, weil er, wie der Arzt ihm geraten habe, die Präservative dem Hausmeister geschenkt hätte, willige ich ein, dass das Bett zuerst recht haben soll und der verfressene Ramapithecus danach.

Sein Kuss schmeckt ranzig, und in seinem Schnurrbart kleben Talgreste, ein Stück Hammelschulter ist wohl in den Fischsud geraten vom letzten Wochenende. Günter hat mal wieder nicht sorgfältig abgewaschen, trotzdem zeugen wir in Liebe. Kaum ist er – entschlossen abgeschoben – wieder draußen, sagt Günter: »Na, das werden doch Zwillinge.« Bevor er weitere Spekulationen anstellen kann, erzähle ich ihm von Auhauahauaha und seinen zwei Schwänzen.

»Glaub mir, Günter: Er hatte zwei. Die Natur schafft das. Ehrlich: zwei Stück. Alle hatten so viel. Nein, nicht drüber, nicht drunter: daneben. Nebeneinander wie zwei Tannenzapfen. Einer immer griffbereit als Reserve. Nein, nicht zwei Säcke. Ein praller Sack mit vier Eiern landschaftete hügelig. Das verheißt Überfluss, kündet Verschwendung an, versichert auf ewig Sättigung. Das sah wirklich nach was aus. Obwohl, in unserer Nachbarschaft, östlich des Flusses, soll ein gewisser Trimmpo sogar drei Schwänze gehabt haben: einen am Kinn. Unnütz wie ein Blinddarm. Überhaupt frage ich mich, was diese Schwanzbezogenheit eigentlich soll? Diese typisch männliche Pillermanie? Schön, indische Götter haben vier oder acht Arme. Ich habe auch Götter abgebildet gesehen, die hatten ein drittes Auge, und zwar auf der Stirn. Wer will das schon?

Nun krieg doch nicht gleich schlechte Laune. Dein einer reicht wirklich. Bestätigt dir jeder Arzt. Alle Männer, mit denen ich bettlägerte, hatten wie du nur einen: Rüdiger einen, Herbert einen, Horst Schmidt einen, Bernie Löbl hatte ein rührendes Böhnchen. Und der unersättliche Weihbischof Hubertus Rasch hat mit seiner allerdings enormen Keule die reiche Kaufmannswitwe Magdalena Schabel im Bett erschlagen. Doch, der eine steht dir nicht schlecht. Auch, wenn er hängt. Lass ihn doch hängen, verdammt noch mal. Jürgens hing immer. Nur Theo Bassmans stand immer, weil er zu kurz war zum Hängen. Und doch habe ich sie geliebt und geliebt und geliebt. Einfach lächerlich, deine Eifersucht auf alles und nichts.

Du musst das dialektisch begreifen. Dualismus. Ying und Yang. Und was die Zahl betrifft: Denk mal an Mesopotamien, das Zweistromland, an die zwei Seiten jeder Medaille, ans Zweirad und an die größte Trivialität aller Zeiten, an Mao Tse-tungs »Eins teilt sich in Zwei«, guck dir mich an: zwei Titten, und denk an den alten Rechtsgrundsatz »Zweifelhaft geht vor Einzelhaft.« Günter zieht die Gräte endlich durch seine untere Nasenmuschel wieder heraus. »Dieser

Butt war vollkommen ungenießbar«, sagt er, »aber beantworte mir bitte eine Frage: Wie war ich?« Ach, Günter, du mein Kaschuben-Löns ...

Abspecken für Jesus

In den USA leben nicht nur die meisten Dicken, dort gibt es auch die meisten Diätprogramme. Und die originellste Magerkur im Land, wo Coke und Ketchup fließen, ist das Verschlankungs-Evangelium der religiösen Rechten. Die christlichen Diät-Bibeln tragen Titel wie *Hilfe Herr – Der Teufel will mich mästen!* oder *Bete dein Gewicht weg.* In den Diätkirchen verkünden die Food-Fundamentalisten die reine Lehre des leeren Magens: Satan, der Pfundskerl, lockt den Amerikaner in seine ausgekochte Diätfalle namens Jo-Jo-Effekt. Doch »Gott, der große Konservierungsstoff« hilft all den Fettbeladenen, die rechter Gesinnung sind: »Wenn du einen Fressanfall oder zehn Pfund zugelegt hast, rufe Ihn an! Er wird dich hören und retten und hinausführen aus dem Morast von Schlagsahne, Candies und Cookies.« Es gibt Kirchen-Versammlungen, wo Weight-Warrior-Veteranen an fette Novizen Schokolinsen verteilen, während ehemals Überernährte auf der Bühne die frohe Botschaft verkünden: »Der Herr hat mich von Little-Debbie-Keksen erlöst.« Natürlich haben fette Amis auch stets ihre eigene Exegese der Bibel, dem großen Buch der Volksgesundheit, parat: Das gemästete Kalb beispielsweise, das dem verlorenen Sohn serviert wird, beweist, dass Gott den Verzehr von Unmengen Steaks empfiehlt. Aber am wichtigsten ist das Diät-Gebet: »Herr, ich bekenne, ich schaffe es nicht, ich rufe dich an, den Kampf für mich zu gewinnen. Amen.« Dann versetzt der Glaube alle Fettberge ... Die einzige körperliche Leistung, die ein Fettwanst als Unterstützungsmaßnahme einer Verschlankung erbringen muss, besteht darin, auf die Knie zu sinken. Seltsamerweise allerdings ergab eine Universitäts-Studie: Christen sind noch fetter als andere Amerikaner. Warum, weiß nur der liebe Gott ...

16 Volksgesundheit

Stationär ambulant

Seit die aktuellen Leber-, Nieren-, Herz-, Cholesterin- und Zuckerwerte hauptsächlich vom Bezirksschornsteinfeger ermittelt werden, ist der Unterschied zwischen lebendig, krank und tot bei vielen Menschen nicht mehr feststellbar. Das veranlasst mich, wenn ich mich wirklich mal schlecht fühle, einen Arzt aufzusuchen. Der untersucht mich und schreibt mir ein Rezept. Er will ja auch leben. Mit dem Rezept gehe ich zur Apotheke und hole meine Medizin ab. Die Apotheke will ja auch leben. Zu Hause schmeiße ich das Zeug dann weg. Ich will ja auch leben.

Für Krankheiten ist in Deutschland der Gesundheitsminister zuständig. Ihm stehen knapp 340 Krankenkassen für über achtzig Millionen Menschen zur Seite. Eine Krankenkasse für alle, oder aber 82 Millionen Krankenkassen – für jeden eine – das rechnet sich

BARMER ERSATZKATZE

nicht. Und Krankenhäuser rechnen sich auch nur, wenn man sie verkauft und in Aktiengesellschaften umwandelt. Die deutsche Gesundheitspolitik folgt dem Zahnpastatuben-Konzept, das heißt, unten drückt man drauf, oben quillt der Segen raus. Diese Methode macht zwar Kranke arm und Arme krank, ist aber sehr viel profitabler als umgekehrt. Wir nennen dieses System Gesundheitsreform.

Der Leitgedanke dieser Gesundheitsreform besagt: Wer drei Wochen auf seinen Arzt-Termin warten muss, bleibt länger gesund, und das Ziel dieser Gesundheitsreform ist der Patient, der über fünfzig Jahre auf einen Termin warten muss und schließlich stirbt, ohne zu wissen, woran.

Zwei Begriffe dieser Gesundheitsreform bedürfen der näheren Erläuterung. Da ist zunächst einmal der neuartige »Risikostrukturausgleich«. Das bedeutet: Ein privater Armbruch wird mit Gips behandelt, während dem Kassen-Armbruch mit einer völlig neuen Konstruktion aus Kleiderbügel und Paketklebeband geholfen wird. Privatpatienten werden vor einem Eingriff mit Champagner in Stimmung gebracht und dann mit Propofol betäubt, Kassenpatienten bekommen einen Lederriemen zum Draufbeißen. Bei Kassenpatienten ist der Arzt darüber hinaus berechtigt, ein gesundes Organ als Bonus einzubehalten.

Der andere erklärungsbedürftige Begriff lautet »Gesundheitsfond«. In diesen fließen Steuereinnahmen und Beiträge von Arbeitnehmern und Arbeitgebern. Wer krank werden will, stellt einen formlosen Antrag in vierfacher Ausfertigung und erhält eine Vitamin-C-Brausetablette, ein Vierteljahres-Abo der Apothekenrundschau oder, mit Zuzahlung, ein Klapprad. Weitere Positiva aus dem Gesundheitsfond sind: Alte oder kontaktgestörte Menschen können Haustiere auf Krankenschein beziehen. Das war ja schon bei Ludwig XIV so, dass alleinstehenden Damen von der Gesellschaft ein Schoßhündchen, der sogenannte »Punzenschlecker«, zugestanden wurde.

1 TiER

Wenn Haustiere krank werden, sind sie über den Krankenschein ihres Besitzers mitversichert. Über den Gesundheitsfond können außerdem Organverpflanzungen von Mensch zu Tier über die Kassen abgerechnet werden. Ich kann also einem lahmen Gaul oder einem hinkenden Rottweiler eins meiner Hüftgelenke zur Verfügung stellen. Und wenn meine Zierfische unpässlich sind, Neurodermitis zum Beispiel oder Mittelohrentzündung, dann kriegen sie Bäder verordnet, und zwar in staatlich anerkannten Heilbädern: Die AOK, die ja auch die Bulimie von Models subventioniert, schickt sie nach Bad Kissingen. Mein Wellensittich, der immer schlechter auf das hörte, was ich ihm sagte, bekam ein Hörgerät, und dem Gecko meines Nachbarn wurde als Reha-Maßnahme ein Bundestagsabgeordneter verschrieben, dem er jetzt während der Sitzungen die Milben aus dem Bart lutschen muss. Und was ich besonders einleuchtend finde: Neurotische Schweine und Alzheimerpatienten werden gemeinsam in eine »Combined Therapy« geschickt, bis sie sich am Schluss gegenseitig aufessen.

Verständlicherweise heißen Ärzte jetzt auf Anweisung des Gesundheitsministeriums Gesundheitsgeber, Patienten sind demnach Gesundheitsnehmer, und das Krankenhaus wird im modernen Sprachgebrauch »Finalservice« genannt. Jeder Gesundheitsgeber im Krankenhauswesen ist gehalten, im Finalservice die gleichen Maßstäbe anzulegen wie in der Gemeindeverwaltung. Das heißt, privatkranke Gesundheitsnehmer können entsprechend der Novellierung zum Krankenhausfinanzierungsgesetz, dem Gesetz zur Regelung der Krankenhauspflegesätze und der Krankenhausbuchführungsverordnung ihr Finale im Sitzungsraum des Gemeinderats verleben, die Kassenkranken müssen nach dem Kostendämpfungsgesetz, dem Kostendämpfungsänderungsgesetz und dem Krankenversicherungsweiterentwicklungsgesetz in die Besenkammer …

Durch das Bilanzrichtliniengesetz sind die deutschen Rechnungslegungsvorschriften neu geordnet worden. Liquidationen erfolgen in allen Fällen über spitze, stumpfe und halbspitze Abrechnungen nach der Vollkostenmethode, der Grenzkostenmethode oder der Gemischtkostenmethode. Bei Letzterer ist aber grundsätzlich kein Salat dabei.

Die Behandlung unrentabler Patienten wird eingestellt oder ins Ausland verlegt. Das Personal des Finalservice ist verpflichtet, jedem Gesundheitsnehmer statt »Auf Wiedersehen« ein fröhliches »Leben Sie wohl« hinterherzurufen.

Mit weiteren Einzelheiten der Reform sollten Sie sich mal an einem ruhigen Abend, gemütlich im Familienkreis, vertraut machen. Erklären Sie Ihren Kindern, dass heutzutage kein Patient mehr angewiesen ist auf die alten, analogen Krankheiten wie

Rheuma, Sodbrennen oder Leberzirrhose, erzählen Sie ihnen von den neuen »arztgruppenspezifischen Regelleistungsvolumina« und wie die gesetzlich vorgegebene »Abstaffelung« von Leistungen aussieht, versuchen Sie, gemeinsam herauszukriegen, was die CDU-Spitze unter einer »modifizierten Kopfpauschale« versteht, und informieren Sie sich über die phantastischen neuen, digitalen Gebrechen, die sich bestens vernetzen lassen und die sich jeder leisten kann: Organversteinerungen, Gebissverpelzung, Schimmelaugen und vieles mehr.

Ich bin ganz sicher: Die pharmazeutische Industrie tut alles, um die Lieferbedingungen für den Reparaturbetrieb Mensch marktkonform zu humanisieren. Aber wer an hellblauem Stuhl oder Ohrenverhornung leidet, wem gar Maulwürfe im Schamhaar nisten, der kann dafür nicht die Allgemeinheit in Anspruch nehmen, denn der Gesundheitsminister hat nur die Aufgabe, die Leichen der Patienten so profitabel wie möglich zu gestalten.

Entscheidend für jeden Patienten ist nach wie vor die Frage: In welchem Zustand befindet sich mein behandelnder Arzt? Wenn er die Röntgenbilder mit Buntstiften ausmalt, die Nebenwirkungen eines lebenswichtigen Medikaments mit den Worten »Geile Geschmacksrichtung« beschreibt und ihm beim Blutdruck-Messen mehrmals der Joint ins Bier fällt, ist erhöhtes Misstrauen angebracht. Aber dann bleibt dem Patienten immer noch der Weg offen, sich als Eurofighter zu verkleiden und das nächste Bundeswehrhospital aufzusuchen. Für Eurofighter zahlt der Steuerzahler alles: Vorsorge, Wartung und ganzheitliche Pflege.

Viel Qualm um Nichts

Nichtraucher enthalten dem Staat Steuern vor, sagte der Finanzminister. Der Arbeits- und Sozialminister stellte fest, Nichtraucher schädigen die Zigarettenindustrie und gefährden dadurch Arbeitsplätze. Sie sind weniger krankheitsanfällig und schmälern das Einkommen der Ärzte. Außerdem leben sie länger und fallen dadurch der Rentenkasse länger zur Last. Der Innenminister, selbst ein starker Raucher, strebte eine freiwillige Verpflichtungen der Zigaretten-Industrie zum Schutz von Jugend und Volkswohl an. Die Familienministerin höhnte, genauso gut könne er alle Karnickelböcke zum Zölibat verpflichten, und sie wies darauf hin: Wenn drei Viertel der Bevölkerung Nichtraucher sind, dann sind auch drei Viertel aller Gangster, Steuerbetrüger, Kinderschänder, Politiker und Ehebrecher Nichtraucher. Der Gesundheitsminister sagte nur, »Was soll ich dazu sagen?«

Schließlich griff die *Bild*-Zeitung in die Auseinandersetzung ein und formulierte Schlagzeilen wie »Raucher vergewaltigte blinden Königspudel« oder »Hungrige Raucherin aß ihre eigenen Füße auf!« Seitdem werden Raucher, wo immer sie erscheinen, schief angesehen.

Um die Raucher bald endgültig auszurotten, sage ich: Wenn man Nichtraucher produzieren will, muss man die Werbung für das Rauchen intensivieren. Der Lehrer vor der Klasse, der Berufsberater auf dem Arbeitsamt, der Vorgesetzte im Betrieb, der Offizier vor der Truppe: Alle vermeintlichen Autoritäten müssen, sobald sie in Kontakt mit Jugendlichen kommen, verpflichtet werden zu paffen. Vater und Mutter müssen nicht nur auf dem Klo, sondern auch im Bett qualmen. Großaufnahmen im Fernsehen ohne

Zigarette werden verboten. Der bayerische Ministerpräsident zündet sich eine an der anderen an, die Kanzlerin dreht selbst, die Oppositionsführerin raucht grundsätzlich zwei auf einmal. Auch kettenrauchende Fernsehmoderatorinnen mag niemand sehen, und extrem abschreckend wäre es, alle Ausländer zu zwingen, auf der Straße zu rauchen.

Am spannendsten wäre natürlich, wir würden uns an den USA orientieren: Dort bietet die National Rifle Association und die hinter ihr stehende Waffenindustrie eine Lösung für alles. Dann können wir die Angelegenheit bis zum letzten Raucher auf der Hauptstraße regeln, mit dem Colt in der Faust und der Sonne im Rücken.

Selbstheilung bei Burnout

Ein brasilianischer Onkologe, Nobelpreisträger für Medizin, erschreckte die Welt mit der Prognose: »In der heutigen Welt wird fünfmal mehr in Medikamente für die männliche Potenz und Silikon für Frauen investiert als für die Heilung von Alzheimer-Patienten. Daraus folgernd haben wir in ein paar Jahren alte Frauen mit großen Titten und alte Männer mit hartem Penis, aber keiner von denen kann sich erinnern, wozu das gut ist.«

Ich habe entsprechende Verhaltensmaßregeln auf viele Zettel geschrieben und in der ganzen Wohnung verteilt in der Hoffnung, wenigstens einen dieser Zettel zu finden, wenn es so weit ist ...

Etwas erfreulicher fand ich die Nachricht, dass junge Männer nur fünf Mal in der Woche onanieren müssen, um ihr Prostata-Krebs-Risiko um dreißig Prozent zu mindern. Es wäre interessant herauszufinden, wieviel Prozent der Männer das schaffen ...

Ich stehe auf dem modernen Standpunkt, wer von allein krank wird, soll gefälligst auch von alleine wieder gesund werden. Den weit verbreiteten Pillensozialismus lehne ich grundsätzlich ab – da trinke ich lieber jeden Tag anderthalb Liter chinesischen Bittergurkentee. Um einen Burnout zu vermeiden und um nicht gemütskrank zu werden, verordne ich mir selbst zudem Unter-Wasser-Wohlfühlprogramme mit Licht und/oder Musik und/oder Massagen, bei denen auf meine Aura eingegangen wird. Und richtig glücklich machte mich der Erfahrungsbericht eines Wagemutigen im Internet, der mir seine Magnetfeldtherapie schilderte:

»Es wird dabei ein Gerät verwendet, bei dem man über Nummerneingabe ein Ablaufprogramm wählt, und die Spule sitzt in einem kleinen Kopfpolster, auf dem ich brav ausharre, bis ein Piepser mich entlässt. Bei der ersten Behandlung spürte ich im vorderen Kopfbereich an beiden Seiten eine Erleichterung und mittig eine Verhärtung.

Bei der zweiten Sitzung wurde eine stärkere Programmvariante gewählt, und es fühlte sich so an, dass auch die Verhärtung im mittleren Bereich nachgab. Allerdings am Abend meinte ich ein Brummen im Stirnbereich zu spüren. So nahm ich mir vor, nicht mehr ruhig, wie gelähmt, auf dem Kopfpolstermagnetring zu liegen, sondern verschiedene Positionen auszuprobieren. Bei dem Gerät ist die Matte so zu legen, dass das Kabel zur Matte fußseitig mündet. In der Matte sind mehrere Spulen eingearbeitet; wobei die für den Kopf mittig angeordnet ist und in weiterer Folge beginnend mit dem Oberkörper eine symmetrische Links-Rechts-Platzierung Platz greift. Ich fand, die Beweglichkeit und sich selbst die Freiheit zu nehmen, einmal auf der linken Seite und dann auf der rechten Seite zu liegen, bringt schon einiges. Nahm auch das Spulenkissen in die Hand, setzte mich im Bett auf und versuchte, das Magnetfeld kopfüber wirken zu lassen. Es war gleichermaßen spürbar, nicht unangenehm, aber doch im Innern massierend, weniger im hinteren Schädelbereich, dafür umso mehr stirnwärts. Unangenehm empfand ich diese magnetische Massage nur im Bereich der Augäpfel, als ich schon sehr von vorne, wie einen ins Gesicht rutschenden Hut, den Polster aufsetzte. Dann presste ich mit beiden Händen den Spulenpolster auf meinen Kopf und fand, dass er gut durchwellt wurde.

Dann begann ich das Kissen die Wirbelsäule entlang zu platzieren und auch auf die Eingeweide einwirken zu lassen. Interessant und berührend war für mich die Wirkung im Bereich des Mastdarmes …«

An dieser Stelle brach ich die Lektüre ab, weil ich fühlte, dass ich nunmehr den Anforderungen des täglichen Umgangs mit mir gewappnet war. Ich werde jetzt ein Angebot meiner Ersatzkasse in Anspruch nehmen, die eine Gehirnabsaugung als Schönheitsoperation wertet, wenn ich mir mit der Gehirnmasse meine Oberarme aufpolstern lasse …

Samenbank und Eiersalat

Es gibt nicht viel, worauf man in diesem Land stolz sein könnte. Gras muss aus Holland eingeführt werden, Fußballspieler aus Brasilien, Maul- und Klauenseuche aus England, Stammzellen aus Israel oder sonst wo. Es ist unglaublich – wir haben noch nicht mal eigene Stammzellen, mit denen unsere Wissenschaftler experimentieren können. Wie ist das möglich? Bestehen nicht auch die Bewohner Deutschlands aus Zellen?

In Gelsenkirchen, Cottbus oder auch in Bad Zwischenahn müssten doch attraktive Stammzellen zu finden sein. Manchmal habe ich den Verdacht, unser politisches Personal ist gar nicht aus menschlichen Zellen aufgebaut, sondern aus sozial- oder christdemokratischen. Revolutionäre Zellen wird man in diesen Kreisen auch nicht finden, und das erklärt natürlich Manches ...

In der Stammzellendebatte im Bundestag hörte man immer wieder: »Waren wir nicht alle mal ein Embryo?« Die Frage löste regelmäßig ein fraktionsübergreifendes Kopfnicken aus. Auch wenn gefragt wurde, »Waren wir nicht irgendwie alle mal eine Eizelle?« gab's allgemeine Zustimmung. Waren wir. Und wie sind nun der Kanzler und die Oppositionsführerin entstanden? Der Kanzler hat es gesagt, und die Oppositionsführerin hat es zugegeben: Durch die Verschmelzung von Ei- und Samenzelle.

Zwei Menschen, die dabei waren und es deshalb wissen müssen, beide selbst durch die Verschmelzung von Ei- und Samenzelle entstanden, haben also erklärt, dass sie durch die Verschmelzung von Ei und Samenzelle entstanden sind. Seitdem kann ich an nichts anderes mehr denken. Kaum sehe ich irgendwo die Oppositionsführerin oder den Kanzler, schon drängt sich mir die Sache mit der Verschmelzung von Ei und Samenzelle auf, und ich kann mich auf nichts anderes mehr konzentrieren.

Meistens lenke ich mich dann ab mit der Frage nach meiner Identität. Identität beginnt ja nicht erst mit der Geburt – da sind sich alle einig, die mit der Verschmelzung von Ei und Samenzelle zu tun haben. Doch wo genau die Identität beginnt, darauf konnte sich der Bundestag nicht einigen, weshalb wir jetzt ein »Verbot mit Erlaubnisvorbehalt« für den Import von Embryozellen haben. Das bedeutet: Weil es in Deutschland verboten ist, Embryonen zu töten, zumindest nach der Einschulung, muss man sich die Dinger im Ausland besorgen, wo die Verantwortlichen nicht so zimperlich sind. Das hat einen großen Vorteil: Wenn sich herausstellt, dass die Embryonen, die zu uns eingeführt werden, doch irgendwie Menschen sind, kann man sie wieder abschieben. Wenn es aber noch keine Menschen sind, na gut, dann behalten wir sie. Den überflüssigen Hinweis, Verletzungen der Menschenwürde riefen im Falle bereits geborener Zeitgenossen häufig weniger Engagement hervor als nicht geborene Zellhaufen, ließen die Parlamentarier tief betroffen, aber mit ernster Miene an sich abprallen.

Wer sich wirklich ernsthaft über die ethischen Aspekte der Genetik informieren will, sollte versuchen, einige Gedanken des Kultur-Staatsministers Julian Nida-Rümelin zu verstehen. Der beschreibt sehr anschaulich, was wirklich Sache ist:

»Die utilitaristische Bestimmung des intrinsisch Wertvollen ist ebenso wie die utilitaristische Rationalitätskonzeption defizitär. Dies habe ich in meiner Kritik des Konsequentialismus ausführlich begründet und dort vor allem auf drei Konflikte hingewiesen, die zwischen utilitaristischer Ethik und zentralen moralischen Intuitionen oder Grundüberzeugungen bestehen: Die Integrität der Person ist mit der Befolgung des utilitaristischen Prinzips unvereinbar, weil sie langfristige Bindungen an Projekte und Personen nicht erlaubt.
Individuelle Rechte lassen sich utilitaristisch nur unzureichend rechtfertigen.
Die zentrale Rolle der Kooperation, die Einhaltung von Regeln und Verfahren, ist auf der Grundlage utilitaristischer Prinzipien nicht gewährleistet.«
Aha.

17 Leibesübungen

Das Medaillen-Geschäft

Olympische Spiele und Deutschland – das ist eine große Liebe. Beim letzten Mal brachten deutsche Sportler von 302 möglichen Goldmedaillen elf nach Hause. Eine Diskrepanz von 291 Goldmedaillen – das war ein schöner Erfolg und zudem großzügig und sportlich fair. Im Reiten und beim Rudern sind wir nahezu unschlagbar. Auch im Segeln sind wir gut – die Konkurrenz aus Zentralafrika hat da keine Chance. Und wenn man beim Schwimmen sitzen dürfte, könnte uns auch im Wasser niemand besiegen. Kein Land hat so gute Gebirgsjäger wie Deutschland: Wir sind die Besten, wenn es darum geht, mit einer Knarre auf Skiern durch den Winterwald zu eilen und auf frierende Krähen zu ballern. Es gab haufenweise Gold im Biathlon, und das ist kein Wunder, denn unsere Olympia-Mannschaft besteht im Winter zu zwei Dritteln aus Soldaten, Polizisten und Zöllnern. Im Sommer ist es leider nur ein Drittel – da müssen wir Steuerzahler finanziell also erheblich nachbessern, wenn wir international konkurrenzfähig auftreten oder wenigstens zu Russland aufschließen wollen.

Dass alle Russen von Staats wegen bei jeder Sportart gedopt sind, das hat sich herumgesprochen, das weiß man. Trotzdem können die sauberen und ungedopten westlichen Sportler jederzeit gegen diese gedopten Russen gewinnen, und das ganz ohne Pharmaindustrie, nur mit Training. Und das liegt an der freiheitlich-demokratischen Gesinnung …

Man darf allerdings gespannt sein, ob das Olympische Komitee sich wirklich traut, alle staatsgedopten Sportlerinnen und Sportler von den Spielen auszuschließen. Vielleicht sagen sich die hohen Herren ja auch: »Was soll's, der olympische Gedanke geht uns doch auch am Arsch vorbei, wir können doch den Sportlerinnen und Sportlern nicht ernsthaft erzählen, dass sie sich gefälligst anständig verhalten sollen, wenn wir uns selbst mit höchstem Einsatz die Taschen vollstopfen ...«

Trotz alledem kann kein Zweifel daran bestehen, dass die Olympischen Spiele eine Veranstaltung sind und auch immer sein werden, die zum Wohle der Menschheit stattfindet. Das beweist ja auch die Vergangenheit, in der die modernen Olympischen Spiele folgenden Zielen dienten:

München 1972, um den Überwachungsstaat auszubauen,
Montreal 1976, um die Apartheid zu stärken,
Moskau 1980, um Sparmaßnahmen westlicher Staaten zu fördern,
Los Angeles 1984, um russische Soldaten aus Afghanistan zu vertreiben,
Seoul 1988, um leistungssteigernde Medikamente auszuprobieren,
Barcelona 1992, um die Macht der Medien zu demonstrieren,
Atlanta 1996, um den Umsatz von Coca-Cola zu fördern,
Sydney 2000, um Aborigines zu beruhigen,
Athen 2004, um von der griechischen Volkswirtschaft abzulenken,
Peking 2008, um das chinesische Regime aufzuwerten,
London 2012, um gewachsene Arbeiterviertel zu gentrifizieren,
Rio de Janeiro 2016, um den Ausbau der Favelas voranzubringen.

2017 zeigten die Gegner Olympischer Spiele in Hamburg dem Senat, den Medien sowie Spekulanten und Geschäftemachern die rote Karte: Eine Mehrheit der Hamburger wollte ihre Stadt im Jahre 2024 nicht als Werbefläche für McDonald's, Coca-Cola, Adidas und Hyundai zur Verfügung stellen und von ihren Steuern Tausende von korrupten Funktionären und Drogensüchtige aus aller Herren Länder unterbringen. Die Verweigerer meinten, es sei unsinnig, wenn die Gastgeber die Risiken tragen und das Internationale Olympische Komitee schleppt die garantierten Gewinne davon.

Die Einwohner sagten: Erst, wenn das Olympische Komitee mitsamt der werbetreibenden Industrie höflich – sehr höflich! – an der Rathaustür anklopft und demütig – sehr demütig! – ein beträchtliches Vermögen für die Ausrichtung der Spiele anbietet, darf der Senat in Erwägung ziehen, den globalen Profisport in den Mauern der Stadt zuzulassen …

Wie wird's weitergehen, wenn Coca-Cola, McDonalds, Hyundai und andere Sponsoren in Zukunft die Jugend der Welt zu den Olympischen Spielen rufen? Gut möglich, dass dann diese Jugend der Welt auf Grund der erfolgreichen Werbemaßnahmen des Olympischen Komitees nicht ins Stadion rennt, sondern zu Hause Bier trinkt, Chips frisst, sich mit Rheumasalbe einreibt, vor den heimischen Computern hocken bleibt und sich den immer wieder zu hörenden Satz zu Herzen nimmt, womit das Fernsehen seit Jahren seinen Anspruch untermauert, überflüssig zu sein: »Sie können sich das alles auch nochmal im Internet ansehen.« Na gut, dann machen wir das …

Eiwärts in die Buckel (1972)

Die Alpen sind heimelig möbliert, sowohl die Kropf- wie die Krückenindustrie haben Weltniveau, die Eingeborenen vermieten gegen horrende Summen sogar ihre Kleiderschränke und Badewannen, nirgends kann man bis zum Horizont schauen, weil überall Berge im Weg stehen, wir sind in Tirol.

Tiefgekühlte Finger und eiskalte Füße sind nicht spaßig. Selbst auf freiem Feld fällt das Thermometer in Tiefen, die noch keines Küstenbewohners Auge je geschaut hat.

Am Schilift anstehen ist auch nicht spaßig. Feuchte Kleidungsstücke auf der Heizung trocknen in dem Raum, in dem man schläft, ist überhaupt nicht spaßig. Den Berg raufklettern auch nicht. Stürzen und Knochen brechen ist am allerwenigsten spaßig. Spaßig könnte das Runterfahren sein, wenn man heil ankäme. Wenn! Nein, der Spaß des Schiläufers bleibt passionierten Flachländern unergründlich wie der Achensee.

Wer im Winter nach Tirol fährt, muss Schifahren wollen. Um eine für den gesamten Körper optimale Form zu erreichen, muss den Schifahrern die gehockte Eiform zur zweiten Natur werden. Das Gesäß ist dank seiner abgerundeten Form der für den Skilauf am besten geeignete Körperteil, womit sich die These, dass Ski und Scheiß etymologisch desselben Ursprungs sind, als richtig erweist: »Schi« (norwegisch) heißt auf Deutsch »Scheit«. »Schifahren« ist also »Scheitfahren«. Oder Scheiten. Davon abgeleitet: Scheitern. Außerdem Scheitel und Schiff, Scheibe und Schiene sowie Scheiße. Bei genauerer Betrachtung stellt man fest: Schilaufen ist für 'n Arsch, vor allem, wenn man sich, wie in den meisten Skigebieten, seinen Schnee auch noch selbst mitbringen muss.

Haben Sie genügend Schnee bei sich, ist jeder Buckel ein Schwung! Erst den Buckel an der Flanke anfahren, dann den Buckel schräg durchwedeln! Schifahrer brauchen Buckel, ohne Buckel braucht man gar nicht erst anzufangen!

Der Koran widmet dem Schifahren allerdings keine einzige Sure. Anders die Bibel. Der alttestamentarische Sprücheklopfer Salomon sagt: »Auf weise Pfade [Übersetzungsfehler! Gemeint sind natürlich weiße Pfade!] führe ich dich und will dich leiten auf gerader Bahn.«

Auf gerader Bahn! Wer auch immer das waghalsige Zickzackfahren auf abschüssiger Rutsche erfunden hat, war demnach eine gottlose Pistensau. Moses' elftes Gebot »Du sollst nicht wedeln zwischen den Stangen, auf dass du nicht fallest und einem Siechen das Bett klaust« – fand leider viel zu wenig Beachtung und hat sich nur bei intelligenteren Flachlandbewohnern durchsetzen können: So fahren Palästinenser, Senegalesen, Londoner, Indianer und Leute aus Cuxhaven grundsätzlich nicht am schnellsten den Patscherkofel hinunter und tragen sich auch nicht in die Siegerliste von Sölden ein. »Schifahren ist was für norwegische Landbriefträger«, soll Strauß (Richard) gesagt haben. Dass Rennläufer in Abfahrtsrennen nicht selten eine Pulsfrequenz von über 200 erreichen, sei nur nebenbei angemerkt, aber wenn man das intensiv und über einen längeren Zeitraum betreibt, dann macht Schifahren alt. Gucken Sie sich Fotos von Luis Trenker an …

Statistiker haben ausgerechnet, dass im Jahre 2500 die in Bergnähe wohnenden Medizinmänner über 500 000 Knochenbrüche werden verarzten müssen. Selbst, wenn man einen gewissen Prozentsatz tödlicher Genick- und Schädelbasisbrüche abzieht, lässt diese gewaltige Zahl stetig steigende Krankenkassenbeitragszahlungen erwarten. Trotzdem gibt es Leute, die eiskalt behaupten: »Schifahren bringt Spaß.« Spaß für Schifabrikanten, Spaß für Schistockfabrikanten, für Sturzhelm- und Rennbrillenfabrikanten, Spaß für Schistiefelfabrikanten, Spaß für Schihosen- und Schipullover-Fabrikanten, Spaß für Fausthandschuh- und Pudelmützenfabrikanten. Jede Menge Spaß für jede Menge Fabrikanten. Auch für Gipsfabrikanten und Mullbindenfabrikanten. Am meisten Spaß macht das Schifahren den Ärzten, weil sie im Sommer nach Sylt fahren müssen, um sich von dem Spaß zu erholen.

Der Schizirkus braucht ständig neue Attraktionen. Während der Fernsehzuschauer die Rennläufer kaum beachtet, weil er auf die rasenden Zeit-Messgeräte am unteren oder oberen Bildrand starren muss, nimmt der Zuschauer an der Piste die Tausendstelsekunde Zeitunterschied zwischen den Rennläufern nicht wahr, denn er wartet intensiv auf spektakuläre Stürze, und das Einzige, was er dann vermisst, ist die Wiederholung des Sturzes in Zeitlupe, wie er es vom Fernsehen gewöhnt ist.

Da der Abtransport der Gestürzten ins nächste Krankenhaus dank langjähriger Routine recht zügig abgewickelt wird, muss man sich schon bald etwas Neues einfallen lassen, will man die Zuschauer auch weiterhin elektrisieren. Im Gespräch sind da vor allem Slalomstangen, die an die Überlandleitungen angeschlossen sind. Natürlich darf man den Rennläufern am Start keinesfalls sagen, welche der Stangen unter Starkstrom steht …

Und für Spannung würden auch heimtückisch angebrachte Tretminen sorgen, um den Rennläufern allzu großzügige Schwünge um die Stangen von vornherein zu vermiesen … Eine Gaudi wären wohl auch Abfahrtsrennen mit verbundenen Augen. Irgendwann unterwegs wird auf die Fahrer dann ein Rudel hungriger Polizeihunde losgelassen …

Der alpine Schirennsport hat ja immer wieder Tote gefordert. Gelegentlich versagte nur schlicht der Gleichgewichtssinn des Schirennläufers, und dann stand ein Baum im Weg oder auch der Rettungshubschrauber. Aber noch ist keines Schifahrers Wunsch bekannt geworden, der Gemeinderat wolle bitte schön beschließen, nach seinem tödlichen Sturz den Gehweg ums Gemeindehaus mit seiner Asche zu bestreuen, um die Mitbürger vor dem Ausgleiten zu bewahren. Noch nicht. Aber bei den originellen Fortschritten, die dieser Sport in den letzten Jahren gemacht hat, bei dem Sinn für Publicity, der sich in diesem Metier breit gemacht hat, ist eine solche testamentarische Verfügung denkbar. Ein früherer Olympiasieger hat immerhin schon den Wunsch geäußert, er wolle im Weltcup beerdigt werden.

Sollten Sie selbst in Erwägung ziehen, sich dem Schisport hinzugeben, bedenken Sie bitte, dass das gebogene Ende der Schier stets vorne sein sollte. Und vergessen Sie bitte nicht: Die Schisaison ist zu Ende, wenn die Schilehrer sich ihre Hosen wieder selbst ausziehen müssen.

Schlitten fahren

Kürzlich saßen in meinem Fernsehgerät zwei Gummiwürste mit Sturzhelm hintereinander auf einer niedrigen Plastikwanne, stießen sich ab, legten sich flach nach hinten auf den Rücken und rasten durch einen vereisten Hohlweg talwärts. Die oben liegende schubberte während der ganzen Fahrt ihr Gesäß auf den Geschlechtsorganen der unten liegenden Figur, und die machte sich ganz steif und wackelte mit dem Kopf. Ein merkwürdiger Anblick, aber wohl eine bedeutende Leistung. Im Ziel nahmen die beiden Figuren ihre Sturzhelme ab, und da sah ich, dass es menschliche Wesen waren.

Ein Bergbewohner, der zufällig bei mir zu Besuch war, erklärte mir dann, ich solle stolz sein auf unsere Rennrodler, und da vor allem unsere Rennrodlerinnen, die seit 1871 kein Rennen mehr verloren hätten. Das hat mich vom Wert dieser Sportart überzeugt.

Leider genießt das Rodeln nur ein geringes gesellschaftliches Ansehen, und nur selten trifft man ein Kind, das unbedingt Rennrodler werden möchte. Vor allem der Gedanke, beim Doppelsitzer wie eine eingeschweißte Gummiwurst unten liegen zu müssen, führt bei Kindern zu Fluchtreflexen und oft sogar zu würgendem Ekelgefühl. Wir brauchen dringend im Fernsehen einige unterstützende Dokumentarserien mit so Erfolg versprechenden Titeln wie »Tausend ganz legale Rodeltipps«, oder »Von der unerträglichen Leichtigkeit des Rodelns« oder »Hitlers rasende Rodler«. Um die Popularität des Rennrodelns ins Außerordentliche zu steigern, möchte ich anregen, immer zwei Teams gleichzeitig in den Eiskanal zu schicken und die Rennrodler und Rennrodlerinnen mit den Gewehren der Biathleten auszustatten, sodass sie sich während ihrer Rennen gegenseitig von ihren Schlitten schießen können.

Doping ist gesund

Wenn jemand zum Frühstück ein Päckchen Heftzwecken frisst, kommt der dann in den Knast? Nein, natürlich nicht. Und wenn sich jemand freiwillig mit dem Drillbohrer ein Loch in die Kniescheibe bohrt, wird er dann bestraft? Nein, warum auch? Und wenn jemand versucht, sich umzubringen, muss der eine Geldbuße abdrücken? Nein, muss er nicht. Denn – Grundgesetz Artikel zwei – jeder hat das Recht auf freie Entfaltung seiner Persönlichkeit. Warum also empört sich alle Welt so übers Doping von Sportlern?

Die Medien pushen den Höchstleistungssport, wir alle sind süchtig nach immer neuen Rekordleistungen. Rekorde gibts doch nicht umsonst, Leistung muss sich lohnen. Doping ist leistungsfördernd. Es ist kontraproduktiv, in unserer Gesellschaft leistungsfördernde Mittel zu verbieten, denn Leistung bringt Geld. Geld bringt Doping. Doping bringt Leistung. Leistung bringt mehr Geld. Mehr Geld bringt noch mehr Geld. Wenn jemand nur Brutzler-Würste in sich reinstopft, das bringt nix, außer, dass man dann auch so aussieht.

Doping schafft Arbeitsplätze in Pharma-Konzernen, Apotheken, Arztpraxen, Bestattungsinstituten und Friedhofsverwaltungen, und die Abschaffung der Dopingkontrollen verschlankt den Funktionärsapparat und spart uns viel Geld.

Selbstverständlich sollten die Dopingkosten von der Krankenkasse übernommen werden, denn anklagend im Fernsehen geschwenkte Pipi-Proben haben nur einen geringen, eine Anabolika-gestylte Brustschwimmerin mit einem Kreuz so breit wie ein LKW und mit voluminösem Rauschebart hingegen hat einen hohen Unterhaltungswert, und wertvolle Unterhaltung ist gesund fürs Volk. Mir ist doch ein Profiradfahrer, der zwar aussieht wie ein Cortison-Tester bei Sandoz, aber bei der Tour de France im EPO-Rausch den Col du Tourmalet in zwei Stunden rauffährt lieber als jener Ex-Politiker und Vorsitzende des Bundes deutscher Radfahrer, der sogar ungedopt vom Fahrrad fällt und erst sechs Wochen später auf dem Tourmalet ankommt …

Moderner Sport ist Zirkus. Es treten auf: Basketballer, die nach erfolgreicher Hormonbehandlung ihre Bälle in der Zirkuskuppel ablegen, Skifahrerinnen, die auch lange nach ihrer Pubertät immer noch spiegeleigroße Pickel haben, dann die Helden des Biathlon, fleischgewordene Betablocker in aerodynamischen Amphetaminanzügen und Fußballer, die sich im Ephedrin-Rausch mit den Zehenspitzen in ihr eigenes Skrotum treten.

Der sogenannte Nationenspiegel bei Olympia oder Weltmeisterschaften vermittelt uns im Grunde nur Informationen, welches

Land die kreativsten Labore betreibt und die härtesten Abnormitäten zu bieten hat. Also, lassen Sie uns spaßeshalber gemeinsam und offiziell die Dopingpflicht für Berufssportler fordern. Denn es ist doch lächerlich: In der Dopingkontrolle sind wir Weltmeister, aber für wirksame Lebensmittelkontrollen fehlt in Deutschland das Geld. Morgens, mittags, abends schlucken wir klaglos Ackergifte, Hormone, Antibiotika und genetisch manipulierte Substanzen, aber wir erwarten, dass sportliche Höchstleistungen dem deutschen Reinheitsgebot unterliegen. Sind gedopte Athleten etwa für die Bevölkerung gefährlich? Kommen die nach vollbrachter Höchstleistung als Filetspitzen auf den Tisch?

Fest steht, Doping gibt's schon lange: Erinnern Sie sich an Bern 54 und an Sepp Herberger. Diese merkwürdige Seuche, als die deutsche Weltmeistermannschaft nach dem Endspiel nahezu geschlossen Gelbsucht bekam … Okay, der Dopingverdacht wurde nicht weiter erörtert – damals hatten die Vitamine eben noch so komische Nebenwirkungen, und Einwegspritzen waren auch noch nicht erfunden … Nein, nein, Doping beim Fußball gibt's überhaupt nicht, und der Vorstopper, der vor gar nicht langer Zeit beim Training plötzlich tot umgekippt ist – so was passiert in anderen Berufen auch.

Und warum der sogenannte Deutschland-Achter bei den Olympischen Spielen in Rom 1960 plötzlich zum Gold-Achter wurde und anschließend mehrere der Ruderer in vergleichsweise jungen Jahren starben, das weiß auch niemand. Mit Doping hat das jedenfalls nichts zu tun.

Außerdem: Seit 2004 weiß man, dass die Deutsche Demokratische Republik nicht mal auf dem Gebiet der medizinischen Betreuung den USA-Imperialisten das Wasser reichen konnte, denn gegen die Pharmakünste der freien westlichen Welt waren selbst die abgefeimtesten Ost-Frankensteins nur Pillepalle. Wie also wird die olympische Bewegung nun weitergehen? Bei den nächsten Spielen werden sich auch wieder die besten Ergebnisse medizinischer Schaffenskraft miteinander messen, und zwar unter dem glaubwürdigen Motto »Ich rufe die Ärzte der Welt!«.

Die neuen Wettkampfregeln hat das Olympische Komitee schon in der Schublade:

Wer 250 Kilo stemmen kann, soll nicht hochspringen, wer hundert Meter rennt, muss beim Synchronschwimmen ertrinken, und an Radrennen darf nur teilnehmen, wer unter lebensbedrohendem Bronchialasthma leidet und stets einen luftspendenden Inhalator dabeihat. Vorzugsweise dürfen Freaks an den Start. Leute, die man vor hundert Jahren in der Abnormitätenshow gegen Eintritt bestaunen konnte, nehmen heute am Kugelstoßen für ältere Damen teil, und beim Testosteronwettbewerb der Herren wird von neutralen Medizinern vor Wettkampfbeginn der Umfang der Hoden gemessen. Testosteron in hohen Dosen lässt die Hoden bekanntlich schrumpfen. Um Chancen auf einen Medaillenrang zu besitzen, sollte die Größe einer Erbse nicht wesentlich überschritten werden.

Zusammenfassend lässt sich sagen: Spitzensportler der Zukunft sind weder Mumien noch Monstren oder Mutationen aus dem Reagenzglas, sondern ganz normale Leute aus pharmazeutischen Schablonen. Die einen züchtet man auf Brust, die anderen auf Keule. Die Chromosomen sind alle Handelsklasse A, die DNA vom Keimdrüsenmus, und die signifikanten Erfolgs-Gene jeder Züchtung verdeckt der psychosomatische Einheitslack.

Bei den nächsten Olympischen Spielen wird zu Recht ausschließlich das medizinische Fachpersonal in den Genuss von Siegerehrungen kommen. Sieger wird auf jeden Fall der Funktionär mit dem trübsinnigsten Gesichtsausdruck.

So, und jetzt ziehen Sie sich am besten erstmal 'ne schöne Nase Koks rein, damit Ihr Kreislauf wieder in die Gänge kommt. Dann können Sie mit 65 noch locker um den nächsten Löschteich joggen, und ich gehe 'ne Runde fliegen. Ich weiß, wovon ich rede. Ich hab's im Urin.

Foul (2006)

Es war eine enorme hormonelle Aufwallung: »Wir sind schwarz-rot-geil«, verkündete die Bildzeitung, und das deutsche Volk war in der Form seines Lebens. Mühelos hat es wochenlang Fahnen geschwenkt. Wir schwenkten oder schwankten, was das Zeug hält. In zwanzig Jahren werden die Kinder uns auffordern, doch mal einen Schwenk aus unserer Jugend zu erzählen. Schwenke, wem Geschwank gegeben. Es ist, als sei ein lange verschütteter Schwenkreflex wieder aktiviert worden.

Das Eindrucksvollste in diesen Wochen waren Massenveranstaltungen, auf denen sich Menschen zum sogenannten »Public Viewing« trafen, um gemeinsam ein Fußballspiel anzuschauen. Die Identifikation mit der Mannschaft oder mit dem Staat, für den diese Mannschaft antrat, war zweitrangig. Viel mehr fühlte man sich den Leuten verbunden, die rein zufällig neben einem standen. Individualismus war hier nicht gefragt, sozialer Status oder Bildungsstand spielten keine Rolle. In einer Gesellschaft, die normalerweise Ungleichheit propagiert und durchsetzt, hatten die Menschen ein Bedürfnis nach Gleichheit in der Masse, wie es Elias Canetti in seinem Buch *Masse und Macht* beschrieben hat: »Innerhalb der Masse herrscht Gleichheit. Sie ist absolut und indiskutabel und wird von der Masse nie in Frage gestellt. Sie ist von so fundamentaler Wichtigkeit, dass man den Zustand der Masse geradezu als einen Zustand absoluter Gleichheit definieren könnte. [...] Um dieser Gleichheit willen wird man zur Masse. Wer immer davon ablenken könnte, wird übersehen. Alle Forderungen nach Gerechtigkeit, alle Gleichheitstheorien beziehen ihre Energie letzten Endes aus diesem Gleichheitserlebnis, das jeder auf seine Weise von der Masse her kennt.«

Aha, das also ist es, was zurzeit passiert: Die Leute haben Canetti gelesen. Dann wissen sie auch, Massen zerfallen, wenn das Ziel erreicht oder verfehlt worden ist. Die Lebensdauer dieser Massen ist begrenzt. Es kann also niemanden verblüffen, dass statistisch gesehen jährlich mehr Menschen ins Museum als ins Stadion gehen.

Die kurzfristige Begeisterung während einer Europa- oder Weltmeisterschaft speist sich vor allem aus dem Verkauf aus Ostasien importierter Fähnchen: Einkaufspreis zwischen siebzehn und dreißig Cent, Verkaufspreis in der Bundesrepublik bis zu zehn Euro. Wem das zu teuer ist, der darf auch eine DDR-Fahne mit Hammer und Sichel im Ährenkranz hissen. Das ist erlaubt, das hat die *Bild*-Zeitung mitgeteilt. Und das Blatt wies auch darauf hin: »Tatsächlich verbannte die Volkskammer schon am 31. Mai 2000 das alte Staatssymbol von allen öffentlichen Gebäuden.« Es war tatsächlich eine bewunderungswürdige Leistung, dass die Volkskammer der DDR es geschafft hat, schon zehn Jahre nach ihrer Selbstauflösung die Entfernung der Flagge von allen öffentlichen Gebäuden anzuordnen ... Und wir sind dankbar, dass die *Bild*-Zeitung, umfassend informiert wie immer, darauf hingewiesen hat ...

Hoheitsrechtlich stellt sich die Situation so dar: Der Staat Deutschland hat viel Geld an die FIFA bezahlt, dass die schwarz-rot-goldene Fahne der Bundesrepublik an öffentlichen Gebäuden wehen darf, zum Beispiel auf dem Reichstag, und dass dort nicht die Fahne von McDonald's aufgezogen wird. Andererseits wäre das auch mal eine nette Abwechslung: Wenn, wie in solchen Fußballtagen, jeder Abflussreiniger, jeder Müsliriegel und jede Damenbinde in schwarz-rot-gold daherkommt, kann man schon mal Sehnsucht bekommen nach jener Zeit, als statt der Nationalflaggen Graffiti die Häuser schmückten.

Vielleicht sollte man den Grundgesetz-Artikel 22 »Die Bundesflagge ist schwarz-rot-gold« noch mal überdenken. Diese Farbkombination ist doch eine ästhetische Zumutung: Schwarz – warum? Deutschland ist doch weiß! Na gut, in Kombination mit Rot geht's, schwarz-rot ist die Ehrfurcht gebietende Flagge der Anarchie. Kommt aber Gold dazu, was ja nur ein mutiertes Gelb ist, dann erinnert mich das an eine verkohlte Bratwurst mit Ketchup und Senf. Und diese Abbildung meiner Heimat ist mir ein bisschen zu präzise ...

Man darf gespannt sein, wie der Fußball sich weiterentwickelt. Die Häufung der Spiele, die Überfütterung durch Fernsehübertragungen, wird möglicherweise zu einem Zuschauerschwund führen, den man auffangen muss. Wie man hört, plant der Deutsche Fußballbund in Zukunft vor allem mit dem Profizuschauer. Der Zuschauer war ja bislang der letzte lupenreine Amateur, der für seine Anteilnahme am Spielgeschehen sogar noch selbst bezahlte. Es bietet sich an, in Zukunft die Zuschauer für ihr Erscheinen im Stadion zu entlohnen. Es wird zunächst mit dem Vertragsamateurzuschauer kalkuliert, der durchaus halbtags anderweitig berufstätig sein könnte, und nach einer Anlaufphase wird es dann den Profizuschauer geben.

Der hat fünf Mal die Woche Training, also Sprechchöre, Gesänge, Beschimpfungen, auch rassistischer Art, Ausstoßen von Affenlauten und Pfeifkonzerte, Beifallsjubel, Schiedsrichterbepöbeln sowie das zielgenaue Werfen von Feuerzeugen und gefüllten Bierbechern. Sponsoren übernehmen die Finanzierung und sorgen für die Kleidung der Profizuschauer. Die Fußballer hingegen werden wieder die Rolle übernehmen, die ihnen gesellschaftlich zukommt – sie werden für ein Taschengeld Fußball spielen, um die Profizuschauer anzufeuern, ihr Bestes zu geben. Nach dem Spiel müssen sie Schuhe und Trikots der Zuschauer säubern, die Tribünen fegen, den Müll beseitigen und die Publikumstoiletten reinigen. Beim Verlassen des Stadions sagt dann ein Spieler zu einem anderen:

AMATEUR-PROFI

»In unserem Geschäft regiert nun mal der Kommerz.«

»Ach ja? Ich dachte, es ist das Kapital.«

Profi-Fußball ist ein Furunkel am Arsch des Kapitalismus.

Körperverletzung

Das Fußballspiel betreffend ist der Mensch eine klägliche Fehlkonstruktion. Fangen wir oben an: Ein Schädel in Form eines Feuermelders oder eines Hydranten wäre wesentlich besser geeignet für zielgenaue Kopfballtorpedos. Staat eines Rückgrats ist dem Fußballer ein Gasdruckstoßdämpfer zu wünschen, der ihm sehr viel mehr Sprungvermögen garantiert. Sinnvoll wären Gummiknochen von der Haltbarkeit, wie sie der Tierbedarfshandel für Hunde bereithält, sowie NASA-erprobte Sehnen und Muskeln. Unbedingt nötig ist ein hinter der Hypophyse eingepflanztes Spezial-Hörgerät, um das Geschrei des Trainers in der Coaching-Zone akustisch wahrzunehmen und sogleich ins Spielgeschehen umzusetzen: »Du musst die Räume eng machen! Du bist hängende Spitze, du Arschloch, nicht rochierendes Mittelfeld! Hau ihn um, den Wichser, und geh gefälligst vorne rein! Komm du mir morgen zum Training – da kannst du dann auf dem Grandplatz die Schleifspuren von deinem Sack sehen ...«, und so weiter, und das neunzig Minuten lang.

Und natürlich wären Füße aus dem Material und in der Form von Bügeleisen, echte Eisenfüße also, die mühelos nicht nur jeden Schienbeinschoner, sondern auch jeden Unterschenkel glatt durchtrennen, der Traum aller Freunde eines kampfbetonten Spiels.

Nur noch bei schweren Autounfällen oder bei Flugzeugabstürzen wird die Labilität des menschlichen Körpers so deutlich wie auf dem Fußballplatz. An jedem Wochenende kann man beobachten, wie junge Menschen, die eigentlich nur spielen wollen, Opfer krimineller Handlungen werden, die in der Polizeistatistik unter Überfall, Nötigung, Körperverletzung oder versuchtem Totschlag auftauchen. Wie in einer Abdeckerei kann man auf dem grünen Rasen die Zerbrechlichkeit der menschlichen Anatomie studieren:

Jochbeinbruch, Nasenbeinbruch, Schultergelenk gesprengt, Handgelenk gebrochen, Arm gebrochen, Leistenzerrung, Bauchmuskelzerrung, Adduktorenzerrung. Rückenmuskulatur verspannt, Bandscheibenschaden, Schlüsselbein zertrümmert und Schambein geprellt.

Und nun die Beine. Erst das rechte Bein: Oberschenkelzerrung, Muskelzerrung, Muskelfaserriss. Außenmeniskus zerfetzt, Innenmeniskus zerfetzt, Innenbänder gerissen, Außenbänder gerissen, Kreuzbänder gerissen, alles wieder mühsam verknotet. Wadenbein gebrochen, trotzdem weitergespielt. Schienbein gebrochen, Kapsel-riss im Knöchel, Fuß gebrochen. Pferdekuss, Prellung und Bluter-guss im Gesäß. Achillessehne in Fetzen, Patellasehne in Fransen, Nagelhautentzündung im großen Zeh.

Jetzt das linke Bein: Oberschenkelzerrung, Muskelzerrung, Mus-kelfaserriss. Außenmeniskus zerfetzt, Innenmeniskus ... na, und so weiter. Und dies alles, obwohl die Blutgrätsche von hinten verboten ist und mit der roten Karte bestraft wird.

Fakt ist: Ein gesunder Fußballer hat sich nicht richtig eingesetzt. Entweder ist er bei seinen Selbstverstümmelungsversuchen nicht konsequent genug auf den Mann gegan-gen, oder er hat sich bei seinen Einsätzen der Feigheit vor dem Feind schuldig ge-macht.

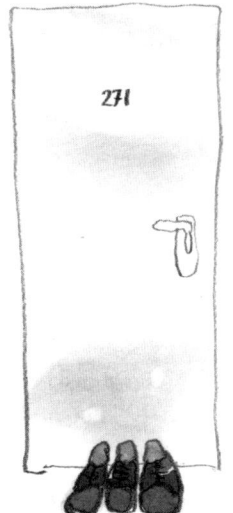

271

18 Unsere Lieblinge

Lamm

Tierschutz? Lächerlich! Andere Völker kennen so was gar nicht. Zum Beispiel gilt für Menschen jüdischen und muslimischen Glaubens das Schächten als zwingende Vorschrift ihrer Religion, das heißt, Tieren wird ohne Betäubung die Gurgel durchgeschnitten. Ich persönlich halte das für religiösen Mumpitz, aber die dürfen das, denn das Bundesverfassungsgericht hat's erlaubt.

Der Tierschutz war zu Zeiten der Entstehung von mosaischen oder muslimischen Glaubensregeln kein Thema. Deswegen ist für die Gläubigen auch eine wohltätige Betäubung der armen Tiere kein Thema. Wer aber meint, es sei Moslems und Juden verboten, die Tiere vor dem Schlachten zu narkotisieren, der nimmt wohl auch an, sie dürften nicht telefonieren, weil's im Koran oder in der Tora nicht ausdrücklich erlaubt ist.

Okay, multikulti ist schon in Ordnung, aber muss man da gleich Verständnis-Orgien feiern? Ich meine, die bringen hier meine süßen deutschen Schäfchen grausam um, und ich darf in Saudi-Arabien nicht mal mit 'ner Flasche Bier am Strand liegen?

Eine alte niedersächsische Bäuerin erzählte mir mal: »Wenn die Kinder sich anstellen und ungezogen sind, muss ich ihnen nur zeigen, wie man Hühner schlachtet. Dann ist Ruhe aufm Hof, das prägt.« Was sagt das Bundesverfassungsgericht dazu? Nix.

Leute, ich kann nur warnen: Es leben Afrikaner unter uns, denen ihre Religion nahelegt, sich nicht multikulturell zu ernähren. Denen ist aber das Kochen und der Genuss von Menschenfleisch ausdrücklich gestattet. Und diese Afrikaner haben am Wochenende gern mal so einen Bundesverfassungsrichter im Topf ...

Huhn

In den Drucksachen des Bundesrates zur umstrittenen Käfighaltung von Legehennen findet sich folgender Hinweis: »Hinsichtlich der Gestaltung der Haltungsumgebung ist zu berücksichtigen, dass das Huhn aus ethologischer Sicht ein sozial und territorial lebender Scharr- und Flattervogel mit klar strukturierter Rangordnung ist, dessen wichtigstes Fortbewegungsmittel die Beine sind.« Das ist gut beobachtet.

Angesichts eines Huhnes, das auf seinen Beinen die Autobahn überquert, sagte des deutschen Bundesadlers leitender Frühstücksdirektor, der Bundespräsident: »Ich glaube, das Huhn hat uns auf eine ganz bestimmte ruhige Art und Weise gezeigt, dass es gerade in einer Zeit, die so viele Menschen nachdenklich macht – ich erlebe das in meinen Gesprächen immer wieder – darauf ankommt, eine Straße nicht als etwas Trennendes zu begreifen, sondern als etwas, das die Herzen der Menschen zueinander führen kann.« Und auf die Frage, warum dieses Huhn die Straße überquert, antwortete der Dalai-Lama: »Mit dieser Frage verleugnest du deine eigene Hühnernatur. Kikeriki!«

Ja, die Hühner: Mühsam ihren Lebensunterhalt zusammenpickend, gackernd und ihre Umgebung verunreinigend, sind sie nicht nur die Mutter eines jeden Omeletts, sondern auch ein Abbild menschlichen Lebens. Denn jedes Huhn sieht sich signifikanten Herausforderungen gegenüber, es muss Kompetenzen entwickeln, um in den neuen Wettbewerbsmärkten bestehen zu können. Es bedarf einer partnerschaftlichen Zusammenarbeit, es braucht Support für die intelligente Umsetzung seines Gesamtstrategie-Rahmens im allgemeinen Cross-Spektrum. Nur das wird dem Huhn helfen, sich entscheidend zu verändern.

Aber wie ist es um das Hühner-Leben im Alltag bestellt, zum Beispiel bei Hochwasser im Oderbruch? Die Hühner werden ausgegrenzt. Das Fernsehen zeigt kein einziges Huhn, das in den Fluten um sein Leben kämpft und schließlich von der Bundeswehr gerettet wird, nicht eins! Das Huhn als solches findet bei Hochwasser nicht statt. Man erfährt auch nicht, ob Hühner überhaupt schwimmen können und ob sie, mit dem Bauch im kalten Wasser, weiter Eier legen, und wenn ja, ob die überhaupt genießbar sind. Haben Hühner im Hochwasser kein Recht auf Fernsehberichterstattung? Das müsste, denke ich, auch mal ernsthaft thematisiert werden.

Katze

Ein Bulle ist ein Bulle ist ein Bulle. Ein Schwein ist ein Schwein ist ein Schwein.

Eine Katze ist ein gottverdammtes Mistvieh.

Diese Viecher sind in der Tat eine bedauerliche Fehlleistung der Natur. Ursprünglich von sesshaften Bauern vorchristlicher Kulturen zum Schutz der Vorräte vor Schädlingen fest angestellt, genießt die Katze heutzutage das Vorrecht, kein Nutztier mehr zu sein, denn jede Chemikalie leistet mehr. Gewiss, die Katze lässt sich in immer neuen Mutationen und Farbspielen züchten, aber das ist auf Dauer doch ein bisschen wenig, auch wenn Abbildungen aus dem vorderasiatischen Jericho des sechsten vorchristlichen Jahrtausends beweisen, dass Katzen schon damals dazu benutzt wurden, zu schmusen und kostbare Arbeitszeit mit sinnlosen Spielchen zu verplempern. Und dass die ordinäre Hauskatze im alten China nicht »Blacky«, sondern »Miao« genannt wurde, mag man als vorrevolutionären Unsinn abtun; dass aber aus bestimmten Körperteilen der Katze hergestellte Wundermittel als besonders heilkräftig galten, spricht für die Anwesenheit europäischer Pharmavertreter im Reich der Mitte schon um 600 vor Christus.

Dem Schöpfer sei Dank gab es zu allen Zeiten vernunftbegabte Menschen, die den Katzen-Überschuss tatkräftig bekämpften: Die alten Ägypter beispielsweise sorgten dafür, dass mumifizierte Katzen ihren mumifizierten Besitzern mit ins Grab gegeben wurden. Auch die fanatischen religiösen Eiferer im Dienst der katholischen Inquisition ließen im Mittelalter keine Gelegenheit ungenutzt, sogenannte Hexen und Hexer mitsamt ihren Katzen zu foltern und zu verbrennen. Das führte zwar zur Erfindung des weitverbreiteten »Katzenjammers«, hat aber mit Ketzerei nicht einmal etymologisch etwas zu tun. Die Engländer des neunzehnten Jahrhunderts haben mehrere Tonnen mumifizierte Katzen zu Düngemitteln verarbeitet, was die momentane englische Landwirtschaftskrise vielleicht auch beheben könnte.

Ich meide den Kontakt mit Katzen. Nur, wenn ich die Muschi meiner Nachbarin dabei erwische, wie sie einen Goldfisch aus meinem Aquarium angeln oder den Kanarienvogel aus dem Bauer erbeuten will – dann fasse ich sie kurz an, aber nur, um sie vom Balkon zu werfen. Das macht ihr nichts, denn die extreme Beweglichkeit ihrer Vordergliedmaßen verdanken die Katzentiere ihrem verkümmerten Schlüsselbein. Deswegen sind sie auch gute Schwimmer, obwohl das Wasser nicht zu ihrem eigentlichen Lebensraum gehört.

Katzen verstehen sich zwar als Spezialisten im Klettern, aber von oben wieder herabzusteigen – das haben sie immer noch nicht erlernt. Genauso wenig sind sie in der Lage, Schurwolle, frische Eier oder rahmige Milch zu liefern. Sie lehnen es auch ab, diszipliniert an der Leine oder gar »bei Fuß« spazieren zu gehen, und, erst einmal plattgefahren, bieten sie einen unerfreulichen Anblick. Katzen können nicht mal als zweit- oder drittbester Freund des Menschen gelten – würden sie sonst auf den verständlichen Wunsch von Frauchen oder Herrchen, einen fortgeschleuderten Stock zu apportieren, mit so viel Unverständnis reagieren? Bei keinem Katzen-Rennen dieser Welt kann man sein Geld verwetten, darüber hinaus ist ihr Begrüßungsritual äußerst mau, und zur Bewachung des Grundstücks taugt eine Katze nicht mehr als eine Bierflasche. Allenfalls kann man sie nutzen, um den Garten von allzu lauten Singvögeln zu säubern, und man darf hoffen, dass ein ungebetener Besucher wegen seiner Katzenhaar-Allergie einem Asthma-Anfall erliegt.

Die Überflüssigkeit der Katzen belegt vor allem die Tatsache, dass sogar die Polizei auf ihre Dienste verzichtet. Untauglich sind sie in jeder Hinsicht, zum Verfolgen von Dieben ebenso wie zum Beißen von Aufrührern und sogar zum Erschnüffeln von Haschisch.

Felis catus, um sie auch wissenschaftlich einmal korrekt anzusprechen, ist sogar in Notzeiten – als »Dachhase« aufgetischt – nicht sonderlich schmackhaft: Selbst die raffinierteste Knoblauch-Rahmsauce auf Portweinbasis kann sie nicht in den Rang eines Karnickels erheben. In dieser, und nur in dieser Hinsicht, ist die Katze dem Hund ebenbürtig. Zu allem Unglück aber hat sie in Deutschland sieben und in England sogar neun Leben. Sie wird uns alle überdauern...

Teddy (2006)

Im Jagdjahr 2004/2005 wurden von Jägern in Deutschland abgeknallt: 1 081 416 Rehe, 566 406 Füchse, 552 812 Feldhasen, 476 042 Wildschweine, sowie rund 350 000 Katzen und 40 000 Hunde. Aber erst im Jagdjahr 2006, im Jahr des Fußball-Sommermärchens, führte ein Bär die Trophäenliste an. Er wurde in der Münchner Frauenkirche aufgebahrt, damit die Bevölkerung Abschied von ihm nehmen konnte.

Im Glauben, er sei zu Gast bei Freunden, war der Bär illegal eingewandert. Nachdem feststand, dass es sich bei dem Streuner nicht um Zottel-Thierse, den Bundestagspräsidenten, handelte, sondern um Bruno, Nachname JJ1, erfuhr man, das Tier sei »der erste Braunbär seit 170 Jahren«, der deutschen Boden betrat. Das stimmte allerdings nicht: Es war erst 93 Jahre her, dass so eine braune Bestie namens Adolf von österreichischem auf deutsches Territorium wechselte. Damals gab es keinen Schießbefehl, und deshalb nahm die Katastrophe ihren Lauf. Dieses Mal waren Behörden und Ministerien der Meinung, Deutschland habe absolut keinen Bedarf an Braunbären. Und schon gar nicht an Braunbären aus Österreich.

Bayerns Umweltminister Schnappauf erklärte, Deutschland brauche tolerante Tiere, die sich dem Gedanken der Völkerfreundschaft verpflichtet fühlten und die sich der deutschen Leitkultur unterwerfen würden. Leider aber wisse niemand, was in diesem Bären vorgehe, denn der Bär verfüge über keinerlei Mienenspiel, er sei also ein Problembär, und außerhalb von Fernsehgeräten und zoologischen Gärten sei ein Bär nun mal ordnungswidrig. Also wurde die Abschussfreigabe erteilt, und der Sprecher des Bundesamtes für Naturschutz in Bonn erklärte: »Es wäre besser gewesen, der Bär hätte sich vernünftig verhalten und eingegliedert.«

Nach dem Abschuss beklagten Tierfreunde, unsere Gesellschaft habe dem Bären keine Integrationsangebote gemacht – man hätte ihm doch wenigstens die Chance geben müssen, einen Fragebogen auszufüllen und seine Deutschkenntnisse überprüfen zu lassen. Diese guten Leute übersahen, dass »Bruno JJ1« nach Aussage von Schnappauf »ganz offensichtlich außer Rand und Band« geraten war – eine Zustandsbeschreibung, die wir nur zu gut von CSU-Generalsekretären kennen. Wobei sich die Angelegenheit natürlich ganz anders dargestellt hätte, wenn statt des Rabauken Bruno eine besonnene Bärin mit zwei niedlichen Welpen am Gartenzaun gestanden hätte.

Es waren nicht wirtschaftliche Aspekte, die es geboten, dem Treiben des Bären ein Ende zu bereiten. Auch anderswo in Europa haben die Landwirte gelernt, Wildtiere als Subventionsquelle zu nutzen. Der Appetit von Bären und Wölfen steigt stets auf wundersame Weise an, wenn Schadenersatz für gerissene Haustiere lockt. Das Argument, der Bär richte wirtschaftlichen Schaden an, überzeugte also nicht. Wenn jeder erschossen würde, der hierzulande wirtschaftlichen Schaden anrichtet, wäre die gesamte deutsche Regierung in höchster Gefahr. Aber Bruno war nachweislich ein unverbesserlicher Straftäter: mehrfacher illegaler Grenzübertritt, mehrfacher Diebstahl, mehrfache Tiertötung, die über bloßen Mundraub weit hinausging, sowie mehrfache Gefährdung des Straßenverkehrs.

Leider ist auch in dieser Angelegenheit mal wieder ein krasses Versagen unserer staatlichen Organe zu konstatieren: Warum wurde nicht rechtzeitig ein Krisenstab einbestellt? Wieso hat die Bundeswehr nicht eingegriffen? Vermutlich, weil sie das deutsche Gemeinwohl lieber am Hindukusch verteidigt statt im Alpenraum. Sind denn wenigstens die AWACS-Aufklärer gestartet? Wurde lauschangegriffen? Hätte der BND nicht beizeiten einen Undercover-Bär auf Bruno ansetzen müssen? Man hätte das Leben zahlreicher unschuldiger Schafe retten können. Stattdessen staatliches Versagen, wohin man blickt.

DER TIERISCHE ERNST

Angefangen hatte Bruno ja ganz tumb, bärenmäßig. Hier ein Lamm, da ein Fohlen oder Kalb, was man als ordinärer Braunbär eben so speist. Doch er zeigte bald, zu welchem Grad der Verfeinerung er in der Lage war:

Als Amuse-Gueule nahm er ein Meerschweinchen zu sich, als Vorspeise verzehrte er eine junge Ziege, der Hauptgang bestand aus zehn Kilogramm Honig mitsamt dem dazugehörigen Bienenkorb, und zum Nachtisch gönnte Bruno sich ein Carpaccio vom Kaninchenrücken. Es kann niemanden verwundern, dass er sich vor dem Tischgebet grundsätzlich eine Krawatte umbindet und als Getränk zum Essen Spätburgunder vom Kaiserstuhl bevorzugt, seit er wegen eines württembergischen Trollingers mal Kopfschmerzen bekam.

Als dann durchsickerte, der Bär habe sich ein deutsches Fußballtrikot angezogen, schwenke frenetisch eine Fahne und brumme laut und deutlich und ständig balla-balla, wurde das ganze Ausmaß der Bedrohung, die von ihm ausging, deutlich – denn zur gleichen Zeit hatte das Statistische Bundesamt ermittelt, dass 58 Prozent der deutschen Männer und 42 Prozent der Frauen übergewichtig sind. Macht zusammen 100 Prozent fette Deutsche, allesamt viel zu unbeweglich, um einem hungrigen Bären zu entkommen, zumal der Deutsche kein ausgesprochenes Fluchttier ist und sich eher zutraulich verhält, denn er kennt Braunbären nur aus der Werbung für Büchsenmilch. So stand wirklich zu befürchten, dass Bruno die Speckgürtel ganzer Städte entvölkern könnte ...

Der Witz des Sommers ging so: Zwei Wanderer begegnen Bruno und fliehen, bis der eine stehen bleibt, den Rucksack abwirft, Joggingschuhe auspackt, sie anzieht und damit weiter rennt. Der andere ruft: »So ein Unsinn! Damit bist du auch nicht schneller als der Bär!« Antwortet der Erste: »Ich muss nicht schneller sein als der Bär. Ich muss nur schneller sein als du!«

19 Feiertage

Adventszeit

Friedrich Engels, dieser unzeitgemäße Unternehmertyp aus Wuppertal, hat in seinem Buch *Der Ursprung der Familie, des Privateigentums und des Staates* nachgewiesen, dass mit der Familie das ganze Elend erst so richtig angefangen hat. Ich neige dazu, ihm recht zu geben, denn: Familie bewirkt Familienpolitik. Familienpolitik, das ist: Kindergeld, Pfadfinder, Ecstasy, Pickel, Numerus Clausus, Scheidungsrecht, Haftpflicht und so weiter – Familienpolitik macht einen fertig. Kann man die Politiker abschaffen? Nein. Kann man demnach die Familienpolitik abschaffen? Nein. Wenn man sie aber abschaffen will: Was muss man dann abschaffen? Richtig: Die Familie! Und wann? Am besten in der Weihnachtszeit, die in Deutschland bekanntlich von September bis Anfang Februar dauert. Das ist die Zeit der heftigsten Familienkräche, die Zeit, in der die Christen verschärft lügen und sich das Licht der Kerzen in habgierigen Kinderaugen spiegelt: Christus und der Einzelhandel, im Lichterglanz vereint. Wenn ich ein Flugzeug besäße, würde ich in der Weihnachtszeit mindestens einmal pro Woche vollbetankt in der Einkaufszone einer Innenstadt landen.

In Deutschland würden Josef und Maria auch am 24. Dezember kein Aufenthaltsrecht erhalten, und Jesus käme als Illegaler zur Welt. Die guten Christenmenschen würden ihn vielleicht nicht kreuzigen, aber sicher in Abschiebehaft nehmen – der Mann ist schließlich Palästinenser, politisch renitent, ohne festen Wohnsitz, neigt zur Bandenbildung, spricht kein Deutsch, randaliert wegen ganz legaler Geldgeschäfte in der Kirche und ist noch nicht mal Katholik. Außerdem – wer weiß, ob er sich demnächst nicht den Islamisten anschließt ...

Rund um die Halleluja-Staude

Immer, wenn ich zu Ostern, Pfingsten oder am Totensonntag an Weihnachten denke, weil mir nie weihnachtlicher zumute ist, als wenn es so richtig intensiv weihnachtet, quer durch die Vorweihnachtszeit, also nicht nur an den Weihnachtstagen selbst, sondern während der ganzen Weihnachtszeit, in der sich die Weihnachtsfeiern überschlagen, und wo ich so einen Weihnachtsengel zu Hause habe, der den ganzen Tag Weihnachtsgedichte aufsagt und Weihnachtslieder singt und dabei aussieht wie eine fette Weihnachtsgans, die für mich als Weihnachtsüberraschung im Weihnachtszimmer ihre Weihnachtsglocken läutet, und die mich anflötet »Oh du lieber Weihnachtsmann-Weihnachtsmann-Weihnachtsmann, ich bin dein Weihnachtsoratorium, fröhliche Weihnachten«, was nichts anderes heißen soll, als dass nur ein Weihnachts-Game- und Fun-Event ein echtes Power-Weihnachten ist, und ich nun die Weihnachtslichter auf dem Weihnachtsbaum mit dem Weihnachtsstern darauf anzünden und die in Weihnachtspapier gehüllten Weihnachtsgeschenke auspacken muss, um zu überprüfen, ob sich die Weihnachtsvorbereitungen und die Weihnachtseinkäufe überhaupt gelohnt haben, damit sich bei mir zum Weihnachtsfest auch eine Weihnachtsfreude einstellt, die mir über den ganzen Weihnachtstrubel hinweghilft, obwohl ich, der Weihnachtstradition folgend, auch zugeben muss, dass diese Weihnachtsbräuche viel Schönes haben, vor allem wegen des Weihnachtsgeldes, was ja ohne das Weihnachtsgeschäft nur wenig Spaß machen würde, besonders den Herstellern von Weihnachtskarten, die man für die Weihnachtswünsche braucht, und den Verkäufern von Weihnachtsbraten oder Weihnachtsgebäck, die uns, mal abgesehen von der Weihnachtsillumination in den Straßen, die Weihnachtsstimmung bescheren, weil ohne festliches Weihnachtsessen die Weihnachtsgeschichte im Radio gar nicht stattfinden könnte, und auch das Weihnachtsmärchen wäre ohne Weihnachtskekse ein ziemlich mieses Weihnachtsprogramm im Weihnachtsfernsehen, und man müsste den ganzen Weihnachtsabend Weihnachtstelefonate führen oder verspätete Weihnachtspäckchen packen oder einen Weihnachtsgottesdienst besuchen und während der Weihnachtsgebete goldene Weihnachtsnüsse knacken, vielleicht sogar eine Weihnachtsansprache anhören, was noch schlimmer ist, als schon in der Vorweihnachtszeit im Weihnachtsverkehr steckenzubleiben, und das alles geschieht bei ganz miserablem Weihnachtswetter während der Weihnachtsferien, in denen ich prinzipiell die Weihnachtsunterhosen und die Weihnachtskrawatte trage, vielleicht sogar ein lamettafarbenes Weihnachtskondom, und ich benutze das Weihnachtsklopapier und strahle Weihnachtsseligkeit aus, obwohl mich der Weihnachtsstress völlig fertig macht, vor allem, weil mir bewusst wird, dass über Weihnachten in Deutschland etwa 200 Milliarden Weihnachts-Kalorien verzehrt werden, mit denen man in 2 000 Einfamilienhäusern siebzehn Monate lang das Weihnachts-Badewasser heizen könnte, und wenn mir dann, während all dieser Weihnachtsscheiße, ganz plötzlich einfällt, Mensch, es ist doch erst Ostern, Pfingsten oder Totensonntag, dann ist das wirklich ein Gefühl wie Weihnachten.

Bevor der Hase drei Mal kräht

Das ungewöhnliche Feiertagsaufkommen macht die Deutschen zu einem der attraktivsten Völker der Erde. Fronleichnam zum Beispiel: Freunde aus der Türkei, aus Nepal und Myanmar beneiden uns darum und wollen wissen, wie sie das feiern sollen. Ich habe ihnen geschrieben, es gibt zwei Möglichkeiten: Sie können sich betrinken und Pappnasen aufsetzen oder sie können ihre Kinder verprügeln und dabei die Internationale singen.

Auch Ostern breitet sich immer mehr aus. Jetzt fangen auch schon die Japaner damit an. Nur: Statt Ostereiern werden hier kleine Sushi-Portionen in Jute-Säckchen von Kindern im Garten versteckt und von den Eltern gesucht. In Indien dürfen nur die heiligen Kühe Ostereier suchen, im Iran müssen verschleierte Mullahs und ihre Ehefrauen in Moscheen versteckte Spiegeleier aufspüren, auf Jamaika setzt es sich immer mehr durch, Ostereier zu rauchen, und in Saudi Arabien werden Frauen, die sich weigern, ihren Ehemännern an den Ostertagen ununterbrochen die Eier zu kraulen, Hände und Füße abgehackt.

Sollte man nicht endlich einen Schlussstrich unter Ostern ziehen? Dieses ekelhafte Verbrechen, die Kreuzigung, ist rund 2000 Jahre her. Der eigentliche Hintergrund von Karfreitag, Karsamstag, Ostersonntag und Ostermontag ist doch sowieso kaum noch vermittelbar. Versteckte Jesus damals Eier für die Jünger? Und was meint der Papst, wenn er in seinem Ostergrußwort behauptet: »Bevor der Hase zweimal gekräht hat, wird der Bischof von Limburg drei goldene Eier legen!«

Also, was die kirchlichen Feiertage betrifft: Die Gläubigen können meinetwegen (unbezahlt) feiern, was und wann sie wollen, und wenn sie schlau sind, legen sie Geburt und Auferstehung des Herrn auf einen Tag: Dann steht zur Abwechslung mal eine Kompanie Osterhasen um die Krippe. Oder es hängt ein Weihnachtsmann am Kreuz.

Muttertag

Jeder Mensch hat eine Mutter, ob er will oder nicht. Eine Mutter kann ihren Sohn oder ihre Tochter jederzeit zur Adoption freigeben, aber die Kinder müssen die Mutter lebenslänglich behalten – egal, wie schlecht sie kocht, näht oder backt. Mütter sind vom Umtausch ausgeschlossen. Um seelisch damit fertigzuwerden, haben einige von uns Kindern sich einen Ödipuskomplex zugelegt ...

In zivilisierten Gegenden ist jeder Mensch gehalten, den Muttertag hingebungsvoll zu begehen. Das soll darüber hinwegtäuschen, dass dieser elende Tag, der nach schlechtem Gewissen müffelt und unterdrückter Aggression, nur ein verschwiemelter Kompensationstag für ausgebeutete Mütter ist. Da wird einmal im Jahr eine Person geehrt, die den Rest des Jahres meist unterbezahlt für die ganze Bagage arbeitet. Und nun wird sie auch noch dazu gezwungen, angesichts einer kleinen Flasche »4711 Echt Kölnisch Wasser« einen Freudenausbruch zu simulieren …

Interessanterweise hat die Frau, die den Muttertag in den USA durchsetzte, selbst die Falle bedauert, in die sie gelaufen war. Ann Jarvis versuchte später, sich juristisch zu wehren, und plädierte für die Abschaffung des Muttertags – vergeblich …

Keine andere Säugetierart kennt einen vergleichbaren Feiertag. Obwohl sich auch jede Warzenschweinmutter enorm abrackert. Aber erwartet sie deswegen, dass die Kinder ihr zum Muttertag überteuerte Blumen schenken? Nein. Aber ein appetitliches Stückchen Rehkitz-Aas an Baumrinde im Wurzelsud mit echten Mistkäfern …

Tag der Einheit

Was für eine Koinzidenz: Am dritten Oktober 2013 sank vor der italienischen Mittelmeerinsel Lampedusa ein mit 545 Flüchtlingen aus Somalia und Eritrea beladener, zwanzig Meter langer Kutter. 155 Menschen wurden gerettet, über 360 ertranken.

An ebendiesem dritten Oktober wies beim Festakt zum Tag der deutschen Einheit der deutsche Bundespräsident in seiner Rede darauf hin: »Unser Land ist keine Insel.«

Und an diesem bemerkenswerten Tag baute Europa lieber weiter an einem Zaun, viel höher und mörderischer, als der Eiserne Vorhang jemals war. Flüchtlinge, die es trotz aller Zäune schaffen, nach Deutschland zu kommen, müssen sich ausweisen, sonst gibt's keine Hilfe vom Staat. Wenn sich die Flüchtlinge aber ausweisen, um Asyl zu beantragen, werden sie ohne Umschweife ausgewiesen. Wer sich ausweist, weist sich selbst aus – die deutsche Sprache ist da ganz ehrlich …

Helmut Kohl hat dieses Datum, den dritten Oktober, auf den Schild gehoben, damit politisch Interessierte an diesem Tag ein Engagement für die Einheit heucheln können. Etwas Anderes ist bislang an diesem Tag apathischer Teilnahmslosigkeit noch nie passiert.

Trotzdem bin ich dafür, den dritten Oktober als Feiertag zu erhalten – nicht zur Feier des Anschlusses der DDR an die Bundesrepublik, sondern zur Erinnerung an den dritten Oktober 1889: Das ist der Tag, an dem Carl von Ossietzky in Hamburg geboren wurde. Carl von Ossietzky enthüllte Einzelheiten über die geheime Aufrüstung der Reichswehr, die gegen internationale Verträge und Abmachungen verstieß. Er wurde wegen »Landesverrats« und des »Verrats militärischer Geheimnisse« verurteilt und ins KZ gesperrt. Für seine Haltung erhielt er 1936 den Friedensnobelpreis. Ich schlage daher vor, den dritten Oktober zum Gedenken an Carl von Ossietzky als Tag des Verrats militärischer Geheimnisse zu begehen.

Könnte Carl von Ossietzky einen Vorschlag machen, welcher Tag würdig sei, deutscher Gedenk- und Feiertag zu werden, würde er – ich bin sicher – den neunten November vorschlagen, denn am neunten November gab es immer Grund zum Jubeln oder zum Weinen:

1918 wurde die Republik ausgerufen, und Kaiser Willy, der überflüssigste Adelige Deutschlands, musste nach Holland verduften.

1923 versuchten Hitler, Ludendorff, Göring und andere Geisteskranke, in München die Republik wegzuputschen. Das ging erstmal schief.

1938 war die Bücherverbrennung auf dem Opernplatz in Berlin. Es gab aber nicht nur diese eine sogenannte »Reichskristallnacht«: Die Novemberpogrome waren eine monatelang andauernde Aktion. Es gab es 102 Bücherverbrennungen in neunzig deutschen Städten. Ich bin immer wieder beeindruckt, wenn sich an diesem Gedenktag deutsche Politiker eine Kippa aufsetzen, dann reihenweise jüdische Mitbürger umarmen und behaupten, einige ihrer besten Juden seien Freunde der Deutschen. Das ist ein schöner Beweis, dass wir Deutschen den Juden nichts nachtragen und ihnen ohne Ressentiments begegnen.

1989 schließlich der Fall der Mauer. Was für eine Freude!

»Einigkeit und Recht und Freiheit«. Erstrebenswert, ja. Über Einigkeit brauchen wir nicht zu reden, in dem einen oder anderen Punkt können wir sicher Einigkeit erreichen. Zum Beispiel, was Recht und Freiheit angeht. Das Recht besteht aus Gesetzen, Gesetze bedeuten Zwang, die Beseitigung jeglichen Zwangs bedeutet: Anarchie. Die praktizierte Anarchie gewährt die Freiheit, Leute zu wählen, die neue Gesetze, also erneuten Zwang, ausarbeiten. Also, wir sollten das lassen mit dem Freiheitsgerede – der Begriff ist zu vage. Geben wir uns damit zufrieden, Freiheit durch den Erwerb eines Autos zu genießen und den Geschmack von Freiheit mit einer Zigarette zu inhalieren. Freuen wir uns, dass man Freiheit kaufen kann – in jedem Reisebüro. Mehr Freiheit muss offenbar nicht sein. Aber eins hätte ich gern gewusst: Wie hätte die DDR wohl reagiert, wenn Menschen zu ihr rein gewollt hätten statt raus?

20 Zur Ehre Gottes

Das Vorhautdesaster

Nachdem ein deutsches Gericht die Beschneidung Minderjähriger als Körperverletzung eingestuft hatte, sprach die Nation wochenlang nur über Babypimmel. Das Internet warf mehrere Beschneidungs-Apps auf den Markt, RTL startete »Deutschland sucht die Supervorhaut«, und deutsche Fernsehköche servierten einen Vorhaut-Salat. Aber nicht geklärt wurde die Frage: Warum wollen Gott und Allah, dass kleine Jungs ihnen beizeiten die Vorhaut opfern? Was versprechen die sich davon? Auch die beschnittenen Sigmund Freud, Albert Einstein und Jesus Christus erteilen darüber keine Auskunft. Jesus soll seine Vorhaut sogar der Nachwelt hinterlassen haben: Im Mittelalter wurden über fünfzig seiner Vorhäute von den christlichen Gläubigen angebetet. Mittlerweile hat der Vatikan alle Vorhäute eingesammelt, weil er befürchten musste, die Gentechnik könnte aus so einer heiligen Vorhaut weitere Gottessöhne klonen.

Durch das Beschneidungsurteil wurden Juden und Moslems fast so was wie Freunde. Der deutsche Innenminister, der schon seit Generationen unter einer schlimmen Zerebral-Phimose leidet, gab seinen Segen und verkündete: Die Vorhäute der Muslime gehören zu Deutschland, aber der Islam nicht!

Der Kardinal der Herzen

Zum Glück haben wir unsere glaubensstarken Jenseitsfunktionäre und Auferstehungsbeamten, die der Aufklärung verpflichtet sind und die ganz genau wissen: Religiösen Frieden wird es erst geben, wenn Juden und Muslime sich bei der Begrüßung bekreuzigen. Ich denke da vor allem an den Kardinal Rainer Maria Woelki. Dieser vorbildliche Geistliche hat Großes vor, das sehr viel Mut und Tapferkeit erfordert. Kardinal Woelki will, und da muss sogar ich sagen: Gott steh ihm bei! – er will den »Dialog mit Homosexuellen« wagen. Wow, Dialog mit dem schwulen Berliner Bürgermeister – das ist in der Tat ein Wagnis. Doch damit nicht genug, der Gottesmann nimmt noch sehr viel größere Gefahren auf sich: Kardinal Woelki will auch noch auf Muslime zugehen. Also, liebe Muslime, wenn euch im Treppenhaus mal eine seltsam gekleidete Dame entgegenkommt, die eine dampfende Handtasche schwenkt, brecht nicht gleich in Panik aus – die Tante ist nur auf der Suche nach Schwulen, mit denen sie quatschen kann.

MESS LATTE

Was mich allerdings gewundert hat: Herr Woelki sagte, er würde sich freuen, wenn er sich in den muslimischen Ländern auch frei bewegen dürfte. Hä? Wenn sich jährlich Millionen Christen an türkischen Badestränden oder in arabischen Basaren tummeln dürfen, warum dann nicht auch unser kluger und liebenswerter Berliner Kardinal Woelki? Welcher gottverdammte Moslem schränkt Herrn Woelki in seiner Bewegungsfreiheit ein?

Ich bin mir ziemlich sicher: Hätte Jesus geahnt, zu welchen intellektuellen Amokläufen sein irdisches Service-Personal eines Tages fähig sein würde, wäre er rechtzeitig vor Karfreitag in den militanten Untergrund gegangen.

Bigott

Rund 400 000 Prostituierte bieten in Deutschland ihre Dienste an, jeden Tag kaufen mehr als eine Million Männer Sex von Huren. Nur

unser Nachbar, Vater, Opa, Ehemann und Verlobter – die machen so
was nicht. Die gehen auch nicht auf den Strich. Und unser Abgeordneter schon gar nicht.

DER PAPST PUPST   DER PAPST PIEPST   DER PAPST PIEPST
                                                   UND PUPST

Ich vermute, die haben moralische Bedenken, obwohl das ganz unnötig ist: Ein Gesetz, das es Frauen oder Männern untersagt, mit
dem Verkauf ihres Körpers Geld zu verdienen, gibt es nicht. Käuflicher Sex ist also nicht der moralische Skandal. Verwerflich und
strafbar ist jedoch der brutale Zwang, der oft damit verbunden ist.

Ein Gesetz, das es einem normalen Menschen oder auch einem
Politiker verbietet, Wohnungen an Bordellbetreiber oder direkt an
Prostituierte zu vermieten, gibt es nicht.

Nun hat sich die *Bild*, das Zentralorgan für sexistischen Kommerz,
über einen Abgeordneten hergemacht und ihn als »Puff-Politiker«
bezeichnet. Allerdings ist der Parlamentarier kein Puffbesitzer: Er
hat lediglich eine Wohnung vermietet, in der drei Prostituierte arbeiten. *Bild* aber zitiert mit atemloser Aufgeregtheit aus Kontaktanzeigen jener Prostituierten, um uns die moralische Verkommenheit
dieses (linken) Politikers vor Augen zu führen.

Wer drei Seiten weiterblättert, findet in den *Bild*-Kleinanzeigen
genau die gleichen Texte – da versprechen naturgeile Nymphen, total versaute Strohwitwen und unersättliche Lustluder tabulosen

Männern extrem perversen Spontansex im Auto, wenn nicht gar eine strenge Erziehung oder heißen Oma-Sex mit Gerda, die 83 Jahre alt, aber immer noch triebig ist – doch das ist in dieser journalistischen Kloake auch nicht anders zu erwarten.

Der eigentliche Skandal besteht darin, dass Politikerinnen und Politiker mit diesem Schmier-Blatt paktieren. Sie äußern ihre heilige Empörung über ihren Kollegen und sind vermutlich hoch erfreut, ihren Namen in Bild gedruckt zu sehen. Eine SPD-Bundestags-Vizepräsidentin sagte zu *Bild*: »Ich bin geschockt. Herr [...] sollte den Anstand besitzen, den Bundestag zu verlassen.« Eine CDU-Abgeordnete sagte zu *Bild*: »Ich bin empört, dass ein Mitglied des hohen Hauses von Prostitution profitiert. Dieser Fall zeigt ein hohes Maß an Doppelmoral.« Und eine Abgeordnete von den Grünen sagte zu *Bild*: »Das ist ja wohl das Letzte. Dass ausgerechnet ein Abgeordneter von dieser Partei Wohnungen an Prostituierte vermietet – wo sich die Partei doch sonst gegen die sexuelle Ausbeutung von Frauen starkmacht.« Dass ausgerechnet eine Abgeordnete der Grünen, ausgerechnet in der *Bild*, erklärt, es sei »ja wohl das Letzte«, Wohnungen an Prostituierte zu vermieten, hat einen hohen Unterhaltungswert: Die Grünen – war das nicht mal die Partei, die sich für die Rechte und die soziale Absicherung von Prostituierten starkmachte? Nach Ansicht dieser grünen Trutsche gehören also Huren, wenn sie sich schon nicht zur Bundestagsabgeordneten umschulen lassen, auf den Straßenstrich und keinesfalls in ein Apartment mit fließend Wasser, Zentralheizung und elektrischem Licht, oder?

Supermarktketten, Autohersteller, Banken, Arzneimittelproduzenten, Unternehmerverbände, Gewerkschaften – sie alle platzieren ihre Werbung zwischen den Reportagen aus den Unterhosen der Fernsehprominenz, Minister, Künstler und Kardinäle stehen für Interviews zur Verfügung, die eingerahmt sind von Schlüpferstürmern, glattrasierten schwarzen Zuckermäusen und naturgeilen Teenieflittchen. Vor der *Bild* kuscht der gesamte Bundestag; Kanzler und die höchsten Staatsorgane sitzen mit dem Chefredakteur und seinen Komplizen fröhlich zu Tische. Hose runter, Beine breit – ich mach's dir ohne Wartezeit.

Es ist eine Zumutung, von Leuten regiert zu werden, die sich darum reißen, *Bild*-Interviews zu geben oder Kolumnen in Bild zu veröffentlichen. Und es ist anständiger, in einem gut geführten Bordell zu Gast zu sein, als in der bigotten Moralposaune namens *Bild*.

Willkommen im Paradies

Eines Tages ging ein Aufatmen durch die Welt: PH, mein treuer Knecht, war gen Himmel gefahren und begehrte nun bei uns Einlass. Mir wurde berichtet – PH war als Reporter mit Daniel in der Löwengrube und mit Jona im Wal. Er war auch Berichterstatter aus der Arche Noah. Den größten Erfolg hatte er, als er unter seinem Namen die zehn Gebote veröffentlichte und das Werk *Schluss mit Lustig* nannte. Er ließ sich auch nicht beirren, als Kritiker dieses Werk als reaktionäre Krawallkacke bezeichneten.

PH war Rundfunkmoderator, Essayist, Religionswissenschaftler, Mitglied der EKD-Synode und des EKD-Rats, im Hauptvorstand der Deutschen Evangelischen Allianz, Fernsehmoderator und Kolumnist bei der *Bild am Sonntag*. Seine dort veröffentlichten, schwer parfümierten Liebesbriefe an mich stanken jeden Sonntag zum Himmel. Auf Erden raunte man sich zu, er habe Gott sogar mal persönlich kennengelernt. An eine solche Begegnung kann ich mich allerdings nicht erinnern. Immerhin – nach irdischen Maßstäben hatte sich der Journalist PH ziemlich weit hoch gefrömmelt. Er war mein bedeutendster Prediger von Ordnung, Demut und Barmherzigkeit weltweit, er verkörperte die geistig-moralische Wende, er erklärte den Menschen mit pastoralem Lächeln die Politik, er verjagte die ungläubige 68er-Bagage, und er bereitete der Spaßgesellschaft ihr Armageddon. PH war ein Fundamentalist reinsten Weihwassers. Häufig wusste er mehr als ich. Etwa, als er schrieb: »Die Konjunktur der Religionen und Philosophien schwankt, Gott aber gibt das Höchstgebot zur Nachfrage nach uns. Mehr noch als Gold, und wir wissen ja, wie wichtig die Goldreserven für die Stabilität unserer Währungen sind. Gott lässt seinen Sohn sterben, um unser Leben wertbeständig anzulegen. Bei Gott stehen wir hoch im Kurs. Sein Angebot ist ein gedeckter Scheck – da kommen die Affentheoretiker und Evolutionsideologen nicht mit!«

Diese Art Predigtton ist mir, ehrlich gesagt, ziemlich peinlich, zumal ich von Börsenangelegenheiten nicht die geringste Ahnung habe. Aber ich werde mich hüten, mich über PH lustig zu machen. Der argumentiert ja immer gleich mit dem Vorschlaghammer: »Wie kann man das in den Dreck ziehen, was den Opa im Schützengraben oder die Mutter beim Krebstod getröstet hat?« Na ja, man kann das schon, aber es ist nicht nett.

Gestern noch hat mich mein himmlisches Personal gebeten: »Herr, beschütze uns vor PH und allen religiösen Drückerkolonnen.« Und jetzt, höre ich, steht er draußen an der Pforte. Und er beharrt darauf, auf dem kürzesten Weg zu mir durchgewunken zu werden.

Na schön, sein Wille geschehe.

»Na du?« sage ich zu ihm. Das verunsichert ihn. Aber nicht lange.

»Sie haben mich gerufen, da bin ich«, sagt er.

»Das sehe ich«, antworte ich und denke: Mirseidank haben in Deutschland die Konfessionslosen und die Atheisten demnächst die Mehrheit.

Er sagt: »Ich möchte Sie durch meine Ansichten und durch meine Sicht der Dinge einfach anregen. Denn nur, wer durch Nachdenken zum Neudenken kommt, kann auch umdenken.«

»Aha«

»Wollen wir zuerst mal über meine Sünden reden?«

»Hä?«

»Die Erbsünde, Sündenfall. Adam und Eva. Die Schlange. Der Apfel vom Baum der Erkenntnis. Die Vertreibung aus dem Paradies.«

»Ja«, sage ich, »ich erinnere mich. Gute Story. Genialer Einfall: Sei blöde, und du bleibst glücklich. Du bist drauf reingefallen.«

PH ist irritiert.

»Weißt du«, sage ich, »ich glaube an den Urknall und die Evolution.«

Das empört ihn: »Und wer hat den Urknall veranlasst?«

Da hat er mich auf dem falschen Fuß erwischt.

»Gute Frage«, sage ich, »da hatte ich wohl kurz den Überblick verloren.«

Das hält er für einen schlechten Witz. Ich muss die Initiative wieder an mich reißen.

»Hast du nicht Lust, dir bei mir im Schlafzimmer ein paar rattenscharfe Videos anzusehen?«

PH schaut mich an wie ein von der Kanzel gefallener Tofuklops. In stummem Entsetzen schüttelt er den Kopf.

Grundgütiger Himmel, was für ein langweiliger Heiliger.

»Sonst noch was?«

PH windet sich, als müsse er einen Gichtanfall bekämpfen. Schließlich stammelt er: »Ich wüsste gern, welchem Glauben Sie … also, was Sie sind … Sind Sie der Gott der Christen oder der Moslems? Ich meine, was sind Sie denn? Moslem oder Christ? Evangelisch oder katholisch?«

»Hm. Darüber habe ich ja noch nie nachgedacht.«

Mit dieser Auskunft ist er nicht zufrieden: »Abends, vor dem Schlafen, was lesen Sie denn da? Die Bibel oder den Koran?«

»Das geht dich nichts an, aber wenn du's genau wissen willst: meistens lese ich *Die Bunte* oder *Gala*. Den Koran habe ich selbst geschrieben, den muss ich also nicht lesen, und die Bibel haben Menschen geschrieben, die muss ich erst recht nicht lesen.«

Töricht glotzt PH mich an. Schließlich meint er: »Ich finde, dass die Moslems so ziemlich alles falsch machen: Sie sind stets und überall gewalttätig, sie essen falsch, erziehen ihre Kinder falsch, und sie kleiden sich falsch.«

»Gut, Herr PH«, sage ich, »ich will dir nicht widersprechen, aber welcher Aberglaube von einem denkenden Kopf als die größere Zumutung empfunden wird – das möchte ich lieber nicht entscheiden.«

»Ich habe das längst entschieden«, erklärt PH, »ich bin ein Kreuzritter, ich trage das Evangelium in die Welt, ich kämpfe für eine missionarische Kirche, denn das Grundproblem der menschlichen Gesellschaft ist nun mal die Gottlosigkeit.«

Allmählich wird dieser Typ mir lästig in seiner Borniertheit, und ich nehme den segensreichen Gnadenton aus meiner Stimme:»Das, PH, kann nur ein Sektierer sagen: Die Gottlosen sind doch nun gerade nicht das Problem auf dieser Welt. Die Atheisten drehen den Agnostikern nicht die Hälse um.«

Das überfordert ihn. PH schweigt. Zur Barmherzigkeit verpflichtet frage ich ihn:»Jetzt, wo du nun mal hier bist – wen willst du als Erstes treffen?«

Da strahlt sein Gesicht:»David. Ich bin ein großer Fan von König David.«

David? Ich erinnere mich: Das war dieser Typ aus dem Alten Testament. Nachdem David Goliath getötet hatte, flohen die Philister, die Israeliten verfolgten sie und ließen sie erschlagen auf dem Wege liegen. Weiter steht geschrieben: Saul hat tausend erschlagen, aber David zehntausend. In den folgenden Kapiteln massakriert David alle, die ihm in die Quere kommen: Als Brautgeschenk für Sauls Tochter erschlägt er weitere 200 Philister, anschließend lässt er im Land der Geschuriter und Girsiter und Amalekiter weder Mann noch Frau leben, und er klaut Schafe, Rinder, Esel, Kamele und Kleider. Im Bruderkrieg mit Israel bringt er 360 Männer um, dann jede Menge Moabiter, 62 000 Aramäer fallen ihm zum Opfer, 18 000 Edomiter erschlägt er im Salztal, und Schobach, den Feldhauptmann, erschlug er auch, dass er dort starb. Summa summarum hat David rund 90 000 Menschen ermordet. Das war ein gemeingefährlicher Typ. Er war mir zutiefst unsympathisch, obwohl ich zugeben muss, seine Psalmen haben eine gewisse literarische Qualität.»Hör zu, PH«, sage ich,»David ist nicht hier. Den habe ich weggesperrt. Sicherheitshalber.«

PH ist entsetzt.»Das ist unmenschlich«, stößt er hervor,»so was kann ja wohl nur jemand veranlassen, der jeglichen Glauben verloren hat.«

»Was willst du, PH«, antworte ich,»ich bin ein Ungläubiger.«

Ich drehe mich um und lasse ihn stehen. Ist doch wahr: An wen soll ich denn glauben? Etwa an diesen PH?

Das Gebet

Allmächtiger, Allmächtige oder Allmächtiges,
ich sehe ein, dass du dich auch mal amüsieren willst, und dass du deswegen das Böse in der Welt nicht ein für alle Mal ausrotten magst. Doch es wird Zeit, dass du eingreifst.

Ich bitte dich, alle Politikerinnen und Politiker, die von Allgemeinwohl reden und reden und reden und reden, und doch nur ihr eigenes Wohlergehen meinen, also ihre Wiederwahl, mit bunt schillernden Furunkeln auszustatten, und zwar auf der Stirn, ferner zwischen den Schulterblättern, wo man sich nicht kratzen kann, im Anus und, sofern vorhanden, am Penis.

Lass sie, die behaupten, Lebensqualität zu schaffen und doch nur Klima, Wasser und Erde vergiften, wegen Luftmangel implodieren oder wegen Fettleibigkeit explodieren, lass sie, die vorgeben, mit ihrer Wirtschaftspolitik Wachstum und Reichtum zu fördern und dabei nur Hunger, Flüchtlinge und Terroristen produzieren, im Mittelmeer über Bord fallen und Salzwasser schlucken.

Versetze all diese nationalistischen Politiker, die so entschlossen über Krieg oder nicht Krieg entscheiden und uns das als Friedensbemühungen verkaufen, mitten in einen Bomben- oder Raketenhagel, verschütte sie in ihren eigenen Kellern oder schick sie ohne Nahrung und ausreichende Kleidung zu Fuß auf die Flucht, lass sie auf Minen treten, und lass ihre Angehörigen attackiert werden, von Tiefflieger und Drohnen.

Ferner bitte ich dich, Allmächtiger, Allmächtige oder Allmächtiges, mach alle, die sich auf Kosten anderer bereichert haben, zu Armen und Obdachlosen: Nimm ihnen ihre Immobilien, vernichte ihre Wertpapiere, setze sie aus ihren mächtigen Positionen ab, lass sie müden Schrittes durch die Flure der Sozialämter schleichen und reduziere ihre Kommunikation auf die Unterhaltung mit unqualifizierten Angestellten der Jobcenter sowie Gerichtsvollziehern.

Treibe alle Politikerinnen und Politiker, die von Sozialpolitik reden und asoziale Entscheidungen treffen, bei bitterer Kälte unter die Brücken, lass sie sich nachts mit neoliberalen Zeitungen zudecken und stille ihren Hunger tagsüber mit dem Fraß aus Mülleimern und Papierkörben.

Lass alle Politiker und ihre Anhänger, die meinen, schwarzen und andersfarbigen Menschen ginge es bei uns zu gut, morgen mit kohlpechrabenschwarzer Haut aufwachen, auf dass sie alle Segnungen erfahren, deren die Asylsuchenden bei uns teilhaftig werden.

Ich verspreche, ganz fest an dich zu glauben, Allmächtiger, Allmächtige oder Allmächtiges, wenn du die Abschiebung aller Hirn- und Herzlosen, die Fremdenfeindlichkeit schüren, Rassismus predigen, Grenzen schließen und Geflüchteten Lebensunterhalt und Sicherheit verweigern, in irgendeine Einöde veranlasst, wo sie unter sich sind. Am besten, du schießt sie auf den Mond. Und gib denen, die um ihrer Karieren willen in den Medien die Schweinereien, die Lügen, die Ungerechtigkeiten, die Habgier und die Ausbeutung nicht bekämpfen, sondern fördern, ständig das quälende Geräusch eines Zahnarztbohrers auf die Ohren.

Um mit dem Aufräumen anzufangen, empfiehlt es sich, wenn du dir als erstes diese von Gipfelritual zu Gipfelritual reisenden Spitzenpolitiker vornimmst: Lass bitte ihre Flugzeuge und Hubschrauber abstürzen, ihre Züge entgleisen, ihre Autos kollabieren, ihre Dampfer absaufen und ihren Fahrradreifen die Luft entweichen, bevor sie unsere Stadt erreichen. Sie sind nicht willkommen.

Und schließlich bitte ich dich noch, das führende Personal aller Religionen, die uns paradiesische oder – je nachdem – höllische Zustände im Jenseits versprechen und doch nur menschenfeindliche Kreuzzüge und terroristische Verbrechen auf Erden anheizen, zum Teufel zu schicken. Insbesondere bitte ich dich, die hohen Herren der Katholischen Kirche und ihr pädophiles Personal mit Eierstockentzündungen, ungewollten Schwangerschaften und einer Broschüre über Verhütungsmethoden im Zölibat zu beglücken. Danke.

Amen.

21 Summa Summarum

Thukydides, Herodot, Tacitus – sie berichteten den Ablauf von Geschehnissen in Raum und Zeit. Georg Wilhelm Friedrich Hegel personifizierte die Geschichte und nannte sie »Weltgeist«. Seitdem wissen wir, was ein unglückliches Bewusstsein ist. Das muss man hegeln und pflegeln. Karl Marx unterstellte der Geschichte, sie habe ein Ziel: die klassenlose Gesellschaft. Seitdem wissen wir, was unter Verelendung zu verstehen ist.

Also – »Die Geschichte« ist ein eher zweifelhaftes Geschenk deutscher Philosophen an die Menschheit. Ich behaupte: Geschichte ist die Sinngebung des Sinnlosen im Nachhinein.

Der Philosoph Martin Heidegger verkündete 1950: »Der Krug west als Ding. Der Krug ist der Krug als ein Ding. Wie aber west das Ding? Das Ding dingt …«

STUHLHELM

Als ich das hörte, war ich elf Jahre alt und dachte sofort: »Mein lieber Mann, da kommt aber was auf dich zu …«

Was wir heute brauchen, ist der Versuch der Annäherung an einen Diskurs über die Notwendigkeit einer Diskussion über die Rhetorik in einer Abhandlung über die Debatte zur Sinnkrise des Denkens. Haben Sie das erstmal verstanden, dann wissen Sie auch: Große Formulierungen bedürfen keiner Gedanken.

Am Anfang war ein Ende: das des Zweiten Weltkriegs. Als der erledigt war, kamen die Amis nach Deutschland und sagten: »So, ihr Deutschen, ihr macht das jetzt mal, diese Demokratie, und zwar ein bisschen flott, sonst kriegt ihr nicht den Marshall-, sondern den Morgenthau-Plan, und dann ist Deutschland ruckzuck ein einziger Rübenacker.«

Also machten wir in den Westzonen in Demokratie, hochdeutsch Wirtschaftswunder, und heute bin ich vermutlich mehr ein Ami, als Kennedy je ein Berliner gewesen ist.

Die Russen in ihrer sowjetischen Besatzungszone gingen anders vor: Sie schenkten ihren Deutschen den Sozialismus. Die konnten mit diesem großzügigen Geschenk zwar nicht allzu viel anfangen, aber immerhin haben sie in ihrem volkseigenen Plaste- und Elaste-Sozialismus ein paar Produkte auf Weltniveau hergestellt: edle Gummi-Broiler, den Straßenschreck Trabbi, einen Zweitaktboliden, und nicht zu vergessen den grünlichen Marzipan-Ersatz Legupan – man muss es gekostet haben, um es zu glauben …

Auf West- und Ostzone passte gleichermaßen, was Heinrich Heine im *Atta Troll* geschrieben hat: »Unser Vaterland ist ein gesegnetes Land; es wachsen hier freilich keine Zitronen und keine Goldorangen, auch krüppelt sich der Lorbeer nur mühsam fort auf deutschem Boden, aber faule Äpfel gedeihen bei uns in erfreulichster Fülle …«

Das Staatswappen der Ostdeutschen zeigte Hammer und Zirkel mit ein bisschen Getreide drum herum, die westdeutschen hingegen inthronisierten den Adler auf goldenem Grund als Staatswappen. Aber warum ausgerechnet einen Adler? Ein Dackel oder ein ausgestopfter Wellensittich namens Hansi hätte es doch auch getan …

Wirklich überzeugend wäre allerdings nur ein an der Stirnseite des Bundestages angetackertes deutsches Hausschwein gewesen – das ist nicht nur wesentlich intelligenter als ein Adler, es ist auch in jeder Hinsicht nützlicher – das deutsche Schwein kann man ausbeuten, dass die Schwarte kracht.

Musste es also unbedingt wieder ein Adler sein? Ja! Schon Karl der Große kannte ihn. Dann war er als Doppeladler Symbol des Heiligen römischen Reiches Deutscher Nation, goldbewehrt und schwarz brütete er über Preußen, beäugte dann die Weimarer Republik und nistete schließlich über dem Hakenkreuz. Störte das jemanden? Nein, niemand, außer Heinrich Heine. Aber der störte sich ja an allem. Heine, der große Tierfreund, schrieb:

> »Zu Aachen, auf dem Posthausschild, sah ich den Vogel wieder,
> der mir so tief verhasst! Voll Gift schaut er auf mich nieder.
> Du hässlicher Vogel, wirst du einst mir in die Hände fallen,
> so rupfe ich dir die Federn aus und hacke dir ab die Krallen.«

Fast so wichtig wie unser Wappentier sind unsere Symbolfiguren, Persönlichkeiten, die das Land und den Zeitgeist repräsentieren, Vorbilder, an denen wir uns orientieren wie unsere Vorfahren an ihren Kaisern, moralisch hochwertige Erscheinungen, die bei ihren öffentlichen Auftritten aller Welt lächelnd verdeutlichen: Korruption, Lobbyismus und Klientel-Politik sind keine Ausrutscher, sondern die gehören zu unserem politischen System, und damit müssen wir menschlich umgehen, mit Augenmaß und am besten auf Augenhöhe. Für diese verantwortungsvolle Aufgabe installierte Westdeutschland den Posten eines Bundespräsidenten. Traditionell ist das ein überbezahlter, männlicher Parteipolitiker, der ein Höchstmaß an geschmeidiger Verbindlichkeit und eine allseits anerkannte Überflüssigkeit einbringt. Bundespräsidenten sind Männer mit der Ausstrahlung und der natürlichen Autorität eines Animateurs an der Käsetheke von Edeka.

Der erste Bundespräsident hieß Theodor Heuss. Er gehörte der FDP an, einer Partei, die von alten Nazis gegründet wurde. Damals war es in Westdeutschland nahezu unmöglich, nicht von der FDP regiert zu werden. Dabei habe ich nie jemanden kennen gelernt, der jemanden kennt, der jemanden kennt, der jemanden kennt, der FDP wählt ... Das Denken dieser sogenannten »Freien Demokraten« charakterisiert am besten folgende, wahre Geschichte: Ein typischer FDP-

Ortsgruppenleiter fährt mit seiner Geliebten in den Wald. Wenn sie dann – nach Entkleidung und lustvollem Vorspiel – leidenschaftlich stöhnt: »Jetzt kannst du alles von mir haben, Liebling«, besteigt er ihr Fahrrad …

Der FDP-Theodor Heuss hatte Hitlers Ermächtigungsgesetz zugestimmt. Trotzdem wurde kurz danach sein halbwegs kritisches Buch *Hitlers Weg* verbrannt. Er fand es aber »unerfreulich«, sagte er, dass sein Name neben einigen der Literaten steht, »die zu bekämpfen« seine »wesentliche Freude« war. Als es dann nach knapp tausend Jahren darum ging, der Adolf-Hitler-Allee und dem Hermann-Göring-Platz wieder anständige Namen zu geben, da sprach sich Herr Heuss dagegen aus, Straßen nach antifaschistischen Schriftstellern zu benennen, die von den Nazis gequält und umgebracht wurden, wie zum Beispiel Carl von Ossietzky oder Erich Mühsam. Die Texte dieser Männer liest man heute noch. Die von Herrn Heuss nicht …

Etwas tiefer als die Bundespräsidenten rangieren die Bundeskanzler in der Staatshierarchie, und im Grunde ist nur einer erinnerungswürdig und als allseits akzeptierter Ordnungsfaktor in Betracht zu ziehen: der Rechtswissenschaftler und Historiker Dr. Helmut Kohl, 1,93 Meter, gewickelt in die Gnade der späten Geburt und eingehüllt in den Mantel der Geschichte. Er repräsentierte sowohl die weit verbreitete Leere in den Köpfen wie auch Hülle und Fülle, insgesamt rund 170 Kilo Fett und Sakko. Böse Menschen behaupten allerdings, in Wirklichkeit war der große Pate und Spendeneintreiber Kohl gar nicht so starkleibig, wie er immer aussah, seine Körperfülle war vorgetäuscht durch ins Jackett eingenähte Banknotenbündel …

Die Ära Kohl begann unmittelbar nach dem Zweiten Weltkrieg. Alles seitdem geschah unter Kohl. Nicht mit, nein unter. Das war von Anfang an der Sprachgebrauch. Man muss nur, wenn man morgens nackt vor dem Badezimmerspiegel steht, sich selbst tief in die Augen schauen und sagen: »Ich habe unter Kohl gelebt.«
Sensible Menschen spüren sofort, wie es sie würgt …

Besonders nachhaltig würgt die Erinnerung, wie Dr. Helmut Kohl da so stand auf dem Friedhof, an den Gräbern der SS-Leute, imposant in seinem guten blauen Mantel, in dem er immer aussah wie ein zugehängtes Kettenkarussell. Der Kopf ruhte auf seinen Schultern wie in einem Eierbecher, und eigentlich hätte Herr Dr. Kohl eine Bauchbinde tragen müssen: »Ich bin zwei Deutsche« ...

Kanzler Kohl trat am liebsten mit Volldampf auf der Stelle, während er von seinem rhetorischen Stolpern im seelischen Gleichgewicht gehalten wurde und niemandem sagen wollte, worüber er eigentlich redete. Seine Gegner nannten ihn einen bräsigen Machtmenschen oder abfällig »Bimbes-Autokrat«, die Satire sprach von »Birne«, und stets war damit (aufgrund einer gewissen geistigen Mittelmäßigkeit) ein Unterton von Geringschätzung verbunden. Die Partei-Propaganda der Christenunion nannte ihn zum Ausgleich den Kanzler der Einheit, was er in Wirklichkeit auch nicht war, denn er war Chef einer Partei, die lange Jahre jede Entspannungspolitik zu verhindern versuchte.

Der Kanzler Dr. Kohl betrat, jeweils mit einem anderen Sprachfehler ausgestattet, die politische Szene unter den Namen Adenauer, Erhard und Kiesinger. Danach nannte er sich eine kurze Zeit Willy Brandt – das war Kohls beste Rolle, da spielte er sich selbst an die Wand, und mit der Durchsetzung der Berufsverbote zeigte er seine ganze Wandlungsfähigkeit. Anschließend rollte er sich unter dem Namen Helmut Schmidt einen roten Teppich aus, auf dem er dann dem Neoliberalismus entgegenstampfte. In einem charismatischen Arbeiterführer aus Niedersachsen, der meinte, zum Regieren brauche er nur »*Bild, BamS* und Glotze«, fand Kohl ein angemessenes Alter Ego: Gerhard Schröder. Kenner nannten ihn Rotkohl.

Schließlich erschien Helmut Kohl sogar als seltsame Frauen-Gestalt im Hosenanzug auf der politischen Bühne und nannte sich Angela. Als Kohlroulade verfügte sie über ein besonders kostbares Gut: eine gehörige Portion Komik. Das milderte die eigentlich suspekte Verbindung von Weiblichkeit und Macht, hatte aber genügend Po-

wer, um rabiat alle Parteifreunde zu beseitigen, die ihrem Macht-
streben im Weg standen.

Keine Frage – in Dr. Helmut Kohl wird die Nachwelt all die durch-
weg austauschbaren deutschen Staatenlenker von 1947 bis 2018
bündeln – und wer was anderes behauptet, weiß einfach nicht, was
in zehntausend Jahren in den Geschichtsbüchern stehen wird über
den wimpernschlagkurzen Augenblick der Menschheitsgeschichte,
den wir – größenwahnsinnig – eine Epoche nennen.

In der Mitte des zwanzigsten Jahrhunderts, in den Anfangsjahren
der Bundesrepublik Deutschland, prägten Fettwanst und Riesen-
arsch das Straßenbild. Die Bürgerinnen und Bürger saßen unter
der Tütenlampe im Cocktailsessel am Nierentisch, die Wampe
wurde im Nyltesthemd oder der Perlonbluse luftdicht abgeriegelt,
und der deutsche Lieblingswein war lieblich und hieß Liebfrauen-
milch.

Das Plastikzeitalter entfaltete sich zu voller Blüte: Kindersanda-
len aus Kunstleder mit Porogummi-Laufsohle, Azella-Gardinen,
Kaffeetassen aus Hochdruck-Polyethylen. Leider hat das meiste
Zeug in greller Sonne heftig gestunken, leider bekam man vom Sitzen auf einem plastikbezogenen Sessel einen feuchten Klebearsch,
aber: Das war modern.

Die Designer hießen Schaufensterdekorateure, und wenn sie
eine Auslage neu gestalteten, klebten sie das ganze Schaufenster
mit Packpapier oder alten Zeitungen ab, damit sich vorbeiflanie-
rende Passanten nicht am Anblick nackter Schaufensterpuppen
aufgeilen konnten. Dabei war das Wort »aufgeilen« noch gar nicht
erfunden.

Die blonde Lilly mit dem Pferdeschwanz aus der *Bild*-Zeitung, einem von Anfang an pornografischen Spießerblatt für das beschei-
dene Amüsement zwischendurch, Lilly wurde zum Idol und zur
Vorstufe von Barbie. Die Barbiepuppe, ein monströses Schönheits-
ideal: platinfarbene Haare, als wäre ihre Chemotherapie schiefge-
gangen, stacheldrahtspitze Brüste, deretwegen die Puppe immer

gleich vornüberkippte, eine Bulimie-Taille und dürre Stelzenbeine, wie geschaffen für Osteoporose – jahrzehntelang haben fortschrittliche Mütter vergeblich versucht, ihren Töchtern diese Art von Weiblichkeitswahn auszutreiben.

Erwachsene Frauen hingegen waren das vorgeschriebene Füllmaterial für die Produkte der Miederwaren-Industrie: Es gab Korseletts, Halb- und Vollmieder, Büsten- und Hüfthalter sowie hochtaillierte Gummischlüpfer mit Rückenverschnürung, verstellbarem Seitenverschluss, doppeltem Hakenband, mit Hakenleistenverschluss, mit Schaumstoff-Einlage, Drahtbügelversteifung und Stahleinlage in der Magenpartie ... So was mussten die Frauen morgens anziehen, und unsereins durfte es bei guter Führung abends vielleicht wieder ausziehen ...

Gehirn bei Frauen galt als genauso überflüssig wie Brustwarzen bei Männern.

Ein Mann trug Anzug mit Hut – zur Fortbewegung bevorzugte er Kreppsohlen und Weißwandreifen – und ein junger Mann hätte nicht mal im Traum in Erwägung gezogen, den Beruf eines Kindergärtners oder eines Altenpflegers zu ergreifen ...

Es gab noch keine Fotoapparate, mit denen man telefonieren konnte, und keine Telefone, mit denen man fotografieren konnte. Und Computer – das Wort hätte man damals für einen Imperativ gehalten, gerichtet an einen Truthahn. »Komm, Puter!«

Niemand hatte einen Facebook-Account mit mehreren Tausend »Freunden« – wenn einem der Sinn nach Kommunikation stand, musste man sich mit den zwei bis drei Freunden oder Freundinnen, die man hatte (wenn's überhaupt so viele waren), persönlich treffen und ein Gespräch führen von Angesicht zu Angesicht – das war ... ätzend.

Industrieabwässer, CO_2 und Stickoxide konnten noch niemanden schrecken, Pollenflug-Triefnasen und andere allergische Reaktionen wurden als seltsame Charakterschwäche betrachtet: Die Ökologie war noch nicht erfunden, und niemand stellte wegen der Gelbbauchunke ernsthaft seinen Lebensstil infrage. Der Gipfel von

Innovation und technischem Fortschritt war der Moment, als im Jahr 1960 der VW-Käfer vom Winker auf den Blinker umgerüstet wurde …

Dann startete das deutsche Fernsehen, schleppend, mit einem einzigen Programm, dafür brauchte man noch nicht mal einen Flachbildschirm. Anfangs hat man vor dem Fernseher auf der Lauer gelegen, weil man dachte, da passiert gleich was, irgendwas ganz Wichtiges. Man dachte wirklich, es geht um was, aber im Lauf zahlloser Fernseh-Serien merkte man: Nö, es geht eigentlich um nix. Der Filmregisseur Jean-Luc Godard bemerkte dazu: »Das Fernsehen hat immer nur Vergessen produziert.«

Trotzdem – ohne ein Fernsehgerät im Zimmer wüsste man heute gar nicht, wo man hingucken soll, wenn man sich gesetzt hat … Nun wartet die Menschheit darauf, dass eines Nachts auch die Träume von Werbeblöcken unterbrochen werden … Und schon fragen sich die ersten jungen Leute: Dieser Sonnenuntergang da am Horizont – ist der echt? Oder wie haben die das gemacht? Das ist jedenfalls eine wahnsinnig geile Animation …

Der Dichter Arno Schmidt notierte in jener Zeit: »Ich gehöre nicht ins Irrenhaus, obwohl ich seit meiner Geburt darin lebe.« Und die jungen Leute fragten sich: Warum hat unsere irrsinnige Vätergeneration bloß diesen idiotischen Krieg gegen Russland angefangen, den sie nicht gewinnen konnte? Als Ergebnis haben wir jetzt zwölf Millionen Heimatvertriebene an der Hacke, dazu Tausende von Spätaussiedlern, und ständig macht ein Strom von DDR-Flüchtlingen zu uns rüber …

Heute, als nunmehr alte Leute, schütteln sie immer noch die Köpfe: Aus dem Ergebnis dieses Zweiten Weltkrieges hätte man doch was lernen können … lernen müssen!
Warum sind wir nicht klüger geworden? Warum fischen wir anderer Leute Küsten leer, warum roden wir deren Regenwälder, warum zwingen wir armen Ländern Freihandelsverträge auf, warum fördern wir den Hunger in der Welt, warum rüsten wir Diktaturen

und Despoten mit Waffen aus, warum stationieren wir Soldaten in anderen Ländern, und warum produzieren wir immer mehr Flüchtlinge, die bei uns Arbeit suchen und Schutz vor politischer Verfolgung oder Schutz vor Kriegen, an denen wir mitschuldig sind? Warum?

Weil unser Staat eine Organisation zur Mästung des Kapitals ist und deswegen der Verarmung von Millionen Menschen keinesfalls im Wege stehen will – darum!

Deswegen wäre es wünschenswert, am Berliner Reichstag stünde nicht so angeberisch »Dem deutschen Volke«, sondern ganz schlicht und bescheiden »Warum?«.

Denn immer wieder, wenn ich so eine orientalische Kopftuch-Mama aus Afghanistan, dem Irak, Syrien oder der Türkei sehe, diese meist rundliche Gestalt, die in knöchellange Mäntel eingerollt und, beladen mit Kindern und Plastiktüten, durch unsere Städte wandert, frage ich mich: Was geht der wohl durch den Kopf? Was denkt die, wenn sie »Verbotene Liebe im Sturm roter Rosen in der Lindenstraße« sieht oder »Bauer sucht Shopping-Queen«? Die hält uns doch für bescheuert … Komplett Gaga, diese Deutschen.

Also: Ich muss gar nicht fremde Kulturen in Frage stellen – es reicht völlig, über uns selbst nachzudenken: Kann es uns nicht egal sein, ob das Kopftuch nun ein religiöses oder ein politisches Symbol ist? Ich denke, ballonförmig aufgespritzte Lippen, hinter den Ohren vernähte Nasenflügel, Rückenausschnitte bis zur Offenlegung der Musfuge und Silikonbrüste offenbaren eine viel brutalere Unterdrückung als jedes Kopftuch …

Aus den Erinnerungen kann man sich aber auch Hoffnung auf ein friedliches Zusammenleben holen: 1955 lockte die westdeutsche Autoindustrie Zigtausende Gastarbeiter ins Land. Die ersten kamen mit Sonderzügen aus Italien, und jeden Sonntag versammelten sich die Italiener an den Bahnhöfen, warteten auf Neuankömmlinge mit Nachrichten aus der Heimat, hatten schreckliches Heimweh nach Sonne und Pasta und sangen »Bella ciao, Bella ciao, Bella ciao ciao ciao« …

Fremdenfeindliche deutsche Bürgerinnen und Bürger reagierten auch damals völlig hysterisch: »Bei denen sitzen die Messer ganz locker, und deutsche Frauen können nach Einbruch der Dämmerung nicht mehr allein über die Straße gehen, und außerdem – Pizza ist doch ein Schweinefraß!«

Deutsche Ureinwohner verklagten sogar ihre neuen südländischen Nachbarn, die sie »Itaker« oder »Makkaronifresser« nannten, ja, sie zerrten sie tatsächlich vor Gericht, weil ihnen der Knoblauchgeruch im Treppenhaus stank ... Heute weiß ich: Jede menschliche Gesellschaft ist auch eine Speise-Gesellschaft. Und beim Essen haben sich die meisten Deutschen als erstaunlich integrationsfähig erwiesen ...

Auch an fremdländische Harmonien und Rhythmen, die nicht klangen wie »Das Land des Lächelns« und »Schwarzbraun ist die Haselnuss« hat sich Deutschland schließlich gewöhnt, aber grundgütiger Himmel, was haben sich die Leute aufgeregt über Elvis Presley und seinen unanständigen Hüftschwung, über den viel zu lauten Rock und Roll, über den Jazz – »Sie, da spielen alle durcheinander, irgendwas, da fehlt jede Ordnung in dieser sogenannten Musik!« – und überhaupt:

Diese abscheuliche »Negermusik« – dabei war Roberto Blanco noch gar nicht in der Hitparade aufgetreten ... Ja, damals sagte man noch »Neger« – aber kein rassistischer Nationalist musste befürchten, einen Nachbarn mit Namen Boateng zu bekommen. Dafür trug meine eigene deutsche Oma Kopftuch. Allerdings – das Wort »Abschiebung« hatte noch keinen Platz in ihrem Wortschatz. Sie war ja ein Flüchtling ...

Die Anforderungen, die die biedere deutsche Gesellschaft an sich selbst stellte, waren hoch: Die Marktwirtschaft sollte frei, aber auch sozial sein. Ein junges Mädchen sollte hübsch sein, aber nicht so aussehen wie eine, die nicht kochen kann. Man sollte zwar das sagen dürfen, was man dachte, und das tun dürfen, wozu man Lust hatte, aber bitte nur im Rahmen des gesunden Volksempfindens, also der allgemein verbindlichen Spießigkeit ...

Der Marschbefehl für Westdeutschland lautete:
1. Wiedergutmachung.
2. Wiederbewaffnung.
3. Keine Kommunisten.

Westdeutschland war der einzige europäische Staat außer dem faschistischen Spanien, in dem Kommunisten – zehn Jahre, nachdem sie den KZs mit knapper Not entkommen waren – wieder verfolgt und eingesperrt wurden. Seit jener Zeit haben wir eine klammheimliche Staatsdoktrin: Ein alter Nazi ist ein wertvollerer Mensch als ein junger Kommunist.

Der Regierung ging es um den Gleichschritt der Gesellschaft. Wer da nicht mitmarschieren wollte, dem wurde ein hämisches »Gehnse doch rüber« empfohlen, nach »drüben«. Mit »Drüben« war die DDR gemeint, aber so durfte man sie nur nennen, wenn man die Tüttelchen mitsprach – das hatte die *Bild*-Zeitung, die damals »Zehn-Pfennig-Bild« hieß, kurz nach ihrer Gründung so angeordnet. Jeder westdeutsche Patriot musste drei Mal täglich laut ausrufen »Dreigeteilt niemals!«, und auf jeden Brief musste man freiwillig eine Zweipfennigmarke kleben, das sogenannte »Notopfer Berlin« – nur deswegen gibt's die Stadt heute immer noch ...

Der westdeutsche Regierungssitz hieß Bonn. Wenn der Sprecher der Tagesschau sagte »und nun weitere Meldungen des Tages – BONN« – das tropfte so ins Gemüt: BONN.

Da wusste man gleich: nix passiert, kein Grund zur Beunruhigung. Da machte man sich gemütlich ein Bier auf und dachte nur: BONN – das ist wie Sex im Dunkeln.

In Bonn wurde deutsche Geschichte geschrieben, und Konrad Adenauer, der Alte aus Rhöndorf, war der Rosenkohl. Das sind eben so Bonner Lebensläufe: was man alles nicht sein muss, um wer sein zu können, wenn man es im unwichtigen Moment an der falschen Stelle ist ...

Das westdeutsche Wirtschaftswunder repräsentierte Ludwig Erhard, ein dicker, Zigarre rauchender Professor, der sich eine »formierte Gesellschaft« wünschte und uns, seine »lieben Landsleute«, zum »Maßhalten« aufforderte. Das war eine wirklich lächerliche Forderung von einem, der noch nicht mal sein eigenes Gewicht kontrollieren konnte ... Für Erhard und Adenauer waren die Ideen des Kapitals und die Ideale der Demokratie identisch.

LE ROI FUME II

Die höchste moralische Instanz jener Jahre war der Bundesfamilienminister Franz-Josef Wuermeling. Wuermeling – der hieß nicht nur so, der sah auch so aus. Wuermeling erklärte sein Ministerium zur ersten und wichtigsten Abwehrinstanz gegen die Gleichberechtigung der Frau. Dieser Wuermeling war so katholisch, für den war die Inquisition eine linksradikale Bürgerrechtsbewegung ...

Es war eine scheußliche Zeit: Mit der Freundin unverheiratet in ein Hotelzimmer – das ging gar nicht, das verhinderte Wuermelings Kuppelei-Paragraph, und die Antibabypille war auch noch nicht erfunden. Einsamer Höhepunkt sexueller Entfaltung war die Selbstbestäubung im Herrgottswinkel ...

Und dann der entscheidende Aufschrei zur Zeitgeschichte:
Tor-Tor-Tor! Tor für Deutschland! Das war Bern 54! In Bern 54 ist Deutschland erwacht, in Bern beginnt die Geschichte der neuerlichen deutschen Weltgeltung: Ein Jahr später wurde die westdeutsche Bundeswehr etabliert, wiederum ein halbes Jahr später die Nationale Volksarmee der DDR, und dann – nur unwesentlich später – wuchs zusammen, was zusammen gehört: Heute sind die gesamtdeutschen Streitkräfte an fast so vielen Fronten im Einsatz wie im Zweiten Weltkrieg, denn bekanntlich hat die nördliche Halbkugel das Recht, auf der südlichen Halbkugel Krieg für Menschenrechte zu führen:

In Mali erklären deutsche Soldaten den Landfrauen den tieferen Sinn von Feinstaubplaketten, in Somalia fahren sie Essen auf Rädern aus, und in Bangladesch betreiben sie das Müttergenesungswerk. Nur in Afghanistan hat der Einsatz deutscher Soldaten nix gebracht und wird auch in Zukunft nix bringen. Ich denke, wenn man in Afghanistan die Menschenrechte durchsetzen will, sollte man fröhliche rheinische Karnevalisten hinschicken, deren Atem nach Mettbrötchen und Bier stinkt, die dem Taliban die Zunge in den Hals stecken, ihm gierig unters Nachthemd grapschen und die ihn derart intensiv mit Bonbons bombardieren, dass er bedingungslos kapituliert.

Hauptaufgabe der deutschen Armee ist selbstverständlich der Verteidigungs-Kampf gegen den Russen. Der Russe – der ist verantwortlich für den Tod Jesu, den Untergang Pompejis und der Titanic, den Dreißigjährigen Krieg, die Pest und die Deutsche Bahn. Der Russe hat schon Karl den Großen überfallen, Napoleon angezündet, Kaiser Wilhelm geschändet und sogar Adolf Hitler angegriffen.

Warum also nicht auch uns …?

SoW JET

Selbstverständlich steckt der Russe auch hinter der Diesel-Affäre. Solche Betrügereien, ausgerechnet in der deutschen Auto-Industrie, das macht der Deutsche nicht, das hat der Russe uns in die Schuhe geschoben.

Und jetzt glaubt die ganze Welt: Die deutsche Industrie hatte ja schon immer ein besonderes Verhältnis zum Gas, und jetzt betrügen sie uns auch noch mit ihren Abgaswerten …

Auf Bundespräsident Theodor Heuss folgte Heinrich Lübke. Dieser sauerländische Turbo-Rhetoriker leitete im Nazi-Reich den Zwangsarbeiter-Einsatz von KZ-Häftlingen in Peenemünde. In seiner Nachkriegslaufbahn – erst als Landwirtschaftsminister, dann als Bundespräsident – feierte er sensationelle Erfolge mit wirrem Gestammel.

So verkündete er beispielsweise: »Der Tach der Milch ist nicht nur ein Tach der Milch, sondern auch ein Tach für uns alle.«

Den Schwachkopf Lübke können wir vergessen, aber bemerkenswert ist: Diesen Tölpel wählte das führende politische Personal der Bundesrepublik, offenbar in tiefster geistiger Umnachtung, sogar für eine zweite Amtszeit zum Bundespräsidenten … Und über die Lübke-Ära schrieb Hans Magnus Enzensberger: »Das ganze Land lag unter einer fetten Nebeldecke. Dieser Nebel ließ sich weder argumentativ widerlegen, noch aus der Welt hinaus tolerieren, und in dem Nebel verbarg sich alles, was man nicht wahrhaben wollte.«

Die Werktätigen im Osten wählten zu 99 Prozent antidemokratisch-kommunistisch, die Groß- und Kleinbürger im Westen wählten zu 99 Prozent demokratisch-antikommunistisch – und um diesen Riesen-Unterschied für alle Ewigkeit abzusichern, baute die DDR einen »antifaschistischen Schutzwall«.

Die Ostdeutschen hatten nun das Problem mit der Reisefreiheit, die Westdeutschen hatten das Problem, die traditionelle deutsche Gemütlichkeit gegen ihren rebellischen Nachwuchs zu verteidigen: Deswegen legten die Väter gehäkelte Verkleidungen für Toilettenpapierrollen hinter die Heckscheiben ihrer Pkws,

ERICH WIRD AM LÄNGSTEN

denn die dekorative Hygienerolle vermittelte Sicherheit und Selbstvertrauen. Das brauchte man, weil die im Nationalsozialismus aufgewachsene Elterngeneration völlig überfordert war, eine demokratische Debatte mit ihrem Nachwuchs zu führen, also den langhaarigen Affen oder Gammlern, wie man die Halbstarken nannte.

So einer fragte beispielsweise: »Sag mal, Dad, was hast du eigentlich im Dritten Reich gemacht?«

Und Papa antwortete jovial: »Na ja, mein Junge, ich war ja noch jung, Berufsanfänger, und da musste man sich eben anpassen ... Aber ich war immer dagegen, das steht mal fest.«

Der Jugendliche wollte mehr wissen: »War das denn gefährlich? Hattest du Angst?«

Und Papa sagte: »Na ja, nicht wirklich, aber man musste schon sehr vorsichtig sein.«

Der Sohn hakte nach: »Okay. Aber wenn du so gegen die Nazis warst, warum hast du denn dann keinen Widerstand geleistet?«

Da wurde Papa dann plötzlich laut: »Wogegen denn? Wir wussten ja von nix.«

Und dann kam, logisch, die Frage: »Aber Dad, wenn du nichts davon gewusst hast, warum hast du denn dann Angst gehabt?«

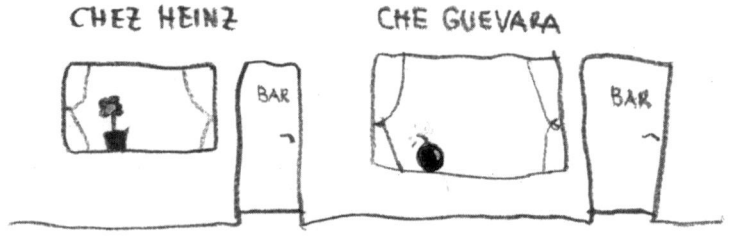

Das versaute dem Alten regelmäßig die Stimmung, zumal der langhaarige Affe sich dann noch zu der Bemerkung hinreißen ließ: »Tja, mein Alter, wer Berge versetzen will, muss mit Steineschmeißen anfangen.«

Die zweite Hälfte der Sechzigerjahre sorgt bis heute für Auseinandersetzungen: Historisch betrachtet war 1965 das Jahr vor 1968, das bekanntlich 1966 begann. Man kann auch sagen, 1967 war das Jahr, das 1965 begann und 1968 schon wieder zu Ende war. Es war es eine aufregende Zeit: einerseits Oswalt Kolle und sein Aufklärungsfilm *Das Wunder der Liebe*, andererseits die engstirnig-prüden

Eiferer von der »Aktion saubere Leinwand« (aber man durfte im Kino noch rauchen, ach was, man musste).

Einerseits die Kritische Theorie der sogenannten »Frankfurter Schule« – Horkheimer, Adorno & Co., andererseits die alten Nazis: Ihr mächtiger Einfluss auf Politik, Wirtschaft und Kultur, ihr funktionierendes Netzwerk, die faulen Ausreden, die Lügen, die Feigheit, das unter den Teppich gekehrte Mitläufertum der Elterngeneration und ihre antiquiert-autoritäre Einstellung empörten Schüler, Studenten, Auszubildende und junge Berufstätige, der Muff von tausend Jahren in der Bildungspolitik, die Einschränkung der Grundrechte durch Notstandsgesetze und der Krieg der Amerikaner in Vietnam – das waren die Ursachen für die 68er Rebellion.

Die folgenden Jahre waren geprägt vom Krieg der RAF gegen den Staat, und laut einer Umfrage 1970 bekundete ein Viertel aller unter Dreißigjährigen Sympathie mit der RAF ... Die Regierung reagierte darauf mit Rasterfahndung, Straßensperren, Personenkontrollen und dem Kontaktsperregesetz. Die gesamte links-alternative Szene wurde als krimineller »Sympathisanten-Sumpf« diffamiert, und Menschen wie der Dichter und Nobelpreisträger Heinrich Böll, der die Entstehung eines Polizeistaates befürchtete, wurden als Terrorismus-Helfer verleumdet ...

Heute arbeiten sich angewiderte Zeitgeist-Nutten an den sogenannten Alt-68ern ab – als gäbe es auch Neu-68er oder Jung-68er. Die sogenannten Alt-68er sollen an allem schuld sein – sowohl am Individualismus wie auch an der Staatsgläubigkeit, an der Gewalt und auch am Pazifismus.

DIE SCHWEINE

DER LÄMMER

Ein Kolumnist der Tageszeitung *Die Welt* meinte sogar, die 68er hätten das deutsche Bildungswesen auf dem Gewissen, und er beklagte: »Die freie Entfaltung der Persönlichkeit wurde zum Erziehungsziel unserer Schulen und Universitäten erklärt.« Das ist wirklich eine derbe Sauerei, jedenfalls nach Ansicht von Journalisten, in deren Weltbild Rot dasselbe ist wie Braun, Rechts gleich Links und Nazi gleich Kommunist. Sie sprechen von »Linksfaschisten«, aber nicht von »Rechts-Kommunisten«.

Dass es ein Unterschied ist, ob zum Mord entschlossene Rassisten wie der Nationalsozialistische Untergrund (NSU) eine Nazi-Diktatur anstreben, oder ob sozial engagierte Leute für eine gerechtere Verteilung irdischer Reichtümer demonstrieren, und dass es ist nicht das Gleiche ist, ob Punks mit bunten Haaren leer stehende Häuser besetzen oder ob Glatzköpfe nachts Obdachlose totschlagen – das übersteigt einfach das Fassungsvermögen von CSU-Innenministern.

Wer so farbenblind durchs Leben geht, der hält auch Goebbels für einen linken Humanisten und sieht keinen Unterschied zwischen einem Kinderfahrrad und einem Schützenpanzer – es sind schließlich beides Kettenfahrzeuge ...

Ich denke: Die 68er haben geholfen, die Welt zum Positiven zu verändern. Sie haben dafür gesorgt, dass der Widerstand gegen Unterdrückung und Gewalt weltweit gewachsen ist. Es gab erste Aktionen gegen die allgemeine Behindertenfeindlichkeit, und der alltägliche Umgang mit Kindern änderte sich gewaltig: Vor 1968 wurden junge Eltern des Lokals verwiesen, wenn sich der Säugling nicht anständig benahm, da wurde pädagogisch noch völkisch abgedampft, und die Ohrfeige galt als äußerst nützliches Kommunikationsmittel mit Kindern ...

Selbstverständlich sind auch die Frauen seit jener Zeit ihrer Anerkennung als Menschen ein beträchtliches Stück nähergekommen. »Mein Bauch gehört mir!« war das Credo der Zeit, was dem Patriarchat bekanntlich heute noch Bauchschmerzen bereitet. Zwar verdienen Frauen immer noch weniger als Männer, und sie haben nicht annähernd so viel Leitungsfunktionen, aber immerhin die Hälfte aller Studierenden sind Frauen. Irgendwann, da bin ich sicher, wird es auch Frauen-Autobahnen geben und sogar ein eigenes Frauen-Wetter ...

Auch die Homosexuellen und die Transsexuellen nähern sich langsam der Gleichberechtigung an. Ohne die Klimaerwärmung jener Zeit hätte es in Berlin und Hamburg wohl kaum schwule Bürgermeister gegeben, und Deutschland hätte auch keinen schwulen Außenminister gehabt. Jedenfalls keinen, der sich geoutet hätte ...

Am Ende der 68-Zeit stand dann ein ehrenwerter Mann an der Spitze des Staates – Bundespräsident Gustav Heinemann. Der liebte erklärtermaßen nicht den Staat, der liebte seine Frau. Heinemann gehörte im Nazi-Reich dem Widerstand an, und angesichts seiner Vorgänger und seiner Nachfolger kann man zu dem Schluss kommen: In der Geschichte der Bundesrepublik Deutschland ist Bundespräsident Heinemann eine schwere personalpolitische Panne ...

Er präsidierte einer Millionenschaft von One-Night-Stands, denn damals gingen junge Leute noch nicht mit dem Handy ins Bett, sie befummelten auch kein Power-Book im ICE – sie begnügten sich mit Flower-Power, Birkenstock-Sandalen und eimerweise Müsli, aber Musik hörten sie auch schon über Kopfhörer. Und so begann der Rückzug der Kultur ins Private ...

Es war eine Zeit progressiver Demoralisation: Beim langen Marsch von der sexuellen Befreiung zur sexuellen Belästigung mussten die jungen Leute resigniert zur Kenntnis nehmen: Auch, wenn das ganze Volk auf einmal vögelt, bringt das noch lange nicht die Deutsche Bank zum Einsturz. Und so bezahlten schließlich reiche Eltern für ihre neurotischen Blumenkinder die überhöhten Rechnungen der psychiatrischen Kliniken.

Auf Bundespräsident Heinemann folgte Bundespräsident Walter Scheel. Diese trinkfreudige Stimmungskanone war selbstverständlich erst in der NSDAP, und anschließend – wie nicht anders zu erwarten – in der FDP. Trotzdem konnte ich ihn ganz gut leiden – denn ich war persönlich dabei, als er bei einer Wahl-Party sturzbesoffen von einem marokkanischen Sitzkissen fiel … Das war sehr sympathisch! Doch Scheels größte Leistung war: Er sang fröhlich und ununterbrochen »Hoch auf dem gelben Wagen«.

Für ausreichend Ernsthaftigkeit im Land sorgte hingegen der Weltsicherheits- und Weltordnungsexperte, der Welträstungsexperte, Weltwirtschaftsexperte, der Weltmoral- und Weltforschungsexperte, der Weltökologie- und Weltgenderexperte, der Weltorgelexperte und der Welt-, Wald- und Wiesenexperte, der über alles sprach, was niemand besser wusste, und der als Einziger berechtigt war, in Kirchen, Kindergärten, Intensiv-Stationen und auf Beerdigungen zu rauchen: der All-Inclusive-Experte mit der Helgoländer Lotsenmütze, der Mann, der das Hamburger Hochwasser eigenhändig in die Nordsee zurückgedrängt hat: Helmut Heinrich Waldemar Schmidt.

Der Oggersheimer war nun ein Hamburger Sauerkohl. Er war sogar bei seinen Leibwächtern vom BKA unbeliebt: Wenn Sauerkohl Schmidt zum Essen in ein Restaurant ging, wurde er selbstverständlich von hinten und vorn bedient, und sein Essen wurde im Nu serviert. Die Personenschützer am Nebentisch mussten warten. Wenn Herr Schmidt fertig gegessen hatte und aufbrach, hatten sie meistens noch nicht mal bestellt und mussten ihm hungrig folgen …

Für Kohlschmidt stand die Staatsräson über allem, auch über dem Grundgesetz: Sein Festhalten an diesem überholten Gedankengebilde während der Schleyer-Entführung verschaffte ihm die tiefe Verehrung aller autoritätshörigen Menschen. Die hatten schon damals nichts einzuwenden gegen einen flächendeckenden Lauschangriff und die totale Überwachung, und sie halten es bis heute für wünschenswert, dass jeder, der noch nie straffällig geworden ist, sicherheitshalber wegen Verheimlichung einer Straftat erstmal vor Gericht gestellt wird … Und sie denken immer noch: Wer nichts zu verbergen hat, dem kann die Überwachung ganz egal sein. Ich denke eher: Wer nichts zu verbergen hat, ist ein langweiliger Vollidiot …

Ich wünschte mir damals geradezu, dass der Staat mein Telefon abhört, denn das galt als schick! Und um rauszukriegen, ob der Verfassungsschutz sich wirklich die Mühe machte, musste man nur die Telefonrechnung nicht bezahlen. Wenn die Post einem dann zwar Mahnungen ins Haus schickte, aber darauf verzichtete, das Telefon abzuschalten, dann war klar: Schmidt hört mit.

Darüber hinaus: Ich hatte mit der RAF nichts zu tun. Die war mir auch zu ineffektiv, denn mal ehrlich: Im Vergleich mit so einer Terrororganisation wie der SS hat die RAF doch rein gar nichts geleistet ...

Dass Kanzler Schmidtkohl im Laufe seiner Amtszeit an die hundert Mal in Ohnmacht gefallen ist, wurde sorgfältig geheim gehalten. Er selbst hat das lange nach seiner Kanzlerschaft in einem Interview ausgeplaudert. Es soll sich nur um kurze Ohnmachten gehandelt haben, aber woher will er das so genau wissen? Er war ja nicht wirklich dabei ... Ob seine Bewusstlosigkeiten eventuell durch Visionen ausgelöst wurden, hat er nicht erwähnt. Die Frage ist natürlich: Hat er all die vielen Jahre wirklich immer nur Tabak geraucht? Gemerkt hat aber niemand etwas, denn anscheinend kann man Deutschland auch ohnmächtig regieren. Vielleicht geht es im weggetretenen Zustand sogar am besten ...

Ob nun bedröhnt oder nicht – als ehemaliger Leutnant der Wehrmacht hielt Kohl Sauerschmidt die Anliegen der Kriegsgegner für »Quatsch« und zog sich deshalb die massive Feindschaft der Friedensbewegung zu. Und weil dieser selbstgefällige Mensch zudem Angst vor kalten Füßen hatte, falls man ihm in seinem Sommerhaus am Brahmsee die Stromlieferung für die Nachtspeicherheizung sperren würde, propagierte er energisch die Atomkraft. Und so wurde der als Sozialdemokrat kostümierte Christdemokrat auch zum Mitbegründer der Anti-AKW-Bewegung und provozierte die Prügelorgien, die eine aggressive Staatsmacht in Brokdorf, Gorleben, Grohnde und anderswo anzettelte. Und diese Kämpfe setzten sich fort, als der Staat seine abgebrannten Brennelemente mit den Castor-Transporten in die Atommüll-Lager schaffte. Aus diesem Anlass veröffentlichte die Atomindustrie Zeitungsannoncen:

»Genau genommen ist Castor nur ein anderes Wort für Demokratie.«

Da wurde nun also die Demokratie mit dem Zug durchs Land gefahren, und wer dieser strahlenden Demokratie zu nahekam, wurde von uniformierten Demokratie-Wächtern niedergeschlagen und abgeräumt. In einer anderen Annonce hieß es: »Castor ist nur ein anderes Wort für Sicherheit.«

Das hieß: Sicherheit ist, wenn Polizisten die Demokratie vor den Menschen schützen, statt die Menschen vor dieser Art Demokratie …

Die damalige Umweltministerin Angela Merkel wies das deutsche Volk eindringlich darauf hin, Entsorgung sei die Beseitigung von Sorgen in einem Entsorgungspark. Die Regierung treffe die Entsorgungsvorsorge. Dafür erbringe sie extra einen Entsorgungsvorsorgenachweis, indem sie sich rechtzeitig um eine Entsorgungsvorsorgenachweisbeglaubigung kümmere. Sie übernehme auch für die Entsorgungserlaubnis die Entsorgungsverantwortung. Allerdings wäre es ihr persönlich am liebsten, wenn das ganze Land sicherheitshalber auf Batteriebetrieb umgestellt und es, wie früher in der DDR, wieder Fernsehgeräte zum Aufziehen geben würde.

Seit dieser Zeit weiß niemand, wo die Fässer mit der radioaktiv versauten Demokratie endgültig gelagert werden können. Im Lager Asse sollten sie besser nicht bleiben – der Salzstock ist bekanntlich inkontinent. Von da aus saftet der demokratische Dreck direkt durch bis in den australischen Outback … Ich schätze, man wird die Bergung der Demokratiefässer bis ins Jahr 3000 verschieben und dann mit der Eröffnung des neuen Berliner Flughafens zusammenlegen.

Schmidtsauer Kohl war auch Mitbegründer eines seltsamen Vereins namens »Die Grünen«. Klar, der alternative Latzhosen-Charme von damals ist mittlerweile passé, aber es gibt sie noch, die Professoren-töchter im Juteschlüpfer, die Pastorensöhne in Wollsocken, die ih-nen selbst gewachsen sind, und es gibt auch noch jene vom Trollin-ger gesteuerten Bio-Maultaschenfalter, aus deren Schwänzchen staatstragendes Wasser tropft, aber sie haben nicht mehr viel zu sa-gen. Das große Wort führen heute ganz gewöhnliche Politfunktio-näre. An denen kann man sehen, welche Farbe Grünzeug kriegt, wenn es alt wird. Sie artikulieren kostbar formulierte Hirnlosigkei-ten – ihren ganz gewöhnlichen grünen Opportunismus nennen sie zum Beispiel »konfliktvolle Lernprozesse«, und – was mich beson-ders beeindruckt – sie können ein Problem »andenken«. Etwas an-denken – schrecklich! Andenken, das ist wie anvögeln und stehen lassen. Außerdem ist Andenken ein Souvenir …

Sollten Sie mal Grüne treffen, bedenken Sie bitte: Diese armen We-sen brauchen nicht Ihren Hohn und Spott, sondern Ihre Liebe. La-den Sie sie zu sich nach Hause ein, streicheln Sie sie ein bisschen, kochen Sie ihnen etwas deftig Nahrhaftes, spielen Sie ein bisschen mit ihnen, am besten ein sinnstiftendes Gesellschaftsspiel, »Fang den Hut« oder so was, oder gucken Sie mit ihnen fern, etwas An-spruchsloses, RTL 2 oder so. Und am Schluss binden Sie ihm oder ihr einen Bindfaden an den Hintern und lassen Sie sie einfach in den Himmel steigen …

Im selben Jahr, in dem der außerirdische ET auf der Erde landete, hörte Kohl auf, Schmidt zu sein. Fortan leitete Helmut Kohl in per-sona seine geistig-moralische Wende: Da trugen die Frauen wieder BH, und insofern hat Kohl dem kämpferischen Feminismus auch ein schönes Stückchen Ästhetik gerettet …

In dieser Zeit glaubten die meisten Menschen den Versprechun-gen, die ihnen von den Wortführern der freien Marktwirtschaft ge-macht wurden: Das wichtigste Versprechen besagte, dass sich ein kontinuierlicher Aufstieg für alle erreichen ließe – für alle! Was letztlich von diesem Versprechen blieb, war der permanente Wett-bewerb, und der macht auf Dauer müde, dumm und aggressiv – nicht nur die Looser, sondern auch die Gewinner …

Die Kohltruppe schmiedete eine alles beherrschende Allianz von Wirtschaft, Werbung, Politik und Medien. Seitdem predigt das Fernsehen den Segen des Konsums, singt das Hohelied der Anpassung und der Akzeptanz, und die Gemeinde der Follower merkt gar nicht, dass sie einer permanenten Gehirnwäsche unterworfen wird. Unter der Parole »Leistung muss sich wieder lohnen« machten Konzerne und Investoren mit Privatisierungen den ganz großen Reibach, und in dieser Lage der Nation wurde der Stau zum beliebtesten Reiseziel der Deutschen. »Wir« waren nicht nur Papst, wir sind bis heute auch Stau. Bundespräsident Karl Carstens, ehemaliges SA- und NSDAP-Mitglied, war der Repräsentant eines absoluten Stillstands.

↑ POPANZ.
VON MENSCHEN GESCHAFFENE
SCHRECKENSGESTALT, DIE
SCHRECKEN VERBREITEN SOLL.
FURCHTBAR

Wenn er sich aber bewegte, als leidenschaftlicher Wanderbursche, war sein Lieblingslied »Latsch-latsch die Heide brennt, heute sind wir gut zu Fuß«. Nebenbei war der reaktionäre Herr Carstens auch als Literaturkritiker tätig: Er warf Heinrich Böll vor, er habe »unter dem Pseudonym Katharina Blüm [sic!]« ein gewaltverherrlichendes Buch geschrieben …

Carstens' Nachfolger entstammte einer nazinahen Adelsfamilie, und er brachte es schon als Junge zum Fähnleinführer der Hitlerjugend: Richard von Weizsäcker. Als Adjutant eines Regimentskommandeurs war er am Überfall auf die Sowjetunion beteiligt, aber vom Treiben der SS-Einsatzgruppen hinter der Front und von Kriegsverbrechen hat er nichts gewusst – sagte er. Später arbeitete Herr von Weizsäcker für das Chemieunternehmen Boehringer Ingelheim, das Bestandteile des Entlaubungsmittels Agent Orange in die USA lieferte, worunter Vietnam bis heute leidet, aber davon hat er auch nichts gewusst, sagte er, und das ist absolut glaubwürdig, denn er war ja nur Geschäftsführer der Firma …

Seinen tadellosen Ruf als Gold-
schnitt-Denker der Nation verdankte
Herr von Weizsäcker einer Rede, die er
zum vierzigsten Jahrestag des Kriegsen-
des hielt. Er sagte etwas völlig Richtiges, nämlich: »Der achte Mai war ein
Tag der Befreiung. Er hat uns alle befreit von dem menschenverachtenden
System der nationalsozialistischen Ge-
waltherrschaft.«

NOCH 1 POPANZ.
SCHRECKLICH!.

Auf diesen naheliegenden und recht simplen Gedanken war vor
ihm noch kein einziger westdeutscher Spitzenpolitiker gekommen,
und so kam diese Rede leider auch einige Jahrzehnte zu spät.

Dann – endlich – die sogenannte Wiedervereinigung. Die BRD
GmbH &Co. KG und das Arbeiter- und Bauern-Reservat – das
konnte ja nicht gut gehen, zumal sich rasch herumsprach: Die Bundesrepublik hatte die DDR nur gekauft, um sie als Hochwasserab-
lauf nutzen zu können. Vor allem Dresden sollte als barockes Hoch-
wasserauffangbecken die Deiche von Hitzacker und Lauenburg
entlasten.

Die Springer-Zeitung *Die Welt* kommentierte den Vereinigungs-
prozess in einem ihrer Leitartikel unter anderem so: »Kein anderes
europäisches Land hat, gewissermaßen aus dem Nichts, die Verantwortung für ein anderes Volk in toto übernehmen müssen – ein
Volk, das unselbständig, häufig mangelhaft ausgebildet, indoktri-
niert und eingeschüchtert worden ist, und das nun gänzlich alimen-
tiert werden muss.«

Dunkel erinnerte ich mich, dass Verleger Axel Springer immer darauf bestanden hat, die Deutschen in Ost und West seien ein Volk.
Das haben die Brüder und Schwestern wohl irrtümlich ernst genommen …

Kaum hatte es den Sozialismus hinter sich, wollte das Volk der DDR
nur noch Auto fahren, rund um die Uhr Auto fahren: ein ganzes
Volk im Stau, Dosenfleisch im Jogginganzug! Das ist Freiheit – Frei-

heit für unbeschränktes Autobahntempo. Braucht man dafür Politiker? Nein, diese Entscheidung kann auch ein Irrenarzt fällen.

Es bleibt festzustellen: Entgegen aller westlichen Propaganda ist die Welt seit dem Fall der Mauer nicht sicherer geworden, nicht sozialer, nicht friedensfähiger, nicht ökologischer, nicht kulturvoller und auch nicht blühender – wenn man mal davon absieht: In den blühenden Landschaften ist immerhin die braune Saat aufgegangen ...

FRAU W. + HERR CEDES

Roman Herzog war der nächste Bundespräsident, obwohl der gar kein Nazi war. Er ließ sich nur von Nazis fördern: Von Hans Filbinger, der ein furchtbarer Nazi-Jurist war und dann CDU-Ministerpräsident wurde, und von Theodor Maunz, der das »Judentum in der Rechtswissenschaft« bekämpfte und anonym für die *National-Zeitung* schrieb – der braune Theo war Herzogs Doktorvater. Herzog erreichte seinen politischen Höhepunkt im Berliner Hotel Adlon. Das ist ein besonders feines Etablissement: Kürzlich wollte dort eine Jurastudentin als Bedienung jobben. Eine Zeitarbeitsfirma hatte sie ins Adlon vermittelt. Die Studentin, 24 Jahre alt, ist eine Afrodeutsche. Außer einem deutschen Pass hat sie aber auch viele kleine schwarze Rasta-Zöpfe. Na und? Diese Frisur ist IN, aber im Adlon war Janine mit den Zöpfen nicht erwünscht. Man sei bestrebt, auf ein einheitliches Erscheinungsbild des Personals zu achten, erklärte das Hotel, und die im Betrieb eingesetzten Arbeitnehmer hätten in Haarschnitt und Frisur durchschnittlichen mitteleuropäischen Gegebenheiten zu genügen, und eine hiervon abweichende Haartracht sei nicht gestattet. Der deutsche Bundespräsident Herzog, der mit seinem schütteren Kopfbewuchs den durchschnittlichen mitteleuropäischen Gegebenheiten offenbar Genüge tat, durfte im also Hotel Adlon eine unerhört wichtige Rede halten.

Das Wichtigste, was der Bundes-
präsident dann gesagt hat, war der
Satz: »Durch Deutschland muss ein
Ruck gehen.«

DIESER POPANZ IST
NOCH GEFÄHRLICHER

Die wichtigen Leute im Land ließen sich mit Demutsgebärde den
Kopf waschen und gelobten, sie
wollten den Herausforderungen der
Zukunft furchtlos ins Auge blicken,
aber leider wurde das Adlon nicht mit einem Ruck bis hinter den
Ural versetzt.

Das neoliberale Glaubensbekenntnis des alten Rucksacks Herzog
und seine Aufforderung zum allgemeinen Rucken animierte die
sozialdemokratisch-grüne Kohl-Regierung zu Reformen: Löhne
kürzen, Renten kürzen, Sozialleistungen kürzen. Die Schlagworte
lauteten: Wettbewerbsfähigkeit, Ein-Euro-Jobs, Geringverdiener,
Armutsrente, Sozialschmarotzer ... Die Medien assistierten, indem
sie kräftig gegen die sozial Schwachen hetzten mit Geschichten
über Viagra-Kalle, Karibik-Klaus und Florida-Rolf. Da konnte man
sehr gut den Zusammenhang von Unterschicht, Fernsehen und
Übergewicht studieren ... Der Gedanke, dass Grüne und Sozialdemokraten eines Tages unter den Trümmern des Sozialstaates begraben liegen, an dessen Zusammenbruch sie so fleißig mitgearbeitet
haben, bekommt da etwas sehr Tröstliches ...

Zu diesen sogenannten rot-grünen Reformen gibt es übrigens eine
interessante Verschwörungstheorie: Die schrödersche Reformpoli-
tik ist die Rache der militanten 68er-Studenten – die rächen sich
nun an der Arbeiterklasse, weil die sich damals geweigert hat, die
vor den Fabriktoren verteilten Flugblätter zu verstehen, und auch
keinerlei Anstalten machte, die studierenden Genossen bei der Revolution zu unterstützen. Und jetzt, nach dem erfolgreichen Marsch
durch die Institutionen, wollen die 68er mit neoliberaler Politik die
Verarmung der Massen so intensiv vorantreiben, dass endlich revolutionäre Verhältnisse in Deutschland entstehen ...

Um ihre Bedeutung in der Welt zu untermauern, zogen Ende des zwanzigsten Jahrhunderts Rotkohl Schröder und Grünkohl Fischer mit ihren Parteisoldaten in den Jugoslawienkrieg. Niemand weiß genau, warum – vielleicht taten sie's wegen der Dienstwagen und der Diäten, vielleicht auch, um in Serbien die Hühner aus den Legebatterien zu befreien und im Kosovo die Homo-Ehe anzuleiern.

Sie nannten ihren Krieg eine »humanitäre Intervention«, vermutlich, um zu vertuschen: Wer deutsche Soldaten trotz fehlender völkerrechtlicher Voraussetzungen zu Kampfeinsätzen abkommandiert, stiftet sie zur Begehung von Straftaten an – also hätte man die kriegsgeilen Humanisten im Bundestag von Rechts wegen in den Knast sperren müssen. Oder wenigstens in die Klapse, denn Leute, die Beihilfe zum Massenmord leisten und sich gleichzeitig eine Friedenstaube aufs Auto kleben, sind ja wohl gemeingefährlich und gehören in dieselbe geschlossene Abteilung wie ihre Waffenhändler, die immer wieder treuherzig versichern: »Weltweit ist der Mensch dabei, den Menschen auszurotten – wir schützen ihn davor durch unsere Waffen.«

Leider gibt es keine Statistik, auch nicht von der IG-Metall, die Auskunft darüber erteilt, wie viele Kinder auf den Kriegsschauplätzen dieser Welt täglich durch deutsche Waffen umgebracht werden müssen, um wie viele deutsche Arbeitsplätze in der Rüstungsindustrie zu erhalten …

Zur Ablenkung hält hin und wieder ein SPD-Generalsekretär eine kämpferische Rede. Wenn so ein Makulatur-Automat mal so richtig loslegt, dann paaren sich hölzerne Unbeholfenheit und eine rätselhafte Flachzangen-Metaphorik und zeugen Sätze von durchschlagender Wirkungslosigkeit. Zum Beweis dieses Original-Zitat:
»Deutschland muss sich neu aufstellen. Deutschland muss wissen, dass wir nicht automatisch an der richtigen Krümmung des Flusses liegen, sondern dass wir uns anstrengen müssen, um vorne zu bleiben.«

HÄ? Wir liegen also an der falschen Krümmung? Und wo ist die richtige? Kann der Herr Generalsekretär den Fluss denn nicht begradigen? Oder sollen wir Deutschland entlang des Flusses ein wenig zu verschieben?

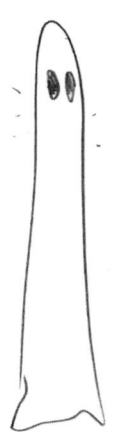

DER GEIST STEHT LINKS

Ich bezweifle ja, dass wir »vorne« bleiben, wenn wir uns krummlegen, aber das folgende Versprechen des Generalsekretärs verbreitet Hoffnung: »Bis Ende des Jahres werden alle am Ufer des Flusses sein, der Erneuerung heißt.«

Den Fluss, der Erneuerung heißt, den kenne ich – der durchfließt erst die dürre Tiefebene der Gedankenlosigkeit, und dann versickert er grußlos in einer Wüste namens Phrasenscheiße ...

Der Schriftsteller Theodor Plievier – ein Anarchist, der sich nach dem Ersten Weltkrieg am Matrosenaufstand in Wilhelmshaven beteiligt hatte und Jahrzehnte später das vielleicht beste Buch über die Schlacht um Stalingrad schrieb, Plievier analysierte die SPD folgendermaßen: »Sozialdemokraten sind im Prinzip für den Frieden und dienen dem Krieg. Sie sind für die Beseitigung der kapitalistischen Gesellschaft und dienen den Kapitalisten. Ihr Programm erstrebt die freiheitliche, klassenlose Gesellschaft, aber ihre Männer sind Bestandteile der Klassenregierung. Um der Tagesvorteile willen tauschen sie ihre ursprünglichen Prinzipien gegen Machtpositionen im Staate ein.«

Sozialdemokraten nennen diese Verhaltensweisen seit über hundert Jahren stets einen »Neu-Anfang« ...

Trotz alledem ist Deutschland der SPD zu Dank verpflichtet, insbesondere für die Einführung des Wortes »Ausbildungsplatzabgabe«. Diese Ausbildungsplatzinitiative nahm jedem Auszubildenden sofort die Ausbildungsplatzangst. Jeder Ausbildungsplatzwart konnte daraufhin sein eigenes Ausbildungsplatzkonzert veranstalten. Alle anderen konnten immerhin noch Ausbildungsplatzpatronen finden. Seitdem lautet das sozialdemokratische Frühstücksgebet: »Ehre sei dem Arbeitsplatzverweis in der Höhe und Arbeitsplatzwunden auf Erden und den Arbeitsplatzhirschen eine Arbeitsplazenta, Amen.«

Schirmherr dieses sozialdemokratischen Weges zu Glück und Wohlstand war Bruder Johannes. Bundespräsident Johannes Rau wusste immer, wo den Bürger die Jacke kneift. Er wäre zwar viel lieber Kirchentagspräsident geworden, denn er legte gar zu gern das richtige Wort auf die Wunde, er war Mahner und Künder, Warner, Rufer und Deuter, zudem auch ein bedeutender Trachter, denn er trachtete stets danach, mit dem Menschen um des Menschen im Menschen willen zum Mitmenschen zu kommen, und womit er uns immer wieder tief beeindruckte, war die Kraft seines Glaubens an die Kraft des Glaubens durch die Kraft des Glaubens. Doch wie sehr er auch seinen Job als Bundespräsident liebte, das sahen wir, als er im Spiegelsaal von Versailles lächelnd auf sich selbst zuschritt und um Vergebung bittend sich selbst verzeihend die Hand reichte ...

Nicht minder respektheischend trat der Bodensee-Romancier Martin Walser auf. Neun Jahre nach dem Mauerfall erhielt er in der Frankfurter Paulskirche den Friedenspreis des Deutschen Buchhandels.

In seiner Dankesrede kritisierte er, dass man den Deutschen immer noch ihren Nationalsozialismus vorhielte. Dass über Auschwitz zugunsten »gegenwärtiger Zwecke« geredet wird oder als »Pflichtübung«, das müsse aufhören, und wer's doch tue, der sei ein »Gewissenswart« und schwinge die 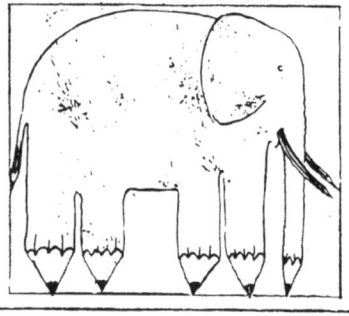 »Moralkeule«. Allein für diese Wortschöpfung »Moralkeule« sollte der Dichter mit einem Spaziergang durchs nächtliche Chemnitz belohnt werden, um die dort herrschende Keulenmoral mal näher kennenzulernen. Aber zu gedenken, ohne sich wirklich zu erinnern, ist kommod ...

Der Beifall für Walser war entsprechend groß – endlich fand mal einer den Mut, sich energisch gegen das Judentum zu wehren ... Und so legitimierte Martin Walser schon damals, 1998, den Einzug von Nazis in den Bundestag zwanzig Jahre später ...

Nach all den Kohljahren gibt nun eine neoliberale Einheitspartei im Land den Ton an. Diese Einheitspartei hat fünf Flügel – CDU, CSU, SPD, FDP und Grüne, und diese Parteiflügel werden von der Wirtschaft, in erster Linie von Banken und Konzernen, finanziert. Zwar steht im Grundgesetz nur »die Parteien wirken bei der politischen Willensbildung des Volkes mit« – sie wirken mit, steht da, mehr nicht – aber daran muss man sich ja nicht halten: Die Einheits-Partei stellt nicht nur das Parlament und die Regierung, sondern sie kontrolliert auch die Justiz, die Rechnungshöfe, die öffentlich-rechtlichen Hörfunk- und Fernsehanstalten, sie kontrolliert den öffentlichen Dienst, und sie hat das Sagen in Schulen, Universitäten und Einrichtungen der sogenannten »politischen Bildung«. Doch zu unserem Glück sind sich die Parteiflügel nicht immer einig. Dann schließen sie faule Kompromisse. Mauschelei und Zugeständnisse wider besseres Wissen sind ihnen selbstverständlich. Für diese Einheitspartei zu arbeiten, bedeutet also immer auch ein Leben in moralischem Elend.

Die Einheitspartei trägt die Verantwortung für ein eindrucksvolles Wirtschaftswachstum und ständig steigende Exportzahlen, für verschärften Kalten Krieg gegen Russland, für Spekulation und Mangel an bezahlbarem Wohnraum, für weniger bürgerliche Freiheit, Unterdrückung von Minderheiten, Ablehnung von Vermögens- und Erbschaftssteuer, für Sozialabbau und Lohndrückerei sowie für den Klimawandel und die zunehmende Luftverschmutzung.

Gemeinsamer Nenner der Politikerinnen und Politiker dieser Einheitspartei ist ihre außerordentliche Mittelmäßigkeit, und gemeinsam widmen sie sich dem Demokratieabbau, also der Begrenzung der Macht des Volkes auf ein für die Finanzindustrie unschädliches Maß ...

Als ein Ergebnis dieser Politik müssen sie neben sich nun Adolfs fiese Dumpfbacken dulden, eine Partei, die für Fremdenfeindlichkeit, Nationalismus, Chauvinismus und ein reaktionäres Gesellschaftsbild eintritt. Daraus lernen wir: Nicht Politik verdirbt den Charakter, sondern miese Charaktere verderben die Politik.

In einem Moment der Schwäche überkam mich deswegen neulich sogar ein klein bisschen Sehnsucht nach Helmut Kohl ... Das mag Ihnen seltsam vorkommen, aber ich erlaube mir den Hinweis: Solange Helmut Kohl nicht nur als Spiritus Rector durch das Kanzleramt geisterte, sondern leibhaftig die Richtlinien der Politik bestimmte, schickte er keinen einzigen deutschen Soldaten zu Kriegseinsätzen ins Ausland. Warum die Medien ihn also nicht als »Friedenskanzler« Kohl würdigten – tja, das passte wohl nicht so ganz ins Konzept seiner Nachfolger ...

In der noch andauernden Regierungszeit der Kohlroulade zelebrierten bislang vier Bundespräsidenten ihre Überflüssigkeit:

Horst Köhler hat als IWF-Generaldirektor den Völkern Afrikas die Segnungen der neoliberalen Politik nahegebracht und war mit verantwortlich dafür, dass sich Millionen Menschen weltweit kein Übergewicht anfressen können.

Seine Reden hielt er mit dem Temperament einer Wanderdüne: Oft und gern sprach er von festen, tiefen, langen und verzweigten Wurzeln, von kulturellen, historischen, religiösen, beruflichen und ethischen, von einheimischen Wurzeln und

DU BIST NICHT DU WENN DU HUNGRIG BIST !

AUS DER WERBUNG

von Wurzeln von weit her. Sätze wie in Gelee gemeißelt ... Ich denke, wenn es gerecht zuginge auf dieser Welt, dann müsste dieser Wurzelfachmann sein Geld im afrikanischen Busch verdienen, als Sättigungsbeilage ...

Nach Köhler kam Christian Wulff, eine Art präsidialer Bundesschnorrer. Der leistete sich eine Kredit-Affäre, eine Medien-Affäre, eine Urlaubs-Affäre und eine Bobby-Car-Affäre. Man konnte den Eindruck gewinnen, Bundespräsident Wulff und seine Gattin gestalteten eine Fernseh-Vorabend-Serie, um sich für das Verzehren von Kakerlaken im Dschungelcamp zu qualifizieren. Für das Ansehen des Bundespräsidenten-Amtes wäre es wohl besser gewesen, Wulff hätte sich einfach ein dickes Kissen aufs Fensterbrett gelegt und Falschparker aufgeschrieben.

Der skandalöse Wulff wurde ersetzt durch den pastoralen Spaßvogel Joachim Gauck, und es gibt Leute, die glauben heute noch daran, dass Gauck jeden Morgen, weihrauchpupend, aber trockenen Fußes, über den Wannsee lustwandelt ... Zwar hatte Herr Gauck keine Nazi-Vergangenheit, aber unter allen Bundespräsidenten war er der ideelle Gesamtdeutsche: hochnäsig, militaristisch, unsozial und maßlos eitel. Bundespräsident Gauck ist der Beweis: Die Negativauslese des deutschen Establishments funktioniert tadellos – und mit Gauck ist ein besonders manierierter Dummschwätzer an die Spitze gekommen.

WENN DER POPANZ NACH
LINKS GUCKT SIEHT ER
SCHLECHTER AUS

Dieser allzeit von Glück, Dankbarkeit und Freude durchdrungene Plattitüden-Prediger, der unentwegt aus seinem tiefsten Inneren heraus die Freiheit in der Freiheit gestalten wollte, und damit meinte er die Freiheit des Kapitalverkehrs, der fand den Beifall aller Steuerhinterzieher mit dem Satz: »Freiheit in der Gesellschaft und Freiheit in der Wirtschaft gehören zusammen.«

Ins Hochdeutsche übersetzt heißt das: Eine Gesellschaft ist unfrei, wenn sie von der Wirtschaft soziales Verhalten verlangt ...

Eine besonders platte Binsenweisheit gelang ihm aber mit der Formulierung: »Freiheit ist eine notwendige Bedingung von Gerechtigkeit. Umgekehrt ist das Bemühen um Gerechtigkeit unerlässlich für die Bewahrung der Freiheit.«

Im Bewusstsein meiner Verantwortung für die Freiheit der Gerechtigkeit im deutschen Kabarett möchte ich Herrn Gauck platterdings beipflichten, indem ich mich selbst zitiere, aus meinem tiefsten Inneren heraus: »Eitelkeit ist eine notwendige Bedingung von Schwafelei. Umgekehrt ist das Bemühen um Schwafelei unerlässlich für die Bewahrung der Eitelkeit.«

Aber es geht immer noch blöder. Einen seiner vielen überflüssigen Sätze leitete Herr Gauck folgendermaßen ein: »Wenn wir uns offen und unvoreingenommen der Vergangenheit nähern ...« Ich weiß nicht, wer dazu imstande ist, doch die zweite Hälfte dieses Satzes ist noch schwachsinniger: »... kann Wissen an die Stelle des Schweigens treten.« Gaga! Wissen kann nur an die Stelle von Unwissen treten, Herr Bundespräsident, und an die Stelle von Schweigen tritt Geschwätz ...

Kenner der intimen Partys im Schloss Bellevue erzählen sich, dass dieser Bundespräsident nach dem Genuss von zwei Gläsern Weißwein gern auf ein Fußbänkchen stieg und ausrief: »Liebe Ausländer! Am Ausgang erhaltet ihr eine handliche Deutschlandfahne und einen kleinen Berliner Plüsch-Bären, der auf Knopfdruck sagt: »Das Boot ist voll, Gürtel bitte enger schnallen!« Danach war er immer völlig erschöpft. Er winkte sich selbst huldvoll zu und fiel, »Freiheit« seufzend, vom Fußbänkchen in die Zimmerpalme. Das war dann das Zeichen für den allgemeinen Aufbruch.

Zurzeit darf Frank-Walter Steinmeier fünf Jahre lang die Hände von vielen sehr fragwürdigen Gestalten schütteln. Steinmeier war einer der Erfinder der »Agenda 2010«, er verhandelte in Kiew mit den Maidan-Faschisten, und er unternahm nichts gegen die Folter von Murat Kurnaz in den Käfigen von Guantanamo.

Ich denke, eines Tages wird man sich an diesen Herrn Steinmeier nur noch erinnern als den Bundespräsidenten, der aussah wie eine eingeschneite Eule auf dem Stalldach.

Unter der Ägide all dieser hochklassigen Bundespräsidenten gelangte auch die deutsche Hochkultur zu großer Blüte. Ich spreche nicht von der wunderbaren Hamburger Elbphilharmonie, nein, klassische Musik ertönt seit Jahren schon aus ganz gewöhnlichen Lautsprechern auf den Bahnhöfen Hamburgs, um Obdachlosen und drogenabhängigen Menschen den Aufenthalt dort so unangenehm wie möglich zu machen. Mit Mozart, Bach, Beethoven und Mendelssohn-Bartholdy missliebige Erscheinungen zu verjagen, das entspricht gewiss den Intentionen dieser Komponisten ... Doch, doch, man kann schon sehr stolz sein auf Deutschland – wenn man keine besonderen Ansprüche stellt ...

Unsere Bilanz sieht so aus: Angesichts von Millionen Hungernden sind Millionäre und erst recht Milliardäre doch groteske Fehlentwicklungen der Spezies Mensch. Der Homo Sapiens hat die Entwicklung sadistischer Ideologien, die Entstehung menschenvernichtender Gesellschaftsformen und die Begeisterung für Banalitäten und Primitivität immer weiter vorangetrieben. Und weil meine Generation Klimaerwärmung, Artensterben, Überbevölkerung, Hunger und Kriege nicht verhindert hat, weil sie die Sauberkeit der Gewässer nicht erreichte und den Regenwald nicht rettete, ist wohl kaum zu erwarten, dass die Menschen in Zukunft sicherer, gesünder, freier und friedlicher zusammenleben werden. Effizienter vielleicht und auch bequemer – aber nur die, die sich das leisten können, und das sind nicht viele, denn wir haben ja den Sozialstaat abgebaut und für Kinder- und Altenarmut gesorgt, und weil wir die Globalisierung so energisch vorangetrieben haben, diskutieren wir nun auch über Heimatlosigkeit. Es ist jämmerlich, aber als Erfolg kann meine Generation nur verbuchen, hie und da ein Rauchverbot durchgesetzt zu haben ...

Zurückblickend finde ich es allerdings erfreulich, in einer Zeit gelebt zu haben, die sich keine Denkmäler verdient hat. Wir begnügen uns immer noch mit dem Heldenkitsch der alten Kriegerdenkmäler, wir blicken weiterhin auf zum gusseisernen Bismarck, und unsere Hunde pinkeln an die Marmorsockel unnützer Monarchen. Immerhin, ein Bronze-Adenauer steht, zwei Meter dreißig groß, in Köln, und eine Willy-Brandt-Skulptur, mit drei Meter vierzig etwas größer, schaut resigniert auf das Andrea-Nahles-Sanatorium der SPD in Berlin, Helmut-Schmidt gab dem Hamburger Flughafen seinen Namen, und im kleinen Seebad Loddin gibt es eine Gasse namens »Dr.-Helmut-Kohl-Straße«. Aber wird es je einen Gerhard-Schröder-Schleichweg geben? Nach Frau Merkel wird man vielleicht mal einen Trampelpfad in der Uckermark benennen, doch ein Reiterdenkmal auf dem Bahnhofsvorplatz am Berliner Hauptbahnhof? Frau Bundeskanzler mit gezogenem Schwert auf einem Schlachtross sitzend, als Gattamelata? Das stelle sich vor, wer mag …

Was mich betrifft: Wenn ich nochmal von vorn anfangen dürfte, würde ich Frischemanager. Frischemanager bei Edeka. Allein schon der Klang dieser Berufsbezeichnung sorgt dafür, dass jeder angegammelte Blumenkohl sich präsentiert wie frisch geerntet.

Also – Summa Summarum: Früher war nicht alles besser. Nur früher – war alles Zukunft …

22 Das Ende vom Schluss

Manchmal denke ich, es wäre nicht das Schlechteste, die Deutschen stürben aus.

»Stürben« – allein schon dieser Konjunktiv rechtfertigte ein Aussterben. Angenommen, das deutsche Volk erlebte einen Ausbruch kollektiver Intelligenz – ich weiß, damit ist nicht zu rechnen, aber mal angenommen, das deutsche Volk gelangte (oder gelönge?) zu der Einsicht, besser könne es nun nicht mehr werden, und es sei am deutschesten, auf dem Höhepunkt der Evolution zu verschwinden, tja, dann sind wir alsbald ausgestorben wie der Beutelwolf, der korsische Pfeifhase oder die gemeine westfälische Sackratte, und Europa würde erleben, was Wolfgang Neuss schon vor Jahrzehnten gefordert hat: eine gemeinsame Grenze von Frankreich und Polen ...

Würde der Welt etwas fehlen, so ganz ohne Deutsche? Man kann Aussterben ja durchaus auch als Erlösung empfinden ... Auf jeden Fall müssen wir vor unserem Aussterben ein Testament schreiben, damit man Jahre später da, wo Deutschland am deutschesten ist, also im Kyffhäuser oder auf der Loreley, im Media Markt oder bei Saturn, einen Aktendeckel findet und die Nachwelt staunend unsere letzten Worte lesen kann: »Gottseidank! Wir haben's geschafft: Endlich Sicherheit und Stabilität!«

Einige Fragen allerdings bleiben unbeantwortet:
Erledigt sich alles von selbst?
Warum ist alles immer nur halb so schlimm?
Kann man sich alles denken?
Warum soll man nicht über Dinge sprechen, die man nicht versteht?
Ist es sinnvoll, sich Fragen zu stellen, auf die man keine Antwort weiß?
Darf man die Dinge überhaupt nüchtern betrachten?
Warum weiß ich das nicht?

23 Hoffnung

Findet euch nicht mit den politischen, sozialen oder gesellschaftlichen Verhältnissen ab. Soziale Ungleichheit in einer Gesellschaft ist nicht gottgewollt, kulturell bedingt oder von der Herkunft festgeschrieben.

Lasst euch weder von Angstmacherei anstecken noch von Rassismus und dem Hass auf Minderheiten und Schutzbedürftige. Die Verschmelzung neuer Kulturen, unterschiedlicher Talente und Ideen hat viele Völker auf der Erde erfolgreich gemacht.

Wenn ihr gläubig seid, dann lasst euch von einem Ungläubigen sagen, dass alle großen Religionen Gerechtigkeit, Mitgefühl und Aufrichtigkeit im Programm haben.

Wenn ihr Migranten seid: Bemüht euch um Teilhabe. Verlangt immer wieder Bildung!

Bildung für alle!

Resignation kommt nicht in Frage. Etwas Neues und Besseres ist immer möglich.

Ich denke, eines Tages werden die Wählerinnen und Wähler nicht mehr die größten Angstmacher wählen, sondern die, die Lust darauf machen, in diesem Land zu leben und in diesem Land zu bleiben.

Und bald wird jede und jeder einen Flüchtling oder einen Homosexuellen, einen Muslim, Juden oder Afrikaner, vielleicht sogar einen Veganer als Familienmitglied kennen oder mit ihm liiert sein.

Und dann können wir unserem Goethe nur Recht geben:

Der Zweck des Lebens ist das Leben selbst.